协同管理
互联网时代的商业智慧

Synergy Management
Business Wisdom in the Internet Age

林晓伟 余来文 著

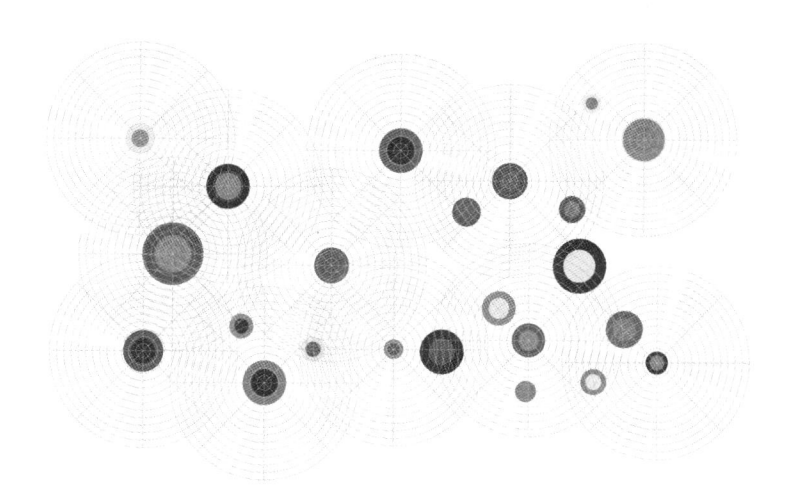

经济管理出版社

图书在版编目（CIP）数据

协同管理：互联网时代的商业智慧/林晓伟，余来文著. —北京：经济管理出版社，2018.5
ISBN 978-7-5096-5728-7

Ⅰ.①协… Ⅱ.①林… ②余… Ⅲ.①互联网络—应用—商业经营—研究 Ⅳ.①F713-39

中国版本图书馆 CIP 数据核字（2018）第 066006 号

组稿编辑：申桂萍
责任编辑：高　娅
责任印制：司东翔
责任校对：王淑卿

出版发行：经济管理出版社
　　　　　（北京市海淀区北蜂窝 8 号中雅大厦 11 层　100038）
网　　址：www.E-mp.com.cn
电　　话：（010）51915602
印　　刷：三河市延风印装有限公司
经　　销：新华书店
开　　本：720mm×1000mm/16
印　　张：22
字　　数：370 千字
版　　次：2018 年 5 月第 1 版　2018 年 5 月第 1 次印刷
书　　号：ISBN 978-7-5096-5728-7
定　　价：68.00 元

·版权所有　翻印必究·
凡购本社图书，如有印装错误，由本社读者服务部负责调换。
联系地址：北京阜外月坛北小街 2 号
电话：（010）68022974　　邮编：100836

序 Preface 协同新时代

互联网和人工智能技术在短短20年多年的商业化浪潮中，以前所未有的速度谱写着改变世界的产业传奇和创业人生，掀起一波波智慧创造与创业人生的浪潮，成长为今天俯瞰和照耀人类生活所有层面的新业态，如新零售、新制造、新金融、新技术、新能源等，也使我们孜孜不倦地重新求索互联网和人工智能技术商业化引发翻天覆地巨变的商业本质、管理逻辑及其应对策略。

"无竞争，不商业；无生态，不生存"是互联网时代企业家们的商业逻辑。互联网技术的商业化激发了企业家们对商业本质——企业效率和利润的重新考量，促使商业社会中的行动派快速启动烧钱模式，借助互联网和人工智能技术协同的力量，不断尝试企业商业模式创新和变革。一时间积累大量资本的商业巨头倾巢而出，用资本疯狂吞并着一系列的商业关联体，叠加资本和资源，打造属于自身的内在生态。而今，企业"生态之城"的构筑此起彼伏，诸如百度生态、阿里生态、腾讯生态等"正派"生态代言人迅速"走红"，让众人感觉到互联网技术驱动下欣欣向荣的美好前景。

不过，这些商业生态模式当真是代表新时代先进生产力的新业态、新模式吗？当然不是。看看"反派"代表——"乐视生态"如何变成"乐视病态"就明白了。其实，乐视所谓的"生态化反"是背离商业本质、违反管理逻辑的，最多只能算是一个商业噱头。互联网时代真正的商业生态实质上出现在互联网和人工智能技术协同成为"互联网+人工智能"科技后，企业以"互联网+人工智能"科技为外生动力，通过跨界整合其他企业优质资源，打造具有造血功能的企业生态圈或具有紧密联系的生态群落，并在信息商品化的条件下，以市场协同、资源共享为基础形成具有"竞合"关系的"商业共同体"。可悲的是，现在大部分商业生态只流于形式而不深入内在，看似清晰分布、资源高筑的商业生态，实则是为竞争而生的"商业病态"。当互联网红利消耗殆尽后，相关企业及其商业关联体的市场份额、企业资源等将二次碎片化，并再次陷入混沌僵局或死局。

互联网和人工智能协同而成的"互联网＋人工智能"科技是人类科技迭代的重要标志，也是重新配置市场碎片化资源的推进剂。但是，大部分企业在从事具体商业行为的过程中往往忽略了"互联网＋人工智能"科技的技术工具属性，即技术工具不仅具有创造性的一面也有破坏性的一面。其后果则是导致企业在进行创新的过程中，相关技术不被使用或被滥用、错用，甚至恶性使用，造成企业间的恶性竞争和商业环境分崩离析的混沌局面。这是互联网时代最大的不确定性。那么，互联网时代的企业又该如何借力"互联网＋人工智能"科技？这一破局的"奇点"指向何处？答案是人，更为深入地说是以完整意义上的人为核心进行管理范式的"破壁"，即应用协同管理进行商业迭代。

何谓协同管理？为何要协同管理？这是协同管理立足时代之巅必须要解决的两大问题。从概念而言，协同管理是建立在"互联网＋人工智能"科技之上、扎根于人的生理与命理之中、以组织协同效应为目标、自具自组织动力系统的一种自进化型企业管理模式。协同管理是新时代企业必须具备的软实力，打破现有企业管理边界，以人本为中心，聚焦于人的需求与创造能力，采用"生态群落"管理方式，不断促进人与外界环境的迭代适应，寻求组织整体有序地跃迁。协同管理已逐渐成为企业管理创新的重要方式、途径、模式和策略，促进企业各种要素和资源的快速集成，辅助企业解构单一落后的"环心锁"，实现不同要素之间的有机融合和互动沟通，以自组织和自适应的联动形式，快速针对战略目标或市场需求自主改变资源组合的配给和优化，激活企业主体，助其实现"1＋1＞2"的协同效应，使企业更柔性、更高效地匹配市场动态变化，获取更高的经济利益和社会效益。

从作用而言，协同管理包括科技工具属性和制度文化属性。协同管理的技术工具属性与"互联网＋人工智能"科技是密不可分的。"互联网＋人工智能"科技是企业协同管理的重要技术基础和介质，而协同管理则是"互联网＋人工智能"科技的重要边界和体现。在一定程度上，"互联网＋人工智能"存在的意义，已经远远超越了物理属性所能赋予人的生命价值。人拥有了"互联网＋人工智能"

科技，便拥有了超级向导，人的眼界、智力和能力都获得了质的突破和提高。通过万物互联，多方资源的轻松获取已不是天方夜谭。换言之，人和"互联网＋人工智能"科技的组合，增加了人的"专有知识"，极大地促进了人的自有价值的不断放大和创造能力的急剧提升，并催生了人的新形态——超级智慧个体！

随着长尾市场的不断涌现，私人定制进入"二次摩尔定律"阶段，市场信息的日新月异，使企业抓狂不已。传统商业生态已然明言"无法承受生命之重"。然而，科层制的顽固统治以及KPI的严苛考核，仍然抑制着员工的需求。而协同管理这一管理方法的应用，便可有序引导人与"互联网＋人工智能"科技相互作用，产生协同效应，实现"降维打击"，打破企业内部组织的"部门墙"和商业关联体的边界，整合企业内外部资源，重组企业"四功能流"（信息流、商流、资金流和物流）和"五结构链"（信息链、供应链、价值链、技术链和产业链）。协同管理内嵌深化到"互联网＋人工智能"科技的物化过程，还可重塑平台的功能属性，促进协同共享平台的改造生成，使其作为协同载体，统计、罗列、分类、智能地为不同员工、企业、行业组织或企业集团提供资源优化包和底层开源系统数据，进一步满足员工的创造性需求，实现不同员工和不同商业组织之间的"无障碍"合作，辅助企业塑造"协同人本文化"，更好地实现商业模式创新，或者说，实现良性商业生态的落地。

协同管理制度属性的重要体现是企业的协同管理机制。协同管理模式是连接企业和员工的重要桥梁，而其衍生出的"人格化"功能，便是企业创造协同管理机制的重要依据。海尔的人单合一、韩都衣舍的阿米巴模式、罗辑思维的"无组织办公"都是协同管理机制的典型代表。企业协同管理机制的重要作用，就是组织机制的活性化和人本化。企业传统科层制的组织机制是用机制约束员工，以命令形式强化员工的组织管理，因而时常犯组织僵化的错误；而目前，大部分企业所效仿的互联网扁平化组织，其宗旨是去目标化和中介化，注重员工的自律，但是这一组织机制的特征容易造成组织断层和沟通延误，并在一定程度上呈现出"无政府主义"，导致员工散漫，拖延工作进度。协同组织机制则不同，它是处在科层制组织机制和扁平化组织机制之间的一种平衡机制。既有科层机制的"命令功能"，通过协同文化和协同目标的灌输沟通，引导员工进行协同作战；又有扁平化机制的"去中心功能"。但是它是更高意义上的"自组织功能"，一方面，可促使员工自由发挥和自由组队，通过员工和团队工作成果的多元展示来强化员工的工作目标；另一方面，协同机制的"活"性功能亦能拉近员工与组织的距离，让员工成为机制的参与者和制定者，用自身的机制"权限"倾听员工需求，配套完善工作服务，以便更好地激发员工的工作热情和"主人翁"精神。

21世纪互联网的科技热点，非"互联网+人工智能"科技莫属。互联网与人工智能协同的成长速度已震惊世人；超级智能机器人如阿尔法狗等，也只是"互联网+人工智能"科技智能协同的发展前兆，世界仍为之恐慌。但从协同管理视角看，这是新时代赋予人类发展的机遇，也是人网机的深度交互化的实现——协同智慧。超智能体和超人工智能的协同组合将会成为商业智能迅速崛起的福音。

协同已至，未来已来！我们不仅生活在"互联网+人工智能"的协同时代，更是生活在中国全面发展的新时代，企业协同管理必将助力我国"一带一路"和"命运共同体"的建设与发展。希望本书的出版能够起到抛砖引玉的作用，吸引更多的人关注、研究这个时代的管理命题——协同管理，让中国企业带着自己的管理理论、管理模式和发展战略走向世界，走向未来！

林晓伟

2018年1月1日

目录 Contents

第一章 协同时代来临 / 001

第一节 分水岭：互联网之大激荡 / 006
一、互联网发展的混沌元年 / 007
二、红海和蓝海，谁主沉浮 / 011
三、协同管理：新兴的经营理念 / 015

第二节 寻根：何为协同管理 / 017
一、协同管理的前世今生 / 017
二、协同管理的"基本功" / 023
三、协同管理的互联网时代味 / 036

第三节 三足鼎立：协同管理体系 / 037
一、业务集成：协同管理的"内功修为" / 037
二、战术突破："经脉贯通"的奇功妙法 / 042
三、战略布局：横纵八方的"无上心法" / 047

第二章 协同管理要诀 / 055

第一节 协同之火，可以燎原 / 060
一、协同生产：逆供应链的"生态化反" / 061
二、协同消费：消费者也是生产者 / 068
三、预见协同管理：明心见性，万法归宗 / 072

第二节 协同管理心法 / 080
一、协同机理：以正合，以奇胜 / 080
二、协同策略：运筹帷幄，决胜千里 / 086

三、协同创新：中庸而非颠覆 / 091

第三节　协同管理的圆融贯通 / 094
一、引爆核聚变：协同管理下的资源整合 / 094
二、协同五环：企业商业模式创新 / 099
三、协同管理新时代：新常态之力挽狂澜 / 104

第三章　协同新时代的科技革命 / 111

第一节　协同技术的"4级"风暴 / 116
一、大数据：21世纪的协同大资产 / 117
二、云计算：协同管理之云端竞赛 / 125
三、区块链："技术者"联盟新成员 / 129
四、物联网：物联网的协同大生态 / 132

第二节　协同技术引发科技大爆炸 / 139
一、协同技术催生平台的未来式 / 139
二、横扫千军：进击吧！人工智能！ / 147
三、协同技术之"逆天改命" / 153

第三节　协同创新模式之 0 与 N 的进阶 / 159
一、"0→1"自主创新模式：人无我有，人有我优 / 160
二、"1→N"二次创新模式：移花接木，创新融合 / 164
三、"0→N"协同创新模式：产学研一体，驱动迭代 / 169

第四章　崛起的商业协同模式 / 177

第一节　协同时代的商业巨变 / 184
一、群雄争霸：智能手机的生态系统之争 / 184
二、新零售之协同大混战 / 189
三、和娱乐一起摇摆！协同大作战 / 198

第二节　协同时代的生活点滴 / 203
一、"衣"：任性的VIP穿着服务 / 203
二、"食"：舌尖上的"多享"体验 / 208
三、"住"：家居生活的"合聚变" / 212
四、"行"：一机在手，说走就走 / 218

第三节　协同管理商业模式之三分天下 / 221
一、跨界整合模式：跨出边界，跨出飞跃 / 222
二、共享经济模式：协同共享，价值优化 / 228
三、生态圈模式：生态裂变的终极奥义 / 234

第五章　协同时代的管理智囊 / 247

第一节　组织协同管理 / 252
一、迈向组织协同"小时代" / 253
二、组织协同"大拼盘" / 260

第二节　知识协同的"黏合剂" / 268
一、知识协同之协同迷思 / 269
二、知识联盟"大派对" / 278
三、协同管理＋智力资本 / 285

第三节　协同文化之原力觉醒 / 289
一、海底捞：文化"膳"的极致享受 / 289
二、重"心"出发：BAT 的责任之旅 / 293
三、编织缺失的工匠精神：老工匠 VS 新工匠 / 297

第六章　协同管理缔造未来 / 303

第一节　入局和破局：协同管理的"洪荒之力" / 308
一、发现风口：下一个 Tiny BAT！消费升级下的私人定制 / 308
二、制造风口："WE 众"创业 / 313
三、最痛的爱：物流市场的"饕餮盛宴" / 315

第二节　新时代：欲戴王冠，必向协同 / 321
一、产业互联网：协同与分享 / 322
二、"一带一路"倡议：全球的协同商机 / 325
三、协同管理，千面未来 / 328

参考文献 / 339

| 第一章 |
协同时代来临

协同时代来临　随着云计算、大数据、物联网、移动互联网、量子通信、超级计算、深度学习等"互联网+人工智能"科技的迅猛发展以及它们彼此之间的深度耦合,以协同管理(Synergy Management)为特征的企业商业模式变革风起云涌,一个以"协同"为核心的商业时代正悄然来临。对于所有的企业而言,这既是"互联网+人工智能"科技驱动下企业商业模式创新与变革的重大机遇,也是一次无法回避的严峻考验。企业唯有直面市场新游戏规则产生前的混沌状态,转变原有封闭利己的传统企业商业模式,遵循"竞争—合作—协作—协同"的演化过程及其规律,自觉自发地"抱团取暖",不断地协同创新,才能经受住各领域"优胜劣汰"的残酷洗牌,才能应对市场格局翻天覆地的巨变。

【开章案例】　　"渔光一体"：通威股份协同发展新篇章

2017年4月20日，马化腾在杭州举办的"互联网+数字经济"峰会主题演讲中提到一家公司——通威股份。缘何通威能成为马化腾的经典案例被大书特书呢？因为通威股份在成为农业产业化国家重点龙头企业的同时，利用自身优势继续加大自主创新能力，布局新能源、光伏产业，利用"互联网+"夯实两大核心业务基础，推动两大核心业务融合发展，实现了"渔光一体"的协同效应。

一、公司简介

通威股份是由通威集团控股，以饲料工业为主，同时涉足水产研究、水产养殖、动物保健、食品加工等相关领域的大型农业科技型上市公司，系农业产业化国家重点龙头企业。目前，公司拥有遍布全国各地及东南亚地区的160余家分、子公司，年饲料生产能力超过1000万吨，是全球主要的水产饲料生产企业及我国重要的畜禽饲料生产企业，是我国农、林、牧、渔板块销售规模位居前列的农业上市公司之一，水产饲料全国市场占有率已超过20%。目前，通威股份正瞄准"改善人类生活品质，成就世界水产品牌"的宏大愿景，坚定不移地发展饲料及水产主业，并积极延伸上下产业链条，全力打造全球健康安全食品供应商。

通威股份正坚定不移地发展农业和新能源两大主业，其中农业主业以饲料工业为核心，全力延伸和完善水产及畜禽产业链条。同时，在新能源主业方面，通威股份业已成为拥有从上游高纯晶硅生产、中游高效太阳能电池片生产到终端光伏电站建设的垂直一体化光伏企业，已形成拥有自主知识产权的完整光伏新能源产业链条，并成为中国乃至全球光伏新能源产业发展的核心参与者和主要推动力量。通威股份拥有发展分布式光伏的独特优势，大力发展家庭屋顶光伏，并与现代渔业相结合，打造"渔光一体"模式。目前，通威股份已在全国各地建立起了商业或家庭式光伏发电及"渔光一体"示范电站，优质而清洁的光伏电力正源源不断地惠及千家万户。作为同时涉足农业和新能源光伏产业的龙头企业，通威股份真正实现了农业和光伏高效协同发展，最终成为全球杰出的绿色农业和绿色能源供应商。

二、"互联网+"五大协同战略,打造行业航母生态

通威股份借助"互联网+"的契机,积极尝试通过移动互联、大数据、云计算、物联网等新技术的发展与应用,实现在管理模式和商业模式上的创新,打造"互联网+水产养殖"行业典范,创造转型新机遇,把握时机推动企业内部信息化向外部互联网化转型。2015年3月20日,通威股份正式发布"互联网+水产"战略行动计划,提出包括连接用户、智能养殖、互联网金融、食品安全追溯、电子商务在内的五大战略,通过通心粉社区、鱼苗通平台、鱼病通平台、客户通、智能养殖计划、通威钱包六大举措协同打通水产养殖产业链信息,形成产业链闭环,引领行业变革。

"互联网+"战略计划发布以来,通威股份在智能养殖、食品安全追溯和电子商务方面,已初步建立起了属于自己的体系,在互联网金融领域也在积极通过与第三方合作为上下游客户提供理财、担保贷款等业务。通心粉社区一举成为中国农牧行业最大的网络社交平台,通威股份微信公众号更是获得了"微信年度最具价值企业号"称号。在六大战略的协同融合下,通威股份生态版图逐渐明朗(见图1-1)。

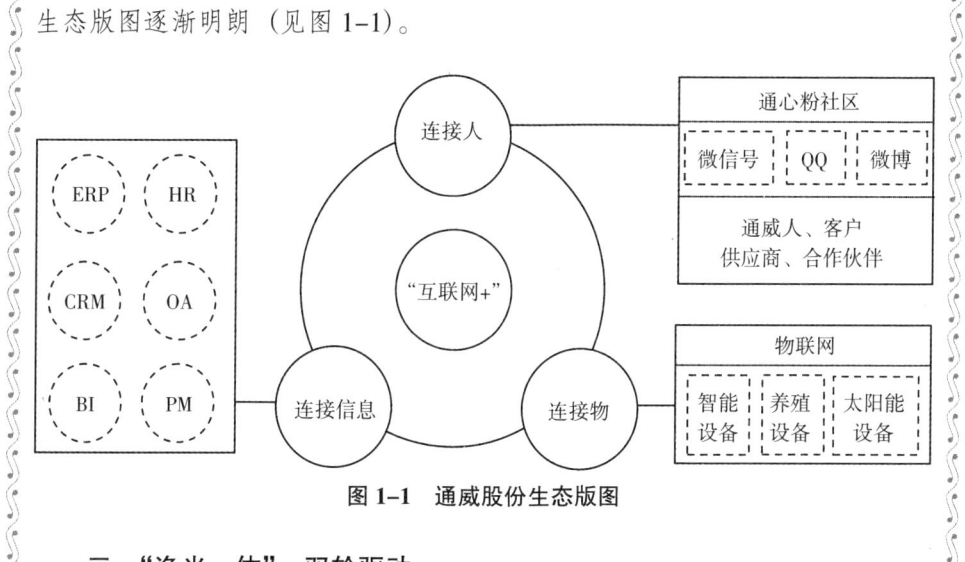

图1-1 通威股份生态版图

三、"渔光一体",双轮驱动

"渔光一体"模式在带动农业转型升级的同时能够节约土地资源空间,能够很好地融合现代水产和太阳能光伏两大产业,实现渔、电、环保三丰收。通威股份在完成对永祥股份的控股后,就加紧了对"渔光一体"战略的

制定，其目的就是实现渔业和光伏新能源两个业务板块的完美结合。为此，通威股份创建智能养殖系统，主要包含"通威365"养殖模式和"渔光一体"水产养殖新模式。其中，"通威365"养殖模式指科学选择和放养主养鱼、调水鱼和调底鱼，合理应用通威股份精准组合投喂、均衡增氧、藻菌调控、防疫体系、"一"技术和底排污六大关键技术，最大的技术突破是藻菌调控技术，它很好地解决了有害藻和有益藻的生长问题，全面提高了养殖产量及鱼类品质，实现了综合经济效益提高50%以上。

"渔光一体"模式还利用技术的创新集成，建设了零污染、零排放的智能渔业养殖园区，实现全程可追溯、可控制，有效解决了食品安全中的源头控制问题，人均管理养殖面积也从原有的20~200亩提升至500~1000亩，有效降低了劳动强度并节约了劳动成本，大幅提升了用户体验，对于传统水产养殖转型升级具有重要意义。"渔光一体"模式通过对养殖空间的综合利用，利用水产养殖集中地区丰富的池塘水面资源，开发建设光伏发电项目，采用水上发电、水下养殖的创新模式，比传统单一水产养殖提高5~10倍利润，充分运用新能源产业、高效渔业与休闲旅游产业的集成优势，降低投资成本，提高综合经济收益，走出了一条"水上发电、水下养殖、科学开发、综合利用"的新能源集约化发展和高效水产产业化发展之路，对改善区域能源结构、发展经济、保护环境、促进农民增收等具有重要意义，真正做到了光伏发电与渔业养殖的一体化有机结合。

四、兼并重组，协同创收

"渔光一体"养殖模式是结合了通威股份在光伏产业的独特优势，在"通威365"养殖模式的基础上提出的进一步创新。通威股份在并购多晶硅、光伏发电产业后，打通了光伏新能源上、中、下游产业链，农业和新能源协同发展的规模优势，促使通威股份积极发展具有核心竞争力的"渔光一体"项目，打造清洁能源、现代渔业和安全食品三丰收的商业模式。

2016年，通威股份以自主筹建、联合开发及兼并收购等形式，成立了包括通威新能源有限公司、通威惠金新能源有限公司、深圳新能源有限公司、通威渔光一体科技（北京）有限公司等专注光伏发电项目开发的公司，协同饲料板块共同致力于"渔光一体"项目的推进。在2016年下半年，通威股份光伏发电项目已立项超过30个，规模约990兆瓦，项目资源储备规模超过30亿瓦，其中江苏如东、江西南昌"渔光一体"已成功并网发电。同时，相应的鱼塘养殖已进入喂养阶段，并全面采用"通威365"养殖技术，将进一步提升项目整体的盈利能力，"渔光一体"项目成为公司可复制的核心竞争力。鱼类养殖和光伏产业的强强联合，使通威股份的商业生态圈和竞争壁垒得到了显著增强。

五、结论与启示

近期公司发布的2016年年度报告显示，2016年通威股份实现营收208.84亿元，同比增长11.24%，归母净利润为10.25亿元，同比增长39.07%，扣非后归母净利润为6.13亿元，同比增长96.90%，"渔光一体"协同效应成效显著，并日渐成为公司未来发展盈利的新增长点和亮点，更是给予了同行以深刻启迪。

第一，内外兼修，协同发展。通威股份在发展的过程中，并没有放弃水产养殖的既有优势，而是在行业不景气的情况下，积极探索"互联网+"战略，加紧产业转型。同时，利用自身水产的片区优势加快对光伏行业的布局和发展，结合两者的内在优势，优先发展"渔光一体"和屋顶电站模式，逐步开拓其他农业新能源业务；借助集团在农业金融方面的既有产业，实现农业养殖、农业新能源和农业金融的协同发展，推动通威股份多元化发展，打造起强大、动态的商业生态圈。

第二，协同管理需与互联网联姻。通威股份率先启动"互联网+"战略，以物联网、大数据、云计算等技术推动传统渔业向现代化的智慧渔业转型并发展协同管理。智慧渔业的核心在于打通信息和数据的壁垒。通威股份智能养殖系统包含池塘水质改良关键技术、投饵网箱鱼体排泄物回收技术、通威生态电化水处理技术、渔光一体等核心技术，以发挥全面感知、可靠传输、先进处理和智能控制等技术优势，实现科学和智能的现代水产养殖。此外，公司逐步建立起数据指标和行业数据库，将具体产业的发展情况数字化，在效率提升的同时，也为光伏产业的发展、接入及协同管理提供了必要配套和数据支撑。

资料来源：笔者根据多方资料整理而成。

第一节　分水岭：互联网之大激荡

中国经济发展进入新常态，经济发展动能缺失，企业发展困难重重，敢问路在何方？国家开出了好药方：何以解忧，唯有"互联网+"。自李克强总理提出"互联网+"战略伊始，拥抱互联网一时间成为流行的行为。传统企业纷纷践行"互联网+"战略，加入互联网战队中，互联网商业模式百家争鸣、百花齐放，进入了一段黄金时期，颠覆！转型！跨界……诸如此类的语言成为"互联网+"企业"秀肌肉"的代名词，似乎预示着中国经济将借"互联网+"风口实现二次腾飞。然而好景不长，"互联网+"风口上，不少企业开始浮躁，动摇了自己的目标和初心，把之前开办企业确定的以用户为中心抛之脑后，盲目扩张，大举融资，大搞产业竞赛，结果功败垂成。中国互联网络信息中心（CNNIC）发布的《中国互联网络发展状况统计报告》显示，截至2016年12月，我国网民规模达7.31亿人，互联网普及率达到53.2%，超过全球平均水平3.1个百分点，超过亚洲平均水平7.6个百分点。看似繁荣数据的背后其实蕴含着新的危机，流量红利触顶停滞，如何留存用户关注度、争取用户时间，成为了众多企业发展的难题，再加上同质化APP层出不穷、雷同的商业盈利模式及运作发展机制更是使得互联网企业发展举步维艰，资金池枯竭，多数企业破产停工，企业价格战、病毒营销、内置软件推送、统一供给模式四大法宝集体失灵，互联网化受到质疑，甚至成为大多数企业的发展阻碍。

互联网浪潮退去，虽然"尸横遍野"，但是仍然留存下了不少黄金。中国诞生了三大超级互联网物种BAT，还有三大流量"集散地"——新美大、滴滴和今日头条；国外也有UBER和Airbnb两头共享独角兽、亚马逊的数据王国，以及通用电器（GE）、西门子、7-11便利店等异军突起的传统企业。

从转型升级成功的企业案例可知，"互联网+"仍是未来企业发展的重要方向，无论是将互联网作为一种连接工具，抑或作为加速共享经济发展的重要平台，逆互联网发展都是不可能的。这一轮互联网大激荡的实质是划定"互联网+"商业模式分水岭的界限和边界，而如何剔除企业发展过程的"亚健康"病毒，谋求新的出路，加紧跃过分水岭进入发展新纪元，摆脱在下一波的竞争中被淘汰出局的厄运，已经成为企业发展的当务之急。

一、互联网发展的混沌元年

2016年创投市场最大的特征就是一个"冷"字，也就是冷环境和冷思考。CVsource的数据显示，2016年无论投资金额增速还是案例个数都出现明显的下滑，但是在人工智能、虚拟现实、企业服务、金融科技等领域无论是风投和基金都毫不吝啬地投入大把资金，风头不减，成为此次"逆春寒"中的一股暖流（见图1-2）。原因何在？投资者再不是打鸡血式地投资，而是更加理性地分析和思考企业商业模式的独特性和可行性，重新回归商业的本质，即提高效率和注重盈利，因而可以说，2017是互联网企业发展的混沌元年，是企业对自身的发展定位、公司内部情况及运作模式进行大整理的好时机。俞敏洪认为，2016年的大洗牌让60%的公司死掉，为企业二次创业与发展模式转变提供了留存空间，可以说机遇与挑战并存。

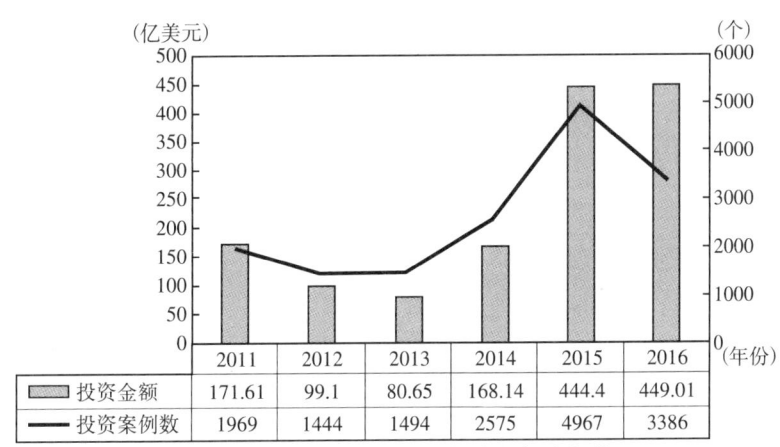

	2011	2012	2013	2014	2015	2016
投资金额	171.61	99.1	80.65	168.14	444.4	449.01
投资案例数	1969	1444	1494	2575	4967	3386

图1-2　2011~2016年中国创投市场投资规模

资料来源：根据CVsource及网上公开资料整理。

混沌，就是开天辟地时的无序状态。互联网发展到如今，实质核心和"顶天立地"的边界问题仍在摸索中，即实践"互联网+"战略的企业仍处在混沌时期。企业在混沌状态下，就如同进入一片迷雾森林，只能牢牢抓紧互联网这支火把，焦急地探寻出路。无论进退都只有两种选择——海阔天空或万丈深渊，原地踏步无异于坐以待毙，手上的火把也可能反噬烧死自己。

1. 混沌是困局，还是创新的起点？

《失控》的作者凯文·凯利指出，混沌是最好的一个初始，但要得到最后的结果，还要加入"混合控制"——领导力和控制元素，即混序＝混沌（Chaos）＋秩序（Order）。混序的观念影响了很多企业，比如谷歌将"混沌"作为创新的起点，要为创意精英们打造一个不受层级干扰、不受官僚制束缚的空间，在混沌中创造出的好产品和构思创意，用领导力和培训能把它变成现实。在混序理论的基础上，智蹼共创、混序部落创始人李文在《触变：混序管理再造组织人才》一书中指出，混沌＋秩序＝创新，"混出创意，序出结果"。混序不仅指整个组织的团队加平台的结构和管理，单个项目也要分成"混"和"序"。在项目的创意阶段尊重每个人的意见，但一旦立项就要严格地按照项目预算和计划严格进行项目管理、进度管理、任务管理，统一按照流程和步骤实施，随时检查项目进度，按照计划实现目标。

我们也注意到，混序管理本身是一个动态的过程，企业要逃出生天也好，要跨越式发展也好，必须把握好"度"（Critical）——一个量变到质变、混沌到有序的临界点（或跃迁过程），忽略这一阶段性、本质性变化的节点，管理就是毫无意义的。因此，混沌之局是相对的，机遇与挑战握在企业的手中，要打破这一局面，在混沌中转型，寻找发展的新契机，关键就在于秩序，核心在于审时"度"势，把握好混沌（创意理念）和秩序（执行力）之间的相互联系，才能真正在"灰色"地带做出创新方案，实现战略目标。从混沌理论的角度出发，可以认为混沌＋秩序＋度＝协同管理。如何在"互联网＋"混沌中另辟蹊径，曲径通幽，且看乐视的自我救赎之路。

2. 乐视：生态之梦，还是生态之谎？

"生态化反"是乐视前总裁贾跃亭提出的发展概念，围绕"生态"二字，乐视将产业与生态进行连接，创造出了包括互联网技术生态、内容生态、大屏生态、手机生态、体育生态、汽车生态以及未来的互联网金融生态七大生态子系统，七大系统相辅相成共同构筑了庞大的商业帝国，成就了乐视"谜之企业"的称号和创业板大牛的地位。但是，2016年11月，"乐视之谜"公之于众——乐视生态子系统面临严重的资金缺口，缺乏盈利能力，系统之间缺乏协同效应，无法利用自身优势来实现生态子系统之间的互补和流量导入，"生态化反"成为了众矢之的，犹如多米诺骨牌一般接二连三地倒塌。除了危机事件，乐视的内部管理也相继出了问题，高管纷纷离职，裁员风波不断，公司组织结构支离破碎。面对危机，乐视坦言自身"贫血"，业务扩张过猛，组织结构臃肿，团队效率低下，并不得不进行自我救赎。经过一系列的人事变动和股权更迭之后，面临"土崩瓦解"危险的乐视仍在艰难地维持着，这艘在风雨中飘摇的大船会驶向何方尚不得而知，但屡屡被乐视提及的"生态化反"似乎成了一个笑话。

乐视生态之殇，错在模式、战略，还是企业家的野心？都有，但最主要的是乐视太相信资本的力量了，启动烧钱模式堆砌起一个缺乏自身造血功能的生态圈，结果验证了古人说的"其兴也勃焉，其亡也忽焉"的真理。对于乐视而言，乐视在经历种种危难后将自身的业务结构、组织架构、资金利用等方面重新打乱和洗牌，进入混沌的状态，一切看似很乱，业务松散、高层震荡、员工离职，似乎预示着乐视的失败。但从协同管理的角度来看，乐视目前的混沌之局或将给乐视重新进行自我修复和定位的新机会，通过自身的革新来应对后续被整合的危局，这对乐视的重生而言是好事。人是最宝贵的财富，乐视要加强对队伍的控制和现有员工的激励，依靠强有力的领导力对上市公司的体系进行财务管控和市场定位，同时借此时机创造开放、自由的办公氛围，积极鼓励公开内部创意与部门发展意见，重新筛选提拔优秀人才，挖掘出项目创意，增强队伍的"战斗力"和灵活性，保证在秩序的前提下，通过协同管理把握好"度"，做到公司活力、创造力及公司运转最大化，或将重塑乐视。

【协同时代来临专栏1】263：携手致远协创，打造云协同生态圈

263网络通信集团作为一家新型的通信服务商，通过17年深耕企业通信服务领域，逐步成为国内资深的企业级通信协作服务行业领导者。公司致力于运用互联网技术和转售方式，为企业和个人提供虚拟运营通信服务，目前在企业通信和协同SaaS云服务领域市场占有率领先，提供较为标准化的云服务。2015年底，公司发布公告称以5250万元收购致远协创7.5%的股权，意在与标的公司在企业市场领域共同发挥双方优势，提供更为完善的企业通信服务，并寻找新的利润增长点。

一、业务融合，构筑企业云服务协同大生态

263虽然在企业通信和协同SaaS云服务领域的市场占有率领先，但是只能提供较为标准化的云服务，而致远协创在企业协同管理软件方案领域市场

占有率领先，提供的是多维度、个性化的服务。相比之下，致远协创的协同管理软件更接近企业的业务层面，是公司企业级业务的向下渗透和有效补充，263通过入股致远协创能够实现业务方面的协同融合，为企业客户提供更高价值的"标准化+多维度个性化"的深度服务，增加了客户黏性，增大了客户单产。在合作过程中，致远协创Formtalk通过将"云审批、移动考勤、工作日报、信息采集、业务定制"等场景与融"263邮件、263网盘、263即时通信、263电话会议、263网络会议、263网络直播"为一体的263云通信进行深度整合创新，从内部到外部，无论是组织架构同步，还是消息集成、邮件集成，均实现了企业效率"1+1>2"的强力提升，真正成为了万物互联时代全场景化的企业协作"连接器"。此外，双方将进一步探索企业通信、SaaS云服务、企业协同管理软件之间新的市场空间和业务机会，加上公司在移动互联网领域的优势，未来有望在移动互联网企业协同管理领域实现突破（见图1-3）。

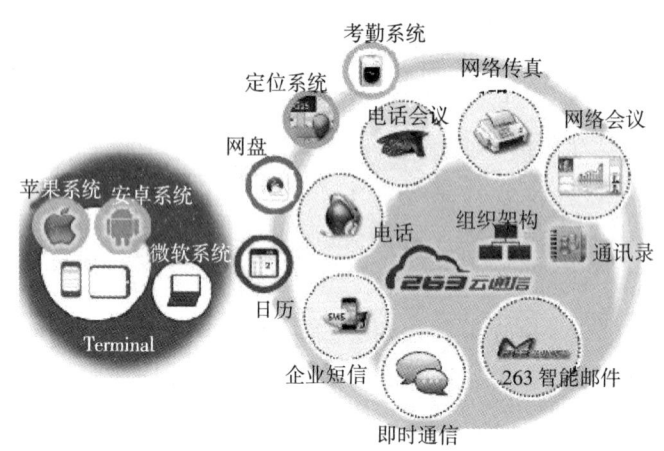

图1-3　263云服务协同生态图

二、资源共享，打造多极协同云场景

致远协创拥有4万家企业客户，263网络通信集团的客户资源得到进一步拓展。致远协创在中国协同管理市场占有率领先，拥有4万家各类型企业、政府机构和事业单位客户（覆盖超过300万名用户），数百家商业合作伙伴和分销商。263网络通信集团通过与致远协创的合作，可以挖掘致远协创庞大的企业客户资源，拓展自己的业务领域。在双方资源协同共享的基础上，2016 年 263 在"263 企业通信全国用户大会暨 263 云通信新品战略发布会"上宣布，致远协创为 263 云通信的战略级合作伙伴，将通过分享双方以"协同+"模式为支撑的生态化发展进程，展现出多极场景创新下的丰富云应用所带来的多维价值。

资料来源：笔者根据多方资料整理而成。

二、红海和蓝海，谁主沉浮

2016 年的"逆春寒"效应似乎没有减退，蜜桃网、神奇百货、美味七七、博湃养车等明星企业纷纷回归"混沌"；老牌互联网企业似乎也不是一帆风顺，如京东到家业务掉入了"伪需求"的坑，客户难寻，变现困难，万般无奈之下京东将其关闭，重新考量市场需求；国外的明星企业也无法独善其身，融资 10 亿美元、用户千万也难逃灭顶之灾，如可再生能源领域的 KIOR、在线支付领域的 Powa Technologies、可燃电池领域的 Lilliputian System 等已经成功开辟了蓝海市场，距离成为独角兽企业也只差临门一脚，但仍未逃脱被强行洗牌的命运，十足让人不解和惋惜。

身处蓝海市场的企业本来是应该大有作为的，但在新能源、新金融、新科技等领域中的企业却屡屡失误、错漏百出，甚至流产覆灭，原因何在？是蓝海理论要被颠覆吗？非也！红海和蓝海其实也是相互转化、互为因果的，不能厚此薄彼，就像太平洋中的海水和大西洋中的海水一样，彼此是相互包含、循环流动的，是促成整个海洋生态有序运行的基础。因此，企业无论身处蓝海还是红海，不必得意也没必要沮丧，关键是把握好红海和蓝海市场的协同管理，充分利用红蓝两个市场的资源要素，实现多元协同的业务新格局，积极拓展共享价值空间，化不利环境为有利条件，稳扎稳打，必能老树新枝或杠上开花。

以家具制造业为例，由于家具建材本身极其分散的本质，单品类家具品牌市场占有率逐渐趋于饱和，部分家具制造品牌如宜华生活、德尔未来、大亚圣象的营业收入自 2013 年起连续 4 年出现下滑，家具制造业陷入发展瓶颈，已经进入红海市场。从国家统计局公布的 2016 年全年家具行业整体运营数据来看，虽然家具制造业的主营业务收入都在稳步增长，但家具行业的营业收入增速逐年放缓，中国家具业已然告别"暴涨"时代，步入稳定新常态阶段，但定制家具业年均复合增长率 33.2%，其火爆程度是传统家具制造业可望而不可即的（见图 1-4）。2017 年初，伴随消费升级对个性化需求增加，"定制热"走红整个家具建材市场，定制家具品牌频繁上市也登上舆论之巅。欧派家居、尚品宅配作为定制家具上市品牌新秀，市值远超索菲亚、好莱客、兔宝宝等行业元老。

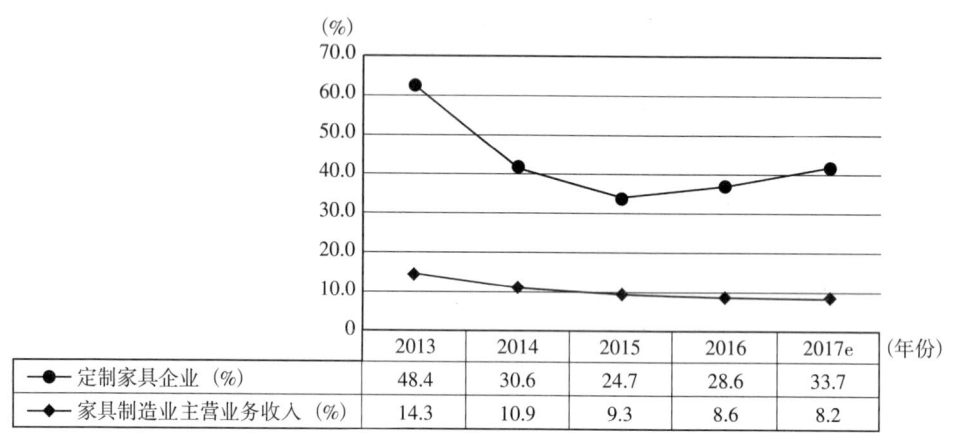

(年份)	2013	2014	2015	2016	2017e
定制家具企业（%）	48.4	30.6	24.7	28.6	33.7
家具制造业主营业务收入（%）	14.3	10.9	9.3	8.6	8.2

图 1-4　2013~2017 年家具制造业同定制家具对比概况

定制家具所形成的蓝海市场其实只是传统家具制造市场的一个细分市场，传统家具制造市场的竞争为定制家具提供了充足的准备和基础，而且传统家具制造市场竞争态势越激烈，定制家具的竞争优势就越明显。尚品宅配董事长李连柱在"2017 中国家装产业未来领袖峰会"上指出，中国有很好的制造基础，只要把互联网应用到车间，把车间信息化，当智能制造快要来临时，当家具完全是个性化、规模化生产时，一定会引起零售的改变，新制造就是未来。

因此，持续增强创新研发能力，依托于企业目前的资源进一步深入进行协同管理，统筹资源融入新时代基因，保持创新发展常态化，是企业发展过程中不可忽视的。只有如此，才能保证企业立于不败之地，企业既可以深耕蓝海市场，又能储备能量去发现下一个成长风口，即新消费、新模式及新技术（见图 1-5）。

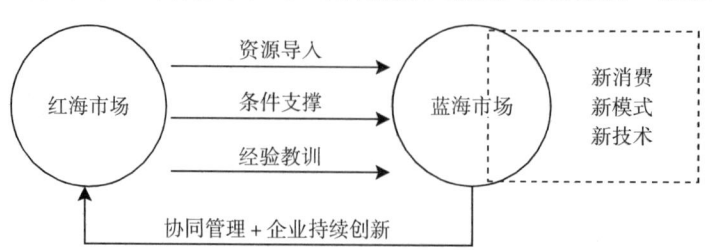

图 1-5　红海市场与蓝海市场协同管理模型

企业必须保持对红海市场的走向的关注，蓝海市场的出现都是基于红海市场现有的生产力和发展理念所产生的。为此，企业必须协同管理红海和蓝海两大市场，从红海市场中抽取所需资源，吸取经验教训，以保持企业的警惕性和机动性，为蓝海市场的开发提供必要的支持和条件。总之，协同管理是助力企业获取创新能力、融合红海与蓝海市场的多元要素为己所用、自由沉浮的关键所在。得与失皆取决于企业对外部环境协同管理的成效。

【协同时代来临专栏2】 健康云+协同云：雨诺股份把握医药产业未来机会

青岛雨诺网络信息股份有限公司（以下简称"雨诺股份"）成立于2002年5月，作为医药流通领域完整信息化解决方案的服务提供商，经过14年的行业沉淀，雨诺股份拥有自己的研发、销售及实施服务团队，将自身塑造成为高新技术企业，拥有近20项自主知识产权的软件著作权。截至2016年，雨诺股份在全国20多个省市拥有50多家合作伙伴，赢得了6000多家用户、4万多家药房的信赖，客户主要包括哈药集团医药公司、哈尔滨人民同泰连锁、北京永安堂医药连锁、青岛国风大药房连锁、河南张仲景大药房连锁等，已经成为全国医药领域药店ERP系统和移动互联解决方案TOP级的互联网公司。

一、2016年，雨诺股份协同战略全面展开

2016年，雨诺股份可谓喜事连连。2016年5月16日，雨诺股份与腾讯云、微信支付签订联合战略合作协议；2016年5月31日，雨诺股份正式挂牌新三板市场；2016年10月28日，雨诺股份医药365云与云ERP正式发布（见图1-6）。

一连串动作，让雨诺股份在医药B2B、B2C、O2O、移动互联及健康管理方案等领域步入领军者行列，也让外界看到了雨诺股份借力云计算推动医药流通"互联网+"转型的笃定，"协同云+供应链"的黄金组合带来的协同机遇一触即发。

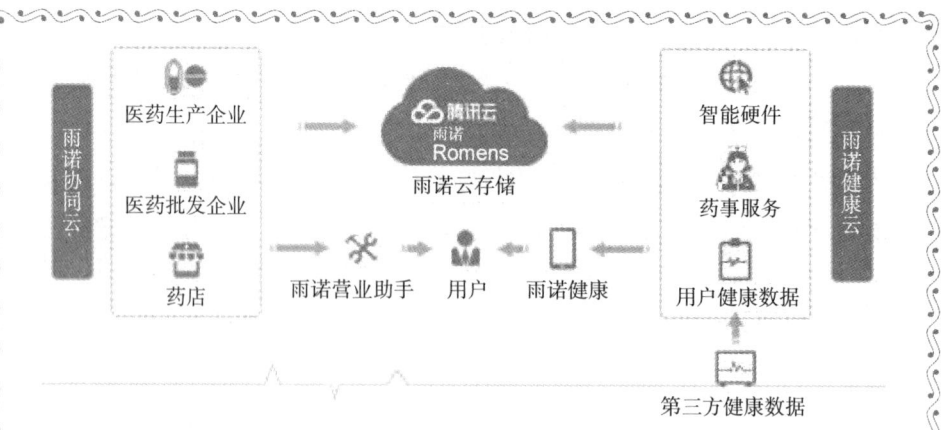

图 1-6 雨诺股份医药健康云与协同云

二、医药 365 云，协同机遇进行时

2016 年，雨诺股份正式向外部发布了自家的医药 365 云，主要分为协同云和健康云。协同云的主要作用是连接医药上下游企业，业务功能涵盖了药品采购时的询价、报价、订单信息的下发。同时，针对医药行业的特性，协同云还可自动生成销售出库批次检验报告，并加盖电子公章水印。而在健康云方面，医药连锁企业可以通过健康云为顾客提供健康体检、用药跟踪、家庭健康档案、顾客精准画像、精确用药指导等服务，实现连锁企业与会员顾客一对一的服务体系，提升企业服务质量，增加顾客黏性。同时，雨诺股份还开发了电商云，以完善云端服务，其主要功能是提供成本低廉的 B2C 微商城、健康到家、名医预约、拍单买药等 O2O 应用服务。另外，雨诺股份也有一套成熟的医药行业微信解决方案。2015 年，雨诺股份已经帮助客户完成了"微信智慧药店"的技术方案，该方案在众多大型连锁药店应用并得到良好反馈，腾讯云在其中提供的加速、安全等服务，让雨诺股份的医药行业微信解决方案得以更加顺畅、高效地运行。云战略的落实布局，已经为雨诺股份获取将来的协同机遇奠定了基础。

三、雨诺云 ERP，助推药企协同管理

雨诺股份与腾讯云强强联合，在腾讯云平台上打造了移动互联网时代医药行业首款即租即用的云 ERP 解决方案，融采购、销售、配送、库存、财务及内控等各项管理为一体，大大降低了医药企业的运营成本，配合医药 365 云可快速构建企业智慧医药服务体系。通过雨诺云 ERP，企业可以一键

开通雨诺云 ERP 方案，无须在硬件、软件和系统运维人员方面进行任何投资，即可获得软件服务，部署及维护非常简单和快捷，配合智能手机终端的应用 APP，大大节约了传统企业在互联网变革中的时间成本，快速跟上行业与市场的需求。除此之外，腾讯云在雨诺云 ERP 中还配备专业级别的安全防护功能，保障云 ERP 服务的高可用、高安全。雨诺股份与腾讯云在职能上进行了明确的分工，云平台的相关工作由腾讯云把关，软件维护由雨诺股份完成，腾讯云还专门指派了技术专家，保证云 ERP 的安全可靠运行。据了解，中国药店前 30 强连锁企业中两家省级最大连锁药房——河北新兴药房和四川德仁堂大药房均已采用了雨诺云 ERP。其中，仅石家庄新兴药房一年就能够节省 4 万多元电费、3 万多元服务器维护费，协同管理成效明显。

资料来源：笔者根据多方资料整理而成。

三、协同管理：新兴的经营理念

每一次企业的雄起和产业的变革都离不开三个红利期。第一个是风口红利期，谁做谁赚钱的蓝海市场；第二个是技术红利期，如果产品好、有个性、有技术含量，能得到消费者认可，就会有很好的发展；第三个是管理红利期，其特点是垄断，是企业根据市场情况和企业发展形成一套独特的且竞争对手无法模仿的综合管理体制以获取市场红利。

中国经济新常态对于企业来说是转型变革的十字路口，在产能过剩和劣质供给大于精准需求的大背景下，管理变革则是当前不可或缺的主要路径。传统的管理变革主要是从组织结构调整、员工激励管理等方面出发，更多的是强调管理本身，而协同管理则是更为科学系统的管理模式，在继承基本管理理念的基础上，更加注重管理方式方法的创新性和技术性。也就是说，协同管理模式可以很好地将科学技术同现有的管理模式进行融合，动态、多元、开放、灵活地对企业进行精确化和综合性管理。因此，从这个层面来说协同管理是一门经营哲学也不为过。如中信集团董事长常振明把协同提高到经营哲学的高度，指出"发挥协同效应是集团商业模式的重要组成部分。协同应该是我们整个集团公司的经营哲学"。中信集团副董事长兼总经理王炯也强调，"中信集团是一个多元化的企业，集团内金融、实业各板块的协同已经形成了文化，建立了相应的体制机制，协同已经上升到中信集团的战略高度"。

要将协同管理运用得当，如中信一样上升为新兴的经营哲学，必须以互联网技术打造的协同管理平台作为介质，理解其中三个重要的思维（见图1-7）。

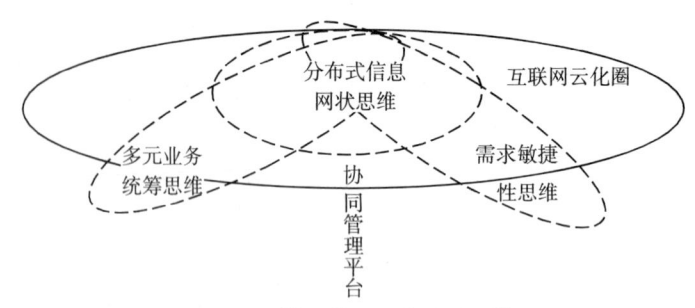

图 1-7 协同管理三大重要思维

第一，分布式信息网状思维。企业中的各种信息都是存在联系的，如果这些关联的信息被封存在不同的数据库或应用平台中，审批者就只能得到简单电子化的报销单而无从获得更多的信息以支持决策。协同管理则提供了更好的解决方案，它将各种分散的、不规则存在的信息整合成一张"信息网"，摒弃了传统信息储存媒介，将单一的信息进行整合统编，依靠每个信息节点之间的某种或某几种业务逻辑关系进行关联，访问者就可以完全突破信息孤岛的困扰从而轻松自如地穿梭在这张信息网中并获取自己关心的信息。管理的一个重要方面就是对真实的全局信息的了解，而协同管理无疑提供了这样的可能性。

第二，多元业务统筹思维。一个形象的比喻是：现代化企业就像一台不停运转着的精密机器，企业的各个业务环节就像是机器上的各个部件，任何一个部件出了问题都会对整台机器的运转造成影响。从表面上看，企业的业务被分为各个业务环节并归属于某个部门或某个人员负责，事实上这些业务环节之间有着千丝万缕的关系，更为重要的是它们都必须为达成企业的共同目标而运作。关注某个或某些业务环节的传统软件和数据是无法对其他业务环节进行统筹管理的，因而企业就不得不在多个应用软件之间切换以保证同步运作。而协同管理平台则可以对这些业务环节进行充分的整合并将其纳入统一平台进行管理，任何一个业务环节的动作都可以轻松启动其他关联业务的运作，并对相关信息进行及时更新，从而实现业务与业务之间的无缝对接，以保障企业多元业务的顺利开展。

第三，需求敏捷性思维。企业的各种资源，包括人、财、物、信息和流程组成了企业运作的基本要素。协同管理将这些资源整合在统一的平台上,并通过网状信息和关联业务的协同环境将它们紧密地联系在一起。然而,要进一步实现对这些资源的协调和优化,很重要的一点就是这些资源能够随着企业的某个目标或者某项事务而被灵活地组织起来并相互协作,为这个目标或事务"各司其职"并发挥最大的价值。换言之,各种资源能够随企业的需要而及时地响应并突破各种障碍,实现一致性协作。在协同管理的平台中,人与人之间的屏障被打破,并可被随时调动起来组成跨部门、跨企业、跨地域的"虚拟团队"。

第二节 寻根:何为协同管理

在《射雕英雄传》中,金庸笔下的郭靖之所以能从平庸之辈晋升到大神,问鼎华山论剑,成为东邪黄药师、北丐洪七公的对手,除了他坚持不懈的努力和过硬的人品,更主要的原因在于他在修炼武功的过程中融合了包括降龙十八掌、九阴真经、左右互搏、天罡北斗阵在内的多门武功,通过对每门武功的特征分析和长短处的结合,从而加速内功和招式上的融会贯通。

多种武功的协同管理成就了郭靖的大侠风范,企业也是一样,无论是初创型企业、成长型企业还是独角兽企业,企业唯有把"资源+多元业务"有机结合起来协同管理,才能使自身更加强大,不然即使是在某个方面积累再多的势能,也只会使得企业发展的天平失去平衡而无法合理优化整合资源,就如梅超风单练"九阴白骨爪"一般走火入魔,给企业带来灭顶之灾。

一、协同管理的前世今生

协同管理究竟为何物?它可以破除企业发展的窘境,推动企业实现跨越式发展;可以打破企业经营的难题,成为企业的经营哲学;可以超越传统的管理模式,融入于时代演变的大进程中。不是浮夸、不是杜撰、不是传说,而是实实在在的科学!

1. 协同思想是协同管理的前身

协同管理由来已久,但是在认识协同管理前,先要对其前缀"协同"二字有清晰的认识。协同思想作为科学思想之一,是关于世界存在与演化的思想,即关于世界整体中各个部分之间的协同效应以及整体与外部环境之间协同效应的思想。耗散结构理论创始人伊利亚·普里高津（Ilya Prigogine）在其著作《探索复杂性》中就提到，"只要对于中国文化稍有了解，就足以使访问者感受到它具有一种远非消极的整体和谐。这种整体和谐是由各种对抗过程间的复杂平衡造成的"；他在《从存在到演化》中也提到现代科学的发展同中国哲学思想有异曲同工之妙，中外合璧效果更佳是加深对协同理论理解最恰当的方式。

中国是最早提出"天人相协""天人合一"的国家，从伏羲造八卦，到周文王演周易，到程朱理学、王阳明心学，再到毛泽东思想、邓小平理论，"协同"思想是中国思想永恒的主题，"整体和谐""有机统一体""格物致知"等是中国协同思想的基本特征。协同思想的本质、精髓、框架融入了"气""和""理"等研究之中。如宋代的张载认为，"虚实、动静之机，阴阳、刚柔之始。浮而上者阳之清，降而下者阴之浊，其感通聚结，为风雨，为雪霜，万品之流形，山川之融结，糟粕煨烬，无非教也。气聚则离明得施而有形，气不聚则离明不得施而无形"。将宇宙自然产生演化的原因归结为"气"，是阴阳二气动静相感、相互交合的结果。"和"则是天地人宇宙万物融合成为统一有机体的重要"催化剂"，强调对事物秩序的约束和界限的界定，是维护这一有机体秩序稳定的重要前提，但"和"更主要的基本含义是通过因果矛盾相互转化实现"天人合一"的均衡和谐境界。

西方协同思想则更倾向于数理或定量研究，在"原子论"出现后，协同思想摆脱机械论的束缚和排斥，与系统进化思想相结合，发展成为现代的系统协同理论。"协同"一词最早来源于古希腊，意为"协调合作"，表示一个系统发生相变时，会因大量子系统的协同一致而引起宏观结构的质变，从而产生新的结构和功能。20世纪六七十年代，德国斯图加特大学理论物理学教授赫尔曼·哈肯（Hermann Haken）和美国著名战略管理学家伊戈尔·安索夫（Igor Ansoff）两位学者就对协同的概念进行了阐述。不同的是，哈肯从自然科学的角度定义"协同"，而安索夫则从经济管理的角度研究并阐述协同的理念。

1973年，哈肯在《协同学》一书中指出，一个由许多子系统构成的系统，系统的各部分之间相互协作，使整个系统形成微观个体层次所不存在的新质的结构和特征。如果在子系统之间互相配合产生协同作用和合作效应，系统便处于自组织状态，在宏观上和整体上就表现为具有一定的结构或功能。协同或协同作用过程中的序参量、相变、涨落等是协同学最基本的概念，主要研究协同系统在外参量的驱动下和在子系统之间的相互作用下，以自组织的方式在宏观尺度上形成空间、时间或功能有序结构的条件、特点及其演化规律。

1965 年，安索夫在《公司战略》一书中指出，协同是公司战略四要素之一，协同战略是公司多元化业务联结的纽带，能够更充分地利用公司现有的优势，开拓新的发展空间。安索夫借用投资收益率（ROI）确立了协同的经济学含义，即企业的整体价值大于企业各独立组成部分价值的简单总和，产生"2+2=5"的协同效应。

尽管他们对协同的表达和阐释相去甚远，但在实质上却有相似之处，即都是对客观系统的协同进行研究的结果。安索夫对协同的研究具体到了管理层面，而哈肯所创立的协同学作为一门以研究完全不同学科中共同存在的本质特征为目的的新的横断学科，其协同思想更具有抽象性和普遍意义。哈肯对协同定义的理解正如富勒所说的，是"在系统范围内理解的"。系统能否发挥协同效应达到整体性功能最佳水平是由系统内部各子系统或组分的协同作用决定的。如果一个管理系统内部相互掣肘、离散、冲突或摩擦，就会造成整个管理系统内耗增加，系统内各子系统难以发挥其应有的功能，致使整个系统陷于一种混乱无序的状态。因此，"协同+管理"的黄金组合和共振将会为企业发展带来更多的机遇和竞争优势。

2. 协同管理源于协同思想，始于管理创新，成于互联网时代

协同管理源于中西方社会科学和自然科学协同思想的相互贯通、互相补充、互为体用，并在具体的管理实践中不断检验、升华，逐步形成理论框架。协同管理的研究对象是一个以信息交互平台为中心的人、资金、资源合理配置的系统。在这个系统中，信息交互平台的主要功能是通过构建信息交流、人员沟通的平台（硬件平台），形成系统内外部之间、各子系统之间、人与人之间的信任平台（人文平台），逐渐解决信息不对称的问题。

信息对称是系统实现协同管理的关键，然而，在互联网出现之前，信息的传递、加工主要通过口口相传、人人传播的形式进行，信息的及时性、准确性和实用性都大打折扣。当系统面临着一个复杂多变、难以预测、竞争激烈的环境时，系统与外部环境之间、各子系统之间、人与人之间信息量交互太大，可能会因信息误导而内耗，甚至互相伤害。

当互联网出现后，在大数据、物联网、云计算、人工智能等技术驱动下，原有信息传递（传播）的渠道及其获得信息的途径被打破、打乱，信息在个人（企

业）征信体系的基础上，主要以流量、数据等量化的形式出现，逐渐演化为一种区别于实物的商品——信息商品，并成为个人（企业）商业价值的重要组成部分。互联网时代，信息商品化必然引发企业管理的一系列变革，在个人（企业）信用体系和社会法律体系逐步完善的基础上，人人都可以在"天台"信息平台、"地平"生产（智能制造）平台进行"大众创业，万众创新"的活动，分工将越来越细而合作却越来越紧密，价值创造的模式将越来越新而成本（浪费）却越来越少，商品交换将越来越活跃而交易成本却越来越低，组织管理越来越扁平化、自组织化而利益分配却越来越集体化、虚拟化……

因此，在人人既是消费者也是生产者的互联网时代，需要一种"我为人人，人人为我"的商业智慧——协同管理，也只有协同管理才能解决信息商品化、信用价值化、生产平台化、收益共享化等管理难题。

3. 协同管理是互联网时代的管理模式，也是商业智慧

互联网时代的协同管理是在互联网平台和生产（智能制造）平台的基础上，企业（或个人、组织）为实现"1+1>2"的协同效应，以信息商品为媒介的"竞争→协作→协调→协同"的自组织管理过程。这既是互联网时代定制蛋糕（商品）的管理模式，也是分享蛋糕（利益）的商业智慧。根据自组织理论，协同管理是互联网时代共享经济或分享经济"私人定制"的企业商业模式，也是一种开放式复杂巨系统的企业管理模式，具有时间与空间辩证统一的内涵。

从时间的维度出发，协同管理主要研究技术、产品、组织的生命周期和协同演化的规律。简而言之，就是研究一个系统（个人、企业、产业）"竞争→协作→协调→协同"的"四阶段、三跃迁"自组织管理行为和过程（见图1-8）。

从空间的维度出发，协同管理主要研究技术和管理创新引发空间组织变革的问题，即从经济学、管理学角度研究广义的"技术与管理创新成果"（包涵技术创新成果、管理制度机制创新等形式）与外界交互方式的"外化与内化"的协同问题。以美国管理学家迈克尔·波特为代表的战略学派倾向于从宏观的视角研究"技术与管理创新成果"对空间组织变革（国家或者是联盟、区域）的影响，比如产业的扩散和聚集问题等。以英国经济学家约翰·邓宁为代表的组织学派倾向于从微观的视角研究技术创新对企业的内部组织结构的影响，如跨国企业的国际生产折中理论等。以约瑟夫·熊彼特为代表的创新学派则对两种学派的观点进行综合，更关注企业特有优势的技术资产的占有和积累以及作为国家特有优势创新

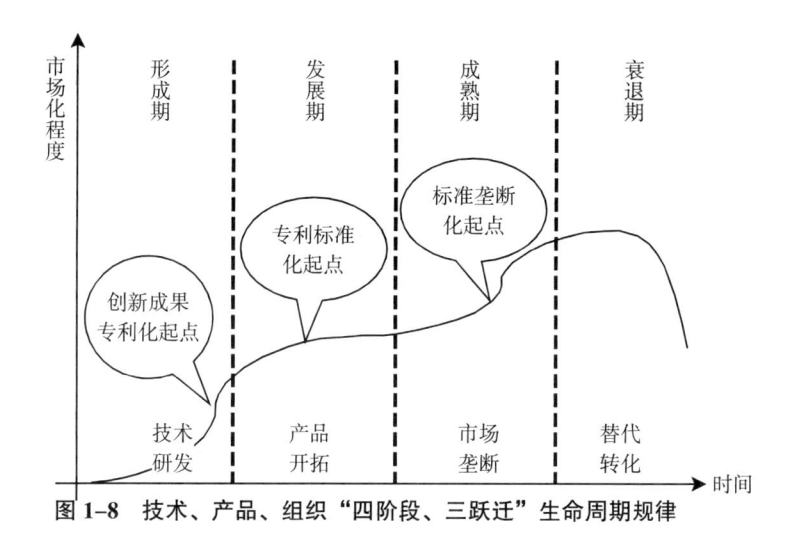

图 1-8　技术、产品、组织"四阶段、三跃迁"生命周期规律

系统的作用，如意大利经济学家克瑞斯提诺·安东内利（2014）在学习经验、技术轨道和企业创新战略上关注技术创新的空间性，提出"创新经济"的概念。虽然各种学派从不同角度深入地研究了"技术与管理创新成果"导致各层次空间组织的变革，有的学者甚至从系统的角度进行剖析，但"技术与管理创新成果"对企业（个人、组织或产业等）的空间组织的影响等"内化"问题及其对经济、政治、市场的影响等"内外化"综合问题都未得到重视，目前这方面的研究主要集中在"技术与管理创新成果"的空间（地理区位、区域、国家等）扩散、转移和嫁接等问题上，未曾深入地进行空间组织形式分析。

【协同时代来临专栏 3】 中国医药：工商齐发展，协同潜力爆发

中国医药健康产业股份有限公司（以下简称中国医药）是在上海证券交易所挂牌的国有控股上市公司，秉承"关爱生命、追求卓越"的核心理念，致力于医药产业发展和人类健康事业，努力打造中国医药领域的旗舰企业。2013 年，重组后的中国医药如箭在弦，进入新的发展通道，抢抓医疗体制改革、医药产业整体转型的战略机遇，外延扩张、内涵增长，塑造了中国医药今日之工、商、贸产业群组合雏形。目前，公司已经建立起了以国际贸易为引领、以医药工业为支撑、以医药商业为纽带的科工贸一体化产业格局，产业形态涉及研发、种植加工、生产、分销、物流、进出口贸易、学术推广、技术服务等全产业链条。

一、做实公司优势，夯实协同奠基石

1999年，中国医药加入通用技术集团，成为集团发展医药产业的核心企业，后于2004年借壳中技贸易成功上市。显然，中国医药是带着国际化基因而诞生的，与海外医药企业、市场广泛深入的联系一直是中国医药传统的优势，其业务一直都是面向国内、国外两个市场，进行国内、国外两种资源配置协同，不断"引进来"和"走出去"。2013年中，中国医药重组成功，重组后的中国医药借助通用技术集团的渠道及技术优势，成功建立起以医药工业为支撑、以国际化为引领的科工贸一体化产业格局。此外，中国医药将国际化作为核心能力予以培育，作为差异化战略予以实施，国际化协同经营理念将贯穿公司各个业务领域。

二、"国际化蓝图V2.0"发布，协同战略始布局

早在2013年，中国医药在"国际化蓝图V2.0"发布会上，就提出要着力实现融合重组后医药工业、商业与国际贸易之间的协同效应，实现专业化医药健康产品供应链综合服务商的进一步拓展与升级，并通过全产业链、资源方案、市场营销、业务融合、业务转型及经营结构六个方面的协同管理，使其融会贯通，在六方面协同运作的基础上，将国际化元素体现在全产业链的管理体系和业务组合中，充分发挥中国医药国际业务的资源优势、品牌优势和人才优势，用国际化的眼界、国际化的理念、国际化的运营管理，实现重组后研发资源、品种资源、市场资源以及资本资源的全球化配置（见图1-9）。

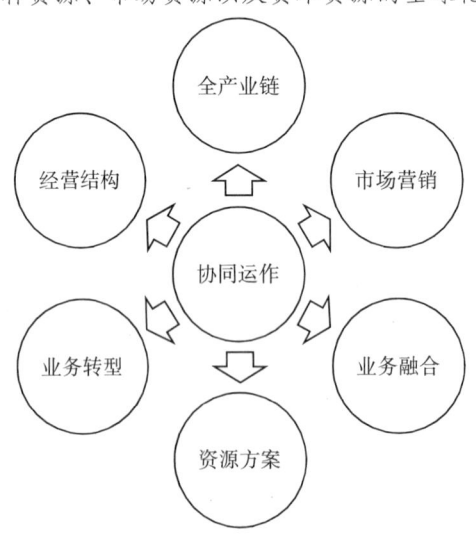

图1-9 产品供应链综合服务商六方面协同管理

三、协同之力初显，工商贸发展亮眼

2016年，在协同战略的布局下，中国医药已经建立了以国际贸易为引领、以医药工业为支撑、以医药商业为纽带的科工贸一体化产业格局，全面推动工商贸三大业务板块整合协同，积极向全产业链模式延伸，构筑一体化经营优势。在工商协同方面，中国医药在商业企业中构建产品推广能力，将工业企业自主在销品种有机融入公司商业渠道，并通过加强商业公司招商、推广、分销及市场服务等能力建设，推动协同不断深化，工商企业共享产品和服务增值；在工贸协同方面，工业企业为国际贸易业务提供品种资源及技术支持，在国际贸易板块积极发挥国际市场窗口优势，引进境外的新品种、新技术，助力工业产品"走出去"与"引进来"；在商贸协同方面，将进口代理品种植入自有商业渠道进行销售，搭建内外贸一体化经营网络。多年来，中国医药把协同力作为企业战略发展的重要驱动力之一，着力打造内部协同的核心竞争优势。2016年，公司内部资源整合与协同工作进一步推进，通过不断完善业务协同工作实施方案和系统梳理各子企业自身的优势，促进工商贸企业的资源与信息共享，业务协同范围更广、协同力度更深。中国医药2016年年报显示，公司内部协同同比增幅近30%，在协同之力的聚集和作用下，公司实现营业收入257.38亿元，同比增长25.12%，实现净利润11.19亿元，同比增长55.64%，实现归属上市公司的净利润9.48亿元，同比大幅增长54.31%。利用协同管理模式持之以恒地进行改革，未来中国医药有望大幅提升长期盈利能力，实现跨越式发展。

资料来源：笔者根据多方资料整理而成。

二、协同管理的"基本功"

协同管理作为互联网时代的商业智慧和管理模式，企业应用得当即可出奇制胜，决胜千里。企业要明确应用协同管理产生协同效应也必须由里及外做好两项"基本功"——构建两套交互式闭环，第一闭环可称为企业的"内功"，即保证企业合理运转并形成开放式组织基本架构和前提条件，包括企业资本运营、财务管理、市场营销、技术研发、人力资源、组织模式等；第二闭环可称为企业的"外功"，即同外界企业或其他商业生态系统的交互环，主要是用于引进和合作，补

足内环生态所需，用以实现内环基础之上企业生态圈搭建的目标，包括维持企业多元业务的开展和前瞻业务的布局（见图1-10）。

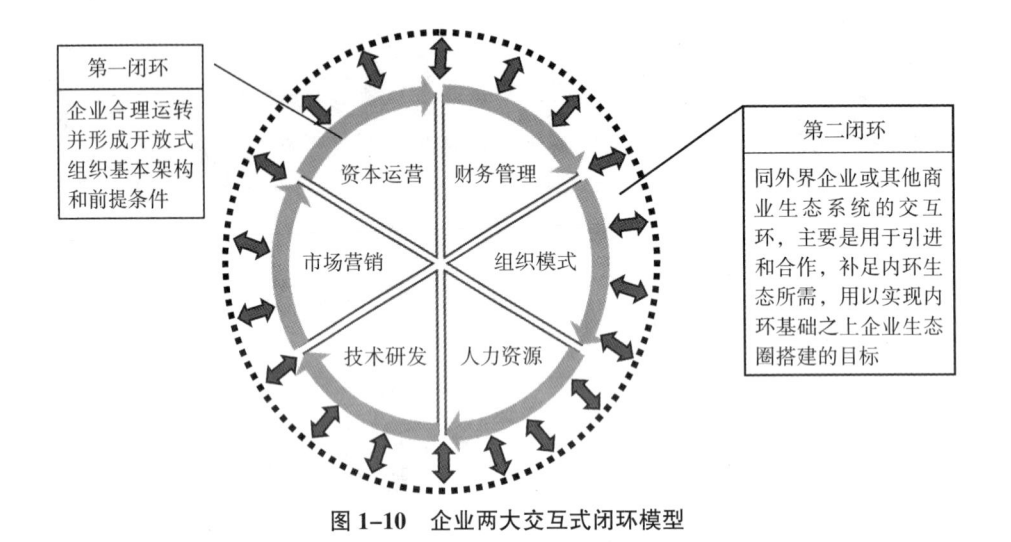

第一闭环：企业合理运转并形成开放式组织基本架构和前提条件

第二闭环：同外界企业或其他商业生态系统的交互环，主要是用于引进和合作，补足内环生态所需，用以实现内环基础之上企业生态圈搭建的目标

圆环内六大板块：资本运营、财务管理、市场营销、组织模式、技术研发、人力资源

图1-10　企业两大交互式闭环模型

（一）资本协同管理

资本具有洪荒之力，但也是头洪水猛兽。创投市场的风云变幻、资本市场的波涛汹涌，都离不开资本。在互联网的大背景下，资本的"血腥味"更浓，在资本的熊熊火焰中，烧出了海航集团、复星集团这些史前巨兽，烧火了共享服务这一片大草原。但不可否认的是，资本也烧煳了成千上万的创业项目，如东星集团等。我们不得不感叹资本这把双刃剑，能助企业成就千秋霸业，也能让企业功败垂成……

企业如何才能驾驭资本这匹野马呢？关键在于把握资本的协同管理，即要明确资本的流通性和互联网技术的跨界性、兼容性之间是互补的，两者产生合力需要一个以互联网技术为支撑的金融服务平台来聚合企业的上下游企业，加强供应链整合，实现公司业务的高度联系和各业务板块资源的可转移性和互通性，真正发挥出资本运营的最大协同效应。同时，企业务必把握资本协同管理的"两类型、一重点"（见图1-11）。

"两类型"资本的协同管理是指扩张型资本和收缩型资本的协同管理。扩张型资本的协同管理是要借金融资本平台强有力的聚合力对不同产业之间的业务进行连接，并利用初期资本运营为各业务板块输血，壮大其实业，尤其要重点培植

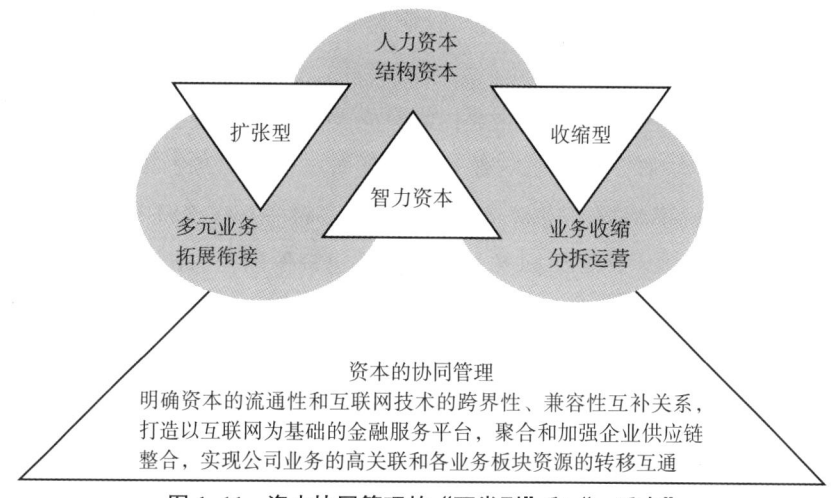

图 1-11　资本协同管理的"两类型"和"一重点"

各业务板块中具有高含金量和高衔接度的产业，做到各资源要素的互补、转移和贯通，达到多元业务板块之间的高度关联和产业生态圈良性造血的目的，以此来实现协同效应。收缩型资本的协同管理是企业将多元化经营战略转向"归核化"战略，从被动走向主动，将高现金损耗、高度关联、快速发展的朝阳产业以剥离、分拆等形式进行独立资本运营，一方面稳定甚至提高公司股票的市场价值，另一方面满足该产业战略改变与转移的需要，消除负协同效应。就如京东拆分京东物流上市一样，京东物流本身就是一个具有投资溢价能力的标的，京东本身的资源无法完全满足其物流板块发展所需，通过独立的资本运作更方便其同母集团之间的优势互补，特别是在资本层面的协作，在保证京东物流高速发展的同时，又可使京东内部的部分资本转移到金融、电商等板块，从而强化板块效应，达到双赢的目的。

"一重点"则是企业必须重视智力资本的培养，尤其是提升无形资本（人力资本、结构资本）的协同效应，资本的协同管理中企业的非智力资本的增值作用会通过智力资本作用于企业绩效。智力资本的价值驱动还需要依赖一种以与长周期、高风险与高收益相伴为特征的股权资本为之服务，二者的协同效应会提升企业的资产利用效率，增加股东权益回报。

（二）财务协同管理

整合风、并购潮已让聚焦于公司核算体系上的传统财务管理与时代失之交臂。从美团和大众的合并、阿里霸气收购高德，再到宝钢集团和武钢集团的合并，看似宏大的并购案不仅是资本之间的博弈，也是当事方之间财务管理的对接。互联网时代，财务管理对于企业控制、企业经营和企业管理的重要性越来越凸显，跨区域联合、跨行业合作、跨企业联盟等，使得财务管理工作实现了二次进化，逐步渗透到了预算、控制、核算、投资、融资等多个环节，在资金预算、资金运作、资金控制、产业协同等方面发挥着重要作用，对信息技术或者财务管理的建设理念有着更高的要求。

财务协同管理以最大程度协调各种管理职能发挥和企业财务流程效率提升为主要目标，借助现代互联网技术，构建协同管理平台，强化对预算和资金运作过程的控制以及对财务资源的全程管理和监控，打通原有财务信息的传递壁垒和信息孤岛，在财务方面为企业的经营性活动带来收益，包括财务能力提高、合理避税和预期效应，与企业共同创造协同数字价值。

财务协同管理的另一个重要目标是实现并购后双方企业的财务协同效应最大化，即剔除"瘦狗型业务"和"问题型业务"，将投资重点放在"现金牛型业务"上，提高财务使用效率，借资本之力实现双方同质异构业务模块的衔接和企业价值链的相互叠加。企业财务协同管理这一新形势下产生的一种企业财务管理模式的变体也有助于对企业财务人员这一有机个体进行赋能，激发财务人员的"鲇鱼效应"，将财务工作人员的专业技能同企业的业务和战略相挂钩，有效帮助一线业务人员、人力资源部等相关部门进一步提高工作效率与办事能力。鼎捷软件旗下的鼎竑信息技术有限公司（以下简称鼎竑）针对企业财务管理的问题，推出了财务协同管控解决方案。依托于其协同管理平台，鼎竑成功实现了软件与企业内部ERP及专业财务、预算、资金以及网银系统的对接，支持对项目管控、采购付款、销售回款、销售票据、固定资产等进行管理审批，整个过程实现业务及信息化闭环管控。在整合企业诸多资源信息的同时，提升了企业管控执行力和财务风险监控力。除此之外，鼎竑协同财务管控解决方案还结合集团化企业财务共享中心管理模式，帮助企业从人员固化的管理模式向任务绩效化的灵活分配模式转变，即开放财务任务，把之前任务定点到人的方式转变为任务自动找到工作饱和度低的人员，软件会根据财务人员的能力和经验，制定合理的任务类型和数量指标，从而优化任务分配机制，有效提升员工工作效率、实现绩效化管理，从而调动员工的积极性（见图1-12）。

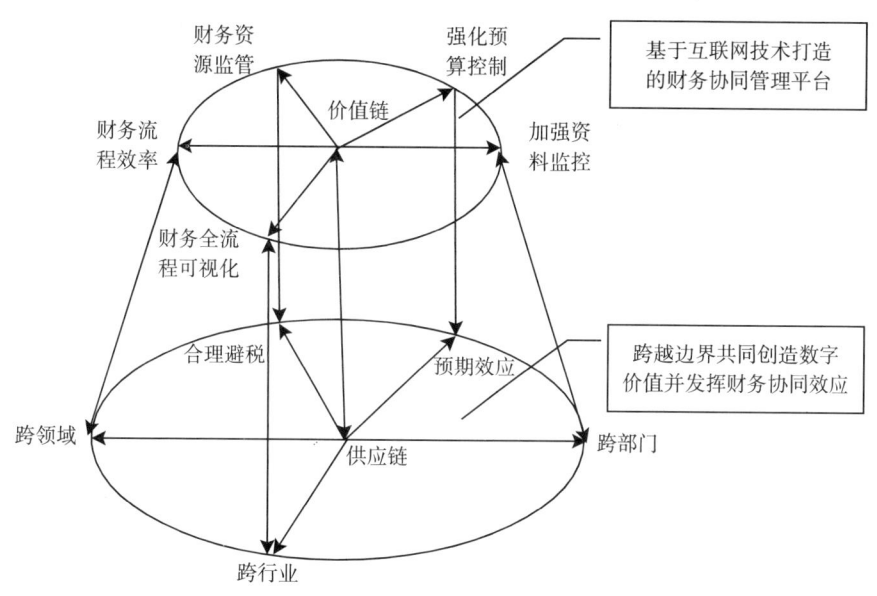

图 1-12 财务协同管理模型

（三）组织协同管理

科层制组织模式、平台型组织模式及扁平化组织模式是目前企业中较为流行的组织管理模式，采用这些组织模式的企业一直在试图解决"集权与分权""效率与创新"这两组矛盾。

第一，科层制组织模式。科层制组织沿用至今，已有百年历史，经历了直线职能制、事业部制、矩阵制等经典结构的演化，但不幸的是，绝大多数组织撞破了南墙，仍然无法找到纵向组织代理和横向分割协调等问题的妙解之道。诺基亚、柯达、摩托罗拉等一众风起云涌的企业都曾尝试组建跨部门团队、组织扁平化等举措破解该难题，但最终仍难逃一劫。

第二，平台型组织模式。平台型组织是在"互联网+"浪潮中快速兴起的一个组织模式，典型的企业有淘宝和滴滴。其核心就是连接，即供需双方需求的有效匹配对接，但此类平台大多遵循"赢者通吃"的原则，排名第三的都很难活下来，对绝大多数企业来说其实没有模仿价值。此外，部分平台型企业内部团队能力不强且过分独立、各自为政，就像众多小舢板加在一起无法成为航空母舰战斗群一样，难以形成有效合力，每个团队只顾自身利益和绩效，而忽视组织整体计划和长远目标，协调性不足也往往导致企业错失市场机会。

第三，扁平化组织模式。其最大的特征是去中心化，最大的优点是提高企业的沟通效率，让企业人才更容易冒尖。海尔提出的"倒三角"管理、华为提出的"让听得见枪炮声的人做决策"，便是扁平化组织管理的具体模式。海尔和华为的扁平化组织依赖于它们各自长期的执行文化，是适度的、彻底的扁平化，能为企业带来价值的扁平化。若过度扁平或是扁平程度不足，也会有一些老人、老办法、老习惯、老思想等附着在扁平化的单元上，使得扁平化组织尾大不掉，无法对企业的发展产生正面影响（见图1-13）。

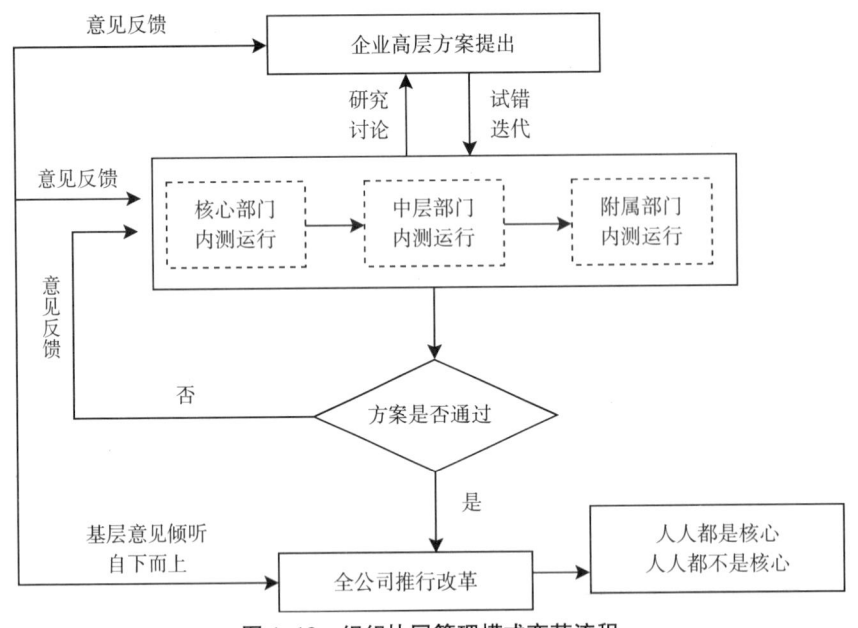

图1-13 组织协同管理模式变革流程

可以看出，任何一种组织模式都不是绝对成功或者失败的，只有同企业特定的情况进行融合才能显示出其真正的价值。企业组织的转型，本质是企业领导人价值观的调整，关键是调整后价值观的落地。企业互联网转型最棘手的就是组织转型，这是产品转型、服务转型、用户转型的基础保障。因此，企业更应关注的是企业组织模式的演进迭代和减少改革阻力，采取类似于中庸之道的理念缓和企业组织模式变革过程中的矛盾，循序渐进地进行组织模式的改革与创新。组织管理模式的核心是领导者或企业家的价值观，关键在于程序或机制。也就是说，组织协同管理模式的目标是自下而上、与时俱进地进行企业组织模式的变革，将高层转变为"五角大楼"的角色，负责决策管理和资源匹配，打破部门概念的固有藩篱，将组织框架超级节点化和云化，以发起流程的"节点"来驱动业务的进程，即"人人都是核心，人人都不是核心"，充分挖掘员工价值和组织价值之间的潜能，将企业组织模式和架构化整为零，从而加强企业在市场环境中的应变能力和竞争力。

(四) 技术研发协同管理

物联网、大数据、人工智能、云计算、3D 打印、区块链等一系列技术让人眼花缭乱，科学技术是第一生产力，技术则是推动生产力发展的原动力，但凡手握尖端科技，要想颠覆商业模式，在商场上所向披靡，应该是手到擒来之事。但是事实是残酷的，技术研发也有可能成为一种"创造性破坏"。柯达作为当时的商业巨头，在胶片科技上精工细作，结果是什么？马自达的创驰蓝天技术斩获了多项殊荣，可是为何销量平平？为何在技术研发上勤勤恳恳、认真做事的企业却没有得到应有的回报？专注于技术研发确实对企业而言是极其重要的事，但是技术研发的投入和转化周期长、资金消耗大，若不是商业"权贵"，中小企业又怎能在技术研发上取得突破，即使是商业大佬，也会因为错误的判断而对现有技术研发产生重大影响，甚至会因为过度的技术研发投入而破产。前车之鉴比比皆是，企业究竟应如何进行技术研发？

技术研发协同管理的实质是技术研发与企业生态系统、消费者、传统技术三者协同并行，依托于传统技术基因和企业现有技术资源，进行二次开发管理的过程。其主要包含三个方面的内容，分别是混合技术研发、核心技术整合及技术商业化（见图 1-14）。

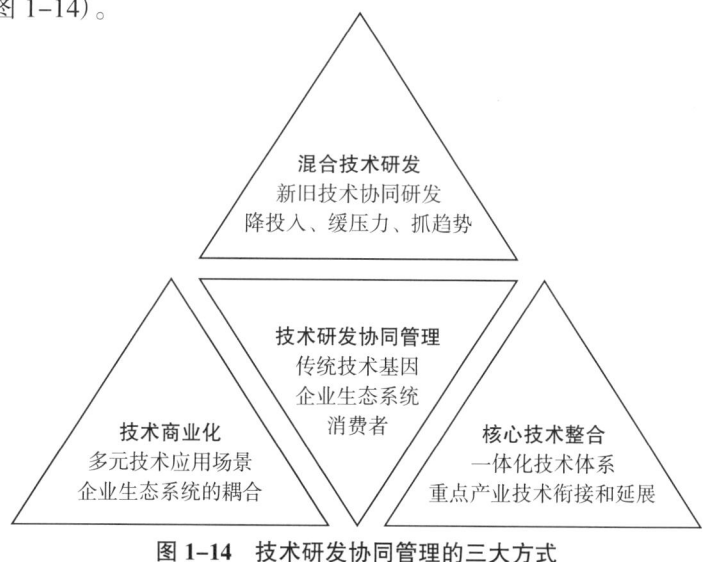

图 1-14 技术研发协同管理的三大方式

第一，混合技术研发。结合新旧两代技术的混合技术研发协同管理方案，是中小企业甚至是大型企业降低研发投入、缓解研发压力及预测技术研发趋势的最为折中的方法，混合技术研发包含了潜在的颠覆性技术和现有技术。如丰田普锐斯就是油电混合技术研发最好的体现，相较于特斯拉的纯电动汽车，无论是在安全性和稳定性上，还是在成本和盈利上，都有较大的优势。

第二，核心技术整合。就是企业将自身已经掌握的尖端核心技术整合为一体化技术体系，在这一体系的基础上进行企业重点产业技术研发的延展和创新创造，以此来促进企业转型发展的一种协同技术研发管理方案。如富士胶片就是运用此种技术研发方案，在经济大环境低迷的情况下，在2016年上半年实现销售收入106.752亿美元，营业利润6.048亿美元。其具体做法是将胶片上的尖端材料技术进行整合打包，并将这些技术整合优化至新的成长领域，开展多元化经营，最终取得成功。

第三，技术商业化。"酒香也怕巷子深"，一个技术若没有市场前景，不能同企业生态系统进行耦合，打造多元技术应用场景，只会使其成为企业发展的掣肘，因而技术研发的重要目的就是要同企业的商业模式进行融合，将自身同企业生态系统已经开发和商用的核心子生态进行协同管理，提高产业运营效率，降低生产成本，改进企业发展的盲点，把握时机，利用技术研发的创新成果促成企业质变。

（五）人力资源协同管理

人力资源协同管理是指组织协调内部人与人的关系，化繁为简，将人作为最小的经营单位或最小的组织模块进行协同管理，从而实现人力资源在组织中的最优配置，并使组织获得竞争优势的管理模式。

现代企业之间的竞争，归根结底还是人才的竞争，是人力资源的综合较量。因此，采取何种手段和理念来进一步开发人力资源潜力、增强企业的团队活力和创造力、提高企业的竞争力，已经成为当前企业管理的第一要务。但目前传统人力资源管理复杂离散、执行效率低下、灵活性不足等弊病已无法适应互联网时代人力资源管理数据化、柔性化及机动化的特征。相比较而言，协同人力资源管理最关注的是人力资源机制的创新力度，包括运行机制的匹配性与柔性和反馈机制的弹性与成长性两个部分，更加注重数据化和动态化的人才管理，并以"人是最小经营单位"为出发点，最充分、最全面地体现了人本主义思想，是人本管理的飞跃。同时，人力资源协同管理又最系统、最深入地贯彻了团队管理的精神，是系统管理在人力资源管理上的深化。

协同人力资源管理在传统人力资源管理的基础上更加注重管理系统内外部关系，更加注重与系统的适配，更加注重系统的附加协同产出，对企业特别是公司集团人力资源管理能起到重要的指导作用。

以谷歌为例，其利用海量数据和智能算法重新定义了人力资源管理，整个公司集团的人事决策，无论是刚开始的招聘面试和过渡培养，还是员工入职期间办公条件改善、办公区位设置、能力矩阵测试及后续资源导入等都是基于大数据的管理手段，将公司人力资源作为一种重要资产进行管理运营，依据数据精准分析每个员工的近况，通过协同管理让每个员工各司其职，各展所能，将工作人员的职责、能力、兴趣进行串联，挖掘员工潜能，另外依据数据分析将每个员工的特性进行归类分组，做出最适宜的团队组合和办公区位安排，通过人力资源的团队聚合和对各组分的知识、经验、技能、信息等人力资源的共享，提升团队的整体竞争力，降低团队内耗成本和平均人力资源成本，产生聚合经济性。同时遵照"个人→团队→公司"协同管理的逻辑实现组织的重构和工作流程的再造，减少非核心工作环节，降低总体人力成本，共同为公司战略目标和重点项目服务，真正形成员工特点→团队搭配→项目服务一体化的协同人力资源管理机制。这是谷歌成为伟大公司的重要基石（见图1-15）。

如果说工业革命的社会生产力的主导要素是土地和资本的话，那么进入工业3.0、工业4.0智能时代的生产力主导要素就是人力资源和智力资本。因此，现代企业的管理中心也必然随之发生改变，从以"物力资源"为中心的管理向以"人力资源"为中心的管理进行转变。在智能工业时代的背景下，知识的创造者、使用者和承载者——人力资源已经成为社会生产力的第一要素，而生产力又是改变整个社会经济形态的强大驱动力，人才与经济一体化已经成为大势所趋。人力资源作为生产力诸要素中最积极、最活跃、最富有创造性的能动因素，已经成为整个经济运动演进创新的第一资源。

（六）市场营销协同管理

市场营销协同管理是指厂商、经销商之间共同打造关于产品营销、渠道、终端、促销、培训等内容的资源共享平台，相互协作展开线上线下立体式市场营销，达到整合资源、提高资源使用价值、节约成本及共同盈利的目的（见图1-16）。

图 1-15 谷歌人力资源协同管理流程

图 1-16 市场营销协同管理

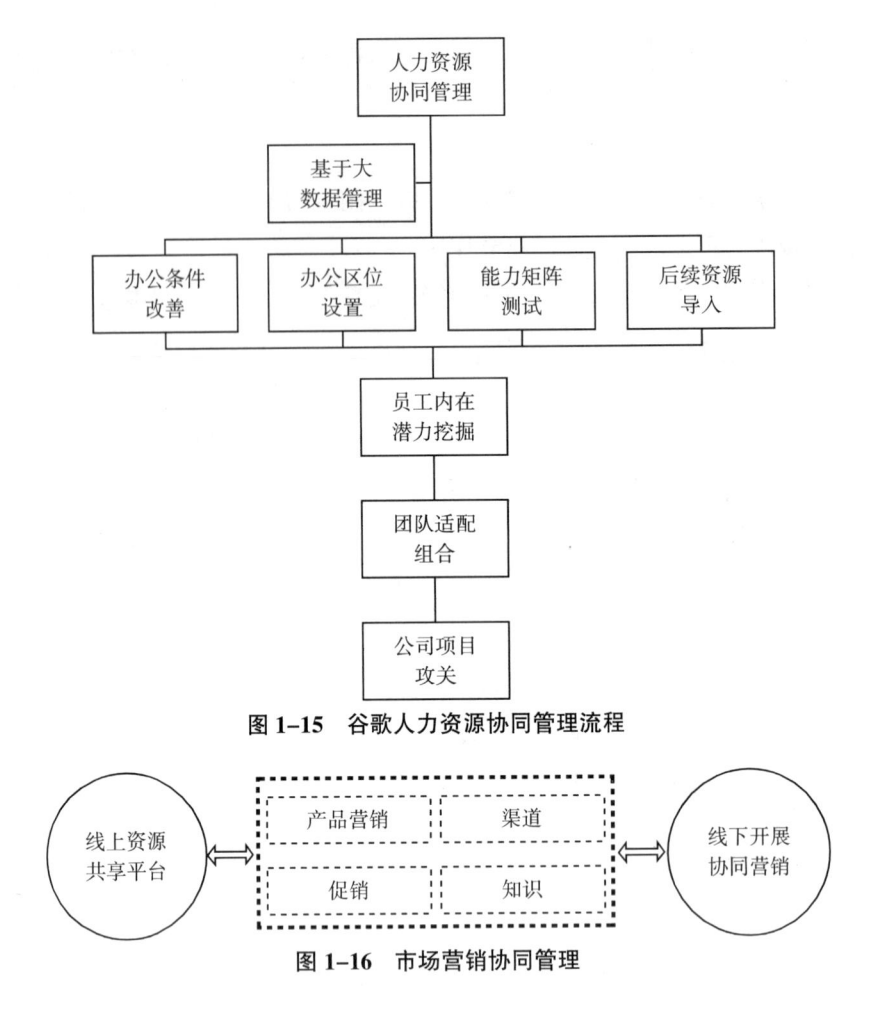

市场是企业生存的根本。当今市场竞争已经由过去的某一节点上的竞争升级到整个产业链、供应链、价值链等的竞争。面对竞争日益加剧、快节奏的国际经济大环境及消费升级的大趋势，企业市场营销正发生着深刻的变革。因此，市场营销协同管理包括价值链、供应链、产业链等的产品营销协同管理、渠道协同管理、促销协同管理、知识协同管理四大类型（见表 1-1）。

娃哈哈建立了协同管理营销体系，使得其能以 2000 多人的营销队伍，管理 2 万多个经销商，掌控几十万个零售终端，能在全国范围内深入三级、四级市场，让其对手望尘莫及！格力电器的联销体系、洋河"1+1 模式"等基本上都是厂商一体化、协同营销的表现方式。不仅是传统产商，Roseonly 作为互联网的"小鲜肉"，也是市场营销协同管理的好手，通过线上微博话题和微信圈的疯狂扫

表 1-1　市场营销协同管理四大类型

具体类型	具体内容
产品营销协同管理	产品营销协同管理的核心目标就是厂家要开发出既符合公司总体发展，又能够满足经销商经营、市场需求的一种产品。如何才能不断开发出满足市场和经销商需求的产品，并确保新品上市成功，这是厂商持续合作的关键。但如何才能保证产品研发的成功率呢？在这个环节中，厂家要主导产品开发的过程，依靠经销商的参与，提高产品开发的成功率。厂家业务人员、市场企划人员、高层领导应该多深入市场一线，走访经销商，建立多渠道的信息来源，同各级渠道成员就这些信息进行交流，充分听取渠道成员的意见，了解经销商对产品的需求，充分听取经销商的建议，并进行汇总分析，最终形成新品研发的思路。如此就能在很大程度上保证新品研发的成功率，开发适销的产品，进一步获取市场份额
渠道协同管理	所谓渠道协同管理，就是让综合优势明显的渠道成员或者厂家来担领导者和管理者的角色，着眼于各渠道各成员的长期合作结盟与互利共赢，从而形成具有战略协同关系的营销渠道，追求营销链整体效率和整体利益最大化。目前，已有许多企业的渠道建设和管理水平能够达到这样的层次。此外，依托数据化和信息化综合管理渠道的模式也是协同渠道管理的重要特征。企业通过渠道协同管理，建立主要竞争对手、核心经销商、核心终端网络、核心消费者等营销数据库，并可依据丰富完善的数据库，开展营销价值链的深度挖掘，合理规划营销资源，建立目标管理责任体系和营销系统支持平台，并以此来强化对区域市场的精耕细作，加强掌控终端网络的执行情况，强调市场份额的数量和质量。在此基础上，渠道协同管理可为核心经销商的经营管理和利益提供全面的服务支持，深化客户关系，提高其分销效能以及与企业、终端网络的系统协同能力
促销协同管理	促销协同管理主要表现为厂家和经销商如何形成不可分割的一个整体，共同策划，把握在什么时间、什么阶段，采取什么样的促销方式对促销对象进行促销活动，共同促进产品的销售。但在现实运作中，厂家在促销设计方面很擅长渠道促销，但是不当的促销方式很容易造成大量库存积压，经销商也苦不堪言，却很少进行促销。因此，厂家和经销商之间如何在促销推广方面主动联合起来，做出有效的方案，发挥促销推广的协同效应是至关重要的。厂家可以通过营销价值链中的资料数据库，根据产品销售的季节性和产品的发展阶段等因素，得到经销商的认同后，出台渠道促销政策，其关键点在于要确保该方案具有实效性，能够真正提升销量，能够俘获消费者的心
知识协同管理	终端为王、渠道下沉虽然是个老掉牙的话题，但一直以来都是企业最渴望达到的状态。但是渠道下沉、终端为王沉重的成本代价，迫使企业不得不重新走上依靠经销商的道路以打理渠道、掌控终端，然而经销商都各怀鬼胎，要和经销商建立成一体化营销团队，知识协同管理是关键。在营销团队的建设上，一个公认的说法就是要打造"客户顾问型"的营销团队，即作为厂商之间起"枢纽、桥梁"作用的营销人员，不仅要给客户当好"经济参谋"，更重要的是要能协同厂家指导、管理客户及其下属人员，增强其向心力，促使双方能够协同发展，形成营销价值链上的知识协同管理

荡，引得搜狗的王小川、新希望的刘畅、世纪佳缘的龚海燕等人一致热捧，线下协同优质供应链和物流服务商，加上线上线下互动反馈，成就其中国高端品牌花店的美名。

【协同时代来临专栏 4】 科达股份：从"营"到"销"的协同发展

科达股份原主营业务为各级公路、市政基础设施、桥隧、水利等工程项目的建设施工及房地产开发销售。2015年，为主动寻求新的利润增长点，科达股份主动剥离经营业绩下滑的路桥施工业务，通过并购协同，全面进军数字营销产业公司，旨在通过良好的数字营销服务，深度链接媒体与广告主，在打造自身品牌的同时，进一步挖掘潜在客户。

得益于科达股份专注并购标的及新业务的整合协同，科达股份2016年年报显示，2016年全年公司收入为70.25亿元，同比增长190.67%，归母净利润4.16亿元，同比增长254.90%，业绩呈现爆发式增长。通过内部协同及上市公司品牌效应，在采购、竞标、业务协作等方面呈现出"1+1>2"的协同效应。在此基础上，科达股份已经初步构建"线上+线下"的"营销+交易"业务平台，通过数据洞察与分析和产业生态，为广告主提供营销服务方案、传播规划，通过营销执行与交付，满足广告主的营销诉求（见图1-17）。

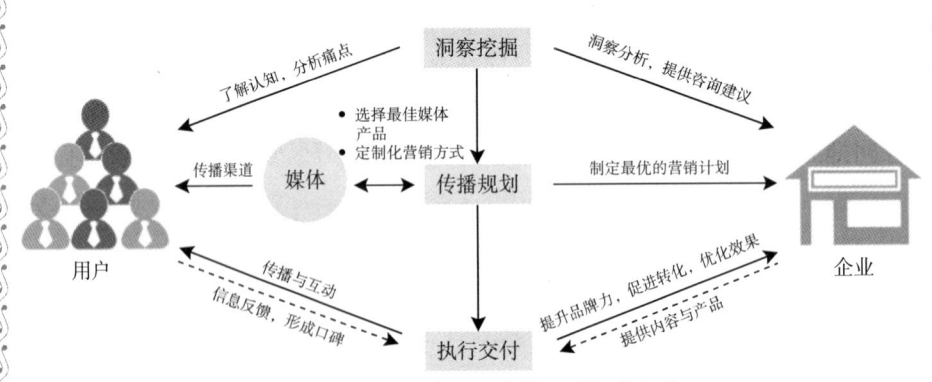

图 1-17　协同打造数字营销领域解决方案

一、并购协同，商业模式进阶三部曲

（1）商业模式1.0：2015年8月，科达股份完成第一次资产重组，通过发行股份及支付现金的方式收购百孚思、同立传播、华邑、雨林木风和派瑞威行五家公司，将主营业务延伸至数字营销领域，并以此为契机，开始建立和整车厂（汽车交易平台的重要基础）的业务联系。

（2）商业模式2.0：2015年12月，科达股份启动第二次资产重组，通过发行股份及支付现金的方式收购爱创天杰85%的股权、智阅网络90%的股权和数字一百100%的股权,进一步聚焦汽车行业数字营销服务,加强在汽车领域的媒体和营销等领域的布局,加速行业资源储备,为构建汽车交易平台做准备。

(3)商业模式3.0:由汽车交易平台进一步升级,实现营销、媒体、交易及至汽车金融(保险)商业模式的转换,着力打造智能化数据营销平台。科达股份通过并购完成前期布局,顺利切入具有良好发展前景的数字营销行业后,为加强对新并入五家互联网营销公司的整合和业务协同,设立链动(杭州)投资有限公司及链动数据技术(北京)有限公司,其中链动(杭州)投资有限公司以投资和管控为核心,实现业务、财务、人力资源、内控等方面的统一管理;链动数据技术(北京)有限公司以数据平台为核心,构建统一的数据后台,整合各子公司业务经营过程中积累的业务端的数据资料,为各子公司的业务发展提供后台管理服务与数据技术支持。

二、协同"聚焦与裂变"管理,打造数字新生态

在重组及整合的基础上,科达股份确立了未来"聚焦与裂变"的发展模式。聚焦,即将业务扩展重心聚焦于数字营销行业中高景气度、大市场容量的汽车服务领域,立足于汽车"线下场景入口+线上数字营销",构建"汽车前市场"的数据服务平台,以此形成"汽车前市场"领域的行业应用优势,并利用互联网渠道和大数据优势,延伸至拥有更大市场容量和发展前景的汽车电商、汽车金融等"汽车后市场"。裂变,即通过链动数据技术(北京)有限公司整合各子公司在汽车营销垂直领域中主要节点如发布会、会展、调研、公关、代理、投放、广告监测、媒体、电商、O2O等关键节点所积累的基于用户行为的数据资源,在采集和处理数据资源的基础上,进行建模分析、解读挖掘及至预测趋势。通过技术手段打通各业务间的壁垒,向下覆盖技术端,开发大数据广告投放平台和广告监测系统,用数据指导投放和营销策略;向上拓展到媒体端,如子公司的网络导航及新媒体,支持其发展成为移动互联网及垂直行业的重要流量入口。由此激发各业务的深层次融合与协同,构建独立的汽车数据服务生态系统,成为国内汽车数据服务行业的领先者。

> 未来，科达股份将致力于将自身打造成为数字营销领域的领军品牌，实现从"营"到"销"的协同发展。
>
> 资料来源：笔者根据多方资料整理而成。

三、协同管理的互联网时代味

美国著名未来学家约翰·奈斯比特认为，未来的竞争将是管理的竞争，竞争的焦点在于每个社会组织内部成员之间及其与外部组织的有效沟通与协作。我们看到，今天的客户已不是过去的客户，他们更注重个性化，用雷军的话说就是客户是上帝，客户是兄弟；今天的员工也不是原来的员工，他们更富主见，强烈的自我意识逐渐凸显；今天的企业竞争也已升级为产业链的竞争乃至跨界生态圈的竞争。未来，将是一个高度灵活、高度个性化的定制时代，更是多方主体协同管理制胜的时代。因此，今天的协同管理，为跨界而来、为定制而来、为"互联网+"的未来而来。"互联网味"的协同管理将会是未来企业桌上的主菜。

无论哪个时代，变化从未停止。一方面，互联网使得企业外部商业环境与社交网络之间的界限越发模糊，知识技术标准化、信息传递同步化、生产制造平台化、人工智能智慧化……互联网时代企业的各个组成部分的协同管理难题越发明显，很多传统企业站在互联网时代的风口上迷失了自我；另一方面，互联网让大制造时代的人工智能孤岛紧密连接成平台，单个企业无论大小都聚焦于客户或用户的"人本"价值，逐渐成为某个跨产业甚至跨国界经济生态圈的价值链、供应链、资金链、技术链等的节点，把企业里的"人"和企业外的"人"都作为价值的实现者，以人的价值实现为中心，通过人与人、人与物的协同管理实现价值最大化。这种建立在"互联网+人工智能"科技基础上的协同管理有别于过去企业以提高业务、流程效率为中心的传统"协同管理"，传统的"协同管理"主要通过"协同管理系统"等机管、机协的方式实现，这种简单的人机结合式协同管理或者理论范式的协同管理已经"OUT"了。

以2017年1月成功登陆A股的泛微网络为例，看协同管理相关软件系统的协同演化。专注OA协同管理系统研发16年的泛微网络不断积累、推陈出新，先后推出了面向大中型企业协同管理的OA平台e-cology、面向中小型企业协同办公的标准版e-office、面向中小型组织的一体化云OA服务云办公平台eteams

三大 OA 产品线，形成了"轻前端、深应用、强后台"的产品特色，并构建六大统一的移动办公门户平台，由组织权限、流程引擎、建模引擎、集成引擎、内容引擎、搜索引擎等多个系统引擎支撑，为互联网时代优秀的企业 OA 打造严谨的组织权限和高效的流程架构，向上对接轻量的前端应用，向下集成 ERP、HRM 等重量级业务系统，将员工、合作伙伴、客户等内外部人员全部聚拢到同一个平台上，进行业务的沟通与协作。在此基础上，泛微网络以客服、CRM 等为细分领域，加强 AI 研发应用，着力打造智能化移动办公平台，充当起"+AI"的先行者，解决客服中重复、通用的问题，并依托互联网数据、电商数据、社交数据进行精准营销、客户挖掘，将协同管理与"互联网+人工智能"科技进行适配，创造更佳智能化的办公场景，实现组织的物理状态与网络虚拟空间的高度融合，为建立在"互联网+人工智能"科技基础上的协同管理添上浓墨重彩的一笔。

第三节　三足鼎立：协同管理体系

业务集成是企业发展的"内功"，企业必须将关联业务进行集成整合和协同管理，实现相关业务之间的资源互补和流量互导，进一步增强业务核心，为企业自身建立一条稳定的护城河；战术突破是企业发展的前提，企业必须将业务能力导入每一个布局产业，寻找产业合作方，构建业务生态群落，将每个产业"端口"通过协同管理的方式，借由数据网络和云端平台进行融合相连，连点成线，构建战略格局的基本框架；战略布局是企业最终要达成的目标，是统领企业战术要领和引导企业拓展研究业务能力的总纲，是企业构成商业生态圈之大局，是掀起行业竞争二次"风暴"的重要一步。因此，企业需构建由业务集成、战术突破及战略布局组成的协同管理体系，促成自身生态圈的形成，以保证自身在行业和市场中占有一席之地。

一、业务集成：协同管理的"内功修为"

业务集成的核心是对于企业具体业务的分类，具体做法是将企业中具有较强盈利能力的业务单元及其核心部门进行统筹整合，精减业务人员，优化业务流程，构建企业内部的云端平台，以打通原有核心部门的沟通障碍为目标，构建企业内部业务"供应链",将部门节点化,基于信息和网络技术进行信息的共享和协同管理,使其结成一种网络式联合体,各部门之间共享资源、相互信任、协同决策,将手头的业务模块的核心进行端口化,与其他业务模块进行无缝对接,集成为一个统一的业务综合体。公司管理层所要做的也是排除业务集成的干扰因素,砍去与公司主营业务无关、背离公司发展初衷或是与企业目前发展领域不相干的业务模块,集中公司最优资源来壮大公司主营业务的发展。

百度可以说是近期的热点,在业务上的"断舍离"似乎又为其满目疮痍的"内功"和业务模块带来了新的希望。百度是全球最大的中文搜索引擎、最大的中文网站,拥有数万名研发工程师,这是中国乃至全球最为优秀的技术团队之一。这支队伍掌握着世界上最为先进的搜索引擎技术,使百度成为掌握世界尖端科学核心技术的中国高科技企业,也使中国成为除美国、俄罗斯和韩国之外,全球仅有的4个拥有搜索引擎核心技术的国家之一。头顶殊荣、手握尖端科技、垄断市场的百度,却在魏则西事件上栽了跟头,而在这件事的背后却反射出了百度发展的懈怠傲慢和单一盈利模式的弊病。一直以来,百度的主要利润来源都是广告收入,但魏则西事件发酵后,为堵悠悠众口,缓解舆论压力,百度取消了与莆田系医院的合作。2016年20国集团工商峰会上,李彦宏坦言因为这件事,2016年一个季度百度就砍掉了20亿元的广告收入。人人耳熟能详的BAT或许以后就将变成AT,并在京东发布财报宣布扭亏为盈,距离百度的股价只差一个涨停板后,JBAT的新排名也随之而来。这可能是一句玩笑话,但是却映射出百度发展的窘境。

再看看百度那些年犯过的"五宗错":

第一,电商领域。可以说阿里巴巴就是靠搜索引擎获得的流量,一个电商要想卖出东西,首先要有流量。那流量从哪里来呢?自然是搜索引擎,百度在这方面的优势自不必说。但是为什么百度没有在电商领域分得一杯羹呢?其实百度也在这方面做过努力,但是雷声大雨点小,之后就不了了之了。

第二,社交领域。社交可以说是互联网在任何情况之下都不能忽视的领域,腾讯就不用说了,QQ、微信已经非常成功,但阿里巴巴的淘宝旺旺、支付宝社交等可以说是屡战屡败,屡败屡战。这是为什么呢?因为马云知道社交是互联网存在的根本意义,互联网的使用者就是人,通过互联网达到以及建立起人际关系,那是每个人的愿望。但是很遗憾的是百度现在还只是在做贴吧!

第三，在线旅游领域。一个旅游者到一个陌生的地域，有许多不知道的地方。那怎么办呢？百度一下！这是谁都知道的，但是李彦宏就是生生把这个红利给错过了。百度贴吧里关于旅游方面的问题真的是多如牛毛，但就是迟迟不见产品出来，就算出了一个百度旅游，也只是一个平凡的产品，根本没有深入开展实施。都说现在创业项目好不好关键看能不能解决客户的痛点。百度应该明白这个道理。

第四，出行领域。其实百度地图出现得是相对较早的，但是屡屡被别人作为一个工具，许多出行定位软件用的都是百度地图。百度是在做一件伟大的事情，就是做最好的工具，也完全做到了互联网行业内的B2B，但没有想着B2C，不重视消费者，最终坐失良机。

第五，外卖领域。百度外卖是百度布局O2O战略的重点之一，是拓展百度糯米外延，进一步获取流量和竞争优势，构建生态闭环的重要一步，但是前有新美大、饿了么的围追堵截，后有阿里口碑的迎头赶上，百度外卖收效甚微，甚至在近期传出要"委身"顺丰的传言。

除了这"五宗错"之外，组织结构的僵化陈旧和庞大臃肿更是百度的内伤。百度的失与殇再加上被誉为百度无人车"四大金刚"的吴恩达、王劲、余凯和倪凯的离职，高层震荡，使得变革创新迫在眉睫。

作为一家搜索引擎公司，百度所拥有的是一块宝藏——数据，"百度+人工智能"是目前百度业务集成取向的最好归宿。2017年1月17日，百度邀请集技术、战略于一身的陆奇加盟，出任百度总裁兼首席运营官。在李彦宏的支持下，陆奇大刀阔斧裁撤医疗事业部和游戏业务，全资收购渡鸦科技，重整百度人工智能团队架构，包括IDG（智能驾驶事业群组）、AI技术平台体系（AIG）、智能家居事业部、度秘事业部四大体系以及智能汽车业务群组，从研发体系、底层技术到业务应用，加速百度人工智能战略的布局。百度此次对人工智能团队的战略重组主打技术开源，既基于它过去的投入，也基于对未来的决心，让百度满血复活。在高精地图、出行数据以及用户习惯等方面，百度也有了深厚的积累，这些优势是目前创业公司难以媲美的关键之处。值得注意的是，陆奇走马上任后，百度即推出了由软件平台、硬件平台、感知能力、核心服务四部分构成的无人驾驶的"阿波罗计划"，并进一步商业化。百度的百日维新让人眼花缭乱，混沌而又井然有序，就连腾讯的马化腾也不禁感叹百度的人工智能领先自己的企业太多太多！未来的百度将重拾技术之本，重新回归到 2000 年刚成立时的状态——纯技术输出和打造工程师文化。

将人工智能作为百度核心中的核心是基于百度核心层对"互联网＋人工智能"科技发展趋势的判断，无论是"金融＋人工智能""O2O＋人工智能""国际化＋人工智能"，还是"内容生态＋人工智能"，都不是百度开发另一片新大陆的魔法工具，而是优化百度现有体系内业务的万能药方。

在人工智能业务上的大举集成，是百度押注未来、引领潮流的翻身之战，效果如何仍有待时间的考验，它必须经历一些糟糕的决定才能找到自我。但是从百度简化业务单元、注重自身优势同前瞻业务的开发结合、发挥业务集成的协同效应这一角度而言，百度的确是目前众多企业学习的典范。

【协同时代来临专栏 5】 致远软件：为协同管理的未来而生

致远软件全称致远协创软件有限公司，是由中国最大的管理软件提供商用友软件股份有限公司于 2002 年投资并发起成立的，属用友集团成员企业，是中国协同管理软件及云服务领导厂商。致远软件多年来一直专注于协同管理软件领域，形成从私有云到公有云、从互联网到移动互联网、从组织间协同到社会化协同的完整产品线及解决方案，成功打造了立体式、全方位的协同大平台。至今，已连续 12 年保持中国协同管理软件市场占有率第一位。

一、利刃出鞘：V5 协同管理软件

致远软件始终坚持"协同创造价值"的经营思想和价值定位，让协同软件服务于每个组织，致力于成为一家为社会创造巨大价值，并受人尊重的卓越企业，以高效率、专业化的服务团队帮助中国组织创造商业价值，实现转型升级。研发团队沉潜蓄势，在夯实 V5 航母性能的同时，还凭借 V5 平台成熟的技术和丰富的应用，催生出致远软件新的协同生态系统（见图 1-18）。

这其中包括云应用中心、业务引擎、Cwork、大家社区等多种不同的产品形态，从私有云到公有云商城，从套装产品到平台级"产品＋服务"，从企业内部协同到软硬一体、内外互通，真正实现了"一体两翼、天地互联、软硬融合、跨界增值"的平台构想。此外，V5 协同管理平台也有着严谨的安全控制，其基于互联网技术并布局，充分考虑了对安全的要求，支持多级多种安全管理。通过数据库安全性、系统数据安全性、应用服务器安全性、

图 1-18 致远软件协同平台

传输安全性、统一身份认证等措施保证系统安全,增强了系统的安全性,并通过统一身份认证服务、访问控制(权限体系)、数据保密性(存储安全)、数据完整性(传输安全)、不可否认性(审计安全)五种服务相辅相成,建立了一个强大的安全矩阵,有效防止了黑客的攻击,保障了系统数据安全。

二、发力云端,探索云化协同

近年来,随着互联网创新及新产业革命的蓬勃发展,云计算和大数据逐步受到政府及各行业单位的重视,大数据应用(BDA)成为企业级应用的新方向。作为协同管理软件领导厂商,致远软件凭借多年来的专业实力及行业前瞻性,早在2011年就开始了传统协同管理软件云化的探索(见图1-19)。经过几年的发展,致远软件在SaaS生态市场上相继推出了大家社区和Formtalk云表单两个备受用户和资本市场青睐的创新产品。大家社区的方向是帮助客户去管理和服务他的用户,是B2B2C的一种模式,以对外的服务

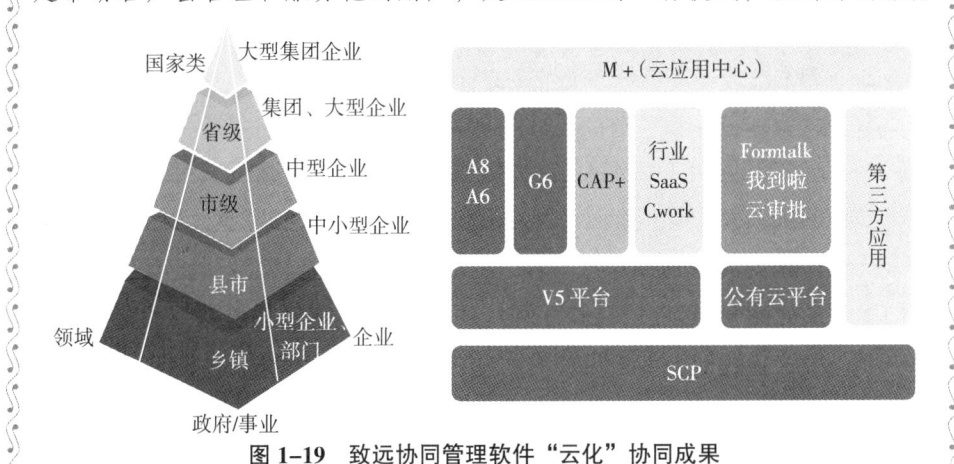

图 1-19 致远协同管理软件"云化"协同成果

为主。例如，小区的物业采用大家社区去服务小区居民，可以覆盖服务通知、物业报修、缴纳物业费等场景。Formtalk 则负责在各种场景中提供适合的表单，也能把表单背后的数据清晰地接入企业个性的供应链控制系统或 ERP 中去。

三、智能协同办公，构建协同大生态

致远软件有效运用大数据思想和现代信息技术，通过对海量、动态、多样的用户数据进行精准分析，将其转变为有价值的信息资源，深入推进数据资源和应用系统的一体化设计、一体化建设，实现"人在干、云在算"，助力各行业转型升级，加速智能化协同办公的发展，也为自身生态版图的拼凑奠定基础。

2015年继致远软件牵手滴滴，整合产品与服务、率先突破企业用车工作入口后，致远软件又与金山、携程、云学堂、IMO携手，基于V5协同管理平台，在移动office办公、企业商旅、企业学习、企业统一通信四大板块，真正做到聚合厂商力量、形成合力，打造业界最强的企业服务门户，实现"Single Touch"。2016年，致远软件继续深耕协同管理软件，立足云端生态模式，携手携程、滴滴、微信企业号、阿里钉钉、金山、云学堂、IMO等，广泛跨界整合、融合创新，以"协同+"模式为基础，从"协同+移动办公、+企业商旅、+商务出行、+企业学习、+企业统一通信、+电商"等多维度切入，相继推出"我到啦""小叮当""微协同"等移动创新应用，不断扩充着协同生态链的服务版图。同时，致远软件将创新应用和实践一并向用户开放共享，形成一个可持续创新孵化的云端生态圈，满足用户自由定制各种互联网产品的需求。

资料来源：笔者根据多方资料整理而成。

二、战术突破："经脉贯通"的奇功妙法

战术突破是指企业突破目前局限的业务单元，朝目前与本企业业务关联度高、市场前景好、合作伙伴强的业务去突破，推动主营业务的创新升级和跨界飞跃，开辟业务新盈利渠道和盈利模式，进一步挖掘甚至拓展业务的潜在市场需求。因此，战术突破的目标是使企业在协同管理这一理念的指引下，以业务集成

为基础，广泛参与企业联盟合作生态伙伴的选取、投资，相互信任，彼此合作，并优化任务、活动在企业间的分配、统一及协调，降低业务单元运作总成本，促进客户服务最优化、研发周期最短化，实现企业绩效最大化。此外，企业必须借助加盟与合作，努力将自身打造成核心企业，以此来更好地把控生态供应链，争取领导主动权，积极推进和支持生态伙伴的协同管理，推行协同理念。

耐克和李宁都是"鞋业大咖"，特别是耐克，始终霸占着鞋业"一哥"的宝座，但是打江山容易，守江山难，传统制鞋销售的模式已经无法跟上互联网时代，为此急需在战术上进行突破，而这个突破口就是智能生态。

自2006年起，耐克就开始了自身的转型策略，其合作对象就是苹果。2006年7月14日，苹果和耐克合作推出了一款名为"Nike+iPod"的运动套件，通过无线的方式，将内置在耐克跑鞋的芯片与iPod连接在一起，使用户能够在运动时通过iPod获得并记录其运动时间、运动距离、心跳、消耗的卡路里等数据。这也是全球第一代可穿戴运动设备。在此之后，"Nike+"的这项技术也延伸到苹果iOS的各个平台（见图1-20）。

图1-20 "Nike+苹果"的智能生态

苹果的合作方耐克，从未将此技术移植到安卓平台，可见双方的合作关系有多紧密，虽未相互持股，但双方之间却似乎与生俱来就有默契，早在"Nike+iPod"推出前，苹果与耐克就有深度的联系。当时还担任苹果首席运营官的库克就已经加入了耐克的董事会，是耐克公司董事会薪酬委员会主席，扮演着重要的角色。近年来，随着iPod的迅猛发展，"Nike+"也跟着水涨船高，在2016年7月初，耐克透露苹果CEO库克被任命为公司的首席独立董事后，双方合作又进发出新的火花，双方高层都相继调动，为接下来的合作做好铺垫。同年，耐克和苹果宣布强强联手，共同进军可穿戴设备市场，一个是电子产业的巨头，一个是体育用品行业的大鳄，这样的联手，被媒体称为史无前例的"联姻"。从数据上来看也的确如此。作为最早涉足运动类APP的"Nike+"，依靠配套的运动装备产品以及植入的社区互动概念，在2013年就聚合了1800万名用户，在2016年时，这个数字达到了3000万名以上，而同年苹果Apple Watch的全球市场份额达到了47%。无论是在品牌合作还是用户数的共享上，双方合作都可以看作是"天赐良缘"，苹果为"Nike+"生态提供了智能硬件设备，耐克不仅削减了硬件研发成本（在此前，耐克曾成立硬件研发团队，但是因为市场原因而草草退出，在之后这支队伍则被苹果悄然收入旗下），并凭借苹果的用户数进一步获取市场份额，减少了市场开发的阻力，还可集中精力继续优化产品和发力移动社交，不断完善其智能生态。耐克和苹果的生态合作从本质而言就是两者在资源、业务、高管等多方面的协同管理，通过聚集和利用双方的优势资源，共享用户和数据流量，共同攻克探索可穿戴设备市场，不断贯彻协同理念，成就了双方的"佳话良缘"和市场霸主的地位。

同耐克和苹果智能生态的协作和融合有明显的不同，虽然李宁、小米选择了同样的战术突破方向，但是它们的合作则较为浅显。李宁同小米之间展开了智能生态的合作，对于小米而言是不断完善其米家生态链，对于李宁而言却意味着互联网转型和数字化营销，但是舆论却呈现一边倒的倾向，两者的合作被视为"滑头"和"跑偏"，甚至被网友调侃："山寨与山寨的联合，更高，更快，更山寨。"从战术突破的角度而言，李宁在谋求转型方面的确做出了一些努力，但是却没有真正地通过协同管理建立或是完善自身的智能生态，双方的合作除了追逐商业上的各取所需之外，似乎并没有太大的诚意。就产品本身而言，更像是一个简单的相加，即"李宁鞋+小米手环+小米运动APP"的简单组合，无法发挥两者的协同效应，并且这一模式是相当容易被复制的，一旦华为、360、魅族等手机厂商同安踏、鸿星尔克等展开合作，对于李宁、小米的组合会是巨大的冲击。目前，小米正在布局线下零售店——小米之家，这其实给予了李宁试水新零售的契机，李宁可借此机会将自身的门店转化为生活体验店，打通数字化生意平台和终端店铺信息，进一步深耕已有用户，同小米协作拓展目标市场，从而迸发出新的创造力，而不是以智能为噱头，扰乱自身战术突破的方向，对于李宁而言，这只会雪上加霜。

从两者的对比可以看出，企业要想实现战术突破，从红海竞争转向蓝海竞争，必不可少的是高层频繁的沟通和交流，如此才能保证在战术方向、制定及执行等多方面做到协同管理，如果合作仅仅限于产品和业务层面，而没有在协同理念方面进行渗透，在战术方面就会偏离企业发展方向，不利于企业转型发展。

【协同时代来临专栏6】 科伦药业：协同管理再聚一流创新力

科伦药业创立于1996年，数年的产业疾行，使其成为拥有省内外32家子（分）公司的现代化药业集团。由于输液行业物流的特殊性，科伦药业的生产基地分布于四川、湖南、黑龙江和云南等九个省，总计为近万名员工提供了就业岗位。目前，科伦药业已经成长为全球最大的输液专业制造商和运营商，是目前国内产业链最为完善的大型医药集团。科伦药业2016年年报的数据充满正能量，但科伦药业不安于现状，不骄于成果，为再聚一流创新力，科伦药业在资本市场扬帆起航，利用资本优势对全产业链和国内外市场开拓进行协同管理，进一步扩大协同效应。

一、"三发驱动"：解密产业链长寿基因的密码

科伦药业与资本市场深度融合以后，公司注重协同效应的发挥，开发"三台发动机"——协同管理，相互协作，驱动未来（见图1-21）。

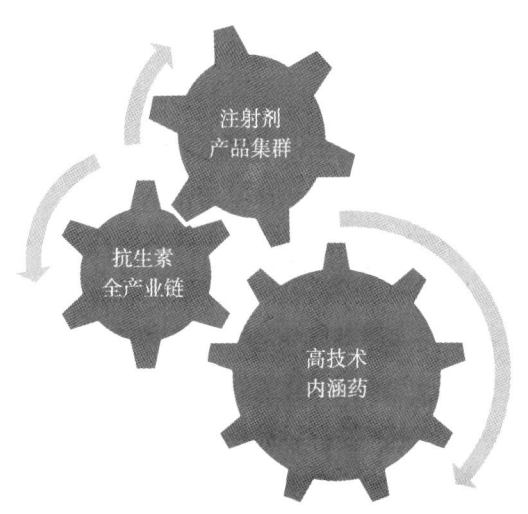

图1-21 科伦药业的"三发驱动"

第一台发动机是通过持续的产业升级和品种结构调整，巩固和强化包括大输液在内的注射剂产品集群的总体优势，继续保持科伦药业在输液领域的绝对领先地位；第二台发动机是通过对水、煤炭、农副产品等优质自然资源的创新性开发和利用，构建从中间体、原料药到制剂的抗生素全产业链竞争优势，最终掌握抗生素的全球话语权；第三台发动机是通过研发体系的建设和多元化的技术创新，对优秀仿制药、创新型小分子药物、新型给药系统和生物技术药物等高技术内涵药物进行研发，积累使企业基业长青的终极驱动力量。

得益于科伦药业对"三发驱动"的协同管理，科伦药业的全产业链管理效率得到明显提升，产业节能增效明显，其协同管理模式在业内名列前茅，甚至被发改委钦定为管理标杆。此外，产业链永远离不开产品的研究创新，科伦药业积极将内部资源同"外脑"进行协同管理（见图1-22），保持每年数亿元的投入力度，通过成都、苏州、天津、美国新泽西州和圣地亚哥研究分院的协同与支持，研发新产品，完善生产线。由此，科伦药业不仅在国际前沿性新药研发方面获得积极进展，还在国内热点领域早早进行了卡位布局，进一步巩固了其全产业链优势。

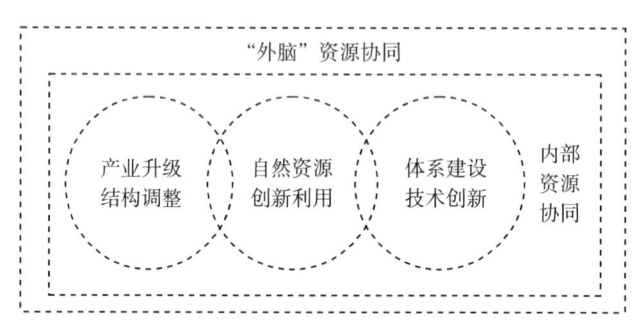

图1-22 "三发驱动"之协同管理

二、"一带一路"新机遇，双市场协同开拓

在"一带一路"背景下，科伦药业以哈萨克斯坦为立足点，积极推进周边中亚各国部分品种注册。已在吉尔吉斯斯坦、塔吉克斯坦实现销售。俄罗斯普液、治疗性输液氧氟沙星注册完成，正在进行价格注册，其他治疗性品种及肿瘤水针的注册进行到了不同阶段；同时，科伦药业同步在中亚各国派

驻销售代表进行市场开拓，在俄罗斯成立了办事处，进行了前期市场开发和配合产品注册等工作。

通过国际国内双市场的协同开拓，既保持了国内市场的"存量"，又开发了国外市场的"增量"，为未来的出口销售增长和对抗国际市场波动提供保证。

三、建立内部协同职责，加强企业内控

在科伦药业企业信息化的建设过程中，对内部控制执行者的岗位技能有更高的要求。徐华林作为信息部的负责人，曾提到科伦药业单单依靠IT技术是不足的，要提高企业现行的管理水平、优化业务流程并逐步使管理系统对业务流程有一定的控制力，就必须建立一套协同制度来保障多个信息系统的协同管理，在此基础上再利用信息系统进一步巩固协同成果，内部控制才有实施的基础，否则将会事倍功半。因此，科伦药业形成了内部协同的职责和要求，建立了两项基本核心制度，分别是24小时复命和首问负责制。首问负责的意思就是有客户或外部人员来询问某一件事情或问题时，如果是员工本人或是本部门负责范围内的，员工有义不容辞的责任回答并帮助解决问题。如果不是由员工或者员工本部门负责的，那么员工必须去引导询问者找到能够解决这个问题的人或是部门负责人，并且还要不断落实，确定问题是否得到了解决。根据这项制度，科伦药业提高了信息系统的满意度，进一步优化和完善了信息系统。

资料来源：笔者根据多方资料整理而成。

三、战略布局：横纵八方的"无上心法"

战略布局的核心在于协同决策。主要指各成员企业高层领导达成共识并共同参与决策机构的建立，形成有效的协同机制，如信息共享、收益分配、风险分担等，这是企业间协同管理，打造共赢生态圈的关键一步。同时，高层领导还要积极参与生态圈构建的组织、实施和监督，核定生态板块具体纲要，聚集各自优质业务和集团企业，解决生态伙伴所需，构建完善的上下游产业链，形成良性循环的生态闭环，进一步优化价值链条，共同寻找生态瓶颈的有效应对策略，形成市场共拓、规范共拟、环境共治以及信息共享、平台共建、技术共用的良好机制，

以保证生态战略布局的成功。

作为共享经济与房屋短租网站、在线短租鼻祖的Airbnb，自从成立伊始就将"Don't go there. Live there"中的"Live there"作为战略目标，其业务范围早已在全球多个城市布点，根据STRGlobal的数据显示，Airbnb目前在全球共提供了230万个房源，其数量已超越万豪及喜达屋集团合并后所有实体房间数的两倍，但是房源的增加并未给Airbnb的市场份额和竞争带来更多的优势。近期，Airbnb以"爱彼迎"的新姿态进入中国市场，Airbnb将与诸如途家、住百家等内地共享经济下的在线短租本土服务商同场竞技。Airbnb该如何在重重竞争压力下做到"不止于住宿"？

再来看看"新美大"，虽然美团和大众点评的成功合并终止了烧钱大战，但是市场竞争压力仍是不小的。百度糯米和阿里口碑仍然虎视眈眈，是"新美大"无法甩开的竞争对手，特别是阿里口碑从数据云到支付终端样样俱全，"新美大"除了在体量和规模上拥有较大的优势，在支付、大数据等核心领域还是略显单薄。除了激烈的市场竞争，在内部管理上也遭遇困境，"新美大"又获得一个新的称号——"招黑体质"，裁员、融资出现纰漏、招聘流程混乱等让"新美大"倍感"心累"。

Airbnb和"新美大"虽说各有一本难念的经，但是都可以通过后续的对策方案去解决，而估值下滑才是两家公司都不得不面对的最致命的问题！目前，两家公司可以说已经被风投逼到墙角，如何继续吸引风投光顾、保持业务稳定和市场信心、在原来的业务上尽快实现盈利，已经成为两家公司的当务之急。对于两家的发展规模而言，单纯在战术上的突破已经是"小打小闹"了，想要再掀起一波高潮，两家公司必须凭借自身的资源优势扭转原来只有"单一产品"的不良局面，促进自身的转型升级，依托强大的资金池，在战术上做到多点突破，以战略协同的方式和角度，对众多业务资源进行整合，连点成线，打造巨型多元生态圈。

效率和时间在赛跑，既然自己做太慢，那就用"一字诀"——"买+1"！Airbnb和"新美大"都从丰富自身服务矩阵的战略角度出发，不约而同地开始进行从挖掘存量资源到开拓增量资源的战略转变，在企业服务、移动支付、餐饮及在线领域等方面，开展收购大作战。近三年的时间内，两家公司动作频频且战果丰硕，Airbnb通过13次的收购给自己的未来下了一盘大棋，从销售独特的产品体验到推出新产品"Airbnb Trips"，收购旅游社区平台Trip4real，还与Luxury

Retreats 展开了以收购为目的的谈判（见表 1-2）。

表 1-2　Airbnb 收购情况

收购对象	具体领域
Accoleo	在线租房
CrashPadder	P2P 住宿
NabeWise	邻居分析服务
DailyBooth	照片分享应用
Fondu	在线餐饮
Localmind	众包服务
Pencillabs	日历+消息 APP
Vamo	行程规划服务
Lapka	传感器
ChangeCoin	移动支付
Trip4real	旅游社区平台

资料来源：根据 CrashPadder 及网上公开资料整理。

"新美大"也不甘示弱，宣布自己的"下半场"战略，设立 30 亿元的产业基金，引入一堆"大咖"加盟，共同专注于大消费领域 C 轮以前的项目投资，投资方向为 ToB 和 ToC 双向投资，具体包括餐饮、零售及酒店旅游等本地生活服务领域。投资额度上，每个项目的投资金额会在 3000 万元到 1 亿元人民币不等。就目前而言，"新美大"已经投资了超过 20 个项目，本地化服务布局方面的探索已经有了一定的成效（见表 1-3）。

表 1-3　美团收购情况

投资领域	收购对象	具体行业
企业服务	屏芯科技	云 ERP
	餐行健	餐饮系统
	天子星	餐饮云
	天财商龙	餐饮 ERP
	餐饮老板内参	B 端餐饮媒体
旅游	酒店红云 PMS	酒店云+PaaS
	酷讯旅游	旅游预订

续表

投资领域	收购对象	具体行业
本地生活	美甲帮	美甲社区
文化娱乐	猫影电影	电影 O2O 平台
金融	钱袋宝	第三方支付
电子商务	易酒批	酒类 B2B
医疗健康	水滴互助	疾病互助
物流	同达快送	同城配送

资料来源：根据网上公开资料整理。

【章末案例】　　　　华夏幸福：协同之大者，战略之智者

一、公司介绍

华夏幸福基业股份有限公司（以下简称华夏幸福）创立于1998年，是中国领先的产业新城运营商。作为一家致力于成为全球产业新城引领者的公司，华夏幸福以"经济发展、社会和谐、人民幸福"的产业新城为核心产品，秉持"以产兴城、以城带产、产城融合、城乡一体"的系统化发展理念，通过创新升级"政府主导、企业运作、合作共赢"的 PPP 市场化运作模式，探索并实现所在区域的经济发展、城市发展和民生保障，有效提升区域发展的综合价值。华夏幸福2016年年报显示，2016 年全年公司实现营收538 亿元，同比增长 40.4%，归属母公司净利润为 64.9 亿元，同比增长35.2%。在目前已经公布 2016 年业绩的同行中，无论是增长速度还是盈利水平，华夏幸福均位居行业前列。随着房地产行业黄金时代一去不复返，部分房企开始酝酿转型，对于华夏幸福而言却不存在转型的难题和困局，作为一家老牌的地产公司，其已成为地产行业的一股清流，其原因就在于华夏幸福多元业务的协同发展，利用协同管理，布局公司未来的战略。

二、紧扣国家战略，落实协同大局

多年来，华夏幸福紧跟京津冀协同发展、长江经济带和"一带一路"三大国家战略，重点布局经济热点及潜力区域，特别是在京津冀地区，华夏幸福把自身业务战略和国家战略结合起来，统筹资源进行协同发展，始终坚定不移地发展产业新城。围绕三大国家战略重点区域，公司夯实巩固京津冀区

域,积极布局长江经济带,谋划卡位"一带一路"。目前,华夏幸福的事业版图遍布中国北京、河北、上海、辽宁、江苏、浙江、四川、安徽,以及印度尼西亚等全球40余个国家(区域),并聚焦12大重点行业,形成了近百个区域级产业集群。根据其2016年年报,华夏幸福已经签约的产业新城项目超过30个,包括备忘录在内的产业新城项目超过50个,且在销售额方面首次突破千亿元规模,全年销售额达到1203.25亿元,同比增长66.43%,这一增速已经远远把行业内大多数企业甩在身后,成为唯一跻身千亿元俱乐部的产业新城运营商。

京津冀协同发展战略。京津冀是华夏幸福的大本营,以固安为例,在过去的十多年里,固安通过产业升级和协同管理从一个典型的农业县发展成为今天的产业新城,成为众多的龙头企业和机构的新宠,打造了产业新城协同PPP发展模式的成功案例。目前,华夏幸福正试图将以固安为代表的产业新城推上一个全新的高度,通过其形成的"航空航天、生物医药、高端装备、电子商务、生产性服务业"五大优势产业集群,利用协同创新的方式,融合五大产业集群,塑造"全球技术商业化"中心的新定位。固安虽只是华夏幸福协同发展的缩影,但是却足见其协同管理的商业魅力。

长江经济带战略。随着京津冀地区产业新城模式的逐渐成熟,华夏幸福产业新城开始逐步走出京津冀,利用现有的模式和已经具备的产业运营经验,因地制宜,将公司储备的资源同地方产业特色和发展水平进行协同发展,加快向长江经济带复制的步伐,在多个项目落地的同时,协同管理多个项目的产业链和价值链,形成规模集聚之势,激发协同效应,实现循环联动增长。

"一带一路"倡议。为了响应国家"一路一带"倡议,华夏幸福产业新城也开始走出国门,继2016年6月华夏幸福首座国际化产业新城正式落地印度尼西亚,目前华夏幸福产业新城已经在印度、越南和埃及等国的五个城市落地,在开启国际化战略布局的同时,也为吸收国外特色建设元素、协同创新产业新城发展模式提供了条件,通过协同国际国内两个市场进行共同开发,进一步增强其产业新城建设项目的活力和创新力。

三、协同创新源代码：产学研一体

华夏幸福作为国内领先的产业新城运营商，始终遵循着产学研协同的内在发展方式，致力于从创新的源头入手，通过产学研三者的协同创新来提升区域发展核心竞争力（见图1-23）。

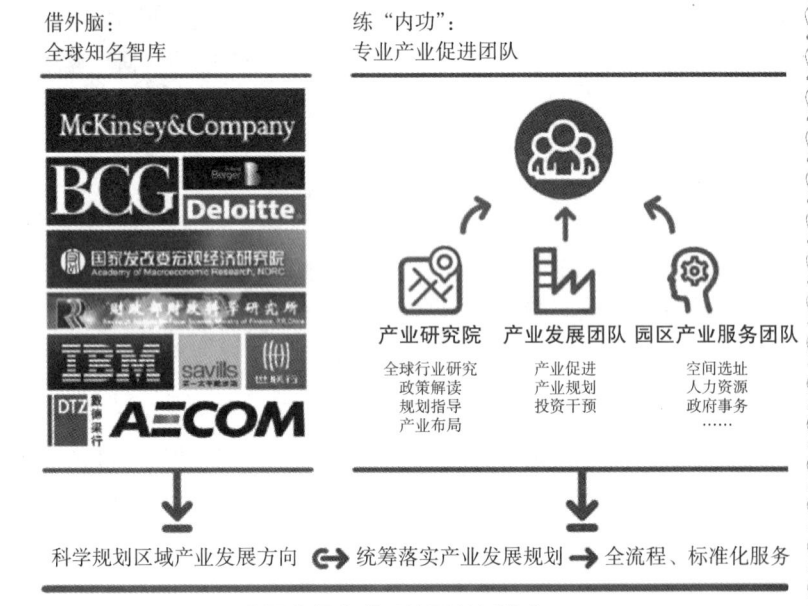

图1-23　华夏幸福产学研协同创新模式

华夏幸福以产业园为承接载体，将市场化需求与创新技术相对接，加速创新技术的孵化和试验，为全方位技术商业化服务提供了有力的保障，实现了产学研真正意义上的深度融合。同时，华夏幸福与国家博士后工作站、清华大学、韩国中南大学等机构形成产学研合作模式，搭建"创新研发、项目孵化、技术转移、支撑服务"四位一体的产学研合作平台，并鼓励科研人员到华夏幸福产业园区创业。此外，华夏幸福还积极参与国际协同创新，利用国际技术创新优势，进一步完善和补充自身的创新模式。公司以园区孵化产业带动园区发展，为了培育产业，华夏幸福与太库科技达成战略合作，已经在中国、美国、德国、韩国、以色列、芬兰等国家设立了20个全球孵化器，形成"全球技术—华夏加速—中国创造"的创新发展模式，创新实力显著增强。

四、PPP模式典范——协同效应的放大镜

华夏幸福"园区孵化+房地产开发"的模式是目前政企合作中发展最成熟、具备实质盈利能力和扩张性的PPP模式，此模式的核心是进行政府同公司之间在政策、布局、规划等一系列产业开发领域的协同合作（见图1-24）。

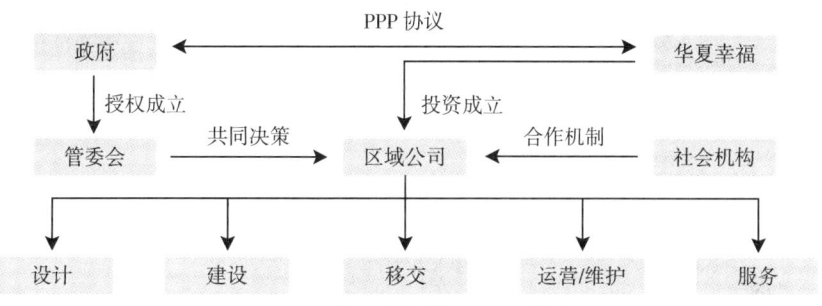

图 1-24 华夏幸福协同 PPP 模式

与传统的园区开发不同，此模式中园区基本属于地方政府而不是华夏幸福，华夏幸福仅持有部分产业与配套用地，用于园区形象展示、公共功能配套建设等。华夏幸福同政府签订排他性的"园区孵化"托管分成协议，将"提供全面的产业招商服务"作为价值点，在托管年限之内完成规划、建设、招商和后期维护工作，帮助地方政府落定产业招商，促进区域发展。"园区孵化"模式一方面可以在政府前期零投入的情况下，顺利实现园区的正常开业和运作，切合地方政府的诉求；另一方面可以使开发商省去园区土地购置成本，将前期投入资金主要集中在园区基建和土地整理方面，成本较低且非常固定。随着园区的逐步成熟，入园企业数量及投资额将不断增多，当地政府的财政收入将不断增加，土地价值也将不断提升。华夏幸福则获得垫付园区前期开发建设费用的利息收入（通常为10%~15%），以及一定比例的招商引资产业服务收入（通常为入园企业落地投资额的45%），而最关键的是通过开发低价取得的园区配套住宅用地（通常为园区总体面积的30%）和园区周边地区优势地段的土地获取丰厚利润，两项结合的协同效应短期内实现了园区的快速建设，开发商和地方经济实现双赢。

五、结论启示

随着产业园区规模和效益的逐步凸显，房地产业务在公司整个营收体系

中的占比也逐渐下降，而且，华夏幸福开始加速在园区延伸业务和相关产业方面进行布局，并依据独特的资源优势形成独特的发展模式。

第一，紧扣国家战略，加强协同管理。华夏幸福一位高管曾说过，华夏幸福一直保持高速稳定发展态势的秘诀就是紧扣国家战略，"国家提倡什么，我们就做什么，国家手指向哪里，我们就去哪里布局"。事实上，2015年4月30日，《京津冀协同发展规划纲要》才得以审议通过，再加上此前一年多的顶层设计准备阶段，在三四年的时间里，很多企业坐等京津冀协同发展的红利，行守株待兔之举。作为企业，若不提前布局，那就意味着没有战略！而华夏幸福是一家重资产的企业，以国家战略作为发展方向，通过协同管理自身的资源和发展优势，减少多元业务开展的损耗，及早布局和耐心耕耘，最终获得了丰厚的回报。

第二，协同转型，进入白银时代。在今天的中国，高速的城镇化率增长时代已经过去，地产的黄金时代成为历史，而新型城镇化则是一个追求稳健的白银时代。华夏幸福以县域为基础，在新型城镇化协同产业升级、税收增加、创造就业机会、社会福祉提升等方面与政府的目标相匹配，将自身的地产运营经验与政府资源进行融合和协同发展，通过PPP协同发展模式，转型新型产业园区建设，以新型城镇化为契机，共同推动区域的成长，成为提振县域经济的样板。目前，华夏幸福在2016年营收中，产业园区再次大放异彩，为公司贡献了65.6%的净利润，同比增长76.9%，这也意味着产业园区业务已经成为华夏幸福最大的收入来源，无论从资本市场的预期收益，还是实体经济的壮大强盛来看，华夏幸福运用协同管理，已经勾勒出了一个美好的明天。

资料来源：笔者根据多方资料整理而成。

|第二章|
协同管理要诀

协同管理要诀　现代管理学之父彼得·德鲁克曾说："管理是一种赋予机构以生命的、能动的、动态的组织，其主要任务就是建立能顺利运转的组织。"并且，"你不可能只雇用一双手，你雇用的一定是整个人"，说到底，管理就是对人性的管理。而"阴阳调和""奇正相生""刚柔相济""天人合一"的协同管理则是兼具人性管理和企业管理的最好的管理模式之一，是企业管理智慧的真实体现，也是加速企业从智能到"智慧"，进而建立差异化竞合优势的必由之路。协同管理是一门管理哲学，是打造人本组织形态、开创和接纳分享经济的企业必修课，仁者见仁智者见智，协同管理韵味无穷，只待你我细细品味。

【开章案例】　瑞茂通：供应链生态发端——三大板块协同发力

瑞茂通供应链管理股份有限公司（以下简称瑞茂通）是中国领先的大宗商品供应链管理服务专家，依托专业化的供应链管理服务和供应链平台服务，公司供应链管理业务已遍布全国主要煤炭生产区和消费区。

一、公司介绍

在全行业经营环境严峻、行业景气指数不断下滑的大环境下，瑞茂通一举扭转颓势，通过坚定转型和协同管理，基本完成新业务的布局和商业模式的变革，形成"大宗商品供应链业务板块""大宗商品电子商务平台板块""供应链金融板块"三大产业板块。板块之间运营团队独立、考核导向独立、业务模式独立，但同时不同板块业务之间又相互依托、相互支撑，形成协同发展的新局面（见图 2-1）。

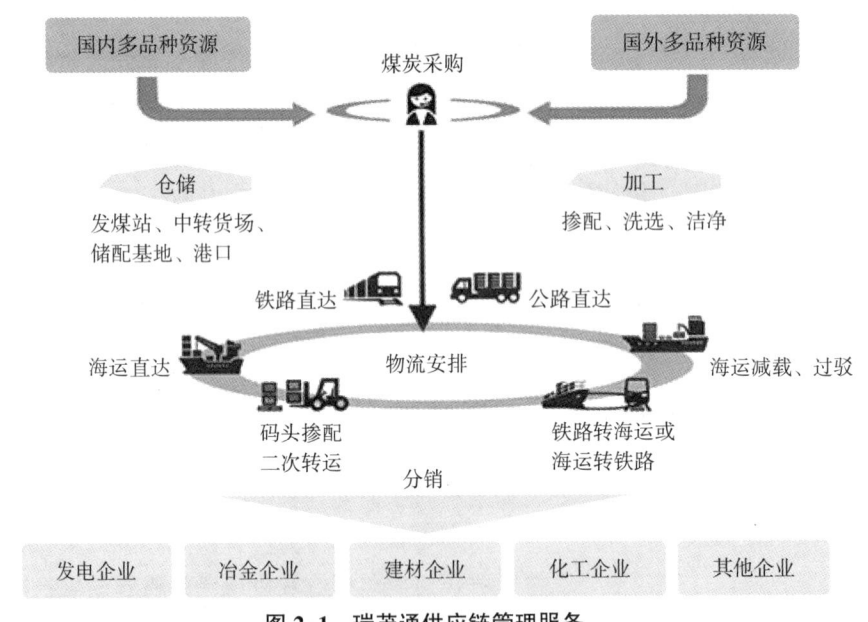

图 2-1　瑞茂通供应链管理服务

2010 年，公司开始涉足进口煤业务，分别在印度尼西亚、新加坡和中国香港成立公司/办事处，经营进口煤炭品种，包括印度尼西亚煤、南非煤和俄罗斯煤等；2012 年 8 月，瑞茂通成功上市，借助上市契机，公司陆续投资设立商业保理、融资租赁及供应链平台服务等公司，专注于供应链管理生态建设；2013年，瑞茂通加速布局供应链金融板块，不断完善供应链平台服务；2015年，伴随着"互联网+"的浪潮，易煤网正式上线，瑞茂通完成了商品板块、电商板块及供应链金融板块的战略布局，并逐步构建起"供应链管理+供应链平台+供应链金融"的复合协同发展模式。

二、协同基础——大宗商品供应链业务板块

瑞茂通通过产融结合、期现结合的方式积极开拓新的大宗商品品类。在传统的煤炭优势领域，利用自身优势迅速做大规模和市场，通过升级传统煤炭垂直供应链构造煤炭生态供应链，进一步深耕煤炭产业，加强在煤矿、煤站、上游港口、下游港口、终端用户货场的布局和投入。同时，瑞茂通以这些节点为中心，整合周边产业资源，提高节点资源利用效率，通过节点服务规模化的方式降低使用费用，扩大节点的客户辐射范围。瑞茂通以供应链金融为抓手切入节点生态，逐步开展物流、仓储、购销等综合服务，构造综合性生态供应链。在煤炭上游资源环节通过长协、包销和合资等方式协同整合上游资源，不断完善多样化的供应链服务能力；在中间流通环节，瑞茂通实现资源供给端和重要煤炭集散港口两大重点环节的布局，通过协同管理优质资源的开发、发运及强化仓储运输配置，来增强与核心大客户（如大型国有电厂燃料公司）的合作力度，增加客户黏性，整合资源消费需求，提供更好的供应链服务和解决方案。

简而言之，瑞茂通真正做到了产、配、销三个环节的高效融合与协同发展，通过将煤炭供应链关键节点打造成多样化服务生态圈的方式，使单一节点的利润点多元化，扩大了企业可拓展的潜在市场容量，提高了供应链的整体协同效应，并通过全链条的资源整合，提高了煤炭行业的整体运作效率。

三、协同纽带——大宗商品电子商务平台板块

瑞茂通的电商平台——易煤网于2015年4月24日正式上线，是由瑞茂通旗下和略电子商务（上海）有限公司基于全球资源和市场建立起来的以煤炭交易为主的大宗商品电子交易平台，是国内较早借助互联网思维、金融思维探索煤炭全产业链优化升级的工具。易煤网四位一体运营模式的成功打造，是瑞茂通借助互联网思维革新传统商业模式的一大成果（见图2-2）。

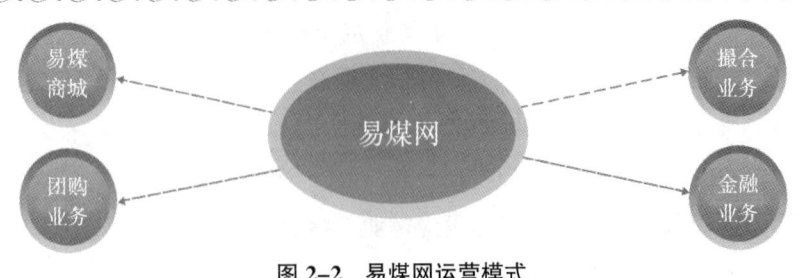

图 2-2　易煤网运营模式

通过联合金融、监管、检验、港口仓储等相关利益方，易煤网不仅能够通过标准化、多样化的供应链平台服务（包括金融服务）切实降低客户的交易成本，提高交易效率，充分满足其煤炭交易、物流仓储、支付、结算和融资等各方面的需求，还实现了产业链上下游企业的高效无缝对接，吸引并聚集了产业各环节核心客户和核心资源，形成数十万亿级别的资产蓝海。作为产业电商平台，易煤网不仅聚集了资产端，更能通过平台优势对接庞大的资金端市场，成为连接资产和资金的桥梁。近年来，瑞茂通将传统供应链管理服务标准化，协同线上线下两个市场，同时易煤网平台风控系统建设取得较大突破，全面加强了其对资产风险定价和风险处置能力的协同管理，使得交易更高效、更透明，逐步构建了全产业链良性发展生态圈。

四、协同未来——供应链金融板块

大宗商品行业属于资金密集型行业，本身具备天然的金融属性，加之行业景气度持续走低，行业融资环境持续恶劣，导致供应链金融诉求急剧增加。瑞茂通顺应市场环境变化，协同资产端、资金端及经营端三端管理，积极布局供应链金融产业。

首先，在资产端围绕生态供应链各关键节点布局，利用丰富的供应链优势和风控优势，挖掘更多的低风险的优质供应链金融资产。

其次，在资金端协同原有融资规模并加强对各类金融机构、核心企业的管理，通过提升融资效率，进一步挖掘公司的融资潜力，优化融资结构，扩大融资规模，打通多元化融资渠道（包括但不限于境内外发债、商业保理、信托、融资租赁等），在不增加公司资产负债率的情况下，拓展创新融资手段（包括但不限于引入或成立产业基金、连接第三方非银行融资平台等），加大创新融资力度，从而更好地支撑供应链金融业务的良性发展。

最后，在经营端做好线上线下供应链金融风控系统的搭建升级工作，并利用风控服务的输出，引入外部资金，扩大线上供应链金融规模，开拓资产端和资金端直接对接的新模式，从而在增加客户黏性的同时，提高公司的盈利能力，为未来公司的协同发展提供保障和支持。

五、结论与启示

瑞茂通三个战略板块的经营管理虽然相对独立，但三大业务板块无论是自身发展还是板块之间的协作，都保持了高度协同，形成相辅相成的良性产业循环。目前，瑞茂通通过战略转型，逐步形成横向商品品类多元化，纵向商品、电商加金融相结合的大平台模式，通过加强三大战略板块的运作能力和协同发展的能力，更好地发挥出"1+1>2"的协同效力。2016年年报显示，2016年全年瑞茂通共计实现营业收入212.34亿元，较上年同期增长125.77%，实现归属上市公司股东净利润5.31亿元，较上年同期增长29.11%，抢眼的业绩反映的是公司供应链核心竞争力的提高和公司业务得当的协同管理。

第一，协同组织模式创新，助力板块协同融合。瑞茂通三大业务板块的协同发展离不开组织模式的创新，通过积极拥抱互联网，瑞茂通打造了专属的阿米巴模式，有效激活了团队活力，借助具有竞争力的薪酬机制，配套团队共赢共享的内部合伙人管理机制，在非煤炭大宗商品领域积极发掘并引进国内外优秀大宗商品人才，搭建业内一流的大宗商品经营团队，为公司培育更多的优质资产端和利润增长点，以期在上行市场中获得更好的表现。

第二，平台的协同黏合，助力"轻重"之轮回。随着煤炭行业的迅速衰落，贸易商的空间更趋狭窄。瑞茂通另辟蹊径，借助自身积累的大量供应商数据，借由大平台战略实现产业互联及内部资源的协同整合，实现由"重"到"轻"的协同转型，逐渐向供应链综合服务平台型企业转型，通过"平台+金融"双轮驱动模式，集合交易数据、物流运力、供应链金融服务、线上线下融合等多种细分产品全方位服务，提高了公司的核心竞争力，进一步抢占了市场份额，也增强了抵御煤价剧烈波动的风险的能力，让公司获得更高的利润和行业影响力。

第三，协同打造刚性壁垒，布局未来金融。瑞茂通的金融能力在供应链软性服务能力之中形成了极大的刚性壁垒。若是制造业，其本身不是100%同质化的竞争环境，一旦在技术进步上落后于对手，金融服务能力就不会给公司带来任何收益。但是在供应链这种近乎100%同质化的环境中，金融的刚性壁垒尤其突出。因此，相关企业可效仿瑞茂通的供应链金融建设模式，积极攻城略地，拿到相关牌照，避免系统性风险，树立业务权威，利用业务板块协同效应，为金融业务提供必要的数据补给和基础设施，做好内外部对接工作。

金融业务的发展需要以协同管理的理念为指导，按照"拼图"的方式，慢慢对其进行补足和完善，才能在未来占有一席之地。

资料来源：笔者根据多方资料整理而成。

第一节 协同之火，可以燎原

马克思曾在《经济学手稿（1857~1858年）》导言中，系统地论述了生产与消费相互作用的辩证关系：第一，"生产直接是消费"，即生产决定和创造消费，企业要重新审视自身的生产制造能力，通过供给创新带动需求扩展，对传统生产模式的创新变革是实现和满足新需求模式的决定性力量。第二，"消费直接是生产"，即消费对生产具有巨大的反作用，消费为生产创造出新的需要，更是创造出生产"观念上的内在动机"，激活企业的"生产的动力"。这一论断在今天信息爆炸的互联网时代依然焕发着强大的生命力。在"互联网+人工智能"科技的驱动下，信息商品化正使信息不对称条件下的生产、消费、生产和消费的关系发生翻天覆地的变化：一是生产（供给侧）逐渐平台化、商业化，为适应消费（需求侧）"私人定制"不断进行资源整合、协同生产；二是消费（需求侧）逐渐个性化、专业化，为生产（供给侧）结构性调整定向，提供动力或刺激；三是导致生产极与消费极之间的结构逐渐扁平化，企业内部、企业与企业之间、企业与客户（用户）之间由原来的竞合关系转化为共生关系，M2C模式、C2B模式、分享经济等商业模式应运而生。在此背景下，无论是生产型的企业还是流通型的企业时时刻刻都必须根据市场需求进行商业模式变革与创新，需要有一个平衡介质——

协同管理。

一、协同生产：逆供应链的"生态化反"

现如今中国已经是生产制造大国，商品过剩和同质竞争已经成为了企业不得不面对的问题，商品虽不乏"山寨"之嫌，但是却从侧面反映出我国企业的生产制造能力的提升和成长，已经有较为完善和成熟的产业链、供应链等来应付产品生产制造，即无论是在品控还是价格上都能做到较好的平衡，生产制造基础已然稳固。但是在有效供给方面却屡屡栽跟头，原因就在于消费者需求的多元化和个性化。顾客就是上帝这一"失落"的话题又重新回到了企业的议题中，改组传统制造模式已经迫在眉睫。但是如何转？怎么转？何时转？三"转"之下，企业能否重获新生？不转必死，要转又有可能跌落到新的陷阱之中，对于大部分企业而言，面对转型的十字路口，重构现有的价值链和资金链，已经是进退两难之举。但是天无绝人之路，许多传统型制造企业积极探索"互联网+"新生产制造模式，规避了同质化、低利润的"红海"市场混战，进入差异化、低成本的"蓝海"市场开拓，进行个性化、专业大规模定制，突出重围，成为行业的领军者，而这背后的核心则是协同生产制造。

（一）"互联网+"：协同生产制造的新机遇

国务院曾在《关于积极推进"互联网+"行动的指导意见》中，将"互联网+"协同生产制造列为重点行动之一，旨在推动互联网与制造业融合，提升制造业数字化、网络化、智能化水平，加强产业链协作，发展基于互联网的协同生产制造新模式，打造中国版工业4.0版图。文件中初步勾勒出协同生产制造具体实施方案的四个方面，分别是智能制造、大规模个性化定制、网络化协同生产制造和服务型生产制造（见表2-1）。

表2-1 协同生产制造具体实施方案

主要任务	具体内容
智能制造	以智慧工厂为载体，开展智能制造试点示范，推动互联网技术在生产过程中的融合应用，支撑制造业智慧化转型，着力在工控系统、智能感知元器件、工业云平台、操作系统和工业软件等核心环节取得突破，加强工业大数据的开发与利用，有效支撑制造业智能化转型，建构开放、共享、协同的智慧制造产业生态是发展智能制造的方向
大规模个性化定制	支持企业利用互联网开展基于个性化产品的服务模式和商业模式创新，鼓励互联网企业整合市场信息，挖掘细分市场需求与发展趋势，为制造企业开展个性化定制提供决策支撑

续表

主要任务	具体内容
网络化协同生产制造	充分发挥制造业骨干企业的带动作用和公共平台的服务能力，通过互联网与产业链各环节紧密协同，促进生产、质量控制和运营管理系统的全面互联，推行众包设计研发和网络化制造等新模式。促进企业社会多元化服务能力，促进全社会多元化制造资源的互联网化，促进创新资源、生产能力、市场需求的集聚与对接，有效实现产业协同
服务型生产制造	鼓励传统企业利用互联网技术面向产品全生命周期开展增值业务，拓展产品的价值空间，促进企业有效整合利用数据驱动全环节提质增效，实现从制造向"制造+服务"的转型升级

资料来源：根据《"互联网+"协同制造的政策解析》及网络公开资料整理。

其目的是打造一批网络化协同生产制造公共服务平台，加快形成制造业网络化产业生态体系，进一步提高重点领域的核心竞争力。由此可以看出，协同生产制造已经揭开我国生产制造业创新升级及工业革命两大攻坚战役的序幕，而这份文件则是协同生产制造机遇来临的见证（见图2-3）。

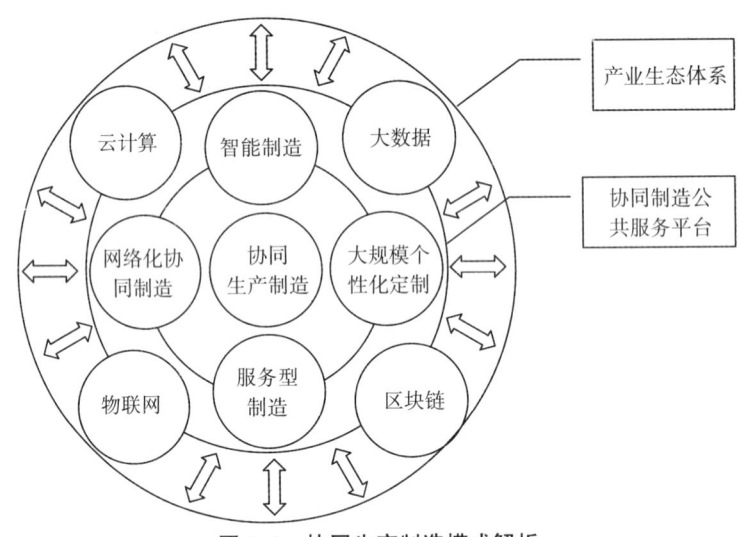

图2-3 协同生产制造模式解析

以物联网、大数据、云计算以及3D打印为代表的互联网技术的冲击和颠覆，为传统生产制造企业的模式变革提供了更好的机遇。互联网技术的出现，解决了万物互联的问题，提高了生产效率和质量，更重要的是互联网本身跨界、融合的特性为企业的智能制造提供了一个重要资产——数据池。

在生产制造过程中，企业应用大数据和云计算对每一个分布式生产过程进行数据化和网络化，最大程度地接纳和吸收消费者的想法和需求，不仅能辅助企业做出合理的决策，大大提高企业管理效率、降低管理成本，而且能改善供应链合作伙伴生产流程及生产管理，减少、消除供应链环节中的成本浪费。

如红领集团这一传统服饰制造商，借助互联网技术，促使ERP、CAD、CAM等单项应用以及生产各环节的信息化集成，从工厂内部信息化再造到利用互联网融合创新，打造了订单提交、设计与生产、过程管理一体化的开放式互联网信息平台——红领西服个性化定制（Red Collar Made to Measure，RCMTM），形成"个性化定制+规模化生产"的红领模式，成功转型"互联网智能数据工厂"，使企业设计成本下降了90%以上，生产成本个性化与大批量比为1∶1.1，库存逐步减为负数，生产周期缩短50%，经济效益提升数倍。同时，数字化的生产模式，实现了生产流程的自适应匹配，使得供应链生产更具柔性和敏捷性，可以在动态模式下以最优比例做到西服的贴身合体，用规模工业生产满足了消费者个性化的消费需求。

因此，可以明确协同生产制造的实质是"生产+智造"的结合体，通过充分利用互联网技术的创新成果与制造业基础进行深度融合，构架出制造商、供应商乃至开发商之间的网络协同结构，旨在实现市场与研发的协同、研发与生产的协同、管理与通信的协同，从而形成一个完整的商业网络，由多个制造企业或参与者组成，通过多方协同发展，进而推动制造企业技术进步、效率提升、组织变革，促进串行工作转变为并行工作，提升企业的创造力和生产力，推动实现企业供应链内及跨供应链间在产品设计、制造、管理和商务等方面的制造协同，以达到最充分利用资源的目的（见图2-4）。

协同生产制造作为一种更广泛的以互联网为基础设施和创新要素的新制造模式，与"互联网+"的结合是全社会新生产力与新生产关系交互作用的结果，并逐渐发展成为一种全新的社会生产方式，在其再生产过程中，环节重组、跨界融合、互动协同、共享利用等新规律性特征将会让企业制造更具柔性和活力，是应对消费升级和解决有效供给不足的重要方法。

（二）协同生产的四大模式

协同生产是企业发展壮大的新引擎，依托于互联网技术，打造共享数据平台，借助平台媒介，打破时间、空间的约束，使整个供应链上的企业和合作伙伴能够共享客户、设计、生产经营信息，从而最大限度地缩短新品上市的时间，缩

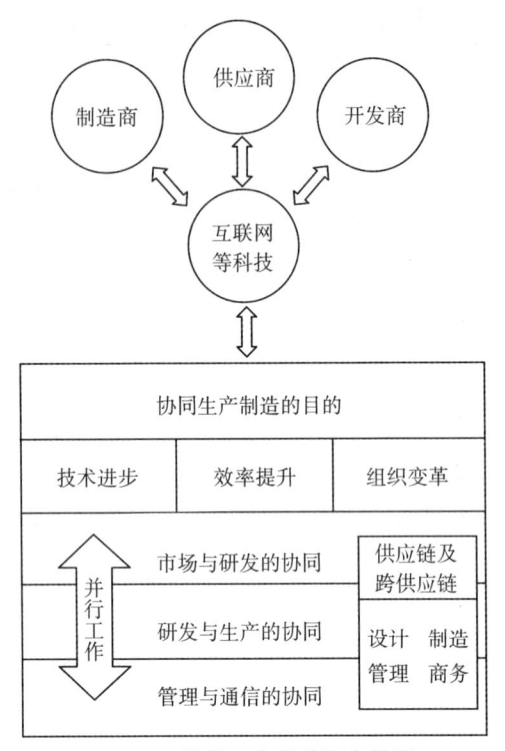

图 2-4 协同生产制造概念模型

短生产周期，降低产品制造、管理及运营成本，快速响应客户需求，提高设计、生产的柔性。协同生产制造是现代生产制造模式的应用典范，以其为核心所衍生出的敏捷生产制造、协同商务、智能生产制造及云生产制造四大模式是现代企业创新制造模式的最佳解决方案。

第一，敏捷生产制造（Agile Manufacturing）模式。敏捷生产制造模式强调企业生产系统的柔性和并行性，注重生产过程中的信息网络化和生产技术集成化，能够帮助企业提高产品的快速响应能力，以适应产品市场需求的不断变化。运行这一模式的基础是建立起跨企业、跨行业、跨地域的信息技术平台，并以此为载体，支持动态联盟的运行，进一步加强产品设计过程的设计模型和工作流控制系统的集成化，增强供应链管理系统和企业资源管理系统之间的兼容性和拓展性，通过跨地域、跨企业的资源优化组合大幅度提高运营效率，降低运营成本，在完善品控的同时更好地满足客户需求。

第二，协同商务（Collaborative Commerce）模式。协同商务模式就是将具有共同商业利益的合作伙伴整合起来,通过对整个商业周期中的信息进行共享,将企业内部的资源同客户、供应商、代理分销商和其他合作伙伴共同纳入企业信息化管理系统进行协同管理,建立一个统一的平台,打造合作云空间,实行信息的高效共享和业务整合的一系列链接,实现和满足不断增长的客户需求,满足企业之间跨领域、跨部门的知识共享和文化互融,通过对合作伙伴的竞争优势的整合,优化商务交易流程,共同创造和获取最大的商业价值并且提供获利能力。

第三,智能生产制造(Intelligent Manufacturing)模式。智能生产制造模式主要是指利用人工智能技术来重塑传统制造模式的生产流程,主要包含智能制造技术(IMT)和智能制造系统。智能制造技术是指利用计算机模拟制造专家的分析、判断、推理、构思和决策等智能活动,并将这些智能活动与智能机器有机地融合起来,将其贯穿应用于整个制造企业的各个子系统,以实现经营运作的高度柔性化和集成化,从而取代或延伸制造环境中专家的部分脑力劳动,并对制造业专家的智能信息进行收集、存储、共享和发展的一种先进制造技术。智能制造系统不仅能够在实践中不断地充实知识库,具有自学习功能,还有搜集与理解环境信息和自身的信息,并进行分析判断和规划自身行为的能力,形成由网络集成的、高度自动化的制造系统,该模式具有自组织、自学习及人机一体化的特征,是当下新兴的一种制造模式。

第四,云生产制造(Cloud Manufacturing)模式。云生产制造模式是以云计算技术为支撑的网络化制造新形态,是一种面向服务的制造新模式,其所提供的云服务涉及制造过程的全生命周期,是云服务商提供各种服务或服务的组合。云生产制造模式以用户为中心,以知识为支撑,通过采用物联网、虚拟化和云计算等网络化制造与服务技术对制造资源和制造能力进行虚拟化和服务化的感知接入,形成一个统一的制造云服务池,在云服务池中把各类制造资源和制造能力虚拟化、服务化,并且进行统一、集中的智能化管理和经营,按需分配制造资源和能力,从而实现制造资源和制造能力的大规模流通,促进各类分散制造资源的高效共享和协同,从而动态、灵活地为用户提供按需使用的产品全生命周期制造服务。

(三)协同生产制造的关键:"逆供应链化反"

协同生产制造模式代表着制造业未来的发展方向,"智能制造+网络协同"将使企业在面对客户的需求变化时,能迅速、轻松地做出响应,并保证其生产具有竞争力，满足大规模客户的个性化定制需求，促进企业实现从单纯制造向"生产制造+定制服务"的转型升级。要达到这一目的就必须把握协同生产制造的关键要点——"逆供应链化反"，即以客户（用户）为中心，倒逼传统供应链改革，依托互联网创新技术成果，重构制造生产的供应链流程，通过数据和资源的共享，加强跨企业之间的供应链协作和衔接，在长时间的磨合和协作中，形成生态群落效应，并通过进一步的演化，形成多维度、多层面及多领域的协同创新生态圈。

在这一"逆供应链化反"中主要包含两个层面的"生态化反"：一是基础层面即内部供应链化反，这种化反主要针对大型制造业企业内部供应链的生态构建。如四川长虹利用协同生产制造模式，成功打造"智能制造+军工生产"产业生态圈，将军工生产与长虹综合家电、IT服务、智能服务等核心产业与共性技术结合起来，应用协同生产制造和协同管理的理念和方法，加强多产业之间供应链的整合和重组，构建企业内部的制造生态。这一基础层面的化反的目的主要是将大型企业自身转变为"互联网云数据制造平台"，形成多接口、高兼容及易协作的大型制造指挥中心，进而改组整体的供应链流程，建立智能生产制造工厂。二是全方位的供应链"生态化反"，这是建立在基础化反层面上的高阶化反，这种化反更侧重于多领域和多企业的生态供应链设计，其所强调的是未来生产制造业企业的供应链将"逆流而上"，由以产定销的模式变革为以销定产。从美的集团"T+3价值链变革"和长安汽车C2M等供应链改革成效来看，这种化反形式一定是先有消费者需求，再到生产者开始响应需求，整个制造生产过程呈现出"逆反"的状态，并且在制造过程中聚集了大量的供应商、生产商及渠道商，参与对象共同聚焦于供应链大数据融合，形成良性互动的制造生态闭环，使得供应链更加完整，并且具备不断整合修正需求的动态调整能力，从而降低生产风险，提高客户满意度。

"互联网+"与协同生产制造的相遇，就如火星撞地球一般，使生产制造业以生态圈的形态重新焕发出新的生机与活力。生产制造企业摒弃传统的自上而下集中控制生产的模式，不再从事单一产业或多元产业的独立设计、研发及制造环节，或者单独的营销与服务环节，而是以供应链、产业链等生态圈的制造形式，跨领域、跨企业、跨部门通力合作，从顾客需求开始，到接受产品订单、寻求合作生产、采购原材料或零部件、共同进行产品设计、生产组装，整个环节都通过互联网连接起来并进行合作伙伴的实时通信和信息共享，形成由消费者需求直接驱动工厂制造的全新工、商一体化平台，使消费端与制造端无缝链接，将客户需求转变为数据模型技术，建立数据驱动的智能工厂解决方案，确保最终产品满足大规模客户的个性化定制需求，实现客户参与产品全供应链生产流程的协同生产制造模式。

【协同管理要诀专栏1】 利欧股份：协同数字互联，起航"利欧互娱"

利欧集团股份有限公司（以下简称利欧股份）是中国泵行业上市公司，也是中国A股的数字营销公司。公司经过大举并购之后，已经构建完成了"互联网+机械制造"双业务平台产业发展格局。多业务模块协同发展，特别是数字互联业务，流量整合运营协同效应显著，数字营销资产成长性突出，均超额完成业绩承诺。2016年，利欧股份营业总收入为73.54亿元，较上年同期上涨67.43%，其中互联网业务销售收入达到53.57亿元，接近公司营业收入的90%，公司净利润为5.71亿元，同比增长153.32%。协同管理之下，利欧股份成功转型成为数字营销的龙头企业，未来潜力无限。

一、协同打造利欧互娱，激活平台协同效应

利欧股份目前在互联网数字营销行业的战略布局，已经初步完成了从传统互联网到移动互联网的全覆盖，先后收购了上海漫酷、上海氩氪、琥珀传播、万圣伟业及微创时代五家数字营销公司，进一步完善了利欧股份数字营销业务矩阵。

目前，利欧股份数字营销服务已覆盖营销策略和创意、媒体投放和执行、效果监测和优化、社会化营销、精准营销、流量整合等完整的服务链条，实现全产业链布局。公司将数字营销业务板块进行融合，构建利欧互娱平台生态，充分发挥多业务板块联动的协同效应，促进了数字营销板块的各家子公司形成良好的业务协同关系，整体竞争力大大增强。

2016年，利欧股份的业绩较上年同期取得大幅的增长。上海漫酷、上海氩氪、琥珀传播分别实现营业收入19.10亿元、1.74亿元、1.28亿元，较上年同期分别增长63.67%、108.72%、76.58%；分别实现扣除非经常性损益

的净利润 6373.14 万元、2628.24 万元、2137.23 万元，全部超额完成了业绩承诺。

二、协同双平台战略，筑梦机械"智"造

利欧股份的业务领域跨越微型小型水泵、园林机械、清洗与植保机械、工业泵等多个行业，形成了独特的行业协同优势。公司目前拥有湖南、无锡和大连三大工业泵生产基地，上述地区具备丰富的技术和人才资源，并具备成熟的工业泵产品生产配套体系。利欧股份从功能定位、业务分工、品牌建设、人员分工等多方面逐步整合公司与三大工业泵生产基地的生产资源、技术力量和销售渠道，改善生产规划，提高产能，并利用规模效应，进一步降低采购、生产、营销成本，实现快速成长和协同效应。

同时，为提高生产效率，稳定产品质量，减轻企业日益增长的劳动力成本压力，使利欧股份长期保持在机械制造领域的竞争优势，公司制造业板块将协同进行智能化改造，打造智能制造基地，融合互联网数字营销业务，协同经营管理、组织设置、团队磨合、内部控制及人才引进等方面的管理，进一步加强"机械制造＋互动娱乐"双主业齐头并进的态势，为股东带来更大的价值和更高的收益。

资料来源：笔者根据多方资料整理而成。

二、协同消费：消费者也是生产者

协同消费一词最先出自英国市场咨询顾问雷·阿尔格（Ray Algar），他曾在以"协同消费"为标题的文章中写道："协同消费将成为横扫全球的现象，消费者在网站上进行物物交换和服务交换……还把钱集中放在网站上共同拥有名车、豪宅、飞机等昂贵资产，这也称作部分所有。"作者认为协同消费将风靡全球，并发展成为一种全球性的经济浪潮，消费者将在网站上进行产品和服务的交换，以部分所有的方式共享产品和服务。在之后，雷切尔·波茨曼和路·罗杰斯在共同编著的《我的就是你的：协同消费的崛起》中，比较系统地分析了协同消费的类型、特点及众多案例，认为协同消费是一种以社交网络为基础、建立在资源共享和协同消费基础上的新型经济模式。同时，作者还提出了协同消费的四大核心原理：一是群聚效应（Criticalmass），其主要内容是凝聚核心用户，获得社群认可，创

造引爆点；二是闲置生产力（Idlingcapacity），其主要内容是优化配置，物尽其用；三是社会公共资源，其主要内容是合作与消费融合，"网络效应"促使公共利益最大化；四是陌生人之间的信任，开放透明的社群，人际与资源回归交易核心，信任不破。这四条原理的重要性没有主次之分，但是诠释了协同消费的内涵与核心。在此基础上，作者进一步阐述了产品服务系统（Product Service Systems）、市场再分配（Redistribution Markets）及协作型生活方式（Collaborate Lifestyles）三种协同消费新模式（见表2-2）。

表 2-2　三种协同消费新模式

协同消费模式	具体内容
产品服务系统	闲置物品在个人手中既占用空间，功用也未被充分发挥出来，网络服务提供商就会开发一个"租赁市场"，使得这些闲置物品逐渐"租赁"化。需求方消费者能以低于购买商品的费用来共享或租用私人所有的商品，来完成他们所需要做的事情，而不需要考虑任何保养、保修等问题，因为所有权仍然属于供给方消费者或者能够提供某些资产的企业，而非需求方消费者
市场再分配	与跳蚤市场类似，由于互联网的广泛应用，以及网络购买平台的发展，二手买卖的发展也从某种程度上改变了人们的消费习惯，那些闲置的物品不是被扔掉而是被拿去进行二次交易。消费者可以选择不丢弃某个特定的商品，而是将它再次出售换取现金、免费赠送给别人或是和他人交换其他利益
协作型生活方式	拥有相同兴趣爱好的人可以对时间、技能、空间其至资金进行分享和交换，如共享办公场地、共享汽车、共享房屋租赁等

目前，中国已然成为制造和消费大国，个性化的消费需求和大量的社会闲置资产为协同消费商业模式的开展提供了肥沃的土壤，各类共享模式如雨后春笋一般，红遍了中国的大江南北。协同消费作为一种基于消费者（供给方或需求方）共同兴趣或互惠利益之上，通过互联网和移动互联网平台，以分享、交换、以物易物、团购、交易和租赁等方式享有物品或服务的新兴文化和新型经济形态，已经成功引爆了新一轮的消费潮流，引领中国的消费升级和社会变革。

协同消费作为一种新型商业模式，其实质就是分享与协作，资源拥有者通过互联网平台，将自己的闲置资源与需求方进行共享，从而达到物尽其用、减少浪费的目的，因而协同消费商业模式也具备如下显著特点：

第一，商品竞争与消费成本降低。完全竞争性商品是指只能被一个人拥有或消费的商品，同时当这类商品转移给他人时会增加后者的成本。非竞争性商品则可以被很多人拥有或消费，原因是向另一个人提供该商品的费用为零或非常低廉。完全竞争性商品和非竞争性商品的范围内存在很多具有不同竞争性的商品，根据竞争性的不同，为很多人提供这些商品的费用也有所不同。因此，降低商品的竞争性意味着该商品可以被多人多次消费，这构成了协同消费的前提和突出的特点：商品可以发生转移或二次消费，出现更多数量的分享行为。因此，协同消费模式降低了商品的竞争性，也进一步减轻了消费者的消费负担。

第二，闲置存量被充分激活和利用。对市场中的个体来说，为了参与或长期参与某项经济活动，所获得的边际收入必须高于为此支付的边际成本。当边际收入和边际成本之间的差距不断拉大时，市场活动出现的数量就会更多。而对市场来说，这一差距来源于闲置资产，如果协同消费市场中的参与者拥有一批有二次需求倾向的闲置资产，那他们就能以较低的边际成本来提供这些资产或商品的使用权，但却能获得较高的边际收益。闲置存量是指没有被充分利用的空间、技能、时间和物件等潜在的社会和经济价值的商品。当所有权/使用权不再对于拥有者本身产生任何价值，但是对于其他人可能仍有价值时，只要协作顺利，消费者就可以利用这一点，让那些有需求的人使用他们所拥有的商品，以获取一些收入或其他好处，从而降低购置商品的固定成本，低成本实现所有权/使用权的转让并获益。在协同消费的过程中，增加一个消费者的边际成本为零或非常低。以Airbnb、Uber、Wework这类平台为例，这些闲置住房、汽车和办公室的初始购置成本都很高，但向更多用户提供这些资产使用权产生的边际成本却很低。消费者也可以协调拼车用户对车辆的使用，以搭载多位乘客；还可以对不同的人进行协调，让他们在不同时间使用同一个办公室或在旅游时租住自身的闲置住房等。协同消费的参与者无须真正拥有上述商品，但他们却可以较低成本获得使用这些商品带来的好处。

第三，网络效应创造多维价值。随着社区的发展，协同消费的"网络效应"价值也随之增加。随着互联网在全球的普及，协同消费模式的创新应用也得到众人的关注，使用这种服务的人越多，所产生的多维整体价值就越高。这意味着随着市场的扩大，每位市场参与者获得的价值也将相应地增加。协同消费利用群体的力量，免除或大大降低了人们使用或拥有某些商品和服务的成本，促进了资源的优化配置，实现了供应方和消费者的双赢获益。因此，协同消费模式很可能在两类市场中出现：在第一类市场，资产的固定成本较高，但卖家向其他用户提供资产使用权的可变成本相对较低；在第二类市场，买家购置了资产，而这些资产的使用率比较低，如空沙发、地下室中的昂贵工具、空置的汽车和办公场地等。在这些市场中，协同消费会促使资产得到有效的配置。

（一）协同消费模式 VS 传统消费模式

在传统的消费模式中，各要素间的关系相对简单，主要是由生产者、市场中介、消费者组成，市场的活力主要取决于消费者和生产者之间的黏性和联系。而协同消费作为互联网与生产和消费相结合而形成的新型消费模式，不再是传统生产消费模式的附庸，其本身聚合和激化需求的过程是一个价值增值和经济剩余产生、分配的过程，更是传统消费的延伸和优化（见图 2-5）。

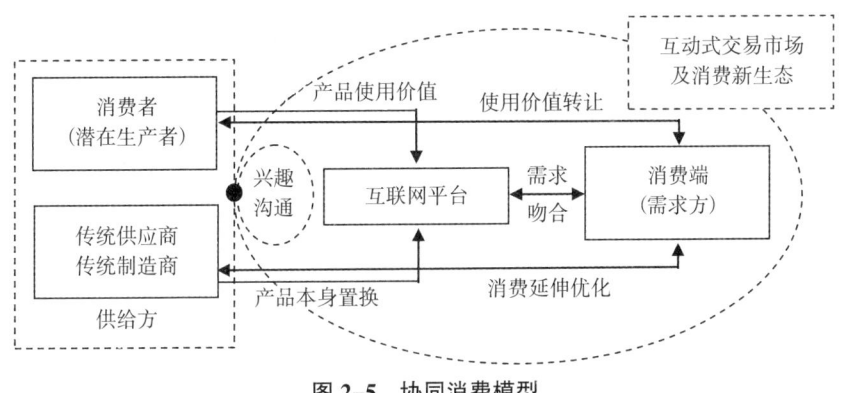

图 2-5　协同消费模型

协同消费的目的是激活消费者基于商品二次交易的自组织交易行为，以此来创造一个更具活力的市场，依托于互联网平台，消费者可以更为快捷地搜寻到满足自己个性化需求的供应方，这个供应方很可能就是另外一个正在寻找满足自己需求的消费者，一旦他们的需求吻合，加之各自在社交网络中对彼此身份的认同或兴趣一致驱使，便可达成交易。消费者之间基于商品交易使用权的互换共享，使其成为高度协作者，消除了中间人的存在，形成点对点的商品交易关系。

在协同消费模式中，消费者是主要的参与者，在经济链条中的地位由末端提升至前端，成为消费环节中再投资的一个新起点，与最早的生产环节连在一起，通过再生产、再加工、再利用，使得资本创造和消费成为一个循环。消费者的这种二元性，极大地丰富了商品的种类。比如在传统消费市场中交易的是崭新的产品或服务，大多是实物消费、劳务消费，而协同消费包括可以二次利用或可分享和交流的有形和无形资产，如时间、空间、技能、知识等。消费者的购物主要聚焦于商品的使用价值上，对拥有商品的需求减弱，协同消费生态圈中的供给系统向市场交付的不再只是产品本身，而是提供更多的产品使用价值，从而无形中促使产品的社会寿命和使用生命周期延长。

（二）协同消费的"玩转"之道

因互联网技术发展而崛起的协同式消费正逐渐取代过时、落伍的传统消费模式。无论在金融业、旅游业，还是在教育业、零售业等，协同消费都在以方兴未艾之势发展。但是在之后，消费端和供给端的协同问题也接踵而至，客户（用户）服务质量问题尤为突出，在共享经济（交通、旅游、物流、知识、餐饮、住宿等）、二手交易等各个细分市场都不约而同地出现共享浪费、产品（服务）与描述不符、产品损坏严重（部分由于暴力物流引起）、押金难退、消费贷款利率高、刷积分（流量）等现象。另外，协同消费提供方导流难、服务售后不匹配、交易变现难等问题也相继出现，甚至协同消费是"伪需求"等评论也时常出现在公众视野中，这种情况也会影响到协同消费的发展。因此，在有利于利益分享的市场提供共享产品（服务），是协同消费获得成功的关键，同时也要做好信任背书、平台流量的精准导流和匹配、售后保障等方面的工作。

从协同消费的实践可以看出，要保障协同消费的持续和稳定，避免发生"挤出效应"，必须要抑制外在动机即增强约束能力，通过协同管理的方式建立"平台生态＋智能技术"的智慧监管模式，为商品质量、信任背书、售后服务及交易流程的稳定和高效提供保障和支持。并且，协同消费始终处于消费的范畴之中，仍然不能忽视其内在动机——乐趣，可通过软件系统的形式，尝试将参与协同消费变得更有趣、更具互动性。例如，Uber的双向评分系统，乘客和司机互相评分，这可以令态度恶劣的司机或乘客难以继续使用该平台的服务，让参与者能够向其他用户展示他的共享或消费是均衡的，进而保证参与者在参与过程中的互动性和有趣效果，进一步防止"挤出效应"，推动协同消费模式的演进。

三、预见协同管理：明心见性，万法归宗

许多生产型和流通型的企业在互联网化的过程中，可以说是伤痕累累，对互联网爱恨交加，不知如何应对。对于这一问题，在对协同生产和协同消费的论述中已经有了答案：协同生产和协同消费在很大程度上是对互联网创新成果的综合运用，说两者是"互联网＋生产"和"互联网＋消费"也不为过，但是若失去协同的润滑和约束，生产和消费的发展方向就有可能发生偏转。众所周知，互联网

的"冲击波"过于强大，许多企业因此"走火入魔"，在迅速爆发之后随之沉默。生产和消费在互联网基础上的协同化，掀起了商业变革的巨大波澜，协同的价值因互联网的出现被进一步放大，现在的协同不仅停留在概念上，而且更深层次地同产业、行业、企业甚至是个人实现了结合。协同就好比一台连接器或是一块磁铁，将一切重要的事物集聚，构建生态群落，通过自组织行为，实现参与主体的协同发展。

协同管理与"互联网+人工智能"科技两者天然适配、本无二致，只不过一个是技术层面的问题，另一个是思维层面的问题。互联网虽然只是技术，但其本质却是连接、融合、共享的技术，具有驱动企业发展实现社交化、扁平化、去中心化、跨界化、数字化、定制化、平台化、移动化、智能化及生态化的能力。而协同管理的实质是"互联网+人工智能"科技驱动下商业模式创新与变革的自组织方式，是重构企业商业模式的方法，是去边界化、跨界融合和机制创新的思维模式，是企业向高自主和自激励的未来组织形态自我进化的路径，是实现未来灵活多维的自定义商业环境的策略。因此，协同管理是"互联网+人工智能"科技的思维化，而"互联网+人工智能"是协同管理的技术内核和第一驱动力。进一步分析两者的内在联系，可以发现协同管理是催生并孕育"互联网+人工智能"的企业智慧内核，通过协同管理的理念渗透，企业可以穿越互联网时代的三重境界——连接、融合、共享，实现企业在万物互联时代的生态布局。

未来不仅是协同生产和协同消费，而且是"协同管理+Everthing"！一方面，"互联网+"侧重于从线上到线下的过程，而"+人工智能"则侧重于从线下到线上的过程；另一方面，"互联网+"具有新技术优势、体制机制优势和更广泛的社会支持，容易产生爆发性增长，而"+人工智能"拥有存量优势、行业标准优势和公信力优势。随着传统企业重新落地"+人工智能"，电商企业纷纷布局"互联网+"，传统与潮流的融合将在新时代大放异彩，而协同管理则是实现"互联网+"和"+互联网（人工智能）"双融合的重要容器。明心见性，万法归宗。"互联网+""+人工智能"、协同管理合一，必有一番作为，且看协同管理的三重奏（见图2-6）。

（一）协同管理 1.0："互联网+"的协同

"互联网+"强调的是"逆袭创新"，从技术、商业模式、资金、人才等方面看，都是互联网企业主导着融合进程。对企业而言，"互联网+"被着重运用于拓

```
"互联网+"的协同 ⊿         "+人工智能"协同 ⊿      互联网×协同管理×人工智能 ⊿
    协同 1.0                  协同 2.0                     协同 3.0
```

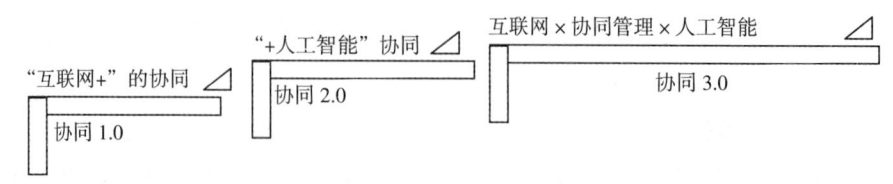

图 2-6　协同管理三重奏

展前端渠道模式，增加流量入口，更重要的是打破空间和时间的限制，将企业的品牌、产品及营销无缝插入各个目标群体之中，增加产品的销量，提高客户的消费体验，把握消费者的注意时间。就如电子商务是互联网向商业的逆袭，互联网金融是互联网向金融业的逆袭，互联网传媒是互联网向传媒业的逆袭……这种由"新"向"旧"的突入式扩张，已经造成了强烈的震撼，并且"互联网+"具备的新技术优势、体制机制优势和更广泛的社会支持，使得互联网企业的业务发展更容易产生爆发性增长。但是随着"互联网+"的持续推进，"互联网+"企业的"鼻祖"也遇到了"天花板"，最典型的就是小米，其开创了饥饿营销的先河，获得了一批米粉，但是"成也萧何，败也萧何"，这种互联网营销在随后的发展过程中备受诟病，使得小米手机的销售受到阻碍，不敌蓝绿大厂——OPPO、vivo的渠道扩张。互联网企业相较于传统企业而言，组织更为灵活，大部分属于轻资产企业，主要以数字化营销和大数据、云计算等业务为主，企业整体的发展弹性较大，协同管理的引入能最大程度地保证企业原有的业务和核心模块的优势传承，在原有基础上进行延伸和整合，并以此为跳板开发新的业务板块，开展更多层次的业务合作，打造新的业务增长极，借助新的业务来增强同消费者之间的黏性及消费者对品牌的认知度。

如蓝色光标以服务大客户为核心，逐步推进智能营销协同大平台机制，一方面在内部实行管理优化协同，保证组织战斗力；另一方面在业务链上提升技术及资源优化的协同，在获得新技术和大数据的同时，为公司积累了更多优质客户。目前，蓝色光标已与国内智能电视七大主流厂商，包括海信、创维、康佳、TCL、长虹、乐视和小米达成全面合作协议，此次合作不限于智能电视平台的广告投放，为加强品牌与消费者的互动，公司将大数据洞察、用户画像等方面的技术积淀应用于此次合作中，与电视厂商在精准投放、品商结合等层面开展更多合作，通过开发多元化的营销产品，为广告主构建基于OTT的营销生态环境。因此，协同管理1.0即"互联网+"的协同，就是将目前的核心业务圈层及互联网技术创新成果进行开源和二次开发，积极参与多方合作，共同开发"蓝海"业务，实现同原有业务的双层叠加，进而产生巨大的协同效应，进一步释放市场空间，获取新的增长点（见图2-7）。总体而言，协同管理1.0更倾向于在消费端对互联网进行综合运用。

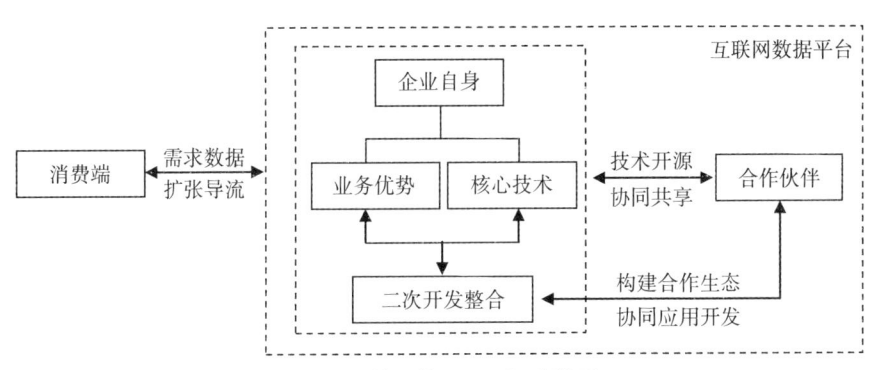

图 2-7 协同管理 1.0 概念模型

（二）协同管理 2.0："+人工智能"的协同

"+人工智能"的协同更多强调的是在"互联网+"基础上的"顺势创新"，即将"互联网+人工智能"科技逐步应用到产业端的融合进程，其主导者主要是生产型企业和部分流通型企业，其以既有业务为基础，利用"互联网+人工智能"的科技和协同管理理念，提升客户（用户）服务的效率和质量。

相对协同管理1.0而言，协同管理2.0拥有的是存量优势、行业标准优势和公信力优势。但大部分生产型企业和部分流通型企业只是将"+人工智能"的协同简单地当作一种工具应用，"+人工智能"的目的只是为了增加一条新的渠道或途径去获得新的客户、流量和市场，而在企业的盈利创收模式、生产经营模式等方面并没有很大的实质变化。特别是大中型制造企业仍主要以重资产为主，虽然具备完备的生产制造能力和较为完善的人才配套机制，但传统的生产经营模式或是组织管理模式已经无法满足消费端日新月异的变化。因此，企业协同管理2.0可谓任重道远，对于协同管理变革的呼声也越来越高。

协同管理2.0主要聚焦于价值链的重构，将协同管理运用于整体的组织生产经营管理中，并以价值链为资源整合的核心，以"互联网+人工智能"科技为手段，打破手工运作的限制，整合企业原有的产业链和供应链，增强企业生产管理的智能化、柔性化、数据化、指标化（见图2-8）。

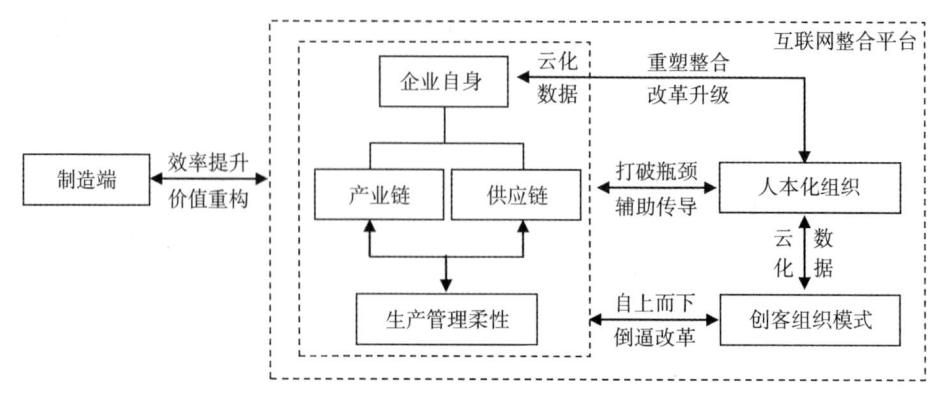

图 2-8 协同管理 2.0 概念模型

协同管理的另外一个重要作用，是辅助企业建立人本化的管理组织体系，打造自下而上的创客型组织模式或平台型阿米巴模式，倒逼企业进行供应链和产业链的重塑，实现人、物、器三剑合璧，爆发出多级联动的协同效应。如青岛海尔的企业无边界、管理无领导、供应链无尺度的大规模定制模式，就是一种按需设计、按需制造、按需配送的协同管理模式，这种模式不仅大大增强了基层组织的创造力和积极性，进一步锻造了海尔供应链和产业链的过硬实力，而且使其真正做到了"DIY"（Do It You Self）产品制造的能力，并成功转型升级成为"互联网工厂"，成为互联网时代企业的学习标杆。

（三）协同管理 3.0：互联网 × 协同管理 × 人工智能

"互联网+"与"+人工智能"二者形式上是一体的，本质上是融合相通的。仔细品味我国推出的《"互联网+"行动计划》、德国提出的工业 4.0、美国倡导的工业互联网、日本关注的科技工业联盟等就会发现，其技术内核都是"互联网+人工智能"。

由于中国存在巨大的制度创新压力和空间，需要引入新的制度创新型力量充当"鲇鱼"，所以，"互联网+"才以其体制机制灵活创新的优势脱颖而出。即便如此，为了盘活庞大的既有产业优势，写好"+人工智能"这篇文章也相当重要，只有成功启动这支重兵，才能下好"互联网+"这盘大棋。互联网时代，企业唯有兼备互联网的前"+"和人工智能的后"+"，才能遵循协同演化的规律，做到持续的创新变革和产业迭代。

"互联网+"代表着企业的扩张和连接，"+人工智能"代表着企业的重塑和整合，一快一慢，无论从功能还是应用方面，两者都存在较大的差异，贸然将两者同时链接到企业，可能导致企业"施肥过量"或"虚不受补"的结果。因此，企业成功接上互联网的"天线"和人工智能的"地气"后，仍需要时间把两者的叠加效应转化成协同效应，将"互联网+人工智能"科技的创新成果最大程度地协同转化成经济效益。

"互联网+"促进企业的服务外化，"+人工智能"推动企业的能力内化，两者都是企业的外生动力；而协同管理是企业双龙取水"互联网+"和"+人工智能"的机制，也是企业不断地进行商业模式变革和技术创新的内生动力，因为企业内外兼修的目的是为了打造适合企业发展的共生、共融、共享的生态圈。在企业生态圈形成和发展的过程中，"互联网+人工智能"科技并不是以简单合力的形式推动企业发展的，而是驱动企业激发协同管理内生动力，以聚变或裂变的方式推动企业爆炸式或跨越式发展，并循序渐进地形成各具特色的企业生态圈或生态群落。因此，协同管理3.0是互联网、协同管理、人工智能协同动力作用的结果，是多维矢量的乘法而不是简单的合力型加法。企业通过"互联网×协同管理×人工智能"内外兼修，在"竞争→合作→协调→协同"的演化过程中，与时俱进地演绎出千变万化、形态万千且具有造血功能的企业生态圈（见图2-9）。

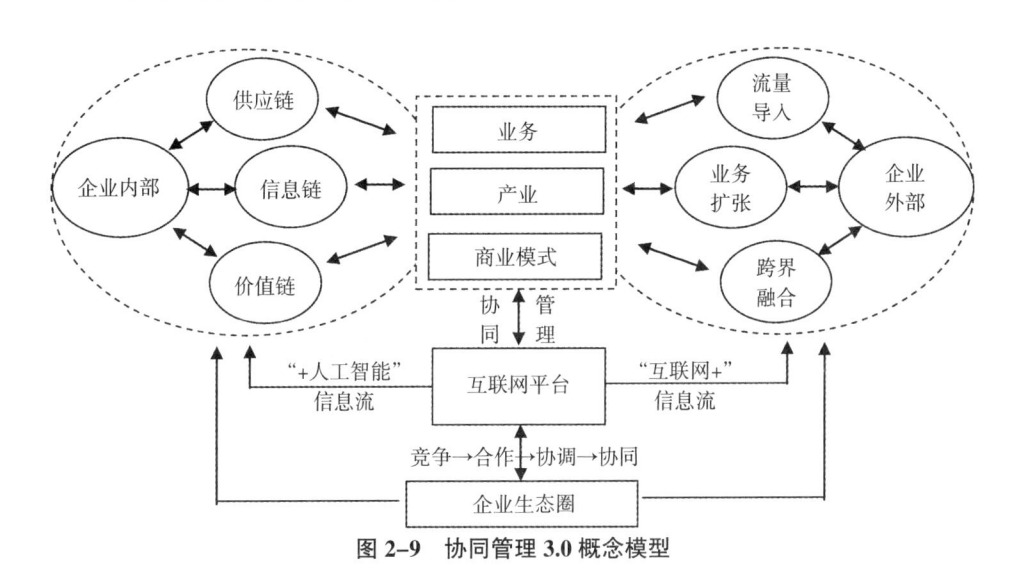

图2-9 协同管理3.0概念模型

杰里米·里夫金曾在《第三次工业革命》中以互联网时代的新能源为例描述了未来"互联网+"和"+人工智能"的应用场景：通过在各类建筑上建立微型发电机，实现绿色能源的有效补给；大面积安装插电式设备，利用"互联网+"将剩余能源数据化，并有序收集和协同共享；能源提供商通过"+人工智能"构建网状、分布式的能源结构系统，将基础设施转化为数字化"中枢神经"，发挥"互联网+"与"+人工智能"融合的协同效应，强化对能源的有效分配和协同管理，构建新能源生态圈，拉动经济的有效增长。在杰里米·里夫金的描述中，互联网、人工智能的地位已经不可撼动，两者相互结合的效果也是不可估量的。其中，作者还提到一个关键词语——协同，并强调只有在协同的基础上，才能实现"互联网+"与"+人工智能"良性互动，保证能源生态系统的健康运转。

再以轻资产模式的小米为例，不可否认，小米已在"互联网+"方面取得了成功，超过2亿的用户量就是实实在在的证明。但小米并没有止步不前，而是积极提炼并吸取如粉丝经济、社区经济等"互联网+"的成功经验，开始对接"+人工智能"，提出米家生态计划，进军智能家居产业。首先，小米在倾听用户反馈和意见的基础上，以手机为流量入口，向小米生态圈内企业导流，传导用户消费诉求，与合作伙伴一道共享用户资源。其次，小米同生态链企业合作，整合产业链和供应链，协同开拓新市场。最后，结合线下布局的小米之家，协同打造个性化及线上线下立体化的消费服务体验，真正做到"互联网+""+人工智能"的适配和融合。回顾小米"迷茫"的2016年战绩：发布了重磅新品小米5、小米5s、小米Note 2以及小米MIX；小米手机周边生态链系统全年收入超150亿元；链接了超过5000万台智能设备。不仅收入方面有所增长，相关媒体也赞许小米智能"全家桶"解决方案的完整性和合理性。这些漂亮的成绩单正是小米协同管理互联网与人工智能恰到好处的具体表现。

协同管理3.0=互联网×协同管理×人工智能是企业经营模式和用户关系发生变革的新经济模式，是互联网与人工智能的集大成者，值得企业考量。

【协同管理要诀专栏2】 骅威文化：手握优质IP，协同打造互联网文化产业

骅威文化成立于1997年，是中国泛娱乐IP全产业链的领导者，旗下拥有19家子公司，遍布北京、上海、深圳、杭州、福州等多个城市。公司集影视动漫、网络游戏、IP衍生品开发、文化产业投资等业务于一体，立足深圳，放眼全球，是一个秉承传递快乐文化的宗旨，致力于打造基于互联网文

化，以优质 IP 运营为载体，以内容创新为核心，集动漫影视、网络游戏、周边衍生产品等为一体多元互联的综合性互联网文化集团。

一、促进业务协同整合，提升业务协同效益

骅威文化通过近两年的投资并购工作，在 IP 运营战略上又迈出了重要一步。通过并购重组，公司增加了优质 IP 资源的储备，更加有效地运用公司现有的 IP 储备资源和创作能力，为公司在 IP 运营的策略选择上提供了更大的弹性。优秀的影视资产与公司现有的网络游戏、动漫、周边衍生品等业务实现有效协同以及 IP 价值的最大化。并且，骅威文化通过进一步深耕优质 IP 全产业链运营与发展布局，进一步丰富了内容变现渠道，促进了业务多元协同，释放了业绩增长潜力，成功实现了影视、游戏与 IP 的紧密衔接，大大加强了各业务板块的协同性，全面提升了公司的整体价值和行业地位。首先在影视文化业务方面，公司坚持"精品言情剧"的创作理念，致力于提供优质影视作品，2016 年骅威文化制作的《煮妇神探》《寂寞空庭春欲晚》均获得了卫视频道播出同时段收视冠军。其次在游戏业务方面，《莽荒纪》的手游、页游、网络动画、电影、电视剧全产业链运营全面有序展开，并且《雪鹰领主》全版权运营于 2016 年上半年开始，目前正着手电视剧、电影内容的开发，其手游自上线以来流水收入较为可观。据骅威文化 2016 年年报显示，公司实现营业收入 8.12 亿元，同比增长 37.54%，营业利润为 3.37 亿元，同比增长 167.64%，归属于上市公司股东的净利润为 3.03 亿元，同比增长 151.78%。

二、携手奇虎协同发展，打造网络文学平台

2016 年，骅威文化同奇虎达成战略合作协议，合资打造网络文学平台——创月文化，共同加码互联网文化产业（见图 2-10）。

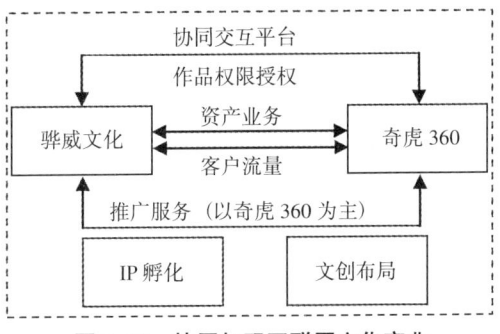

图 2-10　协同加码互联网文化产业

> 骅威文化参股的华阅文化将与奇虎360集团实现阅读相关业务和资产的全面对接；奇虎360将为华阅文化平台提供推广服务，包括360导航、360小说站及360搜索等运营网站或客户端产品，协同打造交互界面，协同共享客户流量；双方在授权方面也将协同合作，北京奇虎360有权以优惠的价格获得华阅文化拥有或经合法授权获得的著作权，并将目前经营的互联网阅读业务和拥有的相关无形资产转移给华阅文化公司。
>
> 双方此次合作极大促进了创阅文化及华阅文化业务的协同发展，进一步推动了骅威文化在网络文学IP方面的布局和运营发展。创阅文化将通过集合作家资源和各类文学作品打造独立的阅读平台，形成一个以文学为出口内容，以用户与作家之间的互联社交为纽带，以虚拟文化产品等周边衍生为核心输出的文学IP孵化平台。公司将进入IP产业的上游——网络文学领域，深度挖掘网文价值，在打造网文平台获取用户流量的同时也将与公司原有的业务形成协同效应。
>
> 资料来源：笔者根据多方资料整理而成。

第二节　协同管理心法

互联网时代，协同管理实现的基础不只是融合共享，更重要的是协同创新，"正"即融合共享，"奇"即协同创新。协同管理的本质就是建立在资源整合基础上的管理创新和创新管理，是企业资源整合的"吸星大法"。协同创新是以企业商业模式变革和"互联网＋人工智能"等科技创新为主要内容的创新，是协同管理的重要内容，可以理解为在信息商品化基础上聚合式或裂变式的创新，包括企业内外部机制制度创新、资源整合和技术协同研发等。

一、协同机理：以正合，以奇胜

协同机理是在协同管理的概念及逻辑基础上诞生的一套理论框架，是指企业为实现某一特定协同目标，企业生态系统中各要素的内在工作方式以及诸要素在一定环境下相互联系、相互作用的运行规律和基本原理，主要包括协同演化、协同机制和协同绩效评价三大内容。其中,序参量是系统的决定性变量;协同演化揭示发展客观规律;协同机制阐述主体之间、子系统之间相互作用的内在逻辑和基本原理;协同绩效评价主要衡量和反馈其运行的质量和功效。

(一) 协同演化:企业生命周期的高级演绎

在商业环境下,协同演化是两个或两个以上相互作用的企业或组织在生存与发展过程中的相互适应与共同进化,具有时间和空间上的辩证统一,是演化理论、复杂系统理论、突变理论等众多思想的精华所在。同时,协同演化也是一个极富解释力的理论分析框架,其独特的思维逻辑和分析工具为企业进行协同创新注入了新的活力,为企业高层发散性思维的探索提供了更大的空间。

以企业技术创新成果的协同演化为例,从创新的时间维度出发,技术创新成果协同演化是一个以原始创新或突破性技术创新成果的协同演化为起点和前提,建立在技术创新成果、专利、标准各自生命周期基础上的不可逆的协同演化过程;从创新的空间维度出发,技术创新成果协同演化是原始创新或突破性技术创新成果以标准形态为最终归宿,在技术创新成果、专利、标准协同演化过程中某一个时点或阶段的市场化形态的转化。技术创新成果、专利、标准的协同关系首先是在创新的时空协同演化辩证统一基础上的市场化形态协同转化关系(见图2-11)。

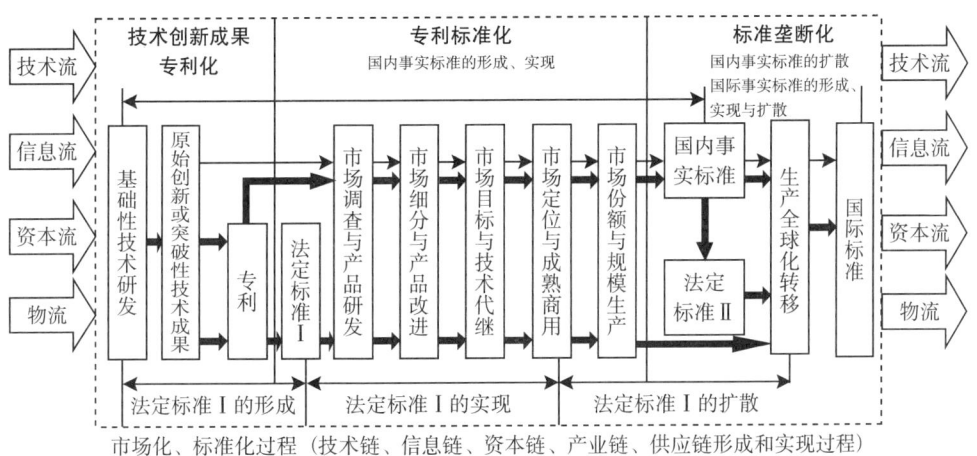

图 2-11 技术创新成果协同演化线性概念模型

注:①➡表示技术创新成果、专利、标准协同转化的演进过程;②→表示技术创新成果直接成为标准的演化进程;③法定标准Ⅰ和法定标准Ⅱ都是法定标准,区别在于法定标准Ⅰ是在国家推动下专利直接转化为法定标准;法定标准Ⅱ是指专利经过市场化阶段成为事实标准而后在国家推动下成为法定标准。前者是先标准化再市场化,后者是先市场化再标准化。

在商业环境下，协同演化是市场上两个或两个以上相互作用的企业或组织在生存与发展过程中的相互适应和共同进化。协同演化是企业"运筹帷幄，决策千里"的法宝，是企业进行超前诊断和精准预测等管理决策工作的基础，具有重要的战略意义。

第一，协同演化理论突破了单向因果联系对企业管理决策层思维模式的禁锢。长期以来，不少传统企业的企业管理决策层都深受单向因果联系思维的影响，忽视了组织、营销、财务等多要素之间存在的双向或多向因果关系。就如互联网同一些业务的简单组合一样，由于缺乏对各个主体之间互动关系的认识和深入分析，企业高层往往只能得出一些"治标不治本"的结论，其结果就是"按下葫芦浮起瓢"，解决不了根本问题，既无法挖掘技术潜力，又无法获得进一步的发展。因此，协同演化作为一种具有多向因果关系、非线性关系等特征的新的认知规律和思维方式，是企业中高层认知企业内外各个主体之间复杂的动态关系和抓住企业发展的本质内容和关键问题的法宝。

第二，协同演化具有很强的包容性，它把自组织理论诸多思想精髓的优点整合起来，在不损伤各种管理思想原有完整性的前提下，充分吸收了各种管理思想的精华，具有强大的解释力。企业管理决策层可应用协同演变的规律，科学客观地分析、预测、评价各种不同的企业商业模式、业务组合的发展规律和存在价值，为企业进行协同管理提供理论支持和模拟实验。

第三，协同演化是把企业看作超越个体理性的一种动态自组织学习环境，企业能够塑造和颠覆员工的偏好和认知结构，进而影响群体的心智模型和思维定式。反之，员工所思所想也能影响企业的协同演化方向。因此，企业和员工之间存在着动态的相互反馈关系，企业为员工个人潜力的激发提供条件和支持，员工能持续输出高质量和建设性的建议，形成良性健康的协同创新"永动机"。

（二）协同机制：协同管理的内驱动力和运行机理

协同机制将企业看成一个复杂的开放式系统，在多主体的内部行为以及系统的动态演化进程的基础上，对企业协同管理的内外部机会和条件进行选择、控制、协调和引导，通过企业系统及其子系统的非线性作用，实现协同管理目标。协同机制包含形成机制、实现机制、动力机制等子机制（见图2-12）。

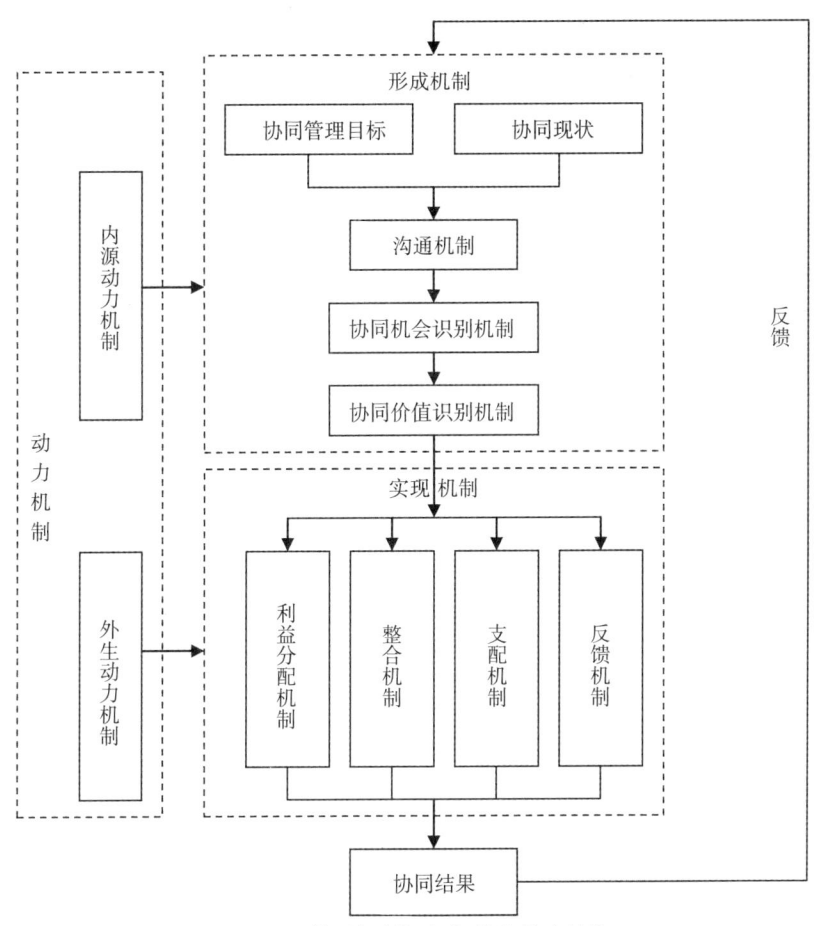

图 2-12 协同机制运行规律和基本结构

第一，协同形成机制。协同形成机制主要包括沟通机制、协同机会识别机制和协同价值识别机制等子机制。有效的沟通机制是协同管理成功的基础，能促进企业人本化组织模式的形成，对企业协同创新的开展大有裨益；协同机会识别机制在管理协同实现的过程中是非常重要的一步，只有及时准确地识别协同机会，才能围绕协同机会采取种种管理措施和方法，取得管理协同应有的效果；协同价值识别机制可以预评出管理协同所带来的效应，并能挖掘出协同要素的价值。

第二，协同实现机制。协同实现机制是指企业在由纵向市场（线上、线下、平台市场）和横向市场（境内外农产品市场）构成的协同"大市场"中运行的基本原理，包括企业的信用体系和契约体制的确立、信息通路和物流通道的协同运行、四功能流（信息流、物流、资金流、商流）和五结构链（信息链、供应链、价值链、技术链和产业链）的协同运作等内容，主要包括反馈机制、支配机制、整合机制、利益分配机制等内容。

第三，协同动力机制。协同动力机制包括外生动力机制和内源动力机制等子机制。其中，企业外生协同动力包括"互联网+人工智能"科技、跨界资源整合等协同创新动力；企业内源协同动力包括制度机制创新、企业商业模式创新等协同创新动力，关注企业不同发展阶段协同创新动力的转换和多层次协同创新动力机制的培育等问题。

（三）协同绩效评价：正念、正信、正行、正能量

协同绩效评价主要衡量和反馈企业进行协同创新及协同管理运行的质量和功效。在企业形成和发展生态圈的过程中，企业协同管理模式将会逐渐成熟，产生新的时间、空间和功能结构，进而使企业实现持续性的协同创新。但这种协同创新是否偏离预期目标、实现预期结果仍然需要通过反馈把结果与目标进行比对得出结论。若结果和预期目标相一致，则说明企业实现了协同效应；反之，则需要对协同机会的识别、协同预先价值评估、交流沟通以及要素整合等步骤给予重新考虑，并通过持续的试错迭代，继续协同创新。

【协同管理要诀专栏 3】京蓝科技：协同智慧生态，创赢产业升级

20 余年来，京蓝科技股份有限公司（以下简称京蓝科技）始终秉承"上善若水、弘毅怀德"的核心价值观，专注于"生态环境+互联网"的战略方向，充分利用绿色思维和互联网信息技术，在生态环境领域落地应用，打造了以"智慧生态运营服务、清洁能源综合服务、生态云服务、企业级创新孵化器、产业投资"为核心的五大产业战略布局。2015 年，京蓝科技遭遇了滑铁卢，挂上了 ST 的前缀，徘徊在退市的边缘，为摆脱困境，公司运用协同思维及互联网技术进行全面改革，转型成为中国领先的生态环境领域的绿色智慧整体解决方案供应商和运营服务商。根据其 2016 年年报，京蓝科技的营业收入达到 4.61 亿元，较上年同期上涨 539.49%，但是受到科研和固定资产投资的影响，企业利润较上年同期下降 68.11%，为 0.12 亿元。

一、协同战略定位，转型产业发展

面对 2015 年的发展颓势，京蓝科技坚定以"生态环境产业+互联网"为公司的业务战略定位，先剥离房地产和煤矿业务，进行主业跨区深耕，外

延积极协同，成功收购沐禾节水100%股权，进入节水灌溉行业，转型成为国内领先的微灌和灌溉智能化方案的提供商；同时，京蓝科技还并购了北方园林，借助北方园林的优质资质、科研成果及集园林绿化工程科研、设计、施工、苗木、养护于一身的生态园林综合运营商的市场优势，进一步完善了京蓝科技一体化的运营能力，增加了公司在园林和生态治理领域的竞争筹码，为公司五位一体生态治理的协同大格局的形成再添助力。在此基础上，京东科技与北方园林共享资源经验，试水邹城市湖水东调灌区高效节水灌溉PPP项目，借助PPP项目运作模式，整合了双方在现有板块之间的客户资源，进一步加强了生态技术共享，使得拿单能力显著提升，协同效应切实明确。此外，京蓝科技紧抓"京津冀协同发展"的发展热点，布局雄安新区。其具体做法是以资源协同为核心，结伴华夏幸福，以华夏幸福丰厚的土地资源对接京蓝科技"智慧节水＋能效管理＋园林建设"的发展模式，通过双方资源的协同共享，实现项目进程及双方业务的协同发展。

二、构建智慧生态，谋求板块协同发展

生态云服务是京蓝科技为充分发挥"生态环境＋互联网"一体化商业模式的优势而重点打造的技术项目。为突破之前各业务板块各自为政的局面，京蓝科技开始谋求生态环境全产业链的协同配合。2016年，公司对生态云服务业务进行了重点布局。根据公司实际业务情况，将生态云服务拆分为生态环境监测云、区块链生态农业云、生态云电子商务和生态云金融服务四大板块。利用云计算和大数据技术，为客户提供基于互联网、云端、托管型的产业提质升级、转型服务，保证智慧生态和互联网的有效结合，最大化地发挥与公司其他业务板块的协同效应。目前，京蓝云智进行了积极的业务调整，业务已经逐步聚焦在生态云平台研发运营和生态园林两大板块，原有的智慧生态业务正在逐步落地中。其中，生态园林业务主要提供城市景观、园区景观、道路景观建设，以及生态公园、湿地公园等的建设和改造，并提供水系治理的专业解决方案（见图2-13）。

目前，京蓝云智中标的广安经济技术开发区环境保护和安全生产智能安全监控平台项目已启动实施，各项业务的磨合大大提升了公司的经营效率，积累了项目建设经验，为京蓝科技发展为生态产业的综合服务商奠定了

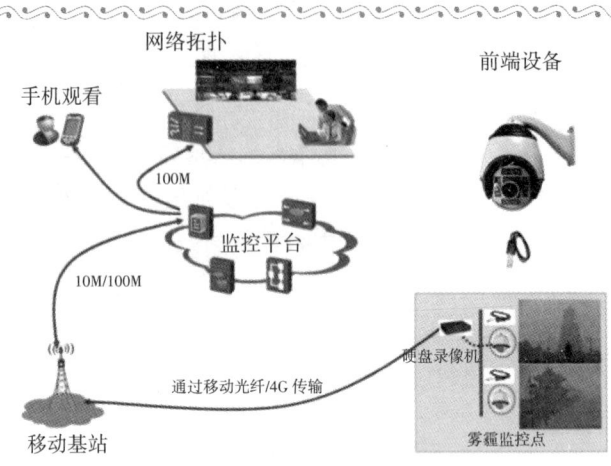

图 2-13　京蓝科技协同布局生态云

良好基础，同时也进一步提升了其各业务板块共同客户和市场资源的协同度，协同效应可期。

资料来源：笔者根据多方资料整理而成。

二、协同策略：运筹帷幄，决胜千里

协同策略是指企业应用协同管理形成协同效应的发展方式、实现路径、协同模式和创新策略的自组织方法，是协同机理的"落地式"。协同策略是企业战略制定、动员组织力量及资源调配的具体行动方案的基础和智库。企业进行协同管理是一项复杂的系统性工程，既要避免原有模式的弊端，又要符合经济社会的发展实际；既要借鉴国际经验，更要遵从中国本土的现实逻辑；既要考虑到自身的利益发展，又要兼顾各个具体的利益主体。因此，企业在制定协同策略时要遵循"发展方式→实现路径→协同模式→创新策略"的逻辑思路和思维范式进行规划、制定和实施，最大程度地发挥协同动力系统的内在潜质和主体间的协同效应，促使企业生态圈水到渠成。

（一）发展方式：共生、共享、共赢

在"互联网+人工智能"科技创新的驱动下，企业生态圈的协同发展方式是一种生态共生方式，包括内生和外生协同发展方式两个组成部分。

第一，内生协同发展方式，即包括政府、物流企业、金融机构、生产者、消费者、互联网平台服务商等主体及产业组织的协同发展方式，包括协同发展战

略、战略空间布局、产业结构调整、内生动力的转换等内容。

第二,外生协同发展方式,即生态圈"四功能流""五结构链"以及相互之间功能结构的协同,包括企业生产、流通、销售、加工等环节以及技术创新、跨界资源整合、制度机制创新和商业模式创新等创新动力的协同。

(二)实现路径:政府主导,市场协同

"条条大路通罗马",但"没有最好的,只有更好的;没有最坏的,只有更坏的",不一定每条实现协同管理目标的路径都是适合企业的。因此,企业必须综合考虑各方面因素选择适合的路径与发展方式,主要有政府主导型路径和市场协同型路径。

第一,政府主导型实现路径,即政府有关部门通过制度机制创新,引领互联网企业、传统企业、金融机构等商业生态圈主体重塑信息链、供应链、价值链和产业链,进行产业空间布局和产业结构调整,此外政府必须注重社会价值的协同,坚持以人为本,加强"双创"扶持力度,将其作为主要载体,将政策红利、工业化和公共服务均等化有机结合,形成商业生态内部各部分之间的良性运动和协同发展,实现合理的产业布局、就业结构和消费方式。

第二,市场协同型实现路径,即发挥市场资源配置的决定性作用,通过产业结构转换的核心动力、聚集经济效应的内生动力及生产要素流动的直接动力,来促进人才流动和产业的空间聚集,激发商业生态圈相关主体的创业创新活动,并与"一带一路"、自由港、雄安新区、供给侧结构性改革等国家战略和重要政策同步发展,进行产业空间布局和产业结构调整。

(三)协同模式:"大协同"战略

多元主体经营及多元业务模式是商业生态系统得以存在、形成的基础,企业必须遵循开放共享的"大协同"战略,打造多元主体业务高效联动的协同模式,积极拓展协同工作的广度和深度,不断延伸价值链并打破边界,挖掘和把握多领域商机,以客户为中心,全面把握客户需求,依靠协同作战,为客户提供综合解决方案,取得持久竞争优势。

以市场化程度、企业效率为横轴和纵轴构建波士顿矩阵,在政府主导型和市场协同型两大路径下构建商业生态圈企业主体协同模式:一是政府主导型路径下的协同发展模式,包括孵化器模式、C2B平台模式、M2C直销模式、电商物流模式,如图2-14(a)所示;二是市场主导型路径下的协同发展模式,包括沙集模式、智能商城（BNC）模式、牛鞭模式、O2O 模式，如图 2-14（b）所示。

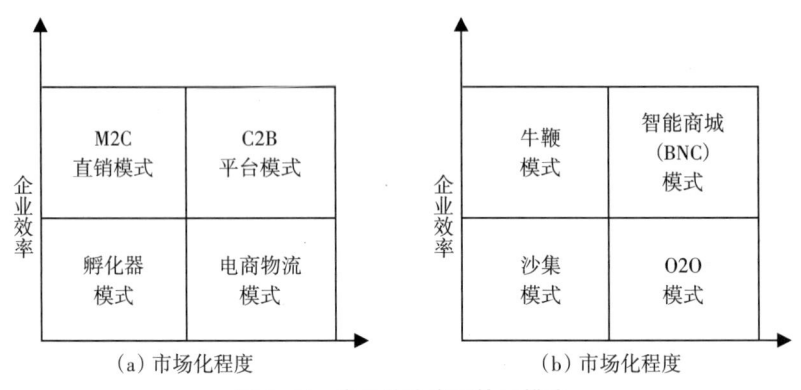

```
        企业效率 ↑
        ┌──────┬──────┐
        │ M2C  │ C2B  │
        │直销模式│平台模式│
        ├──────┼──────┤
        │孵化器 │电商物流│
        │ 模式 │ 模式 │
        └──────┴──────┘ → 
         （a）市场化程度

        企业效率 ↑
        ┌──────┬──────┐
        │ 牛鞭 │智能商城│
        │ 模式 │（BNC）│
        │      │ 模式 │
        ├──────┼──────┤
        │ 沙集 │ O2O  │
        │ 模式 │ 模式 │
        └──────┴──────┘ →
         （b）市场化程度
```

图 2-14　商业流生态圈协同模式

协同模式创新成为企业发展及融入商业生态的关键所在。虽然协同发展模式的效果很难量化，但影响是深远的，其动力主要来自企业协同创造的价值。协同模式的应用能提升企业的市场竞争力，降低企业市场拓展的成本和风险，更为广泛地捕捉市场机遇和开拓新市场，并能更容易地提供创新产品和增值服务，有效增强客户的忠诚度，从而打响有企业特色的综合服务品牌。

（四）创新策略：运筹帷幄，决胜千里

对于企业环境的变化和内部的状态，管理决策者无法精准地预测某一变量的影响值，但可以对其在稳定状态和协同状态上所显现出的趋势进行预判，针对不同的情形采取相应的协同策略。根据企业进行协同发展所必备的协同属性及协同元素，以企业协同程度（组织协同性、文化协同性、业务协同性）为横坐标，以外部环境变化（宏观环境变化、行业竞争冲击、内部管理扰动）为纵坐标，构建企业战略协同策略矩阵，划分出战略导向型协同策略、人本组织型协同策略、平衡稳定型协同策略及风险导向型协同策略（见图 2-15）。

第一，战略导向型协同策略。该类型策略适用于外部环境稳定、企业协同程度偏弱的情形。在外部环境稳定的环境中，企业更加注重充分遵循和发挥战略计划的导向作用，通过系统收集定量定性的信息，预测企业环境变化可能带来的协同机遇和外部威胁，按照对战略目标的分步计划实施执行，并在此过程中注重内部知识的积淀和外部知识的获取，从而更加理性地采取应对措施以应对环境变化。

第二，人本组织型协同策略。该类型策略适用于外部环境稳定、企业协同程度偏强的情形。这种模式强调组织发挥以人为本的能动创造性和团队协作性，着

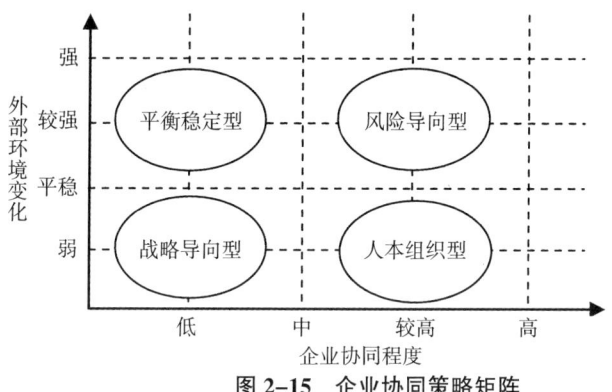

图 2-15 企业协同策略矩阵

重营造组织内普遍认同的价值观和认知体系，提升企业自组织属性。通过加强知识学习的协同共享和发展多种信息感知接收机制，以利于在面对环境变化时能够做到迅速应变。

第三，平衡稳定型协同策略。该类型策略适用于外部环境震荡趋强、企业协同程度偏弱的情形。受限于企业（中小企业或是运营不佳的大型企业）的禀赋和实力，在面对外部环境震荡趋强的大背景下，弱势企业更倾向于以合理化、程序化的行为维持企业内部系统的平衡与稳定，企业的精力和焦点侧重于内部的信息协同共享与自身组织机制的改进。当企业环境发生剧烈变化时，战略的计划性和针对性效果往往会大打折扣，面对各种机遇和威胁，企业的经营管理决策很少自发地进行调整变化，往往是一种被动的适应。

第四，风险导向型协同策略。该类型策略适用于外部环境震荡趋强、企业协同程度偏强的情形。在企业实力比较中处于强势地位的企业，出于对高收益的追求和自身实力的客观定位，往往愿意承担不确定性带来的高风险。为了减少和消化风险带来的损失，企业会尝试开展技术、管理等领域的创新，培育知识优势为能力优势，以自发能动的行为及自身的技术核心，通过收购、联盟、投资等手段打造商业生态。

因此，在具体的协同策略实施过程中，不能依靠单一类型的策略使企业实现协同适应性，企业应根据外部环境的变化及生态伙伴的发展情况采取适宜的协同策略组合，动态地适应环境的变动，推动企业发展。

【协同管理要诀专栏 4】 新湖中宝："地产＋金融"双主业的协同绽放

新湖中宝股份有限公司（以下简称新湖中宝）经过多年在金融领域的前瞻性布局，已形成覆盖证券、银行、保险、期货等机构金融投资的格局。目前，公司控股了湘财证券、新湖期货，同时是中信银行、盛京银行、温州银行、阳光保险等金融机构的主要参股股东，并与万得资讯、大智慧、51信用卡等有深入的战略合作，有序推进金融及金融科技一体化平台建设。此外，新湖中宝以"价值地产"为理念，科学把握政策动向，灵活应对市场变化，不断提升品质，创造了"新湖地产"这一优质品牌。然而手握地产和金融的新湖中宝意不止于此，通过互联网技术手段实现两大主业的跨界融合，协同效应一触即发。

一、双主业协同发展，缔造营收传奇

基于对自身核心竞争力以及行业发展趋势、市场机遇的判断，新湖中宝确定了地产、金融及金融科技双主业的协同发展战略。将地产主业既有优势及公司与在金融和金融科技领域的机构、技术、服务一体化平台的成熟体系进行结合，并进一步加大协同整合力度，加速两大经营主业的价值释放，为公司转型发展提供坚实支撑。此外，根据市场形势和未来趋势，新湖中宝进一步优化区域布局，聚焦一二线主流城市，增加以上海为中心的长三角区域的地产项目占比，地产主业发展基础进一步夯实，环上海战略布局取得实质性进展。凭借对地产市场和上海未来发展的清晰判断，新湖中宝持续发力上海旧改，聚焦首次置业、改善性需求等主流产品，并借助完善的金融布局、金融科技及金融平台的体系优势，以股权转让、变更开发建设单位方式取得上海多个项目。目前，新湖中宝在上海内环核心区有 5 个项目，未结算总建筑面积约 130 万平方米，成功完成了地产业务向一二线城市集中的战略转型，进一步增强了公司在上海核心区域的地产项目储备和盈利能力，同时也有效提升了公司可售项目的变现能力。根据其 2016 年年报显示，公司实现营业收入 136.26 亿元，较上年增长 17.10%，其中地产业务收入 100.75 亿元，上涨 43.95%，归属于上市公司股东的净利润达 58.38 亿元，同比增长

403.00%，公司经营业绩表现优良，未来盈利空间广阔。

二、夯实未来发展潜力，强化金融板块协同性

从 2013 年以来，新湖中宝从未停止互联网金控平台的搭建之路，经过系统整合，新湖中宝涵盖保险、证券、银行、期货等主要业务的互联网金控平台已初具雏形，金融一体化业务能力逐步提升。公司 2017 年第一季度业绩较上年同期有大幅增长，实现净利润 3.80 亿元，同比增长 236.79%，其中很大一部分是公司对金融类公司的投资收益贡献。在金融平台整固的基础上，新湖中宝进一步布局互联网金融和金融科技领域的机构、技术、服务的一体化平台（见图 2-16）。

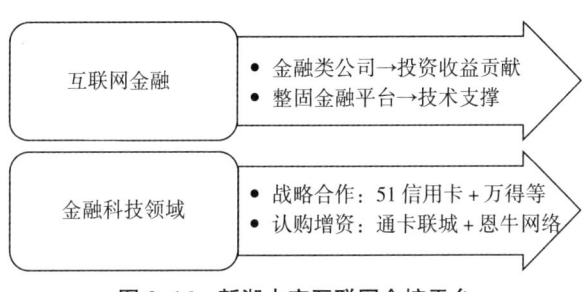

图 2-16 新湖中宝互联网金控平台

在金融服务领域，加强与 51 信用卡、万得等金融科技公司的战略合作；认购、增资金融科技领域通卡联城、恩牛网络等，不断整合互联网金融资源，深化互联网金融业务创新，利用互联网、大数据和云计算等进一步增强各金融板块的协同性，着力营造一体化的金融服务能力，力求在互联网金融领域打造核心竞争力，为未来公司的发展蓄足动力。

资料来源：笔者根据多方资料整理而成。

三、协同创新：中庸而非颠覆

协同创新是协同管理的重要内容，是企业激发相关主体产生协同效应、实现企业协同管理目标的动力系统。协同创新是指企业有效汇聚企业创新资源和要素，通过突破创新主体间的壁垒，充分释放彼此间人才、资本、信息、技术等创新要素活力而实现深度合作，包括"互联网+人工智能"科技创新、跨界资源整合创新、企业制度机制创新、企业商业模式创新等协同创新。

（一）协同创新不是颠覆式创新：持续与立异，跃迁与重构

哈佛商学院教授克里斯坦森曾对颠覆性创新进行了详细定义，简而言之，就是颠覆性产品能够开辟一片新市场——新市场颠覆（New-market Disruption）创新或为现有产品提供一个更简单、低价或更方便的替代品——低端颠覆性（Low-end Disruption）创新。颠覆式创新是一记"快、准、狠"的杀招，成效快、目标准、破坏性强，以至于同领域企业难以应对，甚至被逆袭丧失市场份额。

谷歌、小米等大牌企业是颠覆式创新成功的典型企业。谷歌通过广告服务AdWords，刷新了以雅虎为代表的网络广告服务商的"三观"，谷歌低至1美元自助服务式的广告产品，成功打破了雅虎最低5000美元的广告服务费用，面对这一"破坏性"的杀招，雅虎也丧失了固有的光环，节节败退。小米则是利用互联网思维，颠覆性地进行手机营销、生产及服务，成功塑造了自身高性价比和发烧友的品牌形象，以迅雷不及掩耳之势，迅速占领市场，收割细分客户，并在随后的发展中打造小米生态链，转入硬件及产品研发，成为互联网时代的企业骄子。

颠覆式创新固然是一个绝佳的市场"利器"，但杀敌一万，自损八千，使用起来却不那么顺手。小企业要逆袭、大企业要颠覆，这绝非一朝一夕的事。特别对大企业或传统企业而言，可谓举步维艰。再则，颠覆式创新的目标不仅仅是产品本身，而是形成一套颠覆式创新商业模式，才能保障后续产品的研发或业务模式的开展，才能具有持续的颠覆性和创新性。因此，企业为了防止出现"其兴也勃焉，其亡也忽焉"的结果，要在进行颠覆性创新的同时自上而下建立颠覆式应对机制，如国家电网的"五位一体"协同机制从创新方向、涉及领域的边际安全和预期效果等方面防范颠覆式创新的风险。有意思的是，协同机制最后成为企业稳定获得颠覆性创新成果的一大保障。

从表象上看，协同创新和颠覆式创新的最大不同之处在于协同创新是持续性创新而不是颠覆式创新所追求的标新立异，从本质上看，协同创新和颠覆式创新的最大不同之处在于协同创新是推动企业实现"混沌→有序→高级有序"跃迁的动力，而颠覆式创新是推动企业商业模式、组织架构、管理机制等重构的动力。

（二）共享经济≠分享经济：存量和增量的商业模式创新

说到协同创新就不得不讨论一下分享经济（Sharing Economy）和共享经济（Shared Economy），因为它们都是以互联网为媒介的伟大企业商业模式创新，也是协同创新的主要内容之一。分享经济是指将社会海量、分散、闲置的资源，平

台化、协同化地集聚、复用与供需匹配，实现经济与社会价值创新的新形态，是一种使用而不占有（Access over Ownership）和不使用即浪费（Value Unused is Waste）的商业模式。共享经济则是指以获得一定报酬为主要目的，基于陌生人且存在物品使用权暂时转移的一种新的商业模式。两种商业模式本质上都是社会闲散资源整合的问题（见表2-3）。

表 2-3 共享经济与分享经济的差异

不同之处	共享经济	分享经济
分配问题	如何分配的问题	如何再分配的问题
分配物品	加强分配物品的公平性	提高再分配物品的有效性
地位差异	参与主体地位平等	参与主体地位不同
信息匹配	信息对称	信息不对称
基本原则	互助互利互惠	真实真心真诚
基本目标	实现合理分配	完善分配漏洞

从表2-3可知，分享经济的本质是存量资源的管理，是把大量碎片的、闲置的、过剩的资产集合起来，把闲钱、闲人、闲思想、闲IP聚集起来，构建价值洼地，加速市场重构，建立分享经济体，催生协同效应。而共享经济则是对增量资源的管理，如摩拜、OFO等，其要点是规模化经济和高效率的执行力。但是无限风光的背后，两大商业模式都有非常大的弊端。一是分享经济虽然能激活社会存量资源，打造共享发展的社会经济生态系统，但是信任机制的问题却仍然是老大难，特别是在需求方，需求方的认可和消费兴趣的变化成为分享经济发展的一大挑战。此外，相较于共享经济而言，分享经济在标准化方面还面临较大的短板。二是共享经济的出现虽然真正方便了社会大众的生活，大大提高了生活质量，但是共享经济的发展仍然脱离不了低价策略的副作用，如何吸引更多的目标用户，让更多新用户参与其中，真正体会到共享经济的实用和价值，更有效地配置社会公共资源，让效率和效果最大化，是共享经济的"烫手山芋"。

但分享经济和共享经济之间其实是存在一定联系和交叉的，两者同样是借助于互联网平台，基于客户（用户）本身的需求去提升效率，通过创造不同的消费场景，加强碎片资源的集约化，以达到重塑市场价值的目的。

改善当前不合理的分配格局，是未来世界经济发展的主流趋势，也是两种商业模式能够大行其道的背后逻辑。存在即合理，采取不同的协同机理和协同策略践行这两种商业模式，真正做到协同创新，达到事半功倍的效果，对实现人类命运与利益共同体将起到无比巨大的作用。

第三节　协同管理的圆融贯通

互联网赋能是当今企业信息化的主旋律，是一个信息技术与商业互动的过程，在构建商业生态的过程中需要与外部大量交互，因此会产生大量交互参与型系统，如企业 APP、企业公众号等都属于交互参与型系统的范畴。但是传统的交互参与型系统最大的特征就是输入输出的不对等，特别是在企业资源及组织方面的断层和阻隔，如果整个企业的运转效能为 100%，在交互的过程中企业内部的耗散量可能超过 30%甚至更多，而这些耗散量就是企业管理的"黑洞"，即信息不透明，流程不可视，目标管理和其内外的协同管理处于一个非良性、非线性的状态，以至于企业整个组织的运转效率低下，始终处于"亚健康"的状态。

交互参与型系统的协同化是必然趋势，假设一个不进行协同管理的企业一年只有 365 天，那么协同管理的企业就可以以更雄厚的资源、更具柔性的组织、更富有竞争力的商业模式，以空间换时间，即以商业生态的竞争形态来留存更多的用户注意时间，提高重复购买率，实现收益的复利效应，创造出 500 天、700 天，甚至 1000 天的企业效益。因此，协同管理不仅是简单地解决效率的问题，还能为企业创造更大的商业价值，使得交互参与系统这一商业模式的载体能够取得创新和突破，可以更好地用于支撑商业模式业态变化及形成社会化价值创造的核心系统，为企业提供更加广阔的发展空间。因此，企业协同管理在企业势在必行。

一、引爆核聚变：协同管理下的资源整合

资源整合开始成为企业发展的高频词汇，因为在互联网时代，用户的需求无限细分且变化太快，要求企业的资源供给必须"跟得上用户鼠标点击的速度"，精度、力度、速度都必须提升一个档次，而企业自有资源和可使用的外部资源却往往捉襟见肘，被迫进行资源整合。但大部分企业的资源整合很可能是个伪命题，因为企业的内部资源都是"服从上级"、紧盯预算包和 KPI 的，整合很容易

掉入本位主义的陷阱中，各部门容易产生相互推诿、"协调不动"资源的现象，而且企业内部资源又往往是分散的、封闭的，外部资源很难"零摩擦"地融入整合。一方面企业内部资源整合协调难，另一方面外部资源整合融合难，更不用谈企业资源的动态整合优化，这是企业资源整合之殇！那么如何使资源整合步入正道呢？唯有数据化和协同化。

数据化是资源整合的基础和前提，数据化有助于消除资源整合的盲点，将资源整合过程可视化和动态化，以供合作伙伴参考和对接，也为整合方案的改进和资源的匹配协调提供数据支撑，以此获得更优质、兼容的资源；资源数据化还能加速多方资源整合的对接速度，打造无障碍数据接口，建立融合界面和互动式经营场景，赋予资源方经营的动力。

企业资源整合不仅需要"互联网+人工智能"科技创新成果提供的先进技术手段，更为重要的是要有一套具有协同管理思维的协同资源整合机制，才能使资源整合各方能相互利用彼此的资源和能力产生协同效应，共同面对市场竞争，即企业资源整合的协同化。

协同化是企业资源整合的协同创新机制，其要义是企业将各种资源要素创新整合，使之能够为了完成共同的任务或目标而进行协调或运作，实现这些资源的协同效应。企业资源整合的协同创新机制包括形成机制、运行机制、反馈机制及进化机制四个子机制，协同动态完善协同创新的环状机制，保障企业资源池合理运转，减少资源的隔阂和摩擦，实现资源整合的协同目标（见图 2-17）。

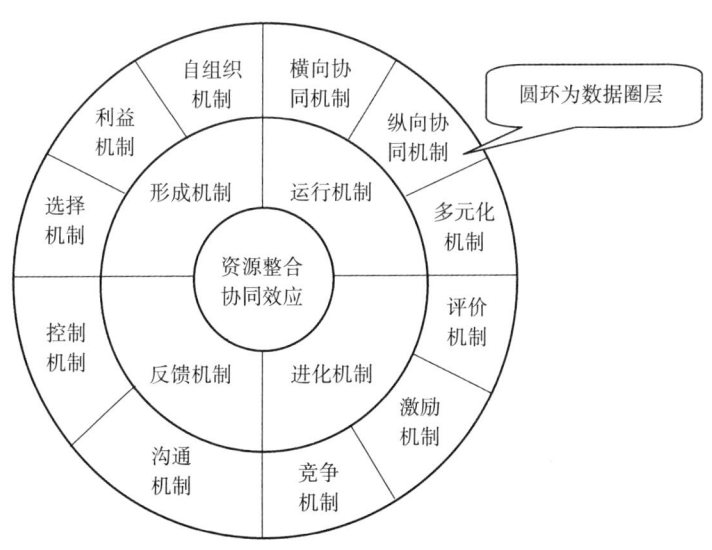

图 2-17　资源整合的协同创新机制

企业资源整合的形成机制主要是指使企业资源整合由无序转为有序的一系列机理及作用，即动态地评估企业资源整合的管理现状与协同管理目标间的差距，并从差距中识别机会，通过对机会的价值判定，确定进行协同创新的内容，并将这种可能性转化为事实的机制。企业资源整合的运行机制是指在企业资源整合的过程中，各影响因素的结构、功能及其相互关系，以及这些因素产生影响、发挥功能的作用过程和作用原理及其运行方式。企业资源整合的反馈机制包括正反馈和负反馈。正反馈是反馈信息与控制信息方向一致，导致企业资源整合加速或放缓；负反馈是反馈信息与控制信息方向相反，导致企业资源整合停滞或维持现状。企业资源整合的进化机制是指企业在资源整合过程中系统跃迁的协同演化规律和波动的市场逻辑规律。资源整合协同创新机制三级子机制及其具体内容如表2-4所示。

表2-4 资源整合协同创新机制三级子机制及其具体内容

协同机制	具体分类	主要内容
形成机制	选择机制	企业及各成员企业之间在资源整合的过程中，都面临着选择与被选择。各方都希望以较低的成本获取较高的利益，所以，选择机制决定了资源整合协同过程中的活动规律，其过程就是企业整合资源协同各方合作的博弈过程
	利益机制	利益机制是集团资源协同形成的关键，成员企业各资源要素通过协同管理实现各自单独无法实现的目标，通过协同管理各自获得更大的利益，形成利益机制的核心。只有在协同效应带来的收益被合理分配的前提下，参与跨组织协同的每个成员企业的收益都相应地增加，才能对资源协同整合产生正反馈，促进企业稳定发展
	自组织机制	企业资源协同整合形成的自组织机制主要体现为各企业成员的三个主体，即所有者、管理者和员工之间的非线性相互作用，所以资源整合的关键是要在这三者之间建立非线性相互作用的机制，以此激发资源整合流程的高效性，实现商业生态战略目标的整体优化
运行机制	纵向协同机制	纵向协同机制主要是针对企业内部资源优化整合问题而设立的一种机制，从企业资源的角度来讲，企业内部资源系统含有一系列子系统，诸如目标系统、环境系统、技术系统、组织系统及财政支持系统等。这些资源子系统和业务单元之间的协同整合是企业进行资源整合的重点
	横向协同机制	横向协同机制具有协同、整合利用其他成员企业最优秀的专业化资源，从而达到降低成本、提高效率、增强竞争能力、寻找机会、提高效益和开拓市场的目的，是每个成员企业获得和保持竞争优势的重要工具，是行之有效的战略
	多元化机制	主要包括同心多元化和水平多元化两种形式。前者是基于技术相关的多元化，后者是基于市场相关的多元化。各企业成员在产业层面或业务层面进行资源整合，双方之间的关联可使各企业成员享受到经济利益上的相乘效果

续表

协同机制	具体分类	主要内容
反馈机制	控制机制	要维持资源整合的协同，必须对各种干扰产生的不协同性进行控制和调节。根据集团的行为特性，集团的控制机制可分为内部和外部两套控制。内部控制是指企业成员通过组织手段和协调激励手段控制资源整合，外部控制主要包括文化素质的影响和法律制度的制约两个方面，影响和控制各成员资源整合的开展
反馈机制	沟通机制	沟通反馈的过程，实际上是一个信息搜集和传递的过程，反馈机制实质是一种信息沟通机制，需要明确沟通的内容、方式和时间等。如跨组织协同运行的绩效评价，实际上也是信息反馈的一种形式，所要反馈的内容就是跨组织资源协同的运行绩效，以作为未来协作和利益分配的基础
进化机制	评价机制	评价机制是资源整合协同管理主体在进行协同管理之前对协同目标所应达到的效果和系统所处环境及目前状况进行比较、权衡后而采取的行为方式。资源整合协同首先强调资源管理主体对各企业成员所处环境和目前运行状况、价值等方面进行全面的评估，找出与实现资源整合协同管理目标的差距
进化机制	激励机制	建立有效的激励机制能提高集团员工的自觉性、创造性及工作热情，使员工能最大限度地发挥其技术水平和才能，保持工作的有效性和高效率，从而实现企业绩效的提高。由于绩效提高，各企业成员的利润会增加，反馈给员工劳动付出的回报也就会增加，员工潜能被进一步激发，从而实现组织的协同
进化机制	竞争机制	各企业成员资源整合过程一旦形成竞争协同机制，就会减少摩擦、降低损失，使企业内部各资源要素之间相互制约、相互耦合，形成正负反馈循环，产生协同效应，具有较强的适应性、内聚力、吸引力和灵活应变力，形成企业成员内外互利的良性循环，使所获取利益最大化

【协同管理要诀专栏5】中天能源：能源航母——协同全产业链布局

中天能源股份有限公司（以下简称中天能源）是一家在清洁能源领域专注打造天然气全产业链的专业运营企业，是国内综合性油气供应、运营商，主营国外油气开采、海外油气资源进口、国内油气加工、终端分销及天然气储运设备制造销售。公司目前已建成以武汉为核心的CNG生产和销售网络，以青岛为核心的天然气及新能源设备制造产业基地，以及以浙江、湖北、江苏、山东、安徽等地为基地的天然气分销网络，逐步实现天然气中下游利用端向上游资源端延伸。此外，中天能源投资运营境内液化工厂、LNG接收站及并购海外油气资产，天然气全产业链已经形成。中天能源2016年年报显示，在全产业链协同的作用下，公司的营业收入为36.35亿元，同比增长83.70%，净利润为4.35亿元，同比增长53.03%；同花顺数据显示，近两年中天能源的营业总收入复合增长率达到74%，利润复合增长率达到80%，业绩表现抢眼。

一、中天梦踏出国门——国际产业链协同并购

中天能源趁国际油价处于近年来历史最低位，而加拿大因传统市场美国由油气净进口国变为净出口国，急于为本国油气打开新市场的有利契机，逆周期收购了加拿大油气田公司 NewStar 和 Longrun，拥有了自有海外气源，完善了上游供给层面，获得了优质在产的油气资源。目前，中天能源正在投资天然气上中下游，在加拿大直接建设 LNG 液化工厂，在东部沿海筹建年周转 200 万吨、共 400 万吨的江阴和粤东 LNG 接收站与 LNG 物流集散基地，与现有的下游成熟分销网络一道，打造上游油气田（海外气源）—海外 LNG 液化工厂—沿海 LNG 进口接收站—LNG 物流集散基地—下游分销网络的天然气全产业链。依托海外油气资源，中天能源进一步开拓了原油进口新业务，大幅提高每立方米售气毛利，实现油气业务从生产到销售的全覆盖，优化资源配置，发挥协同效应，进一步降低公司的生产销售成本，培育新的业绩增长点，使此项业务成为公司常规业务并持续为公司贡献收入和利润，中天能源也因此具备了国际特征，成为国际能源供应商和运营商，实现了中天能源产业报国的"中天梦"。

二、爆发！双产业链协同布局

2016 年，在中天能源高层的领导下，公司抓住机遇，在稳步推进天然气全产业链布局的同时，积极开拓布局石油全产业链，依托公司优质的海外油气资源，实施原油进口，通过参与基金并购下游地炼厂，打通石油全产业链，形成油气开发—输配流通—终端销售全产业链齐头并进的态势（见图 2-18）。

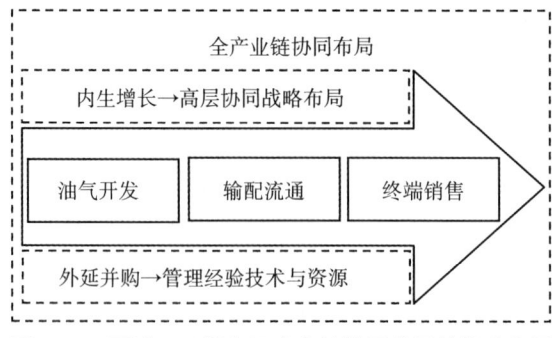

图 2-18 石油、天然气双产业链协同发展的战略布局

陆续完成石油、天然气双产业链协同发展的战略布局。在石油方面，并购海外优质油气资源，依托公司优质的海外油气资源，实施原油进口，通过参与基金并购下游地炼厂山东金石，打通石油全产业链；在天然气方面，加大中游天然气储备集散中心的建设力度，同时持续开拓天然气下游销售网络。通过"内生增长＋外延并购"的路径，中天能源夯实了全产业链布局，实现了油气业务从生产到销售的全覆盖，优化资源配置，发挥协同效应，进一步降低了生产销售成本，提高了销售收入和公司在国内外的竞争实力。此外，中天能源注重引进技术与管理经验，在并购海外油气上市公司的过程中，公司进一步消化吸收国外油气生产先进管理经验及技术，实现自身发展的协同创新，成功将自身转变成为面向全球市场的集油气项目运作、产品销售、技术服务及技术人才交流于一身的综合性油气运营企业。

资料来源：笔者根据多方资料整理而成。

二、协同五环：企业商业模式创新

互联网之父蒂姆先生曾说，互联网给人们提供了"交流、共事、共享信息的环境"。互联网通过改变人与人的联系和连接的方式，深刻地改变了人们的生活方式，而这一改变也使得企业自觉转型互联网化。对于企业而言，利用"互联网＋人工智能"创新科技成果进行持续创新并不断商业化是互联网时代的生存与发展之道。显然"互联网＋人工智能"科技为企业的创新提供了新的方向和新的领域，但是大多数初创型企业在创新之路上一去不复返，失败的案例比比皆是。不得不承认，资本的缺乏会让企业创新"贫血"。但是，更为重要的原因是企业一味地追求"黑科技"，忽视创新的模式和方式，导致资源的过度浪费。

互联网时代的一大特征就是跨界连接，能对众多企业的资源进行共享和精确匹配，进行多圈层、多模式的发酵叠加和综合运用，如果将这一优势应用至企业创新上，则会创造出企业合作的新商业模式——"积木式创新"。它是指在企业创新的过程中，以经营用户为核心，将不同要素如积木般进行系统组合，以小微创新夯实创新基础，厚积薄发，最终形成裂变式的企业商业模式创新。如果说"积木式创新"颠覆了企业创新理念的世界观，那么与之匹配的方法论就是协同管理，即通过工作协同、业务协同、集成协同、产业链协同及社会化协同五环协同模式，坐拥"新协同"所带来的"价值五环"，登上"创新之塔"尖端（见图 2-19）。

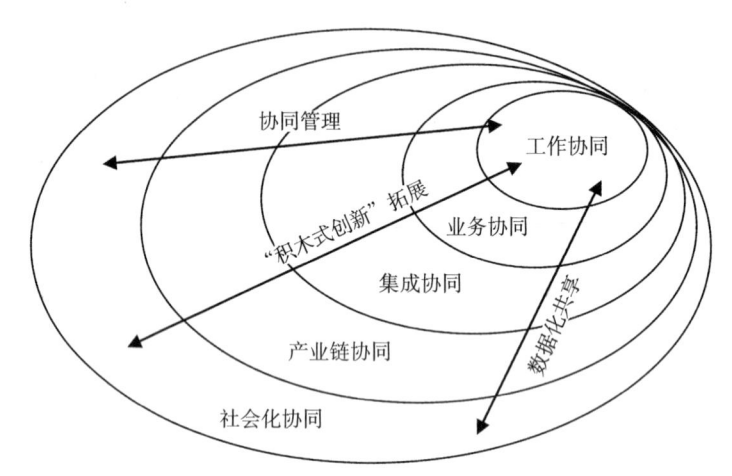

图 2-19　协同五环框架下的"积木式创新"

第一，工作协同环。古人云："千人同心，则得千人之力。悉用其力，一心以使之，如此则战无不胜。"众人拾柴火焰高，企业目标的实现离不开基层部门，甚至细化到员工之间的协同合作，全员全域、工作高效、权责分明、管理优化的协同工作环境，加上移动办公和办公自动化的广泛普及，极大提升了组织管理的效率，员工可以很便捷地实现与其他同事的头脑风暴、分工协作、资源整合，并且可以通过自建模板和自建流程的使用，使得很多处于随机和发散状态的工作实现有序化、可跟踪化、可追溯化，实现工作的敏捷性与有效性的统一。

第二，业务协同环。在不用改变企业原来业务模式的基础上，建立互联网平台，将各种业务系统纳入统一的平台中，实现协同应用与业务的关联，从而避免因为内部管理的信息化变革而对企业赖以生存的既有业务模式造成干扰，防止业务与内部管控可能出现的断裂，确保企业业务的正常运营。此外，借助信息化手段，聚焦企业内部的管理需求，自建各种定制化的业务管理模块，比如合同管理、销售管理（CRM）、项目管理（PDM）等，快速实现业务覆盖、多端使用及按需调整，助力自身及合作伙伴结合应用场景和业务需求，定制独有的业务应用，最大限度地推动业务范围的拓展及业务模式的创新。

第三，集成协同环。集成协同的目的是实现多系统穿越、数据联通、信息口径统一及业务联动，通过物联网、云计算、区块链等先进科技，将各个分离的设备、功能和信息等集成到相互关联、统一和协调的系统之中，实现万物互联及集中、高效、便利的管理，比如集成ERP、集成人事、集成商旅等，集成协同的开展将有效打通信息流、数据流，消除企业信息孤岛，联动企业业务系统，保持企业信息口径统一，降低企业内部资源耗散，提高企业组织运转的效率及业务、人员等内部要素的活性化程度，形成管理闭环，实现成本控股，进而促进业务及创新模式的集约化发展。

第四，产业链协同环。产业链协同是指企业与企业外部消费者及上下游合作伙伴基于互联网平台，通过产业协作和高效共享来提升企业联盟竞争力，比如经销商管理、供应商管理、招投标管理等，以此来实现产业生态的协同。产业链协同的核心目的就是打通上下游间各个环节，对分离状态的现状进行调整、组合和一体化，即对价值链、企业链、供需链和空间链进行优化配置和提升，使产业链中上下游间实现效率提升、降低成本的多赢局面。

第五，社会化协同环。社会化协同是以企业自身业务模式或商业模式为终点，以互联网平台为媒介，跨界融合一系列的合作伙伴，不断补足和扩展商业生态，形成一套从"to B"到"to C"直至"to E"的营销和服务创新模式。以京东众筹为例，其以自身的平台为立足点，聚合开发商、供应商及金融机构等合作伙伴，提供丰富的融资、理财、众筹及分期购等服务项目，并通过移动互联网技术将触角延伸至"to C"端，实现C和B之间的数据匹配、客户的积累开发及流量的引流转移，广泛获取用户征信数据，构建企业信息化生态，进而整合社会资源，促进前后系统联动和生态伙伴的合作共享，最终实现打造开放式生态体系的目标。

协同五环本身是一个生态系统，是从组织内到系统间再到组织间，包括社会阶级的协同，比如我们谈到政府采购，其实G2B、G2C也是一种协同。可以说协同五环是企业和组织的基本生存方式和形态。比如说，北京的房价是从一环到五环逐渐降低，而协同五环则是企业未来从一环到五环指数级增长的内在动因，是企业实现"积木式创新"的"硬标杆"。可以说，在协同五环下的"积木式创新"将会成就企业甚至一个商业模式的未来。

【协同管理要诀专栏6】　　**千方科技：智能交通，协同互联**

北京千方科技股份有限公司（以下简称千方科技）初创于2000年，是国内领先的综合型交通运输信息化企业。公司以大数据为驱动力，以移动互联网为载体，已实现公司定位从智能交通向"互联网+"大潮下的智慧交通转变、公司角色从产品提供商向运营服务商转变。公司兼具从软件定制、研发到硬件生产、销售再到系统集成、整合的能力，形成覆盖从产品到服务再到解决方案的智能交通全产业链。目前，千方科技通过充分利用资本平台、技术和成果转化平台，在视频监控、物流金融、智能网联汽车等领域持续进行产品的突破和创新，取得显著成效（见图2-20）。其2016年年报显示，公司在2016年的营业收入为23.45亿元，较上年同期增长52.04%，净利润为3.36亿元，同比增长14.7%。

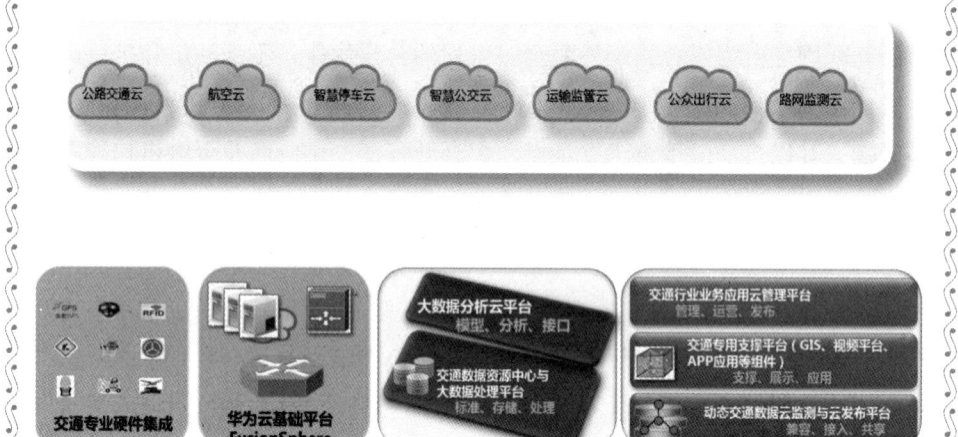

图2-20　千方科技（与华为合作）智能交通成果

一、千方科技战略协同布局

随着大数据、云计算、"互联网+"等技术的逐渐成熟，IT领域迎来了新一轮产业革命的浪潮。在实际应用方面，互联网与智能交通的深度融合正不断创造新的发展生态。千方科技紧握技术发展趋势和未来消费潮流，已经实现了视频产品、物流金融、智能网联汽车三大领域的重要布局。其中，投资宇视科技补充了公司的产品基因，形成大交通领域上下游一体化的产业布局；成立重庆市千方小额贷款有限公司，依托车联网数据切入物流金融的新领域，构建千方科技综合金融服务体系；设立北京智能车联科技产业创新中心有限公司，集合了车联网、智慧出行、辅助驾驶等技术，打造开放式协同创新平台，抢占车联网和无人驾驶发展先机，是公司联网V2X战略的重大实践。此外，千方科技积极搭建协同管理体系，明确发展战略，进一步优化组织形式，建立集团化协同运作的业务结构，提升决策力、执行力与组织活力，精简团队，做到精细化管理，控制成本。同时，千方科技进一步加强经营管控、横纵向业务统筹管理以及创新技术研发的统一管理，为战略实施营造了良好的氛围。

二、"大交通"业务板块协同发展

千方科技经过多年发展，已经形成公路、城市、轨道、民航四大业务板块布局。在此基础上，千方科技以"千方大交通云"为平台，以"千方大交通数据"为核心，协同并跨界整合资源，在市场上形成了较强的竞争优势，成为真正意义上的中国智能交通建设及运营领军企业。就细分行业来看，千方科技在高速公路机电领域进一步巩固了行业领先地位，继续稳居行业前列；在智慧高速方面积极探索，为未来智慧高速发展做好了准备；在公安与城市交通领域快速发展，交通信息化收入稳居行业第一；轨道交通PIS业务继续保持市场第一；在智能公交、智慧停车、出租车综合信息服务与运营领域重点发力，与首开成立了合资公司，探索社区交通投资运营业务发展新模式；民航领域实现业绩大幅增长，同时在虹桥机场等典型项目中实现了重大突破；等等。各业务板块有机结合、协同发展，实现了公司业务从单一交通向综合交通的转变，综合交通产业布局初步形成。此外，千方科技以大数据为驱动力，以移动互联网为载体，定位转变为"互联网+"大潮下的智能交通，公司角色从系统集成商、产品提供商向运营服务商转变，兼具从硬件生产、销售到系统集成到软件定制、研发再到数据运营服务整合的能力，形成覆盖从产品到服务再到解决方案的智能交通全产业链，智能交通全产业链的形成和完善也使得千方科技成为国内唯一一家综合型智能交通企业。

三、协同系统闭环构建

与其他交通信息化公司专注交通、公安领域的系统集成项目不同，千方科技自成立起就依托对数据的理解逐渐构建起交通数据采集—交通数据处理——交通数据反馈及应用的闭环系统，大大提升了自身的综合竞争力。第一，依托承建的城市出租车管理平台及出租车载 GPS 终端，千方科技协同行业主管部门或出租车公司获取城市主要道路的实时动态交通信息并获得数据的二次开发权。第二，依托承建交通部相关系统，千方科技获得全国主要城际实时数据的二次开发权，这一数据具有排他性，是千方科技开拓全国业务的重要抓手。第三，以客流监测系统及终端为抓手，通过与公共交通运营公司及管理部门合作，千方科技可以实时获取公共交通工具承载的交通流量数据。第四，积极投资电子站牌、民航信息化等领域获取用户出行的其他数据。第五，以数据运营为抓手，实现多渠道数据变现——一方面，作为百度等公司的城际、城区动态数据源，提升其地图价值，未来有望实现与 BAT 的联合运营，公司还结合数据成功开发电子公交站牌，可向候车乘客提供实时的公共交通信息；另一方面，千方科技开发掌行通行人导航、掌城路况通、节油达人等一系列 APP，实现用户的规模积聚，目前用户规模正迅速发展。

资料来源：笔者根据多方资料整理而成。

三、协同管理新时代：新常态之力挽狂澜

在经济上，我国正在经历一场新常态的持久战，"互联网+"、供给侧等各路"门阀"兵临城下，展开经济衰退停滞的大阻击。面对经济颓势，积极采取手段去解决这无可厚非，可忽略商业文明的新常态而使用技术暴力，又怎能让经济得到有序增长？技术暴力简而言之就是利用技术手段摧毁、损害或是威胁一些无辜者的利益。第一次工业革命和第二次工业革命均是技术发展史上的巨变，无论是"蒸汽时代"还是"电力时代"，都促使生产力获得大解放，极大地丰富了人们对物质商品的需求，但是小到资本家利用技术剥夺小生产者的生产资料，榨取其廉价劳动力，进行资本的野蛮积累，大到第一次世界大战、第二次世界大战及恐怖主义等世界性的灾难，可以说技术暴力所呈现出的威力毫不亚于经济危机。进入21 世纪后，第三次工业革命兴起，诸如 3D 打印、互联网、物联网等技术创新成果接踵而至，但是技术暴力却越发不可收拾。以近期发生的勒索病毒事件为例，Wanna Cry（又叫 Wanna Decryptor）是一种"蠕虫式"的勒索病毒软件，由不法

分子利用美国国家安全局（National Security Agency，NSA）泄露的危险漏洞"永恒之蓝"（Eternal Blue）进行传播。勒索病毒肆虐之处一片狼藉，俨然是一场全球性的互联网灾难，给广大电脑用户造成了巨大损失。最新统计数据显示，100多个国家和地区超过10万台电脑遭到了勒索病毒的攻击、感染。勒索病毒是自灰鸽子和熊猫烧香之后"影响力"最大的病毒之一，造成经济损失超过80亿美元，已经影响到金融、能源、医疗等众多行业，造成严重的危机管理问题。在国内部分Windows操作系统用户遭受感染，校园网用户首当其冲，受害严重，大量实验室数据和毕业设计被锁定加密。部分大型企业的应用系统和数据库文件被加密后，无法正常工作，影响巨大。勒索病毒只是技术暴力的冰山一角，诸如恐怖主义、网络暴力、低俗内容传播等也深深影响着人们的生活。

技术暴力在新常态中的问题虽大，但是治理的路径和方式却已经明确，就是要以协同管理思维为指导，倡导包括政府、平台、用户、平台使用者、媒体、行业自律组织等在内的社会成员共同参与，通过协同共治和技术协同两大解决方案，建立起一个更好的行业生态，共同遏制技术暴力的泛滥，在互联网时代的商业文明新常态中力挽狂澜，减少损失。

在"互联网+人工智能"的锻造之下，互联网平台已经成为商业生态系统的核心，是各企业之间进行信息交互及协同共享的新兴媒介，各种围绕平台所构建的商业模式正在以几何增长的态势进行疯狂的扩张。以网红市场为例，咪咕公司企业运行事业群副总裁单磊曾介绍，在三网融合的背景下，目前在线直播平台数量超200家，市场规模超150亿元，但低俗化的网络直播内容却是屡禁不止，为了治理网络直播环境，文化部、原国家新闻出版广电总局以及网信办等监管部门陆续出台了针对性的监管政策。要进一步提升治理效果，单磊建议要做到"政策+技术"双管齐下，在加强主体资质审查、强调从业机构的主体责任、明确内容管理制度的同时，统一运用技术监管手段，接入集成播控平台，强化节目信源协同管理。可见，技术协同已成为互联网平台治理的有效方案。以《今日头条》为例，在互联网信息平台上，传统方式的信息治理主要是通过人工审核的方式，准确率虽然高，但是对于海量的互联网信息内容却无法达到有效快速的审核，也无法有效地对被举报或自查发现的低俗、虚假以及侵权信息的发布者实施禁言、封号等处罚，进行事后监管。因此，《今日头条》通过技术协同的方案，综合大数据、云计算及人工智能等一系列互联网技术，对流程进行数字化和可视化监管。

首先,《今日头条》利用大数据分析总结出虚假新闻的特征,帮助公众辨别虚假图片以及视频,并可追溯信息源,报于有关部门共同解决。其次,《今日头条》也通过人工智能的技术建立数据模型,通过机器学习、数据优化,阻断虚假及低俗内容的传播。在技术协同的帮助下,《今日头条》的商业发展环境得到有效改善,公众的信息安全和产品服务有了进一步的提高。

技术的发展为人们带来了实实在在的利益和方便,而这也恰恰是解决技术暴力的一大手段,以彼之矛,攻彼之盾,利用技术的正能量来遏制技术暴力的危害,其要义就在于协同管理。网络的本质在于互联,信息的价值在于互通,网络空间的国际合作一直是我国"一带一路"建设的重要内容,而网络安全治理更是重中之重,既是我国建设"网络强国"的时代要求,也是"一带一路"沿线国家发展的需要。因此,我国大力推进沿线国家互联网基础设施建设,力图通过技术手段消除"信息壁垒",缩小"数字鸿沟",让信息资源充分涌流和共享,加强网络技术合作,建立双边网络安全维护机制,平衡网络空间治理需求,形成政府、企业以及普通民众协同推进的局面,进而加强政治互信,获得协同发展。

【章末案例】 腾邦国际:全产业链协同,"腾飞"中的旅游生态圈

一、公司介绍

深圳市腾邦国际商业服务股份有限公司(以下简称腾邦国际)是一家以航空客运销售代理业务为主,并提供酒店预订、商旅管理和旅游度假等服务的综合商旅服务提供商(见图 2-21)。

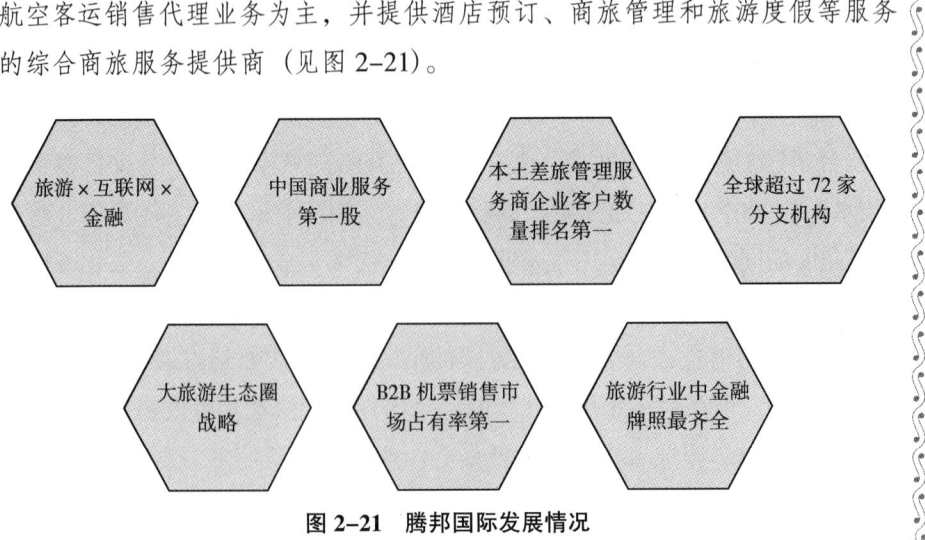

- 旅游×互联网×金融
- 中国商业服务第一股
- 本土差旅管理服务商企业客户数量排名第一
- 全球超过72家分支机构
- 大旅游生态圈战略
- B2B 机票销售市场占有率第一
- 旅游行业中金融牌照最齐全

图 2-21 腾邦国际发展情况

近年来，腾邦国际持续贯彻执行"旅游×互联网×金融，构建大旅游生态圈"的战略，深化构筑"以机票为入口、以旅游为核心、以金融为翅膀、以互联网为手段"的产业生态圈，协同旅游全产业链布局。一方面进一步巩固公司在机票分销领域的龙头优势，并通过深挖市场及客户需求，不断丰富旅游产品，促进旅游业务发展；另一方面进一步加强金融与大旅游生态圈各业务板块的协同发展和融合进程，深挖产业链客户需求，整合业务平台和行业资源，积极创新旅游和金融产品，持续强化各自功能业务，并向全产业链发展和延伸，提升收益空间。在行业竞争升级的大背景下，腾邦国际独特的"旅游×互联网×金融"商业模式同时具备了资本和资源协同的优势，且随着各板块布局的日趋成熟和融合，"内生＋外延"式扩张催化业绩高增长，并购协同效应凸显。2016 年年报显示，腾邦国际整体业绩较上年同期取得了较好增长，实现营业收入 12.8 亿元，比上年同期增长 37.93%，实现净利润 1.78 亿元，比上年同期增长 22.52%，归属上市公司扣非后净利润为 1.72 亿元，同比增长 20.05%，公司核心竞争力大大提升。

二、加快资本并购，协同布局拓展

自 2015 年起，腾邦国际便马不停蹄地加紧进行资本并购，布局产业链生态。通过资源的有效整合，使其与腾邦国际原来的存量资源发生协同作用。围绕大旅游行业从上游资源、渠道分销、运营平台、定制化系统、金融业务五大要点切入，进一步完善了腾邦国际在机票业务、旅游业务、差旅管理、互联网金融服务等方面的协同布局，协同效应凸显。腾邦国际作为有限合伙人与腾邦集团有限公司、深圳市腾邦梧桐投资有限公司联合发起设立了腾邦梧桐第二期在线旅游产业投资基金，并先后完成了对腾邦旅游集团的增资。腾邦国际投资了旅游分销平台"八爪鱼"，成立了腾邦旅游集团，收购了捷达旅游，战略投资了喜游国旅，在产品资源、分销渠道、落地网络、服务体系、系统搭建和大数据分销等多方面展开全面的合作，实现各个板块的协同互补。

第一，破冰旅游 B2B，协同开拓分销渠道。为了扭转此前几十年传统旅行社低信息化的操作模式，多对多的旅游 B2B 平台成为了现如今旅游行业的重要命脉，旅游 B2B 也因此逐渐获得了资本市场的关注。2016 年 8 月，腾邦国际宣布投资另一家全国领先的旅游B2B平台"八爪鱼",亿元级的融资额是近年来业内B2B市场最大笔的投资交易。"八爪鱼"平台的年交易额达到了42亿元,通过同业合作伙伴为330万人次提供了旅游服务。"八爪鱼"是国内领先的旅游B2B分销平台,能够提供统一的产品库和强大的分销通路,此次双方进行股权合作,对于"八爪鱼"而言,可以与腾邦国际的机票资源形成互补,可借用腾邦国际完善的金融牌照,帮助其开展供应链金融业务,为公司在全国布局旅游业务提供强大助力,推动商业模式升级,从而增强盈利能力并强化服务价值。

第二,信息协同化的解决方案,助力旅游B2B"金三角"。腾邦国际于2014年并购欣欣旅游,正式迈入在线旅游领域,其中欣欣旅游聚集了超过11万个旅行社用户。欣欣旅游作为旅游行业的信息化专家,为腾邦系公司、旅游同业和省市旅游局提供了完整的信息化服务,目前已经形成了旅行社ERP、移动分销、智慧旅游、大数据等全系列解决方案,为用户在产品决策、移动营销、客户分析、资金归集、行业监管等方面提供了便利,提高了行业效率,降低了交易成本,帮助客户实现互联网化。

总之,腾邦国际与欣欣旅游、"八爪鱼"协同融合后,将从技术、营销、产品等多方面进行优势结合,使腾邦国际跃升成为全国最大的旅游B2B平台,共同为产业链的中间环节提供撮合交易服务,输送优势产品及技术支持,缩短旅游链接环节,提高行业效率。

第三,立体化服务的协同建设。目前,腾邦国际已经在全国建立了24个一级分公司,收购捷达旅游后,借助捷达旅游的资源,进一步助力其开启上千间门店的地面网络建设计划,使得腾邦国际的旅游业务走向实体化,真正构建旅游的全方位交易场景,快速获得了产品、渠道。在此基础上,腾邦国际旗下的腾邦旅游集团通过在全国开设腾邦旅游商业服务体验店和旗舰店作为综合展示平台,展示腾邦系各个板块的产品,并充分利用腾邦系内喜游国旅在目的地资源整合方面、"八爪鱼"旅游分销平台在产品资源整合方面、欣欣旅游在行业技术方面的优势,为用户提供高于同行业标准的综合旅游服务。2017年开始,腾邦旅游集团将在丰富产品体系的同时,布局"四大产品中心"——以深圳为中心的华南区、以北京为中心的华北区、以上海为中心的华东区、以成都为中心的西南区产品中心，实现线下门店的迅速扩张，即拥有100家分公司和10000间门店。总之，腾邦国际通过大力整合行业，提供标准化服务和定制化产品，快速渗透市场，实现了公司旅游服务线上线下协同发展。

第四，协同业务产品开发。腾邦国际在收购北京鲲鹏之旅航空服务有限公司、湖北华领商业服务有限公司、云南德奥票务代理有限公司后，巩固了公司在相应区域市场的领先地位；收购捷达旅游，完成旅游业务在中国大陆北方市场及东南亚线路上的重要布局，相继开通了东南亚、俄罗斯数条包机航线，与开拓目的地资源的战略方向相对应。

三、协同产业链外延建设，放大生态圈价值

腾邦国际始终将金融板块作为旅游生态圈的一大特色，以大旅游生态圈为立足点，与体系内实体经济相结合，不断丰富产品资源，实现旅游金融与旅游生态的融合和协同发展。一是协同流量导入。腾邦国际通过搭载差旅云平台，成功实现了可快速复制和扩张的多流量入口打造，在满足客户日益增长的内部精细化管理需求，提供更好服务体验的同时，成功为旅游金融引流，降低其获客成本，锁定目标客户，此外腾邦国际结合机票代理行业的转型契机，快速拓展客户，通过提供嵌入式企业费用管理的模式为公司其他业务板块提供客户流量，保证了旅游金融能持续稳定地获得优质的客户资源，拉动自身业绩增长。二是协同业务合作。腾邦保险经纪公司引入履约险、航延险等创新保险产品，与旅游产品结合，实现交叉销售；腾邦创投与旅游相结合开发旅游理财产品，不仅为客户提供了更多理财选择，更推进了旅游业务的延伸及落地；腾付通与欣欣旅游合作，借助腾付通健全的支付牌照，建立了旅游行业清结算平台，实现了旅游产业资金闭环；腾邦征信为产业金融及消费类金融业务构建了风控基础等，大大提高了生态圈的价值内涵。

四、结论启示

第一，协同战略制定，升级商业模式。腾邦国际为未来旅游板块发展设置了明确的战略协同定位，综合利用自建、投资、加盟等方式，不断开拓目的地资源，丰富旅游各项要素核心产品；同时拓展渠道，形成引流能力，着力打通从资源端到客户端的产业链。腾邦旅游集团主攻地面渠道，持续通过

腾邦旅游"腾邦制造、腾邦标准、腾邦服务"三驾马车打造在旅游行业具有特色的行业影响力;"八爪鱼"完善产品供给体系,打造行业产融结合模式,欣欣旅游利用技术优势架构完整产业链管理模式和通道,三者配合,形成公司对旅游业务场景的全面布局;同时,利用线下的业务触角,使腾邦国际特色的产融结合的商业模式深入到产业末端。

第二,建立协同机制,支撑战略举措。腾邦国际以战略管理为主线,逐渐形成了保障战略有效落地的执行体系,跨业务、跨地区的协同机制得到进一步强化,总部管控能力得到进一步提升,通过明确事业群业务边界,大胆、合理授权,注重目标牵引、业务策略和过程监控,在保持分子公司业务运营独立性的前提下,加强了业务线之间、线上线下之间的协同,有力支撑了公司战略关键举措的执行。

第三,加强协同管理,创新生态圈模式。腾邦国际通过布局上游资源,提升资源整合能力,形成引流能力,利用互联网技术,加强协同管理,不断推动各业务板块的发展与协同。一是提升研发投入,开发适用性强、兼容性高的系统平台供各个业务板块使用,以逐渐统一、打通从资源端到客户端的业务链条。二是利用科学先进的管理工具,从规划、预算、目标、绩效、激励等方面入手,统一不同业务板块之间协同合作的界面,为产品交叉、系统对接提供基础,利用生态圈已有优势实现差异化及生态圈的创新发展,并实现生态圈放大器的功能,推动公司发展。

资料来源:笔者根据多方资料整理而成。

| 第三章 |

协同新时代的科技革命

协同新时代的科技革命　科学技术是第一生产力,甚至可以说科技就是硬道理。当今时代的企业竞争,很大程度上是技术优劣的竞争。随着时代的推移,单一的技术应用已经无法再为企业谋得更多的市场机遇,再加上技术的开源和共享,多种技术的应用组合所构造的技术生态系统犹如雨后春笋般疯狂成长。而协同管理则成为技术生态成长的催化剂,并俨然促成了新一轮的科技革命,催生了"互联网+人工智能"等科技协同创新的新生态、新模式和新业态。协同管理让科技插上智慧的翅膀,让新时代变得更精彩!

【开章案例】　　　华录百纳："协"文展娱,"同"出强大

一、公司介绍

北京华录百纳影视股份有限公司（以下简称华录百纳）是专门从事影视制作、内容营销、媒介代理等业务的上市公司,是国内领先的综合性文化传媒集团,在内容营销和内容制作两大方面都居于行业领先地位。

在内容制作方面,华录百纳是国内领先的电视内容制作商、成长迅速的电影制片公司。电视剧方面的代表作有《汉武大帝》《双面胶》《王贵与安娜》等,电视栏目方面的代表作有《最美和声》《女神的新衣》等,电影方面的代表作有《建国大业》《爸爸去哪儿》等。

在内容营销方面,华录百纳旗下的蓝色火焰始终秉持"客户至上"的原则,将文化内容转化为品牌传播能量,为客户量身打造内容创意、制作、营销方案,帮助数十个知名品牌赢得或巩固行业领先地位,先后运作《百变大咖秀》《天天向上》《最强大脑》等多个重量级栏目的内容营销项目。

二、协同"三剑客"：战略协同＋资源协同＋资本协同

2015年,华录百纳正式宣布进入体育产业,利用公司的客户资源、媒体资源、娱乐资源,通过体育和娱乐的跨界,致力于打造中国最领先的体育营销和赛事运营平台,将更多的中国体育资源推入市场轨道,将更多的全球体育优质资源推入中国轨道,以市场为规则、以中国为轴心,驱动中国和全球体育资源的重新配置。在明确发展目标之后,华录百纳巩固现有优势,创新打造"三轮协同驱动＋外延推动"的发展模式,大大促进了公司业绩的增长（见图3-1）。其2016年年报显示,华录百纳实现营业总收入26.4亿元,

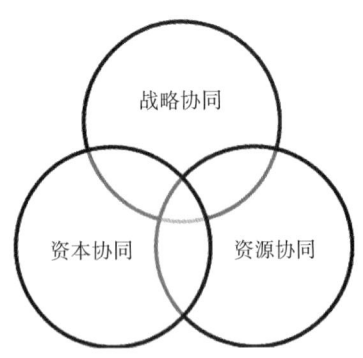

图3-1　华录百纳协同"三剑客"

同比增长40.04%；营业利润3.63亿元，同比增长44.85%；利润总额为3.78亿元，同比增长37.07%；归属于上市公司股东的净利润为3.74亿元，同比增长40.22%。

第一，战略协同优势。近年来，华录百纳坚持精品内容的协同发展战略，已经在业内形成了独特的泛娱乐战略格局和模式优势。首先，华录百纳建立了以传媒娱乐内容为核心、多板块协同发展的产业布局，实现影视、综艺、体育、营销四大板块间的横向协同发展。其次，华录百纳继续稳步推进泛娱乐发展战略，利用娱乐和体育资源的积淀，实现"影视+综艺+体育+整合营销"深度协同及内容、媒体、客户之间的纵向协同，其四大细分业务领域优势得到不断强化，业务部门之间的边界也由此被打破，真正实现了多业务板块的有效协同，进一步推进了T2O2O商业模式的创新和延展，奠定了其在行业中的竞争优势。

第二，资源协同优势。华录百纳在客户、传媒、娱乐、体育等细分领域的深厚资源以及这些资源之间的深度协同，为公司构建传媒娱乐平台型企业奠定了坚实的基础。首先，表现在客户资源方面。在商业客户内容营销需求不断提升的驱动下，优质且充足的客户资源将为华录百纳传媒娱乐板块内容制作业务的变现提供强大支撑；同时，华录百纳通过体育营销和娱乐营销的结合，顺势而为，为客户提供集体育和娱乐于一身的整合内容营销解决方案。其次，在传媒资源方面。伴随传统媒体和新媒体的融合，强大的视频媒体战略合作资源将成为公司各业务板块的重要支撑，华录百纳不仅与中央电视台、湖南卫视、江苏卫视、浙江卫视、北京卫视、东方卫视等强势媒体缔结了深厚的合作关系，也与新兴互联网媒体如优酷土豆、腾讯视频、爱奇艺、芒果TV、苏宁PPTV等深入开展了战略合作。最后，在娱乐与体育资源方面，华录百纳均有较深厚的积淀。一是在娱乐资源方面，华录百纳通过发力综艺板块及影视板块，已经成为中国娱乐产业的领军企业，积累了丰富的用户消费需求的理解能力、娱乐资源的整合能力、影视娱乐产品的制作能力，并基于过往丰富的实操经验，打造了一系列的文化娱乐爆款精品内容；在影视剧板块，华录百纳与著名导演汪俊、刘新、何群、刘进及制片人罗立平通过合资设立公司的模式缔结了长期的合作关系；在综艺板块，华录百纳与韩国综艺梦之队金荣希团队缔结了长期的独家合作关系。在文娱行业IP热潮的当下，华录百纳锁定的这些优质制作资源将越发凸显其稀缺性和商业价值。二是在体育资源方面，华录百纳在足球、篮球等产业领域积累了丰富的产业资源，这些体育产业资源可以和娱乐产业资源深度协同，为用户搭建"体育+娱乐"的体验消费场景，为商业客户搭建"体育+娱乐"的综合营销场景。

第三，资本协同优势。华录百纳通过加大对外投资并购力度，打造传媒娱乐平台型公司。2014年，华录百纳并购广东蓝火被誉为文化传播领域协同效应最强的收购之一。华录百纳以电视剧为主业，进而切入电影制作发行，以及电视栏目的制作与运营；蓝色火焰主营品牌内容整合营销和媒介代理，进而切入内容制作。双方在业务上分属产业链上下游，且有逐步融合的趋势，收购是典型的产业链一体化整合。在近两年的发展中，双方通过协同发展及深度融合，已经具备了明显的协同效应，整合效应显著，平台模式初具。除此之外，华录百纳依托中央企业的背景和上市公司平台的优势，利用产业市场和资本市场难得的历史机遇，逐步建立起对全市场优秀人才、团队有吸引力的业务机制，并围绕现有各业务板块以及新兴文化娱乐业态，继续加大投资并购力度，快速推进体育子公司的资本化、证券化，整合更大范围内的产业和资本资源，打造文化娱乐大平台。

三、"跨界协同+内部协同"，涉足VR产业

2016年，华录百纳设立了VR产业事业部，以VR内容制作切入市场，凭借公司优质丰富的影视、综艺、体育内容资源，实现VR内容的转化以及赛事、演唱会的直播，极大地提升了公司内容产品的生产能力及产品升级。并且，华录百纳依托以往在视频制作和商业开发领域的优势，围绕从内容制作到内容分发的全产业链，着力打造中国优质VR内容生产和资源聚合分发平台。同时，华录百纳还积极广泛地拓展媒体、内容及客户资源，快速落实VR产业战略布局，极大地推动了VR业务板块的创新发展（见图3-2）。

一是内部协同。华录百纳产业布局优势显著，在影视、综艺、体育、音乐等细分业务领域布局完善，在业务发展过程中注重打破业务部门之间的边界，不断强化影视、综艺和体育之间的横向协同，不断推进内容、媒体和客

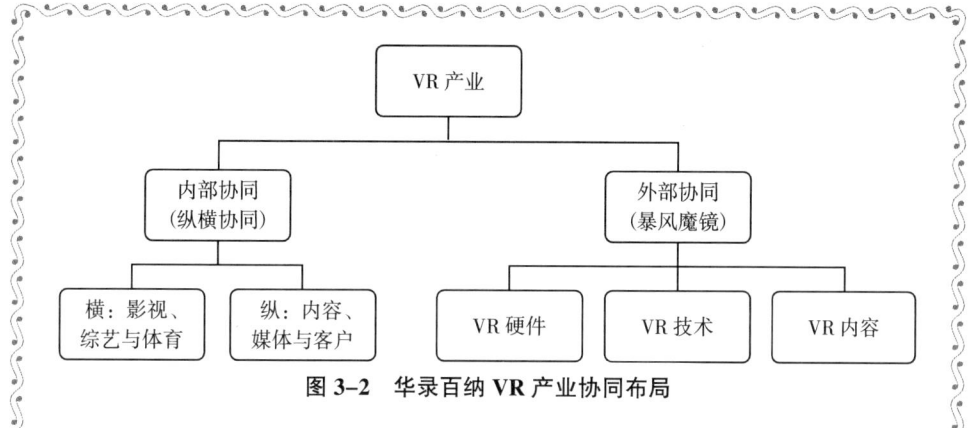

```
                    ┌─────────┐
                    │ VR 产业 │
                    └────┬────┘
            ┌────────────┴────────────┐
    ┌───────┴───────┐         ┌───────┴───────┐
    │   内部协同    │         │   外部协同    │
    │  (纵横协同)   │         │  (暴风魔镜)   │
    └───────┬───────┘         └───────┬───────┘
      ┌─────┴─────┐        ┌──────────┼──────────┐
┌─────┴───┐ ┌─────┴───┐ ┌──┴───┐ ┌────┴───┐ ┌────┴───┐
│横：影视、│ │纵：内容、│ │VR硬件│ │ VR技术 │ │ VR内容 │
│综艺与体育│ │媒体与客户│ │      │ │        │ │        │
└─────────┘ └─────────┘ └──────┘ └────────┘ └────────┘
```

图 3-2 华录百纳 VR 产业协同布局

户之间的纵向协同，纵横协同的深度融合，有力地保证了各板块不断与 VR 技术深度融合、创新并拓展商业模式的实现。此外，华录百纳的资源整合优势突出，在现有各业务板块内，华录百纳借助"内容、媒体、客户"三轮互动的（纵向协同）商业模型，结合自身在影视、娱乐、体育自有 IP 资源等 VR 内容生产领域的天然优势，可有效保证 VR 产业优质内容的供给和布局。

二是外部协同。华录百纳跨界经营优势巨大，先后与暴风魔镜科技有限公司和极图科技（UpanoVR）共同探索 VR 市场，以自身在影视、综艺、体育等业务领域内容生产的优势、运营方面的天然便利、在各 IP 之间高效的跨界整合以及在大客户及领先品牌方面强大的客户资源网络，与两家公司在 VR 硬件、VR 制作技术及 VR 内容等方面展开深度合作，实现了跨界资源整合和客户价值的巨大提升，为公司 VR 业务的商业化运营提供了坚实有力的保障。

四、结论与启示

一是加强资源协同合作，打开了长期增长空间。华录百纳通过跨界及自身资源的协同发展，向产业链进行横向和纵向的扩张，快速切入电视栏目、电影、经纪、动漫、游戏等文化创意新兴产业领域，打造多元化内容矩阵，逐步实现产业版图的扩张，提升公司价值。协同发展模式的实质启动，已经成为华录百纳长期增长的重要保障。

二是内容营销与制作协同，构建客户和资源壁垒。未来内容营销是营销领域长期发展的趋势。内容与营销两个领域原先只是作为产业链的上下游，而随着内容营销的兴起，内容与营销两者的界限越来越模糊，内容与营销的深度融合将是行业发展的长期趋势。内容与营销的融合提升了内容核心版权的价值，保障了内容的价值实现，同时也使得营销的展示更加自然，容易获得消费者的情感认同。因此，必须将公司营销业务实力与拓展的内容制作相协同，为客户提供多元化的内容营销载体，同时增加内容板块的竞争优势和话语权，构建强大的客户壁垒和内容资源壁垒，实现企业自身的发展。

资料来源：笔者根据多方资料整理而成。

第一节　协同技术的"4级"风暴

《技术与时间》一书中说："技术原本专属于众神，属于纯粹完满、人神不分的黄金时代。普罗米修斯把技术从神那里偷来送给人，使人在地面上得以生存，但这生存却以死亡为前提。作为神的报复，技术在人的世界制造了二重性和混乱——制造了异化；技术成为大写的技术，拥有自己的生命和意志，最终在这个新的世界成为人的主宰，成为"神"本身。"生活、创业、工作……每回复一条咨询、每浏览一个网页或是每消费一个商品，事无巨细，技术就如我们的贴身管家一般，如影随形，全方位渗透到我们的生活当中。在商业领域亦是如此，随着互联网时代的到来，技术重新回归成为行业的规律，任何一个行业都是按照"技术主导→产品主导→营销主导"的模式进行发展的。早期的技术壁垒逐步被打破后，发展为以产品为重，大家产品设计得都类似时又会变成以销售为重。但这是一个循环，全天下都在拼渠道和折扣的时候，偶尔一两个革命性的技术或者产品创新，就又能将行业拉到循环的起点。如果说猪站在风口上都能飞起，那么可以毫不夸张地说，技术风口是最为有力和强大的风口，每一个新技术的兴起，都犹如双重"龙卷风"一般，在商海之中掀起惊涛骇浪，其"破坏式"创新的威力，甚至会颠覆未来商业的发展走向。但是，技术永远是把"双刃剑"，任何技术的产生都是在原有技术上的演化，都是对原有技术功能的延伸和缺陷的补足，就如大数据和云计算，借助关联技术的支持和补充，才能有效地发挥技术所蕴含的效能。此外，技术在大多数情况下是一个工具，更多起到的是促进企业发展的作用，因而技术的商业化、应用化及实体化变得尤为关键，而协同化则在技术的

"狂飙"中越发凸显其价值和地位。如果说企业希望通过技术一举颠覆发展模式，占领竞争高点，那么协同管理是其领跑竞争对手的一个大"Bug"，是让技术风暴愈演愈烈的"始作俑者"！

一、大数据：21 世纪的协同大资产

大数据（Big Date）是指数量巨大、结构复杂、类型众多的数据构成的数据集合。大数据作为 IT 产业颠覆性的技术变革，改变了传统的信息不对称和物理区域屏障，基于云计算的数据处理与应用模式，给现代企业的战略管理、组织结构、商务决策以及运营模式等带来了深刻的变革。目前大数据将企业管理推动到 3.0 阶段，企业管理 1.0 是以产品为中心的阶段，企业管理 2.0 是以用户为中心的阶段，企业管理 3.0 阶段并不是说不要产品、不要用户了，而是指企业管理的中心进化到以数据为中心的阶段。用大数据分析的结果实时指导产品的创新和开发、组织的柔性化、动态化管理及推动商业模式的创新。

中国是人口大国和经济大国，也是数据资源大国和数据应用大国，中国网民数量超过 7 亿人，移动电话用户突破 13 亿人，均居全球第一。伴随着信息化的深入发展和互联网经济的日益繁荣，中国已成为世界上产生和积累数据体量最大、类型最丰富的国家之一。根据中国信息通信研究院发布的《中国大数据产业分析报告》显示，我国 2016 年的大数据核心产业规模达到 168 亿元，增长率达 45%，预计到 2020 年数据量将占全球数据总量（44 万亿 GB）的近 20%（见图 3-3）。大数据作为新兴产业，已经成为信息产业中最具活力、潜力巨大的细分市场。

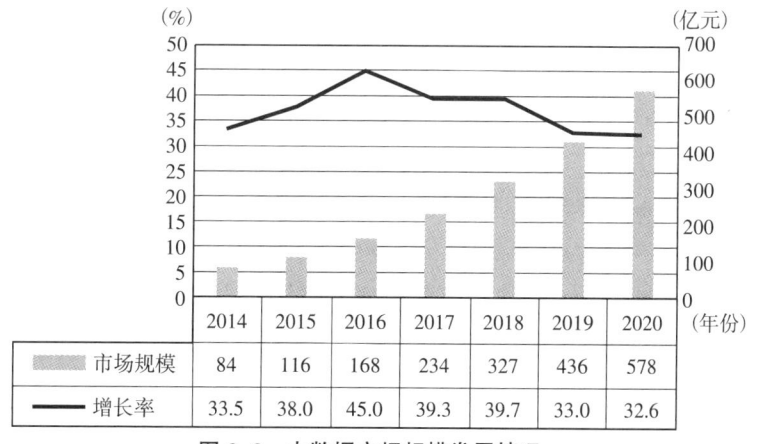

年份	2014	2015	2016	2017	2018	2019	2020
市场规模（亿元）	84	116	168	234	327	436	578
增长率（%）	33.5	38.0	45.0	39.3	39.7	33.0	32.6

图 3-3 大数据市场规模发展情况

资料来源：根据《大数据市场调查报告》及网络公开资料整理。

(一) 大数据共享和开放的大挑战

大数据生来就是用来对抗和消弭不确定性的，可以把"黑天鹅"变成"白天鹅"！围绕数据资源的争夺战早就悄然并激烈地展开了！在商业领域，Google 的搜索服务就是一个典型的大数据运用，根据客户的需求，Google 实时从全球海量的数字资产（或数字垃圾）中快速找出最可能的答案；再看看淘宝、腾讯两家为了"生态王国"到处跑马圈地，为了数据和流量可谓是"拼命"之至，数据俨然成为一种重要资产。但是在各家为了大数据你争我夺时，大数据的发展却陷入一个瓶颈。大数据犹如河水一般绵延不绝，自由流动，但是若遇山石阻碍，阻断了流通的路径，原有的水流则会蓄积，成为一个水潭，风吹日晒或是遭遇山洪泥泞，就算不干涸也会变成一潭死水，毫无价值可言。这就是目前困扰大数据发展的问题，商业领域面对竞争需要，封闭数据交流也情有可原，但是政府不同，作为大数据战略的制定者和维护者，反而成为这轮大数据"风波"的重灾区，其原因就在于三点，即流通不够、交易不够、利用不够。

大数据交易的关键是对数据质量的要求，包括数据的准确性、真实性、完整性、一致性等。关于交易数据合法性、及时性、可用性、安全性等问题，都是现阶段我国数据交易所面临的问题。政府的数据不存在提供给中介方交易的问题，当然，中介方可以收集政府的数据进行加工。运营商收集的用户数据原则上所有权归用户，BAT 收集的数据原则上所有权也归用户，但是运营商和 BAT 拥有对数据脱敏及挖掘分析后加工数据的权利。有数据的公司通过数据挖掘向政府和企业提供咨询报告，这类公司虽然没有数据所有权，但是有数据挖掘能力；而那些没有数据，但是有数据挖掘能力的公司，可以受委托完成数据挖掘。是否允许前者在保护隐私和国家安全的情况下提供数据？是否允许后者受委托进行数据挖掘后利用数据为非委托方服务？这些问题现在还没有明确规定。此外，没有数据也没有挖掘能力的公司，可以作为中介平台，但是是否可以允许其截留数据呢？中介方收集了政府开放的数据据为己有并且出售是不是合法？在数据源的稳定性、更新频率和数据扩散等方面，相关规定也未给出明确的界限。再则，精加工的数据、可视化的数据怎么定价，怎么衡量数据挖掘的工作量，一次性买断的数据和可以重复多次出售的数据怎么定价，数据的价值与时效性有什么关系，是不是需要有对数据进行评估的第三方机构，都是现阶段国内的数据流通和交易存在的问题。此外，企业组织没有充分认识到用外部数据可以对自身工作和业务起到巨大的提升作用，都很少利用外部数据。很多数据拥有者对数据蕴含的价值缺乏足够的洞察，不放心让自己的数据进入流通环节，担心泄露企业机密。

根据不完全统计，中国政府数据开放平台超过40个，其中沿海经济发达地区占总数的70%，西部中部比较少。虽然中国政府开放了教育、医疗、文体、环境等方面的数据，但是开放数据的总量偏低、结构化程度低、数据质量不高、民众参与反馈不准。以北京市政府开放数据为例，2016年，北京市政府主动公开政府信息超过100万条，与2015年差不多，其中主动公开的文件不到1万份，主动公开的重点政府领域信息73万条。北京市公开的政府信息中，关于食品安全标准和食品生产的内容占了一半，关于企业信用系统的数据占40%，两项加起来占了90%，剩下的只有10%。这10%包括政府的"三公"预算、农民征地和政府定价。公民关心食品安全，所以这方面的数据比较多。国务院在《促进大数据发展行动纲要》中就曾提到，要推动政府信息系统和公共数据的互联共享，避免重复建设和数据"打架"，增强政府的公信力，促进社会信用体系建设。可见大数据战略的制定不仅仅是政府自身发展的问题，更是政府面对社会发展和树立公信力的重点问题，但就目前的统计数据和大数据产业发展的流通、利用及交易所反映出的情况来看，形势已经不容乐观。

（二）大数据协同战略：守护未来

中国工程院院士邬贺铨曾提到："在政府层面，需要设立大数据协同管理机构，促进政府部门间的数据共享，但是必须要健全大数据相关制度框架和制度体系。另外，需要进一步建立基础数据库，要集中存储被共享的数据，同时进行清晰校验和整合，提供可以共享的目录，以便用户可以接入和收取这些数据。当然，还要规定访问的权限和进行灾备等。"

协同管理的初衷就是聚合分散化和优良化的发展要素，强化系统性整合，改变产业或组织发展的无序状态，激活自组织行为，实现企业资源自动匹配和精准合作，打破竞争的状态，转入竞合的佳境之中，实现协同发展，推动协同效应的产生。因此，利用协同管理理念来精确打击竞争、观念或体质所造成的数据封锁线，实现大数据的共享开放包括政府部门之间的数据共享、跨行政区域政府间的信息共享、政府与企业间数据的合作和共享、企事业单位之间的数据共享等，是存在一定的合理性和实践性的。其具体的实施方案就是利用协同管理3.0发展公式锁定和连接"互联网+"和"+人工智能"两端的数据来源，来协同大数据战略的制定（见图3-4）。

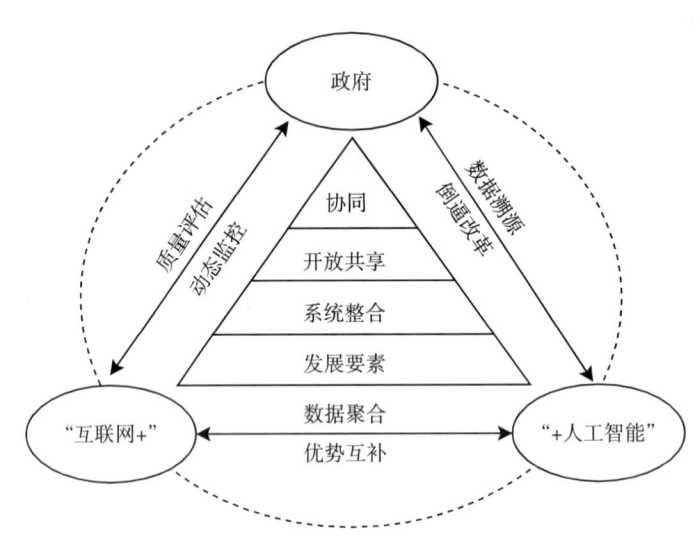

图3-4 协同管理3.0大数据战略制定模型

第一，当前基于"互联网+"模式的、可为国家所用的数据源较少，"+人工智能"有助于迅速扩大国家可用的数据源，更大程度地发挥数据的聚合价值。目前国家大数据的数据源主要包括行政记录数据、商业记录数据、互联网与传感器数据三大类。除了部分行政记录数据，以及部分基于"互联网+"模式的电子商务交易数据、社交网数据、媒体数据可以无技术障碍地获取以外，其余数据均需通过"+人工智能"模式导入互联网，才能成为政府可用的大数据源。事实上，尽管当今社会逐步迈入大数据时代，但通过常规工作流程从住户、企业等部门获取数据的难度越来越大，而且已有的行业企业数据资源均立足行业企业本身的标准，彼此之间存在口径差异（比如阿里巴巴集团和1号店对各自线上零售品的分类），形成了众多"信息孤岛"，无法形成数据合力，产生更大价值。

第二，着重支持"+人工智能"模式，有利于数据溯源，辅助甄别数据类型，保护用户数据所有权。国家大数据的来源主要包括两方面：一是普查、户籍、社保、医保、电信、金融等传统结构化数据以及在此基础上延伸、扩展后形成的海量非结构化数据；二是基于互联网、传感器、GPS等现代信息技术产生的新数据，如微博、微信、博客、论坛等社交媒体产生的数据。由于数据来源类型多样，所以有必要利用数据溯源技术，记录数据的来源、所有权及其传播、变化过程，据此可以方便地验算结果的正确性，或者以极小的代价进行数据更新，并为数据挖掘与应用提供辅助支持。"+人工智能"模式从线下到线上的典型特征，可以很好地满足数据溯源的需求，通过数据来源可以对不同类型的数据进行有针对性的清洗和校正，提升数据挖掘与建模时的科学性，并使得数据的所有权得到维护，还会进一步促进数据的开放与共享，形成良性循环。

第三，"+人工智能"模式有助于在"互联网+"模式的基础上，从多种角度评估政府数据的质量，同时还可以强化社会对政府工作的监督，及时把握社会舆情。对政府数据质量进行科学评估，既关系到国家宏观调控的有效性，也关系到各类市场经济主体的切身利益，更对政府部门的公信力具有重要影响。目前，对政府数据质量进行评估的方法主要包括逻辑检验、计量经济模型分析、核算数据重估、统计分布检验、调查误差评估等方法，其共同特点是主要侧重于统计方法的研究，缺乏从大数据源角度的研究。"+人工智能"模式鼓励更多的数据生产主体，包括研究机构、企业、个人等主体，从多种角度公开数据源，为研究政府数据质量问题提供更多样化、更详细的数据。如果基于"+人工智能"模式的数据源进一步增大，则更有裨益，原因在于随着互联网中可用数据源的增多，社会公众会从各个角度对政府数据进行评价，在人人均可为自媒体的互联网时代，这些舆情对政府工作具有较强的监督功能，倒逼政府进一步提升工作效能和数据的质量，多年以来政府的实践工作也充分印证了这一点。

【协同新时代的科技革命专栏1】 国机汽车：协同制造的新星，先行工业4.0

国机汽车股份有限公司（以下简称国机汽车）是世界500强企业中国机械工业集团有限公司旗下一家大型汽车综合服务企业。凭借完善协同的汽车产业服务链（见图3-5），国机汽车保持着行业领先地位并获得诸多殊荣。

市场分析 → 产品规划 → 工程改造 → 认证协助 → 资金融通 → 报关仓储 → 物流分销

图3-5 国机汽车汽车产业服务链条

国机汽车在中国汽车流通协会发布的"中国汽车经销商集团百强排行榜"中位列第六，在财富中国发布的中国上市公司500强排名中位居第91。

2016年是国机汽车2016~2018年滚动战略中确定的"管理年",公司以"提质增效""创新转型"为目标任务,夯实管理、提升能力、强化执行、改革创新,成效突出。其2016年年报显示,2016年国机汽车实现销售收入505.85亿元,利润总额8.02亿元,规模虽然同比下降,但通过整合提升、内部协同、精细化管理等举措,国机汽车实现了利润总额的稳步提升,"攻坚战"取得阶段性的胜利。

一、汽车零售服务之业务协同

近年来,国机汽车在汽车零售服务业务的开展上,通过整合内部资源,加强精细管理,发挥协同效益,实现多级业务的协同发展及业务模式的重大改善。2016年,国机汽车的汽车零售服务业务精细化管理成效凸显,"批发+零售"的协同优势得到进一步发挥,依托批发业务资源优势,开展各种特色车型包销项目,进一步丰富了4S店的产品结构,提升了零售盈利能力。在此基础上,国机汽车还进一步推进4S店EAS系统功能建设,实现EAS系统覆盖率88%,为集团化管控格局提供了支撑,实现4S店从"经销商"向"服务商"的协同转型,为客户提供了更多服务,延伸服务链,获得了巨大的回报。2016年,国机汽车在汽车零售服务业务营收为104.15亿元,利润总额同比增长441.7%,国机汽车在汽车零售业务品牌协同和区域协同方面的能力得到进一步加强。

公司汽车零售服务板块贯彻零售"一盘棋"指导思想,在统一品牌形象、调配车辆资源、争取更高返利、推进集中采购以及申请国产品牌等方面充分实现了协同与联动,保障了业务收益最大化。此外,国机汽车各品牌还加强了人才交流互动和取长补短,为打造集团化的人才输出、流动机制进行了有益的探索。同时,国机汽车还在零部件及后市场方面探索新的业务模式,成立国机宁兴·中汽美途浙江省区域管理中心,与宁波区域多家4S店建立了销售渠道,并获得宁波市理赔定损中心资质。此外,国机汽车积极探索"互联网+"商业模式,先后与阿里汽车、滴滴出行等行业领军企业建立战略合作关系,在汽车租赁、融资租赁、后市场等领域展开全面合作,与公司原有业务发挥协同作用,共同推进业务模式协同创新,截至2016年,公司汽车后市场业务营收3.03亿元,毛利率18.37%。通过不断完善产业链布局,国机汽车确保了自身的核心竞争力及行业地位。

二、深化协同管理，强化运营支持

2016年是国机汽车确立的"管理年"，国机汽车创新践行"协同管理"全面深化，强化运营支持，推进战略落地。同时，国机汽车进一步完善制度体系、明晰工作流程、明确职责边界，各项管理基础更加扎实，总部职能部门的管理能力、支撑能力、服务能力有显著提升，为搭建"战略管理+运营支持"的新型集团化管理体系打下基础。

此外，国机汽车组建了全面风险管理委员会等各专项工作组，促进了对业务工作的指导与沟通，形成了跨部门、跨企业协同的有效模式，高效、有序的集团化管控体系及协同机制得到进一步完善和建立，为未来企业的跨越式发展奠定了坚实的基础。

资料来源：笔者根据多方资料整理而成。

（三）企业协同管理的大数据变革

管理大师戴明与德鲁克在诸多问题上都持对立观点，但"不会量化就无法管理"的理念却是两人智慧的共识。这一共识足以解释近年来的大数据为何无比重要。大数据的出现和应用对企业来说意味着一场管理风暴，管理者可以将一切量化，从而全盘掌握公司业务，进而提升决策质量和业绩表现。关于亚马逊那些耳熟能详的故事遮蔽了它的真正实力，这些先天带有数字基因的公司所能做到的事，是上一代商业领袖梦寐以求的。但实际上，大数据的潜力也可以帮助传统企业实现转型，甚至帮助它们获得更好的机会，提升其竞争优势，例如，通过大数据的分析与挖掘，大量的业务本身就可以自主决策，不必依靠庞大的组织和复杂的流程。大家都是基于大数据来决策，都是依赖于既定的规则来决策，因此不论是高高在上的CEO决策，还是一线人员决策，本身并无大的区别。

电影《永无止境》提出了一个问题：人类通常只使用了20%的大脑，如果剩余80%的大脑潜能被激发出来，世界会变得怎样？在企业管理中，通常只有效使用了不到20%的数据（甚至更少），如果剩余80%数据的价值被激发出来，企业的发展会是什么样的？特别是随着海量数据的新摩尔定律的出现，数据爆发式增长又得到更有效的应用，未来企业的成长性又会如何？浪潮集团执行总裁王兴山曾指出，"企业内部存在大量的数据，要让这些'数'既看得到、看得清，还能发挥作用、创造价值，就要释放数据的价值。一方面，要继续推进互联网化，实现企业业务流程的全数字化，比如数字化工作、数字化流程、数据挖掘；另一方面，要建立企业大数据中心，对内部组织数据、外部开放数据作整合、融合，实现智能决策和预测性分析，这样才能更好地释放数据价值"。因此，利用大数据重构企业的管理方式必须综合考虑方方面面，盲目地进行改革是没有成效的，企业大数据协同管理模式才是正解。

第一，领导力协同管理。那些在大数据时代获得成功的企业，并不是简单地拥有更多或者更好的数据，而是因为它们的领导层懂得设计清晰的目标及协同公司大数据战略的制定，注重大数据同公司的融合成效。大数据的力量并不会抹杀对远见与人性化洞察的需求。相反，企业需要这种领导者来建立领导方向、创建协同化的执行组织，协同推进了公司决策机制的转型。

第二，人才协同管理。随着数据越来越廉价，实现大数据应用的相关技术和人才也变得越来越昂贵。这对企业人力资源部门和企业高层都提出了更高的要求，不仅要考虑人才自身素质，更要协同其个性、爱好、需求、能力等多方面要素，与具体的项目、团队等配合进行管理，从而最大程度地发挥其应有的价值。

第三，技术协同管理。处理海量、高速率、多样化的大数据工具，近年来获得了长足的改进。整体而言，这些技术已经不再贵得离谱，而且大部分软件都是开源的。尽管如此，这些技术需要的一整套技能对大部分企业的 IT 部门来说都是全新的，因此只有协同公司内外所有相关的数据同大数据技术的综合管理，才能保证大数据战略的执行能力和创新性。

第四，决策协同管理。大数据时代，精明的领导者会创造一种更灵活的组织决策形式，尽量避免"自主研发综合征"，同时强化跨部门的协同合作，收集信息的人要提供正确的数据给分析数据和理解问题的人。同时，他们要和掌握相关技术、能够有效解决问题的人并肩工作。

第五，文化协同管理。大数据驱动的公司要问自己的第一个问题，不是"我们怎么想"，而应该是"我们知道什么"。这要求企业不能再跟着感觉走。很多企业还必须改掉一个坏习惯，即名不副实的大数据驱动。高管们明明还是按传统方式做决定，以一些高薪人士的意见为主，却拿出一份粉饰过的数据报告以证明自己的决定是多么英明，其实那不过是下属四处寻找的专为这个决定做辩护的一堆数字，"上梁不正下梁歪"，只有管理者思维方式的转变才能协同企业文化的转变。

二、云计算：协同管理之云端竞赛

时至今日，众人谈"云"色变，不是害怕云计算（Cloud Computing）的到来，而是对其爱不释手，美国国家标准与技术研究院（NIST）曾定义云计算是一种按使用量付费的模式，这种模式提供可用的、便捷的、按需的网络访问，进入可配置的计算资源共享池（资源包括网络、服务器、存储、应用软件、服务），这些资源能够被快速提供，只需投入很少的管理工作，或与服务供应商进行很少的交互。云计算是分布式计算（Distributed Computing）、并行计算（Parallel Computing）、效用计算（Utility Computing）、网络存储（Network Storage Technologies）、虚拟化（Virtualization）等传统计算机和网络技术发展融合的产物。

Synergy Research Group 最新研究结果显示，IaaS 和 PaaS 服务增长速度最快达 53%，托管私有云基础架构服务增长为 35%，企业 SaaS 增长为 34%。云计算的井喷式增长使得纳斯达克指数在 2017 年 4 月首次突破 6000 点，这背后的功臣就是微软、苹果、谷歌、亚马逊等辛勤耕"云"的科技股企业，在这么一个庞大而快速增长的云服务市场中，某种程度上可以说把科技股看成云计算股了。如果我们五年后回过头来看今天的科技股，最令人印象深刻的或许就是科技股因云计算业务而表现抢眼且强劲——亚马逊 AWS、微软智能云 Azure、谷歌 Cloud Platform 占据公有云统治地位，其他厂商或退守边边角角，或依靠特色功能仍占有一席之地，不论如何，云业务都将成为左右科技个股表现的主要因素。反观国内，目前我国云计算市场仍然较小，随着我国信息化的普及、人口规模的快速增长，云计算市场将会呈现出巨大的发展潜力。前瞻数据库数据显示，2016 年，中国云服务市场规模超过 500 亿元，达到 516.6 亿元（见图 3-6）。

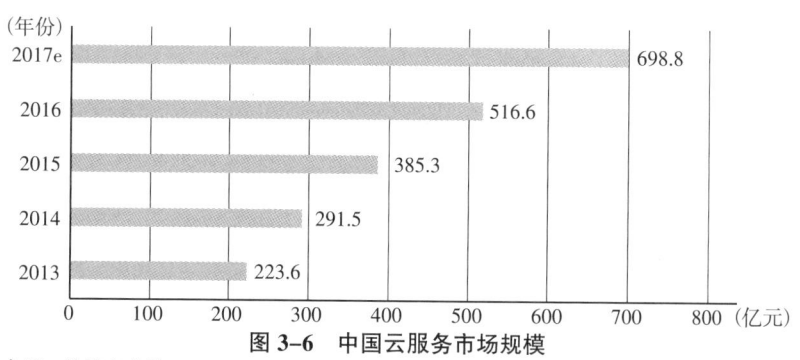

年份	规模（亿元）
2017e	698.8
2016	516.6
2015	385.3
2014	291.5
2013	223.4

图 3-6 中国云服务市场规模

资料来源：前瞻产业院。

（一）云计算之协同管理智慧

云计算的优势即产业链各方（商业合作伙伴）可以通过云来进行协同，实现信息资源的社交化。云计算的环境是价值创造和商业创新的新环境，在这个环境中各个合作伙伴可以共享资源、分享信息、实现协同，从而构建一些新的商业模式、创造新的商业价值。互联网的服务经历了从最简单的互联网的接入到今天的云服务，总体思路都在迈向共享与协同。因此，可以说协同是"天生的云应用"。在云计算带来的新的市场环境下，企业的资源（包括人、财、物、信息等）日趋复杂，资源之间的联系也更加紧密，要求企业必须加强对这些资源的管理，创造无障碍、无边界的沟通环境，从而发挥最大的价值，这就对协同软件提出了更高的要求。协同理念及相关的实践也不失时机地迎合了这种趋势。致远软件研发副总裁、首席架构师文杰曾提到，"协同产品从诞生的那一天起就建立在云之上，协同是天生的云计算应用"。云服务是要面向大量客户的，解决的是线和面的应用问题，这与协同管理有序整合，打造协同效应的管理理念不谋而合。现代协同不仅包括人与人之间的协作，也包括不同应用系统之间、不同数据资源之间、不同终端设备之间、不同应用情景之间、人与机器之间、科技与传统之间等全方位的协同，云计算带来了管理信息化变革的最大特征——协同管理智慧。

协同管理智慧是云计算的应用——云服务的变体，具备移动化、可管理、多空间的特点。云服务不但可以不受时空限制，还可有效利用碎片时间，更重要的是提高了管理的灵活度，增强了协同的易用性。云服务必将形成一个由硬件厂商、通信厂商及软件厂商等组成的产业链，并以协同生态链的形式共同进入云端空间，通过"云服务+协同管理"打造大众化云平台，探索"平台+内容"的应用模式，并逐步完成每个构架，系统地保证每个用户更智慧地应用。云服务必将是客户（用户）的核心需求，"社区化"业务模式和工作模式将成为未来企业工作方式的主流，这就是"协同管理智慧"的意义所在。

（二）云服务模式：数据革命，协同创新

云计算的出现，是 IT 技术和产业的商业化模式从以垂直纵向为主向水平分层演进的一个过程，并在这一过程中真正实现了 IT 服务的透明化，促使企业统一管理服务基础设施，快速响应企业对资源的需求，实现网络虚拟环境中的最大化资源共享和协同工作。基于云计算的协同创新服务平台不仅涵盖了传统服务创新平台所具有的功能，更为重要的是支持协同技术创新。协同创新云架构体系由

基本创新主体、辅助创新主体及外部云环境构成，它对产、学、研分散的创新需求、服务资源以及服务能力重新进行整合，在此基础上使之得到最大范围的共享，并协助各方全部参与技术创新与合作创新，打造协同创新云驱动模式。

美国国家标准与技术研究院将云计算分为三类。首先是 SaaS 软件即服务，用户无须安装软件，用标准客户端（浏览器）即可使用软件服务，比如 Google Docs。其次是 IaaS 即基础设施服务，用户无须购买硬件，而是租赁云计算提供商的基础设施，部署自己的 OS，进行自己的计算，这里的用户一般是商业机构而不是终端消费者，比如亚马逊的 AWS。最后是 PaaS，与 IaaS 类似，只是用户不再控制 OS，而是利用云计算提供商提供的 OS 和开发环境做开发，如腾讯云平台 Qcloud、阿里云平台（ACE）。这三者是典型的云计算服务形态，也是协同创新驱动的云计算服务模式的运行基础，以三者为技术支撑建立创新服务平台，通过协同技术建设提供协同创新应用服务的计算和数据中心，使创新主体只需登录浏览器便可享用云服务，并通过资源存储、数据统一管理、技术资源共享、任务协同调度等关键环节，最终实现各创新主体间的创新合作成本最小化、资源利用最大化及创新过程协同化的目的（见图 3-7）。

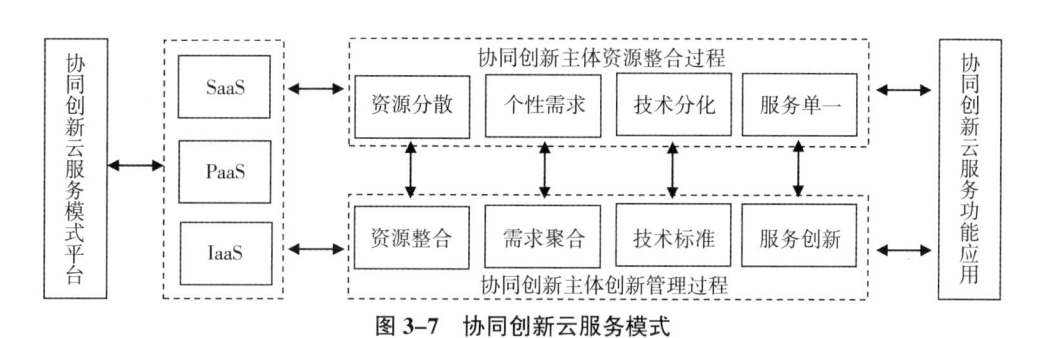

图 3-7　协同创新云服务模式

协同创新云服务模式是满足企业在云计算背景下实现良好协作的理想解决方案，它将协作与各种网络服务有效结合，以此来实现在云端建立、交付、强化和使用通信服务的目标。由于采用新式科技和标准会进一步加大企业成本或延长技术熟练周期，并且让企业摈弃其内部的 TI 系统和服务会有一定的难度，所以在模式应用过程中宜选取混合云方案，尤其是已经带有协作工具和系统部署的混合云，这就是各种协作管理服务的结合，在私有云和公共云部署里也有这种服务。这种方法可以保证企业的关键数据和系统仍然保留在企业内部，任何安全管理都在企业自己可控的范围之内。该方案就是服务商在进行市场推广时所标榜的统一协作即服务，是多种产品的结合体，会在不同的平台上进行部署，包括移动设备，也就是会产生移动协作服务。随着时间的推移及技术应用的深化，员工在公司、网络、社会媒体以及云端的任意角落的良好协作将会日益显现，使得更多的企业用户能实现更好的业务回报率和企业价值，提高综合业务流程效率，创新发展模式、商业模式及管理模式。

(三) 四面玲珑："云"的应用场景

第一，协同政务云——转换政府服务职能。作为政府转型的全新管理模式和电子政务的终极目标，协同政务将极大地推动基于云计算的政府管理创新。协同政务云大大提高了政府透明度，契合政府的职能转换目标，将逐步成为政府参与国际化竞争的战略制高点，其服务模式也将成为促进政务管理手段革新、实现政务流程在各级政府以及部门间无缝衔接的风向标。

第二，协同医疗云——"云"医院的贴身管家。医疗行业的平台化是建立于平台架构并能满足相应业务支撑的医疗信息系统平台。协同医疗云是我国在该行业平台化建设方面的创新举措，通过云计算促进各种医疗资源、医疗机构间互相协作、优势互补，实现资源共享与医疗资源利用的最大化。协同医疗云通过云计算应用部署区域卫生信息平台，将各科室及应用系统视为协同医疗云平台的网络节点，建立以云计算协同管理为中心的网络式联合医疗系统，通过医疗数据、信息与业务彼此间的相互协调，促进高层、基层医疗机构服务信息与能力共享，使医疗资源的分配更趋均衡，破解城乡医患"二八"差异困局，为民众提供全新的医疗应用体验，形成"医疗—管理—服务"的协同体系，开创全新的协同医疗服务模式。

第三，协同智慧城市云——城市智囊团。我国正处于城镇化建设高速发展的时期，为实现从传统经济规模导向到城市生态文明转变的战略目标，需从原先粗放、经验型的城市治理模式转型至集信息化、智能化、规范化和法制化于一身的智慧城市模式。"协同智慧城市云"将各类分散的公共云、私有云与混合云加以整合，统筹建立"智慧城市云"平台，利用无边界网络与云计算系统打造"智能+互联"的智慧城市及城市智囊团，并制定"智慧城市"发展的"智慧策略"。

第四，协同设计云——云端上的"智"造。作为制造服务最为重要的组成环节，设计是影响产业价值链条的关键因素。协同设计云是建立于云计算基础上的面向制造产品协同设计的框架体系,对我国绝大多数中小制造企业尤其是小微企业而言,它们难以建立单独的协同系统。基于协同设计云理念,制造企业只需根据需要注册并接入系统,通过使用协同设计云便可共享企业间的设计资源,并利用云中的设计资源池和设计中间件进行协同设计,减轻设计和管理成本,实现工业设计的创新突破,还可借助"云端",实现企业联盟,进而构建产业发展的生态圈。

三、区块链:"技术者"联盟新成员

比特币的全球火爆使得其底层支持技术——区块链浮出水面,区别于其他互联网技术,区块链技术具备无中心控制系统、网络内交易双方基于对程序的彼此共识和信任机制实现交易,且可自动执行智能合约等核心特征。正是由于区块链技术对传统经济交易和支付结算模式等的颠覆性和破坏性的创新改革,使得区块链技术成为当前应用和投资前景最为广阔的技术领域。赛迪顾问的数据显示,2015 年我国区块链市场规模几乎为零,但是未来几年,随着国内资本对于区块链技术的投资力度不断加大,区块链在国内的商业模式将逐步成熟,我国的区块链市场将进入高速发展阶段,预计到 2018 年我国区块链市场规模达到 0.81 亿元,到 2020 年达到 5.12 亿元,2016~2020 年复合增长率达到 115.6%(见图 3-8)。

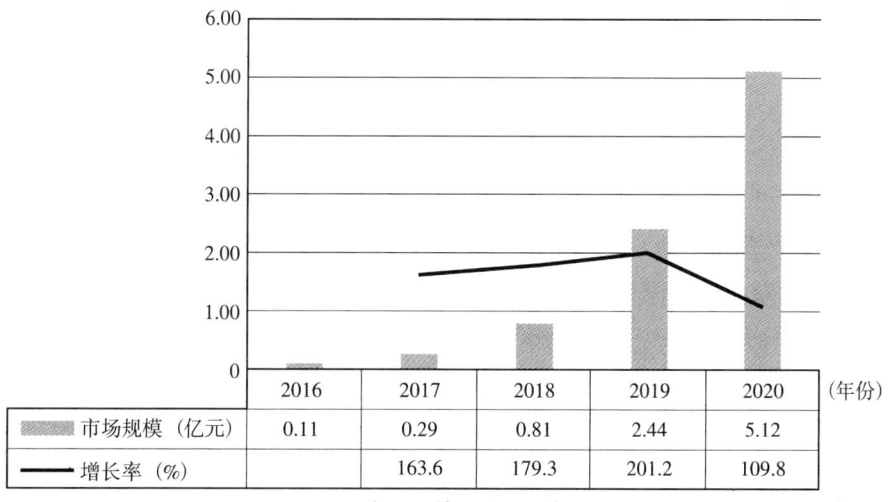

	2016	2017	2018	2019	2020 (年份)
市场规模(亿元)	0.11	0.29	0.81	2.44	5.12
增长率(%)		163.6	179.3	201.2	109.8

图 3-8 中国区块链市场规模预测

资料来源:赛迪顾问。

作为金融科技（FinTech）众多技术之中最闪亮的新星，区块链技术被认为是未来金融领域新一代基础架构（Infrastructure），以其分布式（Distributed）、去信任（Trustfree）、集体共识机制（Consensus）、可靠数据（Reliability）、公开透明（Public）和匿名隐私（Anonymous）等特征闪耀商海。

（一）区块链的协同价值

随着区块链这种全球公认的颠覆性新技术的不断探索、研究和应用落地，带来的新型社会协同方式的思维，自然会催生出新型的商业新模式和监管服务新模式。区块链给人类带来了全球高效协同新方式，使信任需要付出的代价降到最低，这种共识必然会推动社会的发展。

第一，多元协同的组织互动信任服务。信息社会作为一种新型相互组织形态，虽然现代社会还有许多不和谐的声音存在，甚至在计算机网络里仍有大量有害的信息，但是随着信息越来越透明，协同自律能力会大大增强并很快消灭少数不协调的声音，将它们淹没在共振的旋律之中。正因如此，区块链技术能够帮助实体经济解决更多的协同问题。区块链技术提供的是平台式的信任服务（Trust Service），可以取代原先需高昂成本的中间人性质信任。假设在未来，这种多元协同的互组织思想能够在后现代认识论中立足，那么不管是企业竞争和人际关系，还是人类面临的许多难题，如中东战争和经济危机等，都可以找到根本解决的线索与方案。

第二，信任所需付出的代价。人们经历了集中还是分散、权威还是自由、政府还是市场两种对立思想体系的长期摩擦以后，开始寻求超越工业时代的二元哲学思维模式，用多维模型、统筹兼顾的方法建立人与人之间、人与环境之间多元协同的关系。因此，通过区块链技术构建可信任的多中心体系，使互联网从信息传递上升到价值传递的新高度，形成价值互联网，从而提高信任传递效率，降低交易成本，用技术来彻底解决信任、效率、贸易等这些问题将是未来的大趋势。

（二）区块链的协同认证模式

在现实生活中，大部分的网络交易面临着严重的交易信用问题，虽然大数据技术的发展给交易信用问题的解决带来了契机，交易双方可以借助对方交易的大数据获取对方交易数据信息的证明，但由于数据来源受限及竞争壁垒的阻碍，导致无法获取完善的交易信用证明数据，同时由于数据源及数据信息的独立性，大数据技术也为不法分子修改、破坏、盗窃、交易数据提供了更多的可能，所以从根本上来说，大数据技术仍然不能彻底解决交易的数据证明问题。特别是在供应链和产业链中，所涉及的交易主体众多，交易关系复杂，各交易主体之间交易行为认证的难度较大，而区块链技术的产生恰恰是解决这一问题的"终结者"。

在传统的交易模式中，通常使用单一的中心机构来实现交易行为的认证，因此认证中心需要具有一定的独立性、权威性和固定性，但是交易主体的交易行为是动态变化的，尤其是客户，流动性更大，而且具有很大的随机性，经常造成单一认证中心机构的负荷过载。然而通过进一步分析可以发现，交易主体基本上是固定的，而在基于区块链的交易行为认证机制下，各交易主体又是区块链的认证主体，因此，可以考虑构建集多交易主体于区块链的供应链动态多中心协同认证模式。在区块链的协同认证模式中，不再需要委托第三方作为独立的认证中心，而是由多交易主体作为不同认证中心共同来认证各自的交易行为。从长期来说，各交易主体的交易行为是动态变化的，这样可以确保参与认证交易主体构成的认证中心的数量并防止共谋的形成。区块链技术构建协同认证模式使得各认证中心成为交易行为主体，因利益博弈会主动遵守信用机制，进一步保证了交易行为的可证明性和稳定性（见图 3-9）。

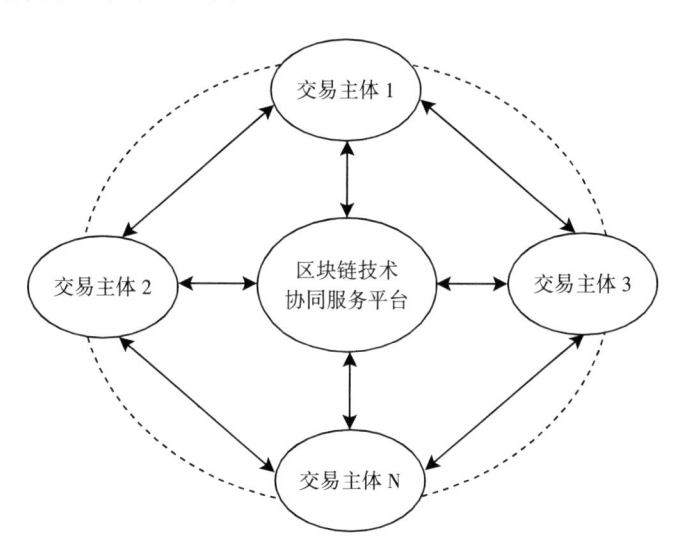

图 3-9 区块链协同认证服务模式

此外，由于任何一个交易主体都有交易行为证明的能力，如果某一个交易主体单独或者联合其他交易主体试图篡改交易记录，其他交易主体可以根据自己对交易的记录证明其不法行为，并将其踢出交易范围。基于区块链的协同认证服务模式可以有效保证交易信息的高度透明性、一致性及真实性，辅助交易主体做出正确的决策。

(三) 区块链之舞："共享+金融"

实现共享经济的两个必备条件是互联网和信任，互联网为经济共享提供了技术平台，而信任则是共享经济得以顺利进行的内在驱动力，只有值得信任的关系，才能在互联网平台上保持长久的合作。因此，基于互联网通信和密码学技术发展起来的区块链技术对于共享经济有着更为天然的契合性，在去中心化的系统中，区块链技术的应用将会促使全网信息技术共享，能有效避免用户损失，更让诈骗者无可乘之机，并且有利于减少供应者的麻烦以及成本和风险。同时，区块链技术的普及和发展将使共享经济的技术基础发生改变，有利于实现资源的最优匹配，实现零边际成本，解决技术和制度问题，进一步推动共享经济向更为广阔的范围延伸。

第一，"雪中送炭"共享经济。传统共享经济模式主要通过政府或商业组织提供的平台进行信息共享和资源互换，降低交易成本，实现供应者和消费者的双赢，其本质是属于中心化体系的共享经济模式。但传统共享经济模式存在一个严重的弊端，即不同网络平台之间缺乏互通性，服务在不同平台间存在断裂性。例如，在 Airbnb 网站上获得好评的服务，无法在 Uber 或其他平台上看到，供应者如果换了一个平台后需要从头做起，之前的优良信誉无法转移，增加了失败的风险和运营成本。同时信息无法在全网共享，使得消费者容易上当受骗。

第二，区块链催生新金融。区块链"去中心化"的本质能让当今金融交易所面临的一些关键性问题发生颠覆性的改变。根据麦肯锡的分析，区块链技术影响最可能发生在支付及交易银行、资本市场及投资银行业务等领域，主要解决数字货币、跨境支付与结算、票据与供应链金融业务、证券发行交易及客户征信与反诈欺五大应用场景的痛点。

四、物联网：物联网的协同大生态

国际电信联盟（ITU）曾对物联网（Internet of Things）进行定义，认为物联网是通过将短程移动收发器嵌入广泛的附加产品和日常用品中，形成人与人、人与物以及物与物之间新型的交流方式。可见物联网的出现将会构造出"人+物+场"互联的智能空间，将其视为一项最重大的科技创新亦不为过。据美国市场研究公司 Gartner 预测，到 2020 年，全球物联网设备达到 260 亿台，市场规模达到 1.9 万亿美元。麦肯锡的预测更惊人，到 2025 年，市场规模达到 11.1 万亿美元（相当于 60 万亿元）。物联网是两化融合的加速器，是现代服务业实现突破性发展的重要切入点，也是下一个推动世界高速发展的"重要生产力"，它的发展将颠覆现有产业的格局。在我国，自 2009 年物联网概念提出到上升为国家战略新兴产业，物联网产业大规模发展的条件正快速形成，物联网对社会各个领域的价值和意义得到普遍认可，工信部的数据显示，2014 年我国物联网产业规模达到了 6000 亿元人民币，同比增长 22.6%，2015 年产业规模达到 7500 亿元人民币，同比增长 29.3%。预计到 2020 年，中国物联网的整体规模超过 1.8 万亿元（见图 3-10）。

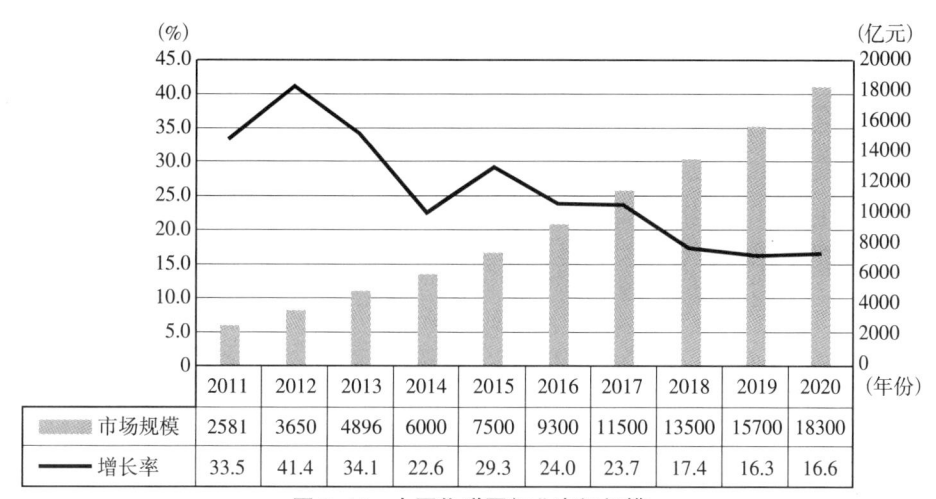

年份	2011	2012	2013	2014	2015	2016	2017	2018	2019	2020
市场规模（亿元）	2581	3650	4896	6000	7500	9300	11500	13500	15700	18300
增长率（%）	33.5	41.4	34.1	22.6	29.3	24.0	23.7	17.4	16.3	16.6

图 3-10 中国物联网行业市场规模

资料来源：根据中国工信部及网络公开资料整理。

物联网作为通信行业新兴应用，在万物互联的大趋势下，市场规模将进一步扩大。随着行业标准完善、技术不断进步、国家政策扶持，中国的物联网产业将延续良好的发展势头，为经济持续稳定增长提供新的动力，中国物联网发展的新纪元正在开启。

（一）呼之欲出的协同管理

"不闻不若闻之，闻之不若见之，见之不若知之，知之不若行之"，用孔子的这段话来形容我国物联网的发展再合适不过了。近年来，各行业各种物联网示范应用层出不穷；同时，面向大众的物联网应用，如车联网、手机支付等也开始规模化推广。这些源自市场需求的业务正推动中国物联网进入一个新的时期,在这个时期,物联网是什么、能否赚到钱都不再重要了,重要的是"做"。

工业和信息化部信息化推进司综合处处长安筱鹏指出,"物联网不再仅仅是一个概念,或者说不仅仅是一个发展理念,而正在演变成为政府的行动纲领,以及资本市场的重要投资方向"。业界各方应清醒地认识到物联网发展道路上面临的挑战,即"物联网规模化应用的不足,物联网发展对商业模式创新的迫切需求,物联网发展缺乏能够整合硬件、软件、网络应用等产业链上下游的资本能力,以及物联网标准化体制的滞后和安全隐患"。行百里者半九十,目前我国物联网产业仍以终端设备研发销售、信息采集传输展示、信息化项目系统集成、局部应用创新等业态为主,在用户需求的挖掘、企业战略和商业模式的制定、产业链上下游的协作层面,还主要把物联网当作一种新型的网络和信息化能力提升手段,尚未深度挖掘物联网与各个行业融合的巨大价值。造成这一结果的原因有两个方面:一方面,物联网芯片、模块、应用、服务等技术产业链冗长,涉及的技术领域庞杂,市场瓶颈没有被打开,价值传导效应慢;另一方面,行业中的各类用户、物体对象、感知控制的设备、第三方资源系统等之间的协作体系、信任体系和价值体系尚未有效建立,孤岛化现象严重,导致物联网融入行业的难度加大,影响价值的创造和体现。因此,如何高效引导、建立物联网协同生态体系,引爆行业的巨大价值,已成为当前物联网发展的重中之重。

大唐电信总裁曹斌曾提到:"物联网的发展有三个阶段:一是信息汇聚阶段,二是协同感知阶段,三是泛在聚合阶段。""目前,我国物联网的发展正处于初级阶段向第二阶段过渡当中。"我们认为协同感知的实质就是将物联网应用通过协同机制建立企业之间的互动联系,将物联网企业的设备、信息、产业及数据等多个商业应用进行融合,以打破物联网在特定领域的闭环应用,建立物联网商业生态闭环,实现跨领域、跨行业的互通共享与应用协同,补偿行业内商业环路的缺陷,让小、杂、散、乱的各类产业有序化和组织化地建立物联网协同运营体系,从而让物联网与行业真正融合,挖掘市场潜力。在物联网市场的自我探索力量有限的大环境下,协同管理可以帮助物联网企业找到更高效的建设模式和运营模式,进而推动物联网生态体系建设。协同管理是物联网产业大融合的不二法门,协同管理的出现正当其时!

(二) 真融合：物联网协同生态体系

工信部《物联网"十三五"规划》曾明确指出，"十三五"是经济新常态下创新驱动、形成发展新动能的关键时期，必须牢牢把握物联网新一轮生态布局的战略机遇，大力发展物联网技术和应用，加快构建具有国际竞争力的产业体系，深化物联网与经济社会融合发展，支撑制造强国和网络强国建设。物联网成为互联网之后又一个产业竞争制高点，产业生态竞争日趋激烈，生态构建和产业布局正在全球加速展开。从政府政策和市场发展变化可以看出，对于物联网生态体系建设的共识已经初步达成。

但是就物联网本身而言，其实质是应用需求驱动型而非技术驱动型产业，因此物联网生态构建的关键还是着眼于行业应用，技术产业链在整个物联网生态中主要起支撑作用。然而，由于物联网对跨领域新技术的综合集成度要求较高，行业用户早期无法有效领导产业发展，而技术主体又抓不住行业市场的核心和爆破点，这是直接导致物联网产业"叫座不叫好"的原因。各行业物联网生态体系顶层架构的重新设计则成为解决这一问题的重点，主要有三方面的要求：一是对各行业应用抽取共性部分；二是支撑各行业的可定制和伸展性，不影响行业创新；三是促进不同行业之间的协同和共享，突破单应用瓶颈。为此，必须通过凝练新的物联网"六域"协同模型参考架构体系，才能有效解构物联网生态各重要组成部分，建立业务关联逻辑，提供顶层架构的思路，让各个产业中的主体都更专业和细分，以改变当前混乱无序的局面（见图3-11）。

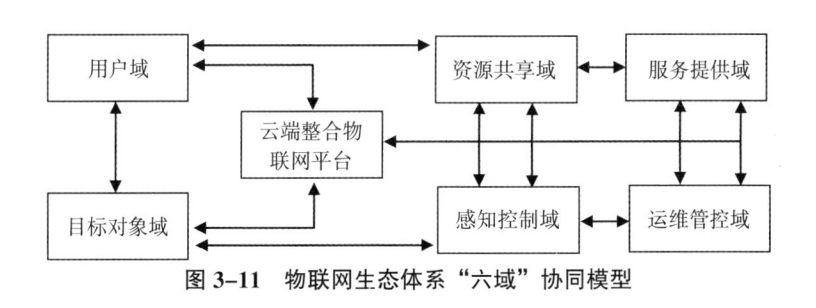

图3-11 物联网生态体系"六域"协同模型

物联网的"六域"协同模型参考体系结构通过对复杂的物联网行业应用关联要素进行系统梳理，设定了物联网用户域（定义用户和需求）、目标对象域（明确"物"及关联属性）、感知控制域（设定所需感知和控制的方案，即"物"的关联方式）、服务提供域（将原始或半成品数据加工成对应的用户服务）、运维管控域（在技术和制度两个层面保障系统的安全、可靠、稳定和精确的运行）、资源共享域（实现单个物联网应用系统与外部系统之间的信息和市场等资源的共享与交换，建立物联网闭环商业模式）六大域，域和域之间再按照业务逻辑建立网络化连接，从而形成单个物联网行业生态体系。单个物联网行业生态体系再通过各自的资源交换域形成跨行业、跨领域之间的协同体系。但由于现有的互联网通信体系仍存在着诸多漏洞和问题，尤其是安全和隐私层面的问题，并且六域各自的特点使得其信息互联互通需要特定的网络形式，无论是兼容性和协作性都会大打折扣，进而影响六者协同效应的发挥，必须建立云端整合物联网平台，为六域打造跨平台、跨领域、跨企业及易融合的协同作业环境，建立相关行业的数据标准和规范，满足物联网生态体系普遍性协同的需求，精简重构运行环节，特别是实质性提升"物"的运行效率，创造新的价值，并更加深入地切入产业链和行业各个细分环节，不断为行业产业赋能，从而构建起一个更为庞大的价值体系网络。

（三）物联网的协同应用场景

第一，智能可穿戴设备市场。作为互联网和物联网深度融合的重要体现，智能可穿戴设备产品形式多样，主要分为网络延伸类、独立应用类、医疗健康类以及控制娱乐类四大类产品。智能可穿戴设备发展至今，仅仅完成了其登上历史舞台的第一阶段，完成了初步的人机交互和服务，实现了基础的运动及体征数据采集。以 Upskill 为例，该公司是工业增强现实可穿戴设备内容软件的提供商，其 AR 软件平台 Skylight 可以与智能眼镜搭配，将企业工人所需要的操作信息直接显示在他们面前，避免翻阅纸质操作文档或通过电脑来找文件带来的效率低下、容易犯错的问题。

第二，智慧家庭市场。智慧家庭是将综合布线技术、网络通信技术、自动控制技术、音频技术等应用到家庭生活中，融家庭安防系统、家电自控系统、照明系统、环境控制系统为一体，从而组建高效的住宅设施系统和家庭日程事务管理系统，实现对家电的自动控制、便捷的家庭安全防护、便利的通信网络、智能化的家庭娱乐等功能。目前国际科技巨头抢占智慧家庭平台，开展了"内容＋产品＋服务"全布局。

第三，车联网市场。随着 LTE-V2V 关键技术协议的落地，车联网发展驶入快车道。车联网是能够实现智能化交通管理、智能动态信息服务和车辆智能化控制的一体化网络，依托车内网、车际网和车载移动互联网，实现 V2X（X 泛指车、路、行人及互联网等）之间的无线通信和信息交换。来自 GSMA 和 SBD 的数据显示，2018 年全球车联网的市场规模将达到 400 亿欧元，年复合增长率将达到 25%。

第四，智慧城市市场。智慧城市（Smart City）是把新一代信息技术充分运用在城市的各行各业之中的基于知识社会下一代创新的城市信息化高级形态。实现信息化、工业化与城镇化的深度融合，有助于缓解"大城市病"，提高城镇化质量，实现精细化和动态管理。根据 BCG 预测，到 2020 年，全世界智慧城市总投资额达到 1200 亿美元。2017 年 3 月，华为与深圳水务集团、中国电信联合发布了全球首个基于 NB-IOT 的智慧水务商用项目，通过部署在"天翼云 3.0"上的水务业务平台实现智能水务的管理。

第五，工业物联网市场。物联网已成为传统实体企业转型升级的重要手段，物联网应用正在从简单的提供设备连接和数据交互的功能深化裂变成为传统行业智能化升级的关键力量。根据麦姆斯咨询的数据，2015 年全球工业物联网市场规模为 1137 亿美元，预计 2022 年市场规模增至 1955 亿美元。应用最广泛的领域是智能供应链领域，通过将 RFID 或 NFC 标签贴在产品上，可以知道仓库中该产品的确切位置，并可以进行行李或包裹的分拣和跟踪，使得企业供应链实现智能化，实现节约成本与提升效率的协同效应。

【协同新时代的科技革命专栏 2】 先导智能：协同制造的新星，先行工业 4.0

无锡先导智能装备股份有限公司（以下简称先导智能）成立于 2002 年，是国家火炬计划重点高新技术企业、国家两化融合示范企业，专业为新能源领域提供智能装备，打造工业 4.0 智能工厂。多年的努力和技术团队的不懈攻关是先导智能的高新技术的原动力。目前，先导智能的技术已经达到国际先进、国内领先水平。凭借强大的研发实力和制造能力，公司在锂电池制造装备、光伏制造装备、电容器制造装备等方面保持技术领先，共获得 100 多项国家专利，产品已远销美国、德国、日本、印度等 20 多个国家和地区。其 2016 年年报显示，2016 年公司营业收入为 10.79 亿元，同比增长 101.26%，净利润为 2.91 亿元，同比增长 99.92%。

一、并购泰坦，协同起航

2017年，先导智能全资收购珠海市泰坦新动力（以下简称珠海泰坦），成功引爆了并购整合协同效应。

珠海泰坦主要生产锂电池生产制造过程中的后端设备，包括单电芯测试分选、模组测试分选和电池模组自动化线，珠海泰坦强大的后端制造能力与先导智能业务结构存在极高的契合，协同并购的价值极大。一方面，先导智能原有的产品主要是卷绕机等中段设备，而珠海泰坦是分容、化成、测试等后段设备的龙头企业，通过此次并购，先导智能的后端设备市场得到大力整合，与现有主打的锂电前中端产品整线结合，使得先导智能的锂电设备占整个产线的价值量迅速由30%提升到50%，为公司实施整线战略打下坚实基础；另一方面，先导智能和珠海泰坦上游供应商趋同，下游客户重叠，可在上游设备采购及下游客户共享间形成良好的协同效应，实现协同发展。近期，先导智能与格力子公司签订了11亿元的合同，可帮助公司将产品拓展至后端，实现各自客户的协同共享。本次订单落地显示珠海泰坦在客户拓展方面正在发挥积极作用，因为格力智能目前是泰坦的重要客户；此外，本次订单的成功落地标志着先导智能成功切入格力智能装备（珠海银隆），协同效应逐渐显现。

二、协同制造，智能加成

近年来，先导智能加大了智能装备的研发与制造，积极拥抱"互联网+"，加快构建与"互联网+"相融合的协同制造模式，与IBM合作开发了"先导云"和大数据中心，建立了全价值链的协同平台。

同时，先导智能不断进取，大力推进智能装备的协同研发与商业应用，加快智能工厂建设，并为客户打造理想智能工厂，实现工业4.0目标。除此之外，先导智能密切关注新大客户切入进展及产业协同延伸。目前，先导智能是国内唯一能为比亚迪和特斯拉提供动力电池卷绕机的厂商。未来，先导智能将切入大客户产业链及技术研发，打开公司成长空间，并利用雏形初现的智能工厂，建立智能制造新生态，通过与生态伙伴的协同合作，切入"天花板"更高的智能制造领域，共同开发蓝海市场，成为具有全球竞争力的智能制造企业。

资料来源：笔者根据多方资料整理而成。

第二节　协同技术引发科技大爆炸

凯文·凯利曾在《技术想要什么》中明确提出，技术是继植物、动物、原生生物、真菌、真细菌及原细菌之后，出现的第七种生命形态。互联网技术的威力人尽皆知，以物联网为例，软件银行集团董事长兼总裁孙正义曾在一次演讲中提到："物联网的寒武纪生物大爆发即将来临。在寒武纪，生物发生爆发性进化的原因之一，就是生物获得了'眼睛'这一传感器，有了眼睛之后，生物开始追逐捕食其他生物，更重要的是，眼睛作为传感器，能够收集大量的数据，而随着数据量的增加，大脑的学习周期就会加快，进一步推动了之后的生物进化。"技术和科技本为一体，若要进行定义，可以将技术理解为物化的科学，将科技理解为技术的世界观。因此，在一定程度上，技术是一种实践，甚至可以说是一种极具"破坏力"和"想象力"的实践。随着技术"冷兵器"时代的陷落，技术之间的纽带联系日益增强，逐渐形成了一个新的物种——协同技术，它是集技术运用、组合及二次创新的综合体，而人工智能则是协同技术的典型代表。协同技术的出现让技术真正蜕变成为一种会学习、有温度、有大智慧的生命体，并逐渐融入我们的日常生活。在商业上，协同技术让商业获得了二次成长，催生了商业长河上的大平台、大生态及大融合，亦让企业转变了旧有的商业思维，更新对技术的理解及运用，纷纷组成技术生态联盟，乐此不疲地参与创新科技成果和智慧大比拼，随之在商业和生活中引发了一场科技大爆炸。

一、协同技术催生平台的未来式

兵法云：上兵伐谋。最好的战略是不战而屈人之兵，进而把对手之力转化为同盟之力。在中国许多散乱而竞争无序的行业中，能实现这种有效整合者极少，一旦有所成就，收效往往惊人，这也是平台模式的魅力所在。由于拓展支撑平台高效运行的互联网技术的持续进化，技术应用的深度和广度都得到很大程度的提升，相应平台企业在竞争性环境中的相对竞争优势及目标市场拓展时可共用技术的范围都得到了一定的提高。互联网技术的协同应用已经催生了平台"未来式"的兴起，协同技术的高强度持续投资以及拓展技术的应用深化，带动了平台及互补产业的进化与发展，形成了具有持续演进动力的生态系统，并将过去完全交由市场调节高度分散的双边或多边客户的互动转变为通过平台创造的相关基础设施加以聚合。通过平台构建的统一规则或技术标准实现互动，减少了双边客户为发现对方、实现互动而需要进行的冗余投资，提升了双边客户的互动效率，为各方创造了价值，加速了社会经济组织方式的重构，形成了交互依赖、共生共荣的生态系统。但是随着平台模式的演化，传统平台型企业往往会触及能力边界，经营范围和经营规模达到瓶颈，单纯地秉承"技术为王"的价值理念已经无法取得更大的进展。例如大疆创新，虽占据全球70%的无人机市场，但是仍然坚持开放式理念，利用协同技术实现云端开源，建立社群，经营粉丝，以图模式创新及软件技术生态的完善。可见，平台模式已经转变，这个变就是开放。

近10年来，人们不断追寻开放平台的真谛。关于开放平台的认识，最早可追溯到2007年Facebook实施的开放战略。扎克伯格曾放出豪言："Facebook平台将面向全世界的参与者开放，任何参与者都可以在Facebook的框架内开发完整的面向顶级社交图谱的应用程序。"此举打开了互联网开放化和平台化的大门。借助于开放平台，Facebook也实现了涅槃，从一家网络社交创业公司成为了一个创业平台，手握全球20亿个客户，开始向生态系统发展。江湖有云："应用型公司值十亿元，平台型公司值百亿元，生态型公司值千亿元。"互联网平台的产生已经为企业创造更大价值蓄积了力量，能有效保证平台成员之间的交流互动。以微博为例，作为从新浪分离出的一个平台型公司，两者的市值差了一个量级，微博的市值达到百亿美元，而新浪的市值则只有数十亿美元，平台的价值及其扩张力尽显。阿里巴巴和腾讯之间的差距来源就是商业生态，即开放互联网平台，连接商业伙伴，构建平台生态圈，而这也是"独角兽"能够快速成长的重要原因。

（一）平台协同演化之"三生三世"

开放平台始于PC互联网时代，国内肇兴于2008年。随着BAT等巨头的推动，2011年达到了一个高峰，掀起了国内平台开放的热潮。此后，随着移动互联网在国内的快速发展，开放平台呈现出开放模式多样化的特点，在2015年达到了历史顶峰。近两年，由于各公司的开放平台与其产品高度相关的特性，国内传统开放平台的市场趋于饱和，呈现断崖式滑落，进入冷却期。但冷中有热，AI等前沿技术成为目前国内开放平台的又一热点。可以看出，由于互联网技术的不断进步和渗透的不断加深，平台的开放过程经历了"三生三世"，由最初的指数型爆发和野蛮生长，协同演化使得平台中的人与人、国与国、产业与产业的界限完全被重构，行业的边界逐渐模糊甚至消失，企业合作的范围无限扩大，开放平台在保留原有优势资源及关键技术的基础上，协同多方企业进入了一个"无疆界"的竞合时代。

第一世：三年试水（2008~2011年）。开放平台起源于 PC 互联网，国内最早的开放平台以 2008 年上线的人人网开放平台和天涯开放平台为代表。不久，BAT 陆续加入。2008 年 9 月，阿里巴巴公司正式启动"大淘宝"战略，并于 2010 年 6 月上线基于淘宝卖家、买家用户数据的淘宝开放平台（TOP）。2009 年 3 月，腾讯对外宣布将开放平台。2009 年 8 月，百度发布"框计算"概念。2010 年后，开心网、新浪、奇虎 360 也陆续上线各自的开放平台，但巨头在新上线开放平台的占比仍占据绝对优势，每年均达到 70% 左右。在 2010~2011 年，各公司开放平台仍以基于本公司优势领域资源为主，开放平台模式较为单一和分散，合作模式直接并且有国外成熟模板的应用分发类平台也是此阶段开放平台的重要模式。2011 年，国内大型互联网企业先后上线了各自的开放平台，因此也被称为"中国互联网开放元年"。

第二世：三年巅峰（2012~2015年）。2012 年，开放平台向移动端转移。这一阶段，中国互联网市场格局的重要变革之一就是移动端的兴起，随着智能手机的普及和功能的日益完善，传统互联网行业逐渐开始向移动端过渡。此外，作为互联网开放平台基础的云计算和移动支付体系，也在这一时期蓬勃发展。这些条件为移动端开放平台的发展提供了有利的基础。2012~2015 年，中小公司开放平台逐渐加入。这一阶段，开放平台的模式变得更加多元化。主要开放类型拓展到技术开放、服务开放、提供开放组件等一系列开放模式。

第三世：两年断崖（2016~2017年）。2016~2017 年，新的开放平台上线速度滑落，尤其是 BAT 旗下的开放平台与前一阶段比大大下降，开放平台的发展进入一个冷却期。究其根本原因在于，传统互联网进入成熟期，PC 互联网创新乏力，而移动互联网进入下半场，行业累积的技术资源近乎耗尽，而新兴技术的开放平台虽有相当的布局，但尚未崛起，行业整体上处于黎明前的黑夜。这一时期的最大特征有二：一是开放平台方向聚焦于人工智能等新兴技术，如腾讯的 VR 和 AILab，以及百度的自动驾驶"Apollo 计划"。二是开放平台业务逐渐渗透到线下，扶植中小创业团队创业，如腾讯在国内 19 座大中城市已经建立了线下众创空间扶植中小开发团队创业；百度参与者中心也推出了百度参与者创业中心项目，扶植与百度开放云有结合点的移动互联网创业项目；阿里云创业平台通过与涵盖全球创业热点区域的创投基金、孵化器、加速器、产业园区、地方政府等的线上线下系列合作，形成了以云服务为基础的资源共享体系。

（二）平台模式的开放"黑洞"

开放平台准许参与者自由进入，为参与者实现功能价值降低了门槛，由此也能最大限度地调动第三方参与者的参与积极性，充分发挥他们的创造力，来为平台提升价值。但反过来看，开放平台发展至今的过程中也涌现出许多问题，部分难以解决而又涉及平台和参与者切身利益的问题成为开放平台领域继续向前发展的痛点，解决这些疑难杂症也为开放平台的未来指出了较有预见性的方向。

第一，协同机制的缺失。现有的大型开放平台在业务运行中往往以平台方为主导，参与者需要遵循平台方提出的各项规范和要求才能加入平台提供的生态圈。机制上的"负能量"因素传导至平台生态的整体运行中，由于平台方具有主导性的话语权，参与者只能被动地选择接受平台提出的条件，当条件发生变动时，参与者可能面临与最初加入平台时大不相同的状况，从而其是否能继续在平台上获利具有很大的不确定性。这会影响参与者对平台的信心，进而反过来影响平台吸引和保有参与者的能力，对于开放平台业态来说是一个关键的问题。以苹果为例，苹果的 AppStore 在成立初期是创业者的创业天堂，通过技术开源和客户共享，AppStore 取得了巨大的成功，获得了超额的利润，在推广和用户可得性方面实现了弯道超车。但是随着 AppStore 的成长，苹果与开发应用者之间产生了激烈的矛盾，就如近期苹果怒怼微信一般，为了打赏抽成，和微信大打出手，严重影响了用户体验，虽然苹果的实力强大，但是微信数亿级的客户量也不容小觑，两者的不和谐必然是双方的损失。生态的构建离不开协同机制的保障，在协同缺失的情况下，平台从开放的生态变为不公平竞争的战场，严重打击了参与者继续留存在该平台上的积极性，而这反过来也会对平台自身吸引的参与者数量及后续的流量引流造成阻碍，对于双方而言都是巨大的损失。并且，由于没有第三方机构的约束，开放什么以及如何开放，都是平台自由决策的结果，在不让渡决策权的前提下，在平台与参与者之间的关系协调方面可能会留下一些隐患。

第二，长尾市场的碎片化和低效率。开放平台提供的技术、资源和商业环境吸引了众多参与者竞相加入，随着参与者数量的增加和水平的提升，参与者形成了头部和长尾两个"阵营",制约着平台的进一步增长,主要是自由开放观念下平台的碎片化和低效率问题。并且在没有协同机制的情况下,平台规则和应用各异,参与者必须要针对具体平台进行分析,从而不能将已有的开发成果简单地复制到其他地方,这造成了效率上的损失。当然,这种损失只是对合意效率提升而言的损失,并不是实际损失,开放平台的诞生调动融合了许多闲置的社会资源,在整体上是提升了信息技术发展效率的,此处所指的损失,只是强调在合理的规则安排和信息流动下,开放平台原本可以有更高的效率改善,而目前仅有一部分效果而已,还有更大的潜力没有发挥出来。以安卓平台早期的发展为例,由于安卓平台手机机型与性能差距迥异,同一款应用的参与者往往需要将自己的程序对不同等级的机型进行独立的适配和优化,这是一项成本高昂的工作,使参与者必须去解决如何使用的问题,而不能更好地专注于打造优良的产品。

(三)平台协同发展的未来式

大量平台型公司依托互联网技术野蛮发展,打破了整个企业甚至行业自身螺旋式、内生的上升通道,导致市场上出现很多"劣币驱逐良币"的状况,只有极少数的"独角兽"平台才能幸存。为了应对同质竞争的劣势,众多平台都展开了生态化的改革工程,但是实际效果却让其经营情况急转直下,在资本、组织、技术等多方面因素的综合影响下,企业在转型生态型企业的过程中如履薄冰。虽然有阿里巴巴、腾讯等企业的正面示范和实践经验,但是细致分析这些一线生态型公司就可以发现,这些企业不仅仅是在切入点和入场时间上占得先机,更重要的是这些企业依托于合理的商业模式获得了大量的客户积累、资本蓄积及其所属行业的与生俱来的"生态属性",厚实的"家底"使其能快速铺面,以自身业务优势为核心,借由互联网平台的优势,不断丰富和完善企业业务矩阵,打造平台生态圈。无论是对新进小企业还是身处二线的企业而言,出于竞争和自身的发展,一线企业可能依托自身强大的实力,实行"自卫反击",因此想在生态竞争中出头,对于上述企业而言可谓难于上青天。商业的创新是永无止境的,当前"双创"之风盛行,互联网的出现大大激发了大众的创业热情。俗话说高手在民间,利用企业平台本身的聚合优势及后备资源,加上民间高手的智慧才华,企业平台转型将会发生翻天覆地的变化,为迈向生态之路开辟了一条新的途径。因而企业必须以协同管理理念为指导,打造平台商业合伙人模式,即构建嵌入式开放创新的平台领导与用户创业的协同发展模式。在未来,这一模式将会成为企业进行平台生态化转型的重要模式（见图3-12）。

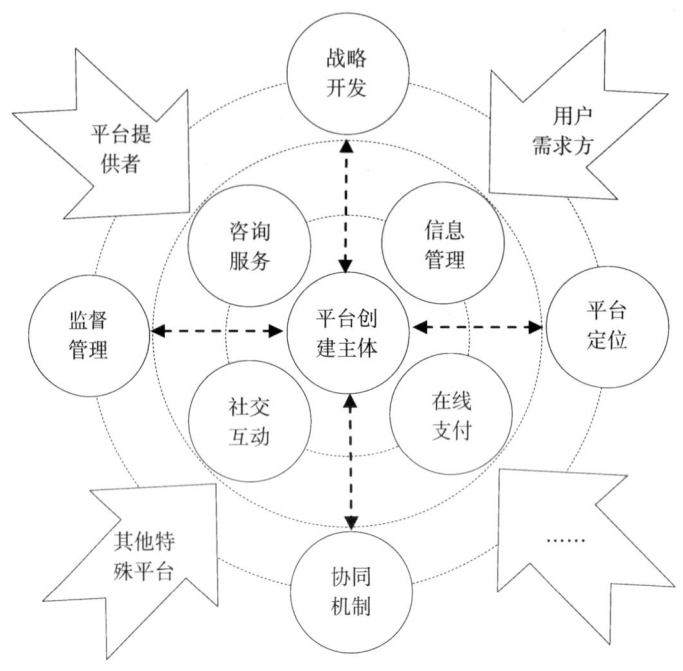

图 3-12 平台商业合作人模式

平台作为网络组织，节点及其相互联结是其基本构成要素。节点即为网络组织的利益相关者，包括平台创建主体、平台提供者、用户需求方及其他特殊平台（见表3-1）。相互联结则指不同主体在网络组织中的结构性地位及所形成的关系。实现平台内主体协同发展不仅要有网络节点间的联结关系，还要创设协同机制驱动主体在联结关系基础上形成互动导向及行为。平台领导与用户作为平台的两大主体，其协同效应的产生不仅依赖于用户通过创业嵌入方式建立与平台领导

表 3-1 平台商业合伙人模式参与主体

平台参与主体	具体内容
平台创建主体	平台创建者是平台领导的战略规划者及所有者，它通过平台定位、协同机制的设计指引、监督平台运转，可以是单个企业或企业联盟
平台提供者	平台提供者即平台领导，是平台正常运行及平台网络体系的核心，通过开放接口等方式吸纳外围企业或个人参与平台建设、商品买卖的初始平台
用户需求方	用户需求方是平台产品或服务的消费者用户，可以是个人、企业或组织；用户供给方是为平台用户提供终端产品、服务的供应商
其他特殊平台	参与平台开发建设，丰富平台界面应用模块，互补产品开发行为，为平台领导功能的协同演化及动态创新起重要支撑作用

的联结关系，还需要两主体进行非线性互动。这种主体间的非线性互动能产生相干效应，从而实现单个主体自身无法实现的整体协同效应。但这种主体间的非线性互动并不是平台天然具备的，而是需要组织创设相应机制驱动，最为关键的是驱动机制开放。开放是平台商业合伙人重要的"基因"，因为只有在开放的组织环境中，主体间的相干作用才能突破组织边界，摆脱单向、单线的固定渠道模式，实现多通道运行。

作为平台商业模式的关键，选取合适的开放创新模式，规避传统开放模式的短板显得异常重要。就传统开放创新模式而言，主要分为内向型开放创新及外向型开放创新，但是两者都会在一定程度上重复平台开放创新的"黑洞"，所以选取耦合型开放创新模式，即协同整合外向型与内向型开放创新模式，是实现平台主体协同发展最有效的运行模式。耦合型模式的核心在于包含内向型与外向型双通道开放创新的运行载体。

通过该运行载体，创新思想、创新产品得以畅通无阻地交流、互换，主体间的复杂行为也得以相互干预、相互作用。若将该运行载体置于网络组织体系中，它与网络组织之间便产生了很强的依存关系：开放创新的运行载体要不断地从与网络组织互动的过程中构建并延伸双通道以持续推进开放创新；外部网络组织则可以通过开放创新的运行载体实现组织内自更新与功能完善。而随着运行载体的逐渐完善，这种依存关系就会演变为母系统与子系统的垂直关系，从而为主体间的协同发展提供可持续化、富生态性的系统群。此外，由于运行载体的具体功能及服务对象存有差异，所以拥有开放创新机制的子平台往往不止一个，并且相互之间还存在生态共生性，这使得平台领导与用户创业协同的运行载体往往呈现为多个子平台共生的生态群，可根据特定功能的需要进一步裂变，由此循环往复，激活正反馈循环扩张，形成生态复利效应，在推动平台生态圈生成的同时，真正实现未来平台生态的自我组织、协同创新及协同发展，提高生态系统的多样性、流动性和创造性。

【协同新时代的科技革命专栏3】 现代制药：协同成长下的医疗与人工智能

上海现代制药股份有限公司（以下简称现代制药）是一家成立于1996年，主营药品生产和销售的高潜力企业。其产品线涵盖化学原料药、新型药物制剂、生物制药和中成药等产品。在完成资产重组后，现代制药重获新生，通过协同管理，大力推动企业内外部和多维度的协同发展，取得巨大成效。目前，现代制药拥有3个生产厂区、7家全资或控股子公司，近6年来经济效益的复合增长率保持着17%以上的速度，重点产品市场份额保持前列。

一、"心机"尽显，协同资本运营

2016年是现代制药发展迄今资本运作力度最大、融合驱动成果最显著的一年。这一年，在间接控股股东国药集团的统筹下，以及在各交易方、整合标的企业的共同努力下，原本分散于国药集团不同主体间的化学制药资产得以顺利整合。本次重组并非国药集团内部资产的简单转移，是充分考虑到单一的化学制药平台将会产生的采购、生产、销售等各方面协同效应后实施的资产整合。截至2017年，整合国药集团旗下工业资产的重大资产重组工作已完成，现代制药已成为初具规模的化学药集团，旗下涵盖二级企业17家、三级企业11家，产品聚焦心脑血管类、抗感染类、全身性用药、抗肿瘤、麻醉精神类药物、大健康产品等，国药集团统一的化学药产业平台和资本运作平台已搭建完成。此后，在化学药工业发展方面，现代制药已经形成战略统一、资源集中、配置合理、具有规模效应及上下游产业链协同优势的专业化发展格局。

二、三大协同优势，助力元年爆发

与国药集团重组完成之后，公司开始着手在研发、采购与营销等方面进行整合，公司拥有内部的规模效应和上下游产业链协同的优势，协同效应将随着整合进程的深化逐步显现，并形成三大优势（见图3–13）。

产业平台优势	内部协同优势	外部协同优势
• 平台统一优势 • 协同基础搭建	• 协同创新体系 • 全产业链体系	• "自家亲"战略 • 工商战略协同

图3–13 现代制药三大协同优势

第一，产业平台优势。现代制药隶属于国内最大的"中央企业医药健康产业平台"国药集团，且定位为国药集团旗下统一的化学药平台，具有统一的平台优势。重大资产重组完成后公司已经形成战略统一、资源集中、配置合理、具有规模效应及上下游产业链协同优势的专业化发展格局，未来现代制药将通过产业的全面协同继续深化化学药健康产业平台优势，通过内部协同、外部整合、创新驱动和国际化经营，实现跨越式发展。

第二，内部协同优势。在研发方面，现代制药采用仿创并举、协同创新的策略，建立形成以母公司为统筹中心和技术核心的多层次研发体系，形成条块清晰、分工协作、功能完备、技术先进、产学研相结合的综合性企业技术创新体系；在产业链方面，现代制药形成了抗生素等产品从中间体、原料药到制剂产品的实质性业务整合，真正做到了产业链上下游贯通，降低了成本，增厚了利润，并成功打造了具有现代制药特色及核心竞争力的"5+X"全产业链体系；在采购方面，现代制药在集中采购的框架下，议价能力进一步提升，从而降低了采购成本；在营销协同方面，现代制药同一治疗领域产品将共用营销资源，营销效率得以全面提升并相应降低了销售费用。

第三，外部协同优势。现代制药积极参与国药集团"自家亲"战略计划，持续加强与集团内部商业巨头国药控股的合作。一方面，国药控股通过本次重组成为公司股东，具备大力推进公司经营发展的动力；另一方面，"两票制"在全国的全面推进，使得国药控股作为国内最大的分销与零售商的优势地位得到进一步巩固。现代制药以此为契机，通过持续深化与包括国药控股在内的分销商的战略合作实现工商战略协同，充分发挥外部协同优势。

资料来源：笔者根据多方资料整理而成。

二、横扫千军：进击吧！人工智能！

美国著名科学家雷·库兹韦尔认为"奇点"是电脑智能与人脑智能相互融合的那个美妙时刻，而这个美妙的时刻的体现就是人工智能（Artificial Intelligence, AI）！人工智能是继协同技术四级风暴之后的终极风暴，为"万物互联"之后的应用问题提供最完美的解决方案，它将成为IT领域最重要的技术革命。当前市场关心的IT和互联网领域的几乎所有主题和热点，如智能硬件、O2O、机器人、无人机、工业 4.0 等，发展突破的关键环节都是人工智能。人工智能是研究用计算机来模拟人的某些思维过程和智能行为（如学习、推理、思考、规划等），是一种由人工手段模仿以呈现出人类智能行为的人造智能，其中智能行为就是指人类用大脑考虑问题或者创造思想。此外，人工智能是计算机科学的一个分支，它的近期主要目标在于研究用机器来模仿和执行人脑的某些智能功能，并开发相关理论和技术。近年来，随着成本低廉的大规模并行计算、大数据、深度学习算法、人脑芯片四大催化剂的齐备，导致人工智能的发展出现了向上的拐点。根据咨询公司 Venture Scanner 统计，截至 2016 年 11 月，全球人工智能公司已达 1485 家，横跨 13 个子门类，融资金额高达 89 亿美元。

人工智能 Master 连续 50 多场战胜人类顶尖棋手的事件余温未散，以 AlphaGo 为代表的人工智能先锋正在重塑人类与科技的关系，引发全社会的强烈关注和思考。人工智能经过 60 多年的技术变迁，以当前登上围棋之巅为标志，已进入了汇集海量数据模型、深度学习算法和高度计算力的新阶段，特别在语音识别、图像识别等领域取得了很大的成功。

全球战略与创新管理前沿华裔学者吴霁虹曾提到，"人工智能是可以让中国大多数传统企业实现'弯道超车'的最大契机。互联网通过打通渠道、简化中间环节实现效率的提升，工业 4.0 通过自动化、信息化、数字化让商业实现高效率的产出，人工智能通过全方位的万物互联，智能化地实现个性需求配对，这恰恰是个人和企业进入互联网、工业 4.0 新世界的最大，也可能是最后的契机"。的确，中国人工智能的发展迅猛，已经涌现出一批诸如科大讯飞、紫光展锐及汉枫电子等优秀的人工智能企业。李彦宏曾提到："中国在人工智能方面还是非常有优势的，我们有很大的市场，我们有很多的人才，大家看人工智能方面的论文，好多都是中国人写的，我们可能天生就适合干这个事，我们也有很多的资金。更重要的是人工智能技术要想往前推进的话，需要有大量的数据积累进行训练，全世界没有一个市场有 7 亿多个网民，说的是同样的语言，遵循的是同样的文化和道德标准，受同样的法律约束。你再也找不到这样一个市场，在这样的市场当中做人工智能真的是如鱼得水。我们不领先世界，真的是说不过去。"在不久的将来，基于中国天然的发展基因，人工智能将在中国大放异彩，引领企业转型的未来。

(一) 人工智能之爱你太难

随着机器学习的快速发展，人工智能产业在历经60多年的起伏之后，如今已经在全球范围形成新一轮的抢位发展态势，发达国家纷纷吹响探索大脑奥秘的号角。中国的人工智能产业在全球浪潮的推动下，也在快速发展。虽然是众星捧月，可作为新型技术，人工智能还是"太嫩"，仍然存在着各种发展弊端。

第一，数据流通和协同化感知有待提升。数据隐私、数据安全对人工智能技术建立跨行业、跨领域的大数据模型提出了政策、法规与监管方面的要求。各垂直领域的从业者从商业利益出发，也为数据的共享和流转限定了基本的规则和边界。此外，许多传统行业的数据积累在规范程度和流转效率上还远未达到可充分发挥人工智能技术潜能的程度。此外，在感知环节上，仿人体五感的各类传感器都有成熟的产品，但缺乏高集成度、统一感知协调的中控系统，对于各个传感器获得的多源数据无法进行协同化的采集、加工和分析。因此，在未来，人工智能在数据协同共享方面需重点攻克软件集成环节和类脑芯片环节。一方面，软件集成作为人工智能的核心，算法的发展将决定着计算性能的提升；另一方面，针对人工智能算法设计类脑化的芯片将成为重要突破点，不论是 NVIDIA 的 TeslaP100、IBM 的 TrueNorth、谷歌的 TPU，还是中科院的寒武纪，都试图打破冯·诺依曼架构，依托人脑模式构建出更快、更适用的新体系，而这将为人工智能未来的良性发展奠定坚实的基础。

第二，强人工智能尚未实现关键技术突破。中国科学院院士谭铁牛曾提到："当前，人工智能的发展尚处于初级阶段，难以超越人类，都存在着共通的局限性——有智能没有智慧、有智商没有情商、会计算不会"算计"、有专才无全能。"在技术研发层，人工智能的发展依然处于初级阶段，对于更高层次的人工意识、情绪感知环节还没有明显的突破，特别是"脑科学"研究还处于摸索阶段。如 AlphaGo 主要依靠的就是其强大的运算能力，而在图像理解、语言理解和知识理解等认知能力上，人工智能还不能与人类相比。因此，在未来，人工智能将加强脑科学的协同创新研究。通过深度学习，进一步提升自然语言处理和图像识别的准确度，同时要在真正的分析理解的基础之上进行进一步研发，从大脑的协同演化、全身协同控制等领域实现突破。

第三，智能硬件平台易用性和自主化存在差距。应用层的智能硬件平台，服务机器人的智能水平、感知系统和对不同环境的适应能力等，均受制于人工智能初级发展水平，短期内难以有接近人的推理学习、分析能力及判断力，不具备与人类同级别的视觉、听觉、嗅觉和触觉等感知力，难以可靠而经济地步行或者跑步，或具备人手级别的执行力。因此，服务机器人虽然发展快速，但需要进一步提高产业的易用性和功能性。而在自主化方面，目前中国工业机器人的市场依旧被发那科、ABB、库卡（已被美的收购）和安川电机"四大家族"所统治。在核心机器本体、减速器、伺服电机等领域的自主化程度落后，未来在发展智能化工业机器人时，不仅要在软件系统层面实现快速突破，还要弥补硬件制造环节的缺失。

第四，商业落地困难重重，缺乏应用场景。在业内人士看来，人工智能的应用落地至关重要，"有了应用端的应用和盈利，才能推动技术的进步和可持续发展，这也正是中国市场的优势"。由此，在业内人士看来，人工智能当前需要解决的首要问题是提供落地的一体化解决方案。"从芯片到软件、算法，以及整体的解决方案，一个都不能少，这样才能真正地实现人工智能芯片的应用落地，这是一个非常复杂而艰巨的任务。"地平线创始人余凯强调。无论是何种技术，只有转化成商业价值和经济利益，才能真正推动技术的协同发展，因而人工智能应用落地是关键，只有形成可持续的商业模式，应用到各个领域，才能真正推动产业发展。机器视觉、生物识别（指纹识别、人脸识别、视网膜识别、虹膜识别、掌纹识别）、遗传编程等，成为众多A股公司的"心头好"，科大讯飞、海康威视、佳都科技等纷纷布局。对于这些企业而言，垂直领域的人工智能落地虽更为容易，且有更高的技术壁垒，可规避不必要的竞争风险，但是中国有足够多的用户在使用互联网和移动互联网，是人工智能天然的发展场所，"专才"是无法发挥中国在人工智能产业上的优势的。因此在未来，人工智能企业需加速生态化和协同化，搭建更多的应用场景，加强前沿科研与产业实践的联系，将自身打造成为智能"通才"，引领人工智能新风潮。

（二）人工智能的协同DNA：协同生态圈模式

互联网时代"强基因"理论体系创始人吴霁虹指出，"未来的智能硬件必须有"大脑"，能够进行自我迭代，这才是真正的人工智能；开放合作是人工智能产业的唯一选择，单点的个人和企业都无法支撑人工智能的精准专业化"。人工智能是助力商业模式转型的重要技术，但是不可否认的是，人工智能本身就是一套辅助企业内外兼修的至尊功法，只有在协同化和生态化这两化的作用下，人工智能的智能价值才能得到最大程度的发挥。

在人工智能蓬勃发展的背景下,打造芯片、系统、终端、云端融合的人工智能平台,实现无屏化交互、模块化配置的机器人智能大脑,完善具有全方位感知能力和多元化应用基础的情感机器人意义重大。因而企业必须构建协同生态圈模式,在内部以优化整合产业链、突出多模态交互为基础,在外部以明确可变现商业价值为核心,加强协同链的生成共享,从而引领人工智能产业新一轮的发展趋势。

第一,技术生态协同。百度接连开源了百度大脑的核心算法、深度学习平台 Paddle Paddle、深度学习基准工具 Deep Bench。开源总是有利于技术的发展,开发者和创业者可以从源代码中学到很多东西,让开发者和创业者能够更加容易地接触到人工智能的相关技术标准和开发工具,协同打造技术生态,最大程度地推动围绕百度人工智能生态的创业团队和开发者加速落地。

第二,商业生态协同。百度正在把这一系列人工智能技术融入商业和营销行为,利用大数据和人工智能算法送外卖这已经是人尽皆知,如果说这还只是在自家产品上展开尝试的话,那么与肯德基推出智能概念店,使用百度度秘机器人完成语音交互和智能点餐,《魔兽》出品方传奇影业利用百度的大数据用户画像能力进行精准推荐,都是人工智能技术得到了商业合作伙伴的认可与支持的典型案例,百度也因此由内至外构建起人工智能的商业生态,实现了生态伙伴的协同发展。

第三,联盟生态协同。百度联盟总经理邓明生表示,AI 时代的百度联盟伙伴将包括网页媒体、内容合作伙伴、手机厂商、运营商、APP,会更多地覆盖无处不在的屏与端。借助百度 AI 核心技术,百度联盟将聚合所有场景的屏幕与终端,为线上和线下媒体连接提供动力,实现一切终端即媒体,帮助伙伴实现智能进化。除技术之外,百度联盟还将在资源、经营、管理等方面为伙伴打造四位一体的"AI 创业新生态",挖掘并培养更多的 AI 创业精英。

第四,资本并购协同。2016 年,百度宣布成立专注于人工智能领域的风险投资基金——百度风投(Baidu Venture),李彦宏将亲自出任董事长,并参与重要项目的评估判断。百度风投的设立完全可以看作是其在人工智能战略上的延续。通过投资布局产业链,既有利于百度人工智能产品的落地,更可以使技术的优势向外辐射。未来,百度将以自主技术研发为内核,通过资本并购协同以辐射状向人工智能、AR、VR等各个领域扩散,以此来构建百度的技术生态。2017年第一季度财报显示,百度营业收入约为169亿元,比上年同期增长6.8%。同时,百度人工智能体系深度整合,技术生态也在进一步打通,并通过全面协同,开放技术能力,进一步推动了核心矩阵的商业化进程。人工智能协同生态圈模式驱动着百度的智能转型,正承担起百度未来发展的责任。

(三) 人工智能的五大"协"处

人工智能的智能价值可以说是无穷无尽的,但是这必须建立在大数据开放及协同共享的基础上,李开复认为,在数据和代码共享开源的情况下,人工智能才能茁壮成长,成为一头"智能哥斯拉",去颠覆现有的商业模式。

第一,强化学习。强化学习是一种通过实验和错误来学习的方法,它受人类学习新技能的过程启发。代理者通过观察当前所处的状态,采取行动使得长期奖励的结果最大化。每执行一次动作,代理者都会收到来自环境的反馈信息,因此人工智能能判断这次动作带来的效果是积极的还是消极的。在这个过程中,代理者需要平衡根据经验寻找最佳策略和探索新策略两方面,以期实现最终的目标。就如Google的Deep Mind团队在Atari游戏和围棋对抗中都运用了强化学习的技术。在真实场景中,强化学习被用来提高Google数据中心的能源利用率。强化学习技术为冷却系统节省了约40%的能耗。强化学习有一个非常重要的优势,即它的代理者能以低廉的代价模拟生成大量的训练数据。其应用范围包括城市道路的自动驾驶、三维环境的导航、多个代理者在同样环境中的交互和学习等。

第二,生成模型。不同于用来完成分类和回归任务的判别模型,生成模型从训练样本中得到的是一个概率分布。通过从高维的分布中采样,生成模型输出与训练样本类似的新样本。若生成模型的训练数据是脸部的图像集,那么训练后得到的模型也能输出类似于脸的合成图片。其应用范围包括仿真时间序列的特征、超分辨率图像、从二维图像复原三维结构、小规模标注数据集的泛化、预测视频的下一帧、生成自然语言的对话内容、艺术风格迁移及语音和音乐的合成等。

第三,记忆网络。为了让人工智能系统能够像人类一样适应各式各样的环境,它们必须持续不断地掌握新技能,并且记住如何在未来的场景中应用这些技能。传统的神经网络很难掌握一系列的学习任务,这项缺点被科学家们称作灾难性遗忘。其中的难点在于当一个神经网络针对A任务完成训练之后,若是再训练它解决B任务,则网络模型的权重值不再适用于任务A。目前,有一些网络结构能够让模型具备不同程度的记忆能力，其中包括长短期记忆网络（一种递归神经网络）——可以处理和预测时间序列；Deep Mind 团队的微神经计算机结合了神经网络和记忆系统，以便于从复杂的数据结构中学习；渐进式神经网络学习各个独立模型之间的侧向关联，从这些已有的网络模型中提取有用的特征，用来完成新的任务。其应用范围包括训练能够适应新环境的代理者、机器人手臂控制任务、自动驾驶车辆、时间序列预测（如金融市场）及理解自然语言和预测下文。

第四，学习和推理硬件。促进人工智能发展的催化剂之一就是图形处理器（GPU）的升级，不同于 CPU 的顺序执行模式，GPU 支持大规模的并行架构，可以同时处理多个任务。鉴于神经网络必须用大规模（且高维度）数据集训练，GPU 的效率远高于 CPU。例如，NVIDIA 在 2017 年继续领跑行业，领先于 Intel、Qualcomm、AMD 和后起之秀 Google。然而，GPU 并非专为模型训练或预测而设计的，它原本用于视频游戏的图像渲染。GPU 具有高精度计算的能力，却遭遇内存带宽和数据吞吐量的问题，这为 Google 之类的大公司和许多小型创业公司开辟了新领域，它们为高维机器学习任务设计和制造处理芯片。芯片设计的改进点包括更大的内存带宽（图计算代替了向量计算（GPU）和矢量计算（CPU））、更高的计算密度、更低的能源消耗。这些改进最终又反哺到使用者的身上，即形成更快和更有效的模型训练→更好的用户体验→用户更多地使用产品→收集更大的数据集→通过优化模型提高产品性能这一整条链路的良性循环。其具体应用范围包括模型的快速训练、低能耗预测运算、持续性监听物联网设备、云服务架构、自动驾驶车辆及智能机器人。

第五，仿真环境。为人工智能系统准备训练数据很具有挑战性，并且若要将人工智能系统应用到实际生活中，它必须具有适用性。因此，开发数字环境来模拟真实的物理世界和行为将为我们提供测试人工智能系统适应性的机会。这些环境向人工智能系统呈现原始像素，然后根据设定的目标而采取某些行动。在这些模拟环境中的训练可以帮助我们了解人工智能系统的学习原理，思考如何改进系统，也为我们提供了可以应用于真实环境的模型。其应用范围包括模拟驾驶、工业设计、游戏开发及智慧城市。

三、协同技术之"逆天改命"

随着国际化市场竞争的日益激烈，以及信息技术的进步，经济全球化的竞争环境逐步形成，市场需求瞬息万变，消费个性化需求不断多样化，产品制造周期不断缩短，技术含量不断增大，企业仅依靠自身内部的信息集成和设备柔性化等措施已经很难有效改善企业的整体敏捷性，迫切需要通过企业间的强强合作来提高自己的综合竞争能力，进而实现多赢。协同技术正是在这一背景下产生的。协同技术是企业应对知识经济和技术竞争的挑战而实施的以快速响应市场需求和提高企业竞争力为主要目标的一种先进技术研发模式。通过采用先进的大数据、云计算、物联网及人工智能等互联网技术，促使企业加速商业模式及管理模式的革新，进而推动互联生态圈的生成，突破空间地域对企业生产经营范围和方式的约束，实现企业间的技术协同和各种社会资源的共享与集成，高速度、高质量、低成本地为市场提供所需的产品和服务。协同学认为，系统内部各要素在相互作用的过程中，往往通过关键要素促使无序的不同要素有条不紊地自行结合并演化发展，使系统向着更为高级有序的结构发展。协同技术作为计算机的一大优势，会伴随以云计算、物联网、大数据及人工智能为代表的深度开发更加受到重视和广泛应用。对于企业间的技术研发合作而言，协同技术是其创新技术研发的本质要求，即要求参与主体协同合作，实现技术研发、成果转化及咨询服务等合作流程的无缝对接，并通过跨部门、跨组织、跨学科、跨地域团队的协作共同致力于创新技术的开发。总而言之，成功的协同技术体系意味着技术成果研发与市场需求匹配，只有两者的和谐互动才能推动产学研的良性发展。协同技术并不是技术资源与市场需求的简单集合，而是更深层次上商业模式的合作与管理方式的革新。

（一）一种新流程：协同技术流程

高技术企业具有区别于其他企业高投入、高风险、高收益的特性，因而技术创新成果对高技术企业成长的作用尤其显著，对中小企业也不例外。无论是何种技术创新成果的产生，都会面临资源和能力的不足，甚至是思维的局限，仅靠一己之力难以获得预期的创新目标；并且外界环境瞬息万变，竞争过于激烈，技术成果的迭代过快，其时效性降低，但是对技术创新在质量和速度上的要求却越来越高，协同技术创新可有效分摊创新过程中的风险，也有利于尽快做出创新成果来增强竞争力，实现各方整体价值的最大化，在优势互补和共享资源的基础上，通过创新主体及其关键要素之间的有机协调和优化配置，可实现整体的协同效应。技术对于企业而言具有"逆天改命"之功效，因此加强技术的协同创新，打造协同技术创新模式成为最为行之有效的方法，而一个新的协同技术创新流程将助力企业领先行业起跑线。

协同技术创新流程源于内外两个方面，即内部推动力与外部驱动力。内部推动力主要包括企业家精神的指示、企业创新文化的引导、企业技术创新能力的欠缺和获取高额利益等因素。外部驱动力主要是指市场需求的拉动、市场竞争的驱动、技术进步的推动和政府政策支持的诱导等。一般情况下，企业在产生了创新动机之后，还无法立刻开展具体的技术创新活动。因为在评估企业现状与技术创新目标之后，往往都会发现它们之间存在一定的差距，要实现协同技术创新目标，自身的资源和能力尚有所欠缺。企业必须从外部寻求合作伙伴来弥补自身的不足，在寻找的过程中需要对本企业与备选企业之间的匹配程度进行评估，最终确定目标协同企业，保证后续的协同技术创新能有序高效地进行。因为协同技术创新的成功，在很大程度上取决于选择的协同企业的合适与否，也就是协同双方之间的匹配程度，它们的相对规模和市场力量、所拥有资源的配套程度、目标的一致性以及文化和价值观是否相互融合等方面的因素都对其匹配程度产生影响。确定目标企业之后，就可以就协同技术创新的具体事宜加强沟通，双方协商，在达成协同意愿之后，企业就可以开展对协同技术创新要素的确定、整合和配置，选择合适的协同方式。确定协同方式后，双方也就建立了最基础的协同关系。随着协同技术创新活动的有序进行，双方的合作关系开始磨合稳固。伴随着协同关系的变化，协同方式也在逐步调整达到双方价值最大化的目标，即实现协同效应。如果通过协同方式调整也无法达到预期的协同技术创新目标的话，企业就需要考虑重新寻找新的企业进行协同（见图 3-14）。

（二）一种新模式：协同技术研发服务中心

共建技术研发中心是一种协同技术创新模式，主要是针对技术创新过程中基础性的科学进行研究和开发，或是对行业中的重大关键技术和前沿技术进行研究和开发，形成拥有自主知识产权的新产品、新技术、新工艺，挖掘市场的潜在需求。研发中心往往是基于合作各方的长期合作意向建成的，需要企业具有较为雄厚的经济和技术实力支持，合作各方要为研发中心投入大量的资金、先进的试验开发设备和优秀的研究人员。并且，在研发中心对所在行业的重大关键技术和前沿技术进行协同研发的过程中，合作双方需有较为深入的知识交流，技术资源流动性、技术研发效率和共享程度都比较高。此外，由于合作各方进行的是长期合作，这种知识和技术资源的频繁共享，使得企业在长期积累中提升了探索能力，

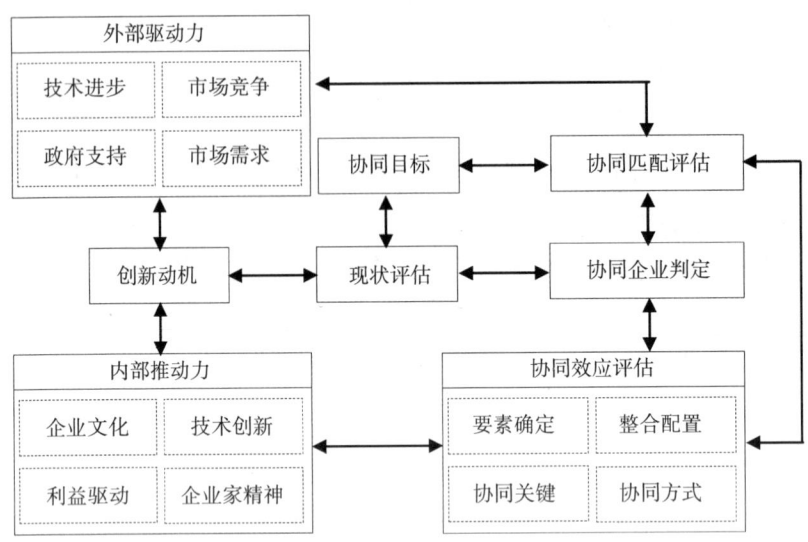

```
┌─────────────────────────┐
│       外部驱动力         │
│  ┌──────┐  ┌──────┐    │
│  │技术进步│  │市场竞争│    │
│  └──────┘  └──────┘    │
│  ┌──────┐  ┌──────┐    │    ┌────────┐         ┌──────────┐
│  │政府支持│  │市场需求│    │◄──►│ 协同目标 │◄──────►│ 协同匹配评估│◄──┐
│  └──────┘  └──────┘    │    └────────┘         └──────────┘   │
└───────────┬─────────────┘         ▲                  ▲        │
            ▼                        ▼                  ▼        │
      ┌─────────┐            ┌──────────┐        ┌──────────┐    │
      │ 创新动机 │◄──────────►│ 现状评估 │◄──────►│ 协同企业判定│    │
      └─────────┘            └──────────┘        └──────────┘    │
            ▲                                          ▲        │
            ▼                                          │        │
┌─────────────────────────┐         ┌──────────────────────────┐│
│       内部推动力         │         │       协同效应评估        ││
│  ┌──────┐  ┌──────┐    │         │  ┌──────┐  ┌──────┐     ││
│  │企业文化│  │技术创新│    │◄───────►│  │要素确定│  │整合配置│     │┘
│  └──────┘  └──────┘    │         │  └──────┘  └──────┘     │
│  ┌──────┐  ┌────────┐  │         │  ┌──────┐  ┌──────┐     │
│  │利益驱动│  │企业家精神│  │         │  │协同关键│  │协同方式│     │
│  └──────┘  └────────┘  │         │  └──────┘  └──────┘     │
└─────────────────────────┘         └──────────────────────────┘
```

图 3-14　协同技术创新流程

并逐步形成协同技术创新模式的重要产物——互生共荣的共建经营实体，即合作各方通过出资共同研制、开发、生产，组成研产销一条龙的高技术经济实体。

共建经营实体是协同技术创新模式的重要载体，是实现资源优化组合，集研究、开发、中间试生产、销售、服务及资本于一体的重要保障。共建经营实体的本质目的在于将企业原有的技术、不同产品的新市场、新产品的开发进行融合，并形成独立的核心技术。

共建经营实体是促进企业实现跳跃式突变成长的重要推动力，有利于企业开拓新市场，探索价值创新渠道，增强组织整合能力，打造共赢技术生态圈。例如，中国移动和华为在 5G 技术研究和产业化领域始终保持着紧密合作，其合作方式就是建立协同技术创新服务模式，通过协同技术资源共享，联合构建 5G 高低频协同的关键技术验证外场。验证外场的建立真正满足了双方 5G 系统样机概念验证的技术需求，实验具备在高度模拟真实网络环境下端到端验证 5G 网络性能与关键技术的能力，为双方数字化转型升级之路提供了孵化场所，并进一步加深了双方的协同链。未来双方将持续在该外场验证 5G 关键技术和应用场景，后续也将持续投入扩大建设，以满足未来不断涌现的 5G 新技术和孵化新应用验证的需求，积极为全球 5G 标准和产业发展做贡献。另外，华为也与中国移动、垂直行业合作伙伴等利用 5G 大带宽、低时延的网络能力积极开展远程驾驶等 5G 车联网应用测试，共同营造未来 5G 技术产业新生态。

（三）一种新服务：协同技术服务

协同技术服务指技术人员通过先进的互联网技术手段在生产过程和售后过程中为用户提供技术支持和技术服务，以提高服务质量和效率，使得制造企业在产品和顾客的多样化和全球化背景下为用户提供各类服务。协同技术服务体系这一新理念，正是为了适应全球化经济环境的需求应运而生的，它实际上是一种计算机网络体系，在大数据、物联网、云计算及人工智能技术等互联网技术的支持下，实现企业之间、企业和用户之间、企业和供应商之间技术知识共享以及协同工作。

此外，协同技术服务体系是一种基于服务定制和资源整合的分布式系统，它可以有效整合生产企业、合作伙伴以及科研机构等的技术资源，并加强企业间的协同合作，为客户提供所需要的服务知识和信息。从本质上来说，协同技术服务是以协同技术平台为纽带，在产品和客户分散化、全球化背景下制造企业实现对客户服务的一种新的服务模式。其具体运作流程为：

第一，用户或是合作方向平台提出技术服务申请，并填写技术服务要求及提供相关必要信息，在获得回应后，用户得到其任务编号，同时平台工作人员进行工作分析和人员聚类后根据具体情况发布技术任务公告并进行任务调度。

第二，签订服务协议，确立技术服务内容及性质要求，进入任务初期执行状态，对于需要进行协作交互的技术工作任务，技术服务人员可以利用平台提供的协同工具采用视频、语音或 E-mail 等方式进行组织内网络会议，也可邀请技术服务用户一同参加讨论。

第三，在协同技术服务任务进行过程中，技术服务人员小组将利用视频直播或是电视会议等方式进行即时协同，通过应用共享，对需要技术知识保护的工艺设计图纸，平台也会提供相关组件，在实现协同目的的同时保护知识产权，提高技术开放的效应和服务体验。

第四，技术服务平台负责对整个协同技术服务过程中的信息交互和数据进行记录，接受技术服务双方的信息反馈，所有数据作为平台技术服务记录资料供任务结束后进行任务总结与分析，并将其中的典型成功案例作为技术服务系统的知识资源。

【协同新时代的科技革命专栏 4】四维图新：无人驾驶之协同并进

北京四维图新科技股份有限公司（以下简称四维图新）是中国领先的数字地图内容、车联网和动态交通信息服务、基于位置的大数据垂直应用服务提供商，始终致力于为全球客户提供专业化、高品质的地理信息产品和服务。作为全球第三大、中国最大的数字地图提供商，四维图新业务进一步优化，与合作伙伴一道，多方协同迈向无人驾驶，公司旗下的数字地图、动态交通信息和车联网服务已经获得众多客户的广泛认可和行业的高度肯定。其2016年年报显示，2016年公司营业收入为15.85亿元，较上年同期增长5.23%，净利润为1.57亿元，同比增长20.62%。

一、眼花缭乱的协同大生态

四维图新是中国最大的数字地图提供商。目前，已形成由核心地图、高精度地图、动态交通信息服务，以及自动驾驶、商用车联网、乘用车联网等业务板块构成的生态体系。

第一，产业链生态——三位一体协同。在收购杰发科技100%的股权之后，"四维图新+杰发科技"的组合将在业绩、市场、未来路径上进行三位一体的协同。首先是业绩的协同，杰发科技业绩捷报频传；其次是市场的协同，四维图新整合杰发科技的车机芯片优势和强大集成能力，打造车联网生态，从Tier2向Tier1迈进；最后是未来路径协同，四维图新、联发科/杰发科技三方聚焦于"高精度地图+算法+芯片"等方面的协同共享，发挥双方的优势专长，进一步丰富和发展无人驾驶业务。杰发科技拥有车规级芯片的优势和强大的集成能力，从消费芯片到核心芯片最终通过杰发科技落地，四维图新提供算法和高精度地图，通过"算法+芯片"强强联合与协同合作，在人工智能及无人驾驶的浪潮中获得先机。

第二，战略协同。四维图新与腾讯进行战略合作，公司联合腾讯推出了车联网整体解决方案"趣驾"（We Drive），该产品整合了四维图新的趣驾导航业务、趣驾T服务业务以及腾讯QQ、QQ音乐、大众点评、腾讯新闻、自选股、比赛直播等优质内容，通过资源的协同共享，使双方在流量、用户体验、社交、内容以及创新能力和研发能力上都获得了较大的优势。腾讯移动端的强大应用流量有效激活了四维数据的活性，使得公司转型成为"内容

+数据+服务"的全方位车联网企业,提供更具创新意义的车联网服务。

四维图新与东软集团进行协同合作。东软集团拥有车载信息娱乐、ADAS、T-Box、Telematics车联网、手机车机互联、车载信息安全等众多产品线,双方协同战略合作,可推进导航电子地图、动态交通信息、高精度电子地图及车联网解决方案的更广泛应用,并在高级驾驶辅助系统、导航引擎、及高精度地图方面技术优势互补效应明显,有助于未来面向无人驾驶汽车提供核心服务引擎。四维图新与京东金融集团确定战略合作伙伴关系,双方将在消费洞察、交通出行、车险征信等领域协同发展,共同创造商用价值。

二、协同发展,深耕强势主业

四维图新在扎根核心地图业务的同时,面向车联网、自动驾驶等车相关领域及未来领域进行产业垂直深耕,基于自身技术及资源优势,通过资本合作、战略协同等多种方式,积极拓展海外业务网络,优化营销体系,扩大数字地图业务及车联网服务业务全球化销售渠道优势;利用欧美全资子公司的平台优势,开展无人驾驶、V2X、机器学习、智能型新能源汽车协同等全球领先技术交流与合作。2016年,四维图新通过旗下子公司控股全球领先的汽车导航电子地图服务商HERE,与HERE在无人驾驶、高精度地图、位置服务平台、大数据采集分析、新市场开拓等领域整合资源、协同发展,一同构建全球性位置服务与大数据平台,面向车联网拓展和构建新的商业模式。此外,公司有望通过HERE加深与世界主要汽车客户的联系,在资本层面上建立全球地图数据与位置服务解决方案联盟,帮助公司在高精度地图等领域占据领先优势,并通过成立合资公司进一步深化合作,为使用HERE全球位置服务的客户提供中国区地图相关的服务。通过资源互补和协同共享,四维图新的协同效应明显。

资料来源:笔者根据多方资料整理而成。

第三节 协同创新模式之0与N的进阶

随着新一代信息技术与制造业的加速融合,创新要素流动空前活跃,国与国之间创新的竞争已演化为创新体系的竞争。协同创新成为各国提升自主创新能力的一种新模式，也成为全球开展科技创新活动的新趋势之一。因此，如何打造协同创新体系，实现创新驱动发展，值得深入思考。协同创新模式是指企业通过与其他企业、科研机构或高等院校之间联合开展产品技术创新，可以获得外部的资金和技术支持，克服自身研发经费短缺和技术资源不足的局面；可以通过企业资源的有效整合，进行技术、知识、营销、管理等方面的优势合作，实现专业化分工和规模经济，从而快速获得新技术、迅速开拓新市场；可以提高创新成功的概率并在一定程度上规避创新失败带来的风险；可以缩短创新时间，提高信息质量，增加信息占有量，及时将创新成果投向市场，从而有利于增强企业在市场上的竞争地位，提高企业经济效益。据统计，美国企业的平均研发投资回报率为26%，其中有协同合作的大企业回报率高达30%，有协同合作的小企业更是高达44%，与之形成鲜明对比的是没有协同合作的企业回报率只有14%。

综观全球，协同创新已经成为创新型国家和地区提高自主创新能力的全新组织模式。随着技术创新复杂性的增强、速度的加快以及全球化的发展，当代创新模式已突破传统的线性和链式模式，呈现出非线性、多角色、网络化、开放性的特征，并逐步演变为以多元主体协同互动为基础的协同创新模式，受到各国创新理论家和创新政策制定者的高度重视。以美国为例，美国硅谷成功的关键在于区域内的企业、大学、研究机构、行业协会等形成了扁平化和自治型的"联合创新网络"，不仅如此，这一"创新联盟"通过互联网技术平台打破领域、区域和国别的界限，以地区性创新为基础，拓展至全球性的协同创新，构建起庞大的创新网络，实现创新要素最大限度的整合。反观国内，协同创新已经成为各省市竞相探索的新型创新模式。我国载入史册的"两弹一星"工程、载人航天工程、嫦娥工程等重大技术攻关，无疑都是具有中国特色的协同创新的成果。

一、"0→1"自主创新模式：人无我有，人有我优

硅谷著名投资人彼得·蒂奇在他的畅销书《从0到1》中写到，人类之所以有别于其他物种，是因为人类有创造奇迹的能力。从支付公司PayPal中就走出了诸如领英网的联合创始人里德·霍夫曼、YouTube联合创始人陈士骏、特斯拉掌门人埃隆·马斯克等商业领袖，这与它具有"从0到1"的创新基因不无关系。所谓"从0到1"包含了双重含义：一是创业从0到1，二是创新从0到1。作

者认为更重要的是后者，就是创新从 0 到 1。在作者看来，创业是基于创新的创业，而非一般的创业，如果没有创新的从 0 到 1，也谈不上创业的从 0 到 1 了。因此，可以说从 0 到 1 的创新，是企业实现从无到有的突破的重要发展理念，这一垂直式的创新思维体系，将能引领企业获得更大的增长。

同样将从 0 到 1 的概念平移到技术自主创新模式中也是如此，这就意味着，企业要善于创造和创新，以发明具有自主知识产权的技术专利为重点，借由技术优势促进企业网络效应、规模经济、品牌等形成壁垒，从而实现质的垂直性层级跨越，由此开辟一个只属于自己的蓝海市场，并成为这个市场的唯一。举几个成功的例子：研发了 i5 系列数控产品的沈阳机床、能生产苹果手机指纹识别传感器芯片的沈阳芯源微电子、以机器人独有技术为核心竞争力的新松机器人。其中，沈阳机床的自建研发团队用 5 年的时间研制出了 i5 数控系统，大连机床通过合作攻关成功研制出 DMTG 数控系列。从 0 到 1 是企业进行技术大创新必须经历的过程，必须通过"野蛮人"的精神去冲、去试，用大量的失败来换取最后的唯一成果，形成从 0 到 1 的创新，开创技术研发的颠覆式创新模式。但是商海的历史上只会记住成功者，有很多"从 0 到 1"的忠实信徒消失于无形之中，默默无闻，甚至世界上从 0 到 1 的创新中 99% 可能都会死掉。冲劲过足则容易冲昏头脑，若是能适时进行冷思考，进行技术研发全流程的协同化，则能进一步提高自主创新模式的成功概率。在协同化的自主创新模式中，企业内外部各子系统有机配合，通过复杂的非线性相互作用产生各自单独所无法实现的"1+1>2"的协同效应。具体而言，企业自主创新的全面协同是指企业自主创新的主体、对象、时空、环境、效应各自内部及相互之间的协同（见图 3-15）。

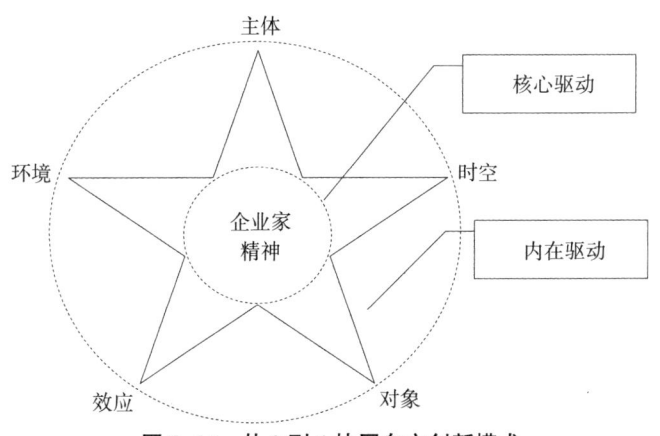

图 3-15　从 0 到 1 协同自主创新模式

第一，主体的全面协同。创新不只是研发人员的事，而应是全体员工的共同行为。因而，企业家、研发人员、销售人员、生产制造人员、售后服务人员、管理人员、财务人员等，都应该在分工的基础上相互合作、协同，使人人成为创新者，并产生个体所无法产生的协同创新作用。菲利普·科特勒认为，企业有三大利益主体：员工、顾客、股东。企业自主创新的最终目的是要为三大利益主体创造和增加价值，自主创新过程自然也少不了三大利益主体的协同努力。

第二，对象的全面协同。企业自主创新对象就是大多数人所说的创新要素，主要有六大类：战略、技术、市场、文化、制度、组织。企业自主创新对象的全面协同，就是指自主创新需要使战略、技术、市场、文化、制度、组织等对象要素达到全面协同匹配，以实现最佳的创新绩效。

第三，时空的全面协同。分为创新时间的全面协同、创新空间的全面协同以及创新时间和空间之间的全面协同。创新时间的全面协同指基于时间的即兴创新、即时创新的协同，即创新要时时协同。创新空间的全面协同包括创新过程各环节的协同，创新资源全线（即网上网下）配置、全球配置的协同，以及创新的企业内部空间与外部空间的协同，即创新要处处协同。创新时空之间的协同指企业基于时间的各种创新要与企业各环节创新、各地域创新、网上网下创新协同配合。

第四，环境的全面协同。企业自主创新环境即协同学意义上的外控变量，主要有政府、中介、高校、独立科研机构、区位等变量。企业自主创新环境的全面协同是指这些外控变量在企业自主创新过程中的交互作用、协同配合，尤其是政府调控手段的协同。

第五，效应的全面协同。一方面，企业自主创新既要追求经济效应，也要追求社会效应、生态效应，并且企业自主创新的经济效应、社会效应、生态效应有机结合为一个整体；另一方面，企业自主创新协同的整体效应既大于各个创新主体效应的简单相加，也大于经济效应、社会效应、生态效应的简单相加。

第六，创新主体、对象、环境、时空、效应之间的全面协同。主要指企业自主创新主体、对象、环境、时空、效应各系统的多维非线性交互协同。其中最为关键的是，作为企业自主创新内在驱动——企业家精神与外控变量的动态交互协同作用。

曾国藩说："未来不迎，当下不杂，既过不恋。"这可以称得上是一种归零心态。在这个世界上,建立功业易,放弃功名难,企业的创新也是如此。创新不是从 1 到 N,而是从 0 到 1。创新的关键是协同战略管理,战略就是从 0 到 1 的突破和从 1 到 0 的归零。企业在进行自主创新时,要从战略分析入手,时常从 0 到 1,到不了 1 就没有 2 了。就像太极里的无极生太极:从 0 到 1 难;从太极回归无极:从 1 到 0 更难。归零心态,制胜法宝,有无相生,戒定方能生慧。如果企业能够倒空自我,将心归零,便能获取更多新鲜的知识、能力及良好的心态等,并获得更大的力量,坚持不断进取、不断超越自我,以及持续不断地创新。

【协同新时代的科技革命专栏 5】 广田集团:家装"协同风"

广田集团成立于 1995 年,是一家以建筑装饰设计与施工、绿色建材研发与生产为主体的专业化、综合性上市集团企业,是行业内资质种类最全、等级最高的领军企业,在华南地区位列第一,是国家级高新技术企业、国家级守合同重信用企业。其 2016 年年报显示,在宏观经济增长趋缓的形势下,广田集团进一步加强营销力度及多主业的协同发展,取得了较大的突破,实现全年营业收入 101.13 亿元,同比增长 26.25%,实现归属于上市公司股东的净利润 4.03 亿元,同比增长 44.39%。

一、并购协同,加强产能合作

在 2016 年 1 月,广田集团以 1.5 亿元战略投资成品装潢领军企业上海荣欣装潢设计有限公司,并成为其控股股东,进一步加快家装产业领域的布局,并与上海荣欣在营销、设计、供应链、施工等方面进行资源共享和互补,完善公司家装供应链体系。此外,广田集团还投资并购了福建双阳,助力产业链协同发展。收购福建双阳的目的是在完善公司现有的室内装饰、幕墙、园林、机电等工程业务的同时拓展建设工程施工业务,丰富工程业务平台内容,扩大公司的业务范围,增加新的利润增长点。同时,借助福建双阳建设工程总承包的优势,有助于广田集团产业链各项业务的协同发展,提升公司的经营业绩,并通过全面进军家装蓝海,抢占家装市场份额,实现公司规模化扩张。

二、家装市场、智能工程、金融板块协同发展,深耕强势主业

广田集团 2014 年成立的"过家家"为公司着力培育的互联网家装业务品牌,是公司以互联网思维开拓传统业务的创新之举,现已取得长足进展。

为促进"过家家"业务的发展，广田云万家引入腾讯作为战略合作伙伴，在武汉地区共同设立了腾广科技（武汉）有限公司，合作开展互联网家装业务，借助双方在线上引流、家装施工能力和品牌等方面的优势资源，协同抢占家装市场份额，同时也表明"过家家"向开拓区域市场、布局全国已经迈出了重要的一步。

广田集团积极布局智能工程，把握"人工智能"机遇期。2016年，广田集团针对智能家居进行了积极的业务布局与市场引导，打造以B2B为主的协同发展模式。2016年，公司智能家居与工程项目为其自身贡献了1893.79万元的营业收入，在结构上占比较少，但是同比增长率达到了166.43%，证明了广田集团智能产品拥有实现落地的实力。此外，得益于共性技术积累，广田集团通过协同创新，进一步推动了广田机器人、友迪斯等项目，全方位打造智能工程，已取得初步成效。

2016年，广田集团与东莞银行合作成立了规模6亿元的产业基金，与合源融达（恒大人寿为合源融达唯一有限合伙人）设立规模约30亿元的产业基金，开展工程金融业务，制定"产业基金+金融公司"做大工程金融的战略目标，通过产融结合及协同发展进一步撬动工程业务。除产业基金外，广田集团旗下的广融担保公司、广融小贷公司均已取得营业执照，金融实力大大提升。

资料来源：笔者根据多方资料整理而成。

二、"1→N"二次创新模式：移花接木，创新融合

在畅谈从0到1的自主创新模式的过程中，也不可忽略《从0到1》中所提及的另外一种创新——"1→N"的创新模式，即将国外成功成熟的产品或技术移植过来，或者说"抄袭"过来移花接木，为我所用。但是必须明确的是，从1到N有两种可能，一种是简单的模仿，另一种是学习中创新，并非像我们通常解读的那样，只是简单的模仿。两者的区别是什么？乔布斯引用过毕加索的一句话：好的艺术家模仿，伟大的艺术家"偷窃"（Good artists copy, great artists steal）。意思是伟大的艺术家都受到前人的影响，都要"偷窃"前人的思想，但不是简单地抄袭或模仿别人。学习伟大的艺术家的"偷窃"，并把它用于从1到N，这就不

是简单的模仿，而是学习中的创新。而中国式创新常被诟病为第一种创新，如华强北。以手机产业为例，中国不少手机厂商遵循"与其闷头独创，不如快速抄袭"的态度，美国出了个苹果手机，咱就来个香蕉、柠檬、西红柿手机，从外形到功能，模仿得十足相似。与耗巨资投入从0到1的垂直创新相比，它们更倾向于从1到N的低风险创新。当然从事第二种创新成功的案例也比比皆是，在阿里巴巴的淘宝和天猫之前有eBay、Amazon、支付宝之前有PayPal，腾讯QQ之前有ICQ，微信之前有KakaoTalk、Whatsapp，百度之前有Yahoo、Google，滴滴专车之前有Uber。所有这些都不是通常意义上的"从0到1"，但是它们都非常成功，创造的价值甚至超过了它们之前的"从0到1"。为什么？一是N的力量；二是从1到N中的创新。因此，可将两者统称为"有创新的从1到N"。小n和大N是不一样的，尽管在哲学上和在数学上没有区别。在中国，N>13亿人，这里蕴藏了中国的N的力量。特别是在互联网时代，市场和社会效益是与N的平方（N^2）成正比的，不是与N成正比。N的平方的力量比N的力量大得多，谁看到了中国的N的力量，谁就不会轻视从1到N的作用。从1到N的创新既有技术创新，更有结合本土文化的创新，以腾讯的微信为例。腾讯微信做到今天，绝非简单地模仿KakaoTalk，它就有许多学习中的创新。比如2014年春节期间引入的微信红包并形成"发红包"和"抢红包"的游戏就是一个这样的创新。从2014年除夕到初八（2014年1月30日到2月7日）的九天里，据说有800多万人领取了4000多万元的红包，平均每个红包10元，共4亿多元被发送和领取。通过微信红包使得用户绑定银行卡，发展微信支付，实现几天之内微信支付用户数量的急剧增长。这就是创新，一种把中国文化传统、中国人心理与游戏相结合的创新。因此，不要忽视从1到N，不要简单模仿而要在学习中创新，要抓住中国市场中巨大的N，并在1的基础上创新，才能更好地释放N的力量。

对于早期的企业而言，模仿并不可耻，在某些情况下，有价值的模仿也可视作一种微创新，这种模式的创新给企业发展带来的帮助是微弱的、渐进式的，但不可否认的是，采用二次创新模式的企业很容易陷入创新发展的死循环之中。进行二次创新的企业就技术或本身的商业发展而言，是存在一定缺漏和瓶颈的，引进或是模仿虽说是一条捷径，但是模仿创新对企业效率可能会产生两方面的效应。一方面，企业通过学习创新领先者的创新思路和创新行为，或通过引进、购买先进核心技术并在此基础上对产品进行改进和完善，的确能够极大地节约研发投入和减少创新风险，从而通过低成本优势在市场上获取竞争优势。另一方面，由于领先企业的产品已经占据了大部分市场份额，模仿者只能在市场夹缝中求生存，竞争压力较大；不少企业在现阶段的模仿中往往照搬别人的技术，改进和创新少，这通常导致模仿企业因产品质量和售后服务等问题而经营困难、市场业绩不佳；由于在技术消化吸收能力方面投入不足，模仿企业还通常陷入"引进—模仿—再引进—再模仿"的被动局面，致使企业无法维持长期的市场绩效；随着企业竞争意识的加强和市场法制的逐步健全，模仿创新往往面临着知识产权保护的威胁，这使得模仿企业在市场中处于被动地位甚至面临着破产倒闭的风险。

为此，二次创新模式的协同化必须提上企业创新体系改革的议程。所谓协同二次创新模式管理，主要是结合市场发展需求及原生技术短板，将几项现有技术进行协同组合，从而衍生结合出一种新的技术形态，在此过程中必须经历两大阶段，即引进吸收协同创新和整合集成协同创新（见图 3-16）。

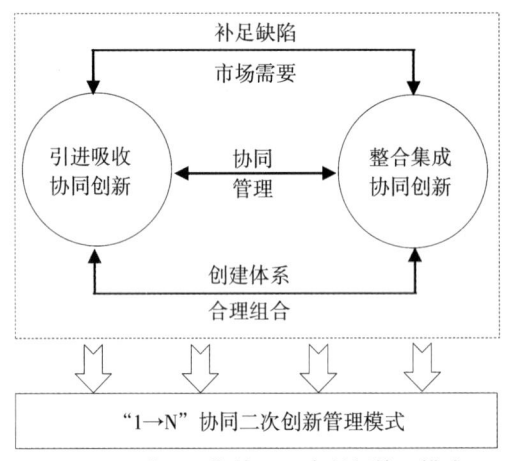

图 3-16 "1→N" 协同二次创新管理模式

对于一个企业而言，独立自主研发一项科技成果难度较大，需要 10 年左右甚至更长时间的设计、研发，必须取得关键技术或核心技术的突破和反复试验。反之，通过资本的力量进行收购或是购买专业授权直接引进国外先进技术，与自身的核心技术进行互补，增加技术积累，将会是应对市场变化或发展需要的不二之选。就如吉利汽车"蛇吞"沃尔沃一般，通过资本力量购买到沃尔沃全部的核心专利，吉利从此具备了世界一流汽车制造体系的能力，其旗下的领克高端子品牌与沃尔沃技术平台打通融合，站在"巨人肩膀"上的领克获得了更多的竞争筹码。此外，吉利博瑞通过沿用沃尔沃的技术，在生产制造及技术突破方面也都获得了较大的提高，销售额已经达到了一线品牌销量的"及格线"。而整合集成协同创新是通过协同两种或两种以上的技术、平台或机器的重新组合创新，结合自身的研发能力和目标市场的需要，将现有的创新体系和技术积累同原有的技术创新体系进行多模块合并集成，做到优势互补、缺点相消，通过合理的组合模式增强技术创新能力，发挥出更大的性能。以中国中车为例，短短十年间，依托于整合集成协同创新，中国中车从引进时速200公里高速动车组，到自主研发时速300~350公里高速动车组，再到全面创新打造时速380公里、世界最快的CRH380A，又到研制中国标准动车组，不但拥有了世界上最长的高铁里程，而且引领了高端装备大跨步"出海"，成功唱响了"中国制造"最强音，实现了协同二次创新管理模式的蜕变。

【协同新时代的科技革命专栏6】　　隆基股份：光伏产业——"高大上"的协同

西安隆基硅材料股份有限公司（以下简称隆基股份）成立于2000年，依托大量的研发投入和完善的研究体系，隆基股份借助"互联网+"成功打造了行业领先的研发创新平台（见图3–17），实现了产品研发与生产的协同创新，助力其成为全球最大的太阳能单晶硅棒和硅片制造商。目前，隆基股份的产品主要包括单晶硅片、单晶电池与组件、分布式光伏电站及地面电站。近年来，随着单晶市场的逐步发展，隆基股份积极协同产业链发展，加

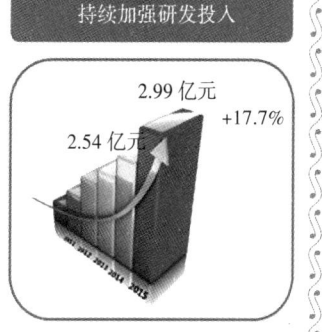

图 3–17　隆基股份研发创新平台

速战略协同布局，与光伏产业链上下游保持战略合作关系，发挥各自专业优势，共同协作，为客户提供全球领先的专业化增值服务，最大化满足客户对产品的个性化需求，努力提升客户价值。在众多良性举措的协同作用下，隆基股份的业绩快速增长，盈利能力持续提升。其2016年年报显示，公司2016年实现净利润约15.47亿元，同比增长197.36%，实现营业收入约115.31亿元，同比增长93.89%。

一、协同产业链发展，加强产能合作

目前，单晶硅片市场供求关系持续偏紧，市场有效产能供给不足已成为制约单晶产品市场份额提升的主要因素之一。为了满足市场对单晶产品的需求，隆基股份加快自有产能提升，并协同开拓业界产能合作，实现优势互补（见图3-18）。

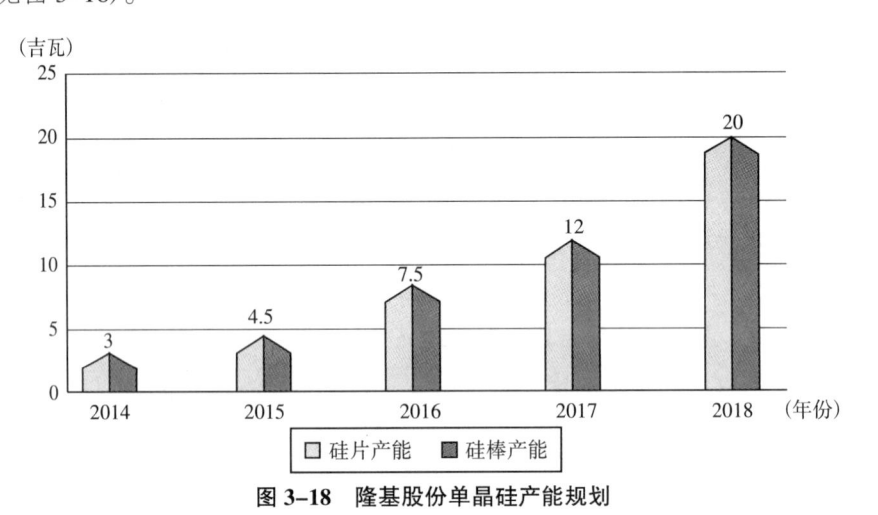

图3-18 隆基股份单晶硅产能规划

西安1.15吉瓦单晶切片项目、银川隆基1.2吉瓦单晶硅棒项目和无锡850兆瓦单晶切片项目全面达产，泰州乐叶年产2吉瓦高效单晶PERC电池和组件项目部分产能陆续投产，银川隆基5吉瓦单晶硅棒/片项目、云南保山5吉瓦单晶硅棒项目前期稳步推进。同时，隆基股份通过业界合资的合作方式，发挥协同效应，推进产业进步。与平煤集团合作增加高效电池产能，与常州天合和通威股份合资建设云南丽江5吉瓦单晶硅棒产能。此外，公司加快海外单晶市场的协同布局，在收购Sun Edison马来西亚古晋工厂切片资产的基础上，投资扩建马来西亚300兆瓦单晶硅棒、1吉瓦单晶硅片、500

兆瓦单晶电池及 500 兆瓦单晶组件产业链项目，目前已开始陆续投产。为实现海外产能的快速提升，形成单晶产品在海外市场持续稳定的供货能力，印度 500 兆瓦电池和 500 兆瓦组件项目也在积极推进中。2016 年，公司单晶硅片产量为 14.23 亿片，较 2015 年同比增长 121.89%；单晶组件产量为 2179.42 兆瓦，较 2015 年同比增长 178.67%。截至 2016 年底，公司已形成 7.5 吉瓦单晶硅片产能和 5 吉瓦单晶组件产能。在电池产能方面，截至 2016 年底，公司已具备 1 吉瓦高效 PERC 单晶电池生产能力，相关制造端产能已得到有效释放，继续保持全球高效单晶产能的龙头地位。

二、协同战略，布局智能未来

自 2015 年隆基股份与华为技术有限公司合作以来，双方在光伏电站智能化领域建立了全面合作关系，共同进行协同创新与协同发展。双方利用各自的资源优势，共享全球各个国家和地区开发建设光伏项目的信息，并在推广单晶组件、智能解决方案方面提供了友好支持。共同在国家能源局、工信部等立项的光伏电站实验平台、示范项目及测试认证机构、科研院所等光伏实验平台上推广单晶组件、智能解决方案，为对方的推广活动及业务开展提供了便利。2017 年，双方签订了一份全球合作协议，双方的协同合作又上升到一个新的高度，未来双方将以客户价值为主题，共同推动"高效单晶组件智能光伏解决方案"在全球光伏市场的应用。

在研发、产品、营销及集团等多方面展开协同合作，为全球光伏市场带来更多新动力，进一步推动全球单晶产品和智能光伏解决方案的应用，推动全球光伏产业升级。

资料来源：笔者根据多方资料整理而成。

三、"0→N"协同创新模式：产学研一体，驱动迭代

哥伦布经历万难，发现了美洲新大陆，可以说，他完成了从 0 到 1 的过程。他在"1"的基础上，通过周密计划、事先设计、持续改进、及时调整、顺畅沟通，持续地添砖加瓦，调动人类所有知识和经验的存量，去发现"新美洲"，这是一个创新进程中不可或缺的阶段。对于企业而言亦是如此，先是进行从 0 到 1 的创新，紧接着必须要继续推进从 1 到 N 的创新，才能真正完成一个创新过程的

循环。如果说从 0 到 1 的创新过程是企业的混沌开元，从 1 到 N 的创新过程则是企业的成长发育过程。在《浪潮之巅》的作者吴军看来，企业有时缺乏的恰恰是能从 0 一口气走到 N 的能力，在未来，"0→N" 的协同创新过程将会成为一种创新主流，而产学研一体化则是这一协同创新模式的重要元素。

产学研一体化是为顺应创新超高速发展的新趋势而新生的一门成长性的创新课题，国内越来越多的市场个体开始加速整合利用不同行业、部门、地域的创新资源，依托互联网搭建资源平台，促使产学研协同创新，并依托于产学研的发散效应，逐步衍生形成众筹、众创、众包等多种协同创新模式（见表 3-2）。

表 3-2 协同创新模式分类

协同创新模式	具体内容
众筹	"聚众人之智，筹众人之力，圆众人之梦"，由创意者通过微信、微博、互联网等网络工具以及专门的众筹网站，向社会大众发布创意项目，从而吸引个体进行投资以支持创意者的项目
众创	基于"互联网+"及其深度发展，以及知识创新时代背景下的创新特点和需求，促使社会中每个人都成为创新主体，通过政府引导、市场导向等途径，架构起新型创业服务平台
众包	企业或机构采取比外包更为开放的思路，树立人人都是专家的理念，基于互联网平台，聚集社会大众智慧，挖掘创意或破解业务技术难题，为企业提供多元化、多方位的服务

产学研协同创新是基于特定协作模式下的产学研三方通过协同管理系统的科技资源的优化配置以及双向选择，寻求更高的投入产出效益，主要包括由企业牵头、高校科研院所牵头及政府引导下的协同创新模式。产学研协同创新模式是多主体、多要素和多层次的战略合作形式，以整合创新要素，最大化地发挥创新主体的功能，实现资源的最优化配置，进而促进创新成果的产出为目标，主体之间通过契约式或嵌入式密切协作，形成网络式协同创新结构，实现融战略协同和知识协同、组织协同为一体的全方位互动式协同创新模式（见图 3-19）。

在政府等支持因素及中介等服务组织的作用下，企业、大学及科研机构通过协调交流实现价值观和文化的认同，建立相互信任的关系，确立共同的风险利益观念，在此基础上，更强调实现战略协同、知识协同和组织协同的重要性。首先，战略协同是互动式协同创新模式的核心，主要是指协同创新主体高度凝聚在组织的战略目标下，在文化、价值观相一致的前提下真正实现思想统一和资源共享，由此进一步增强合作关系的持久性和稳定性。其次，知识协同主要是指协同主体的隐性和显性知识的交换与共享，基于网络信息化技术搭建的协同创新模式

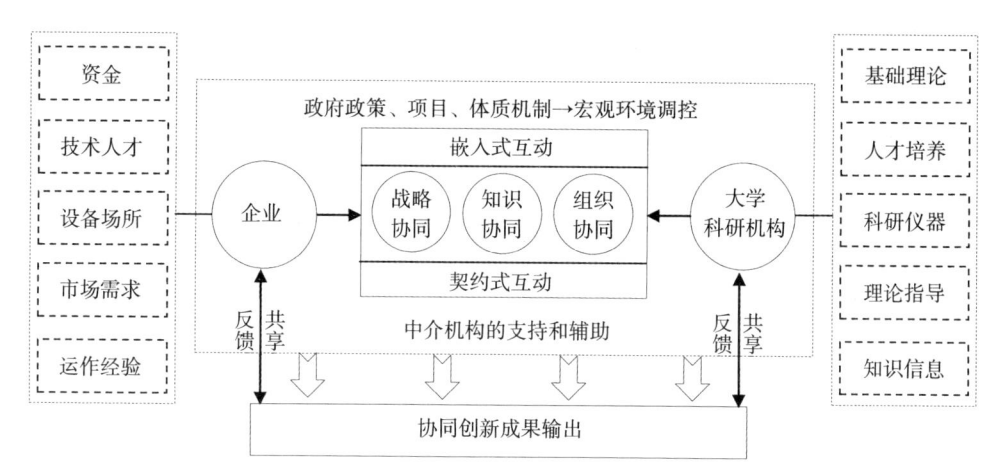

图 3-19 产学研一体互动式协同创新模式

知识网络平台，通过组织间的相互学习，融合有关的管理方法，使知识在参与主体间传递、共享、运用及发展，进而形成知识溢出效应。最后，组织协同简单而言是结构与过程层面的协同，是互动协同创新模式的保障，协同主体通过组织协调机制为知识协同和战略协同提供支撑。通过有效调节协同主体的行为，促进知识和技术的共享，可以推动协同目标的实现。

【章末案例】 中广核技："中国核技术第一股"的协同之路

一、公司介绍

中国广核集团（以下简称中广核）是伴随我国改革开放和核电事业发展逐步成长壮大起来的中央企业，是由核心企业中国广核集团有限公司和 30 多家主要成员公司组成的国家特大型企业集团。公司始终以"发展清洁能源，造福人类社会"为使命，以"成为国际一流的清洁能源企业"为愿景，通过大量的研发投入与科研创新，努力践行协同发展（见图 3-20）。

图 3-20 2013~2015 年中广核技术研发投入

截至2017年2月底，中广核拥有在运核电机组19台，装机容量2038万千瓦；在建核电机组9台，装机容量1136万千瓦；拥有风电控股装机容量1086万千瓦，太阳能光伏发电项目控股装机容量189万千瓦，水电抽水蓄能在运权益装机容量220万千瓦。此外，中广核在分布式能源、核技术应用、节能技术服务等领域也取得了良好发展。2017年2月，中广核借壳大连国际变身为中广核核技术发展股份有限公司（以下简称中广核技），一跃成为国内最大的非动力民用核技术应用A股上市公司，中广核技也因此成为了首家A股上市平台。其2016年年报显示，公司2016年实现收入328.90亿元，同比增长22.70%，实现净利润约143.57亿元，同比增加19.44%。

二、协同企业创新，加速核电建设

中广核技在成立伊始，就积极践行引进、吸收、再创新的技术创新理念，协同实现核电技术国产。引进先进技术是知识时代技术进步的一个长期的必然选择，也是基于中国国情的必然选择。在国产化方面，中广核技一直坚持走引进、消化、吸收、再创新的核电发展之路，以中广核技为主的核电生态打破了中国企业没有协同创新的思维定式（见图3-21）。

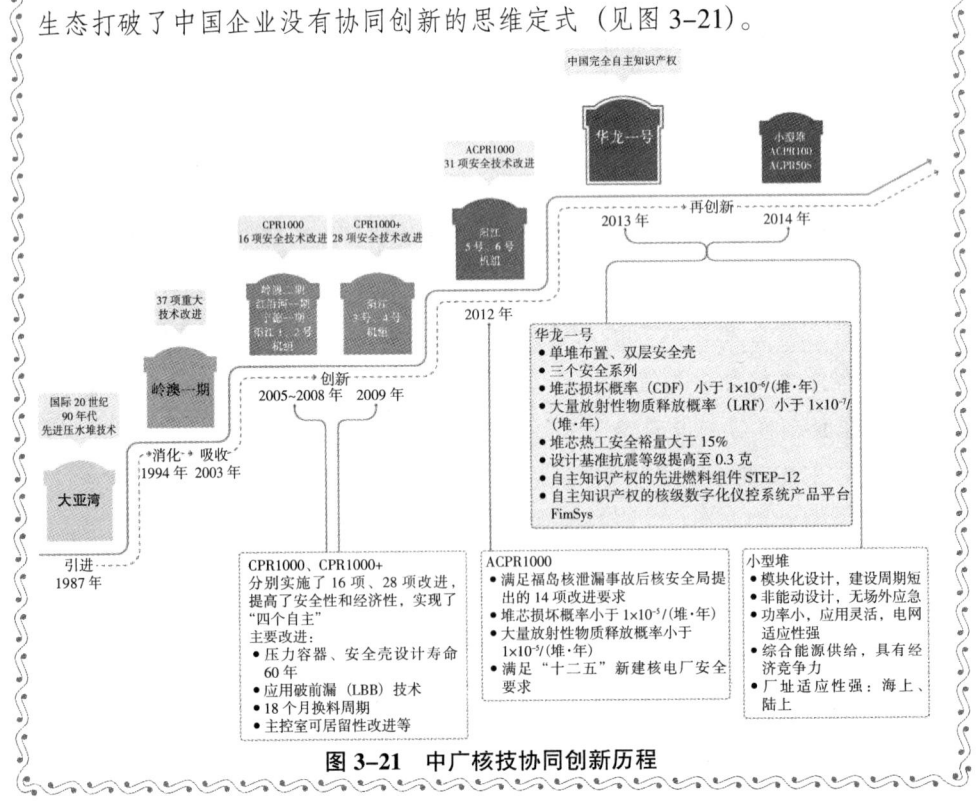

图3-21 中广核技协同创新历程

在引进国外先进技术建成大亚湾核电站后，从1994年开始，中广核技每年投入1500多万美元对大亚湾核电站进行技术改进和创新；1997年5月15日开工建设的岭澳核电站，通过实施52项重大技术改进，按照国际标准，实现了工程管理自主化、建安施工自主化、调试和生产准备自主化、部分设计自主化和部分设备国产化；在2005年12月开工建设的岭澳核电站二期中，通过采用经过验证的技术改进，结合新技术应用、经验反馈以及核安全法规发展的要求，进行了数字化仪控、半速汽轮机等15项重大技术改进和40多项其他改进，设备的国产化率已经从岭澳一期建设时期的30%上升到64%，实现了百万千瓦级核电技术"自主设计、自主制造、自主建设、自主运营"，全面实现工程设计、制造、建设、运营自主化，形成了我国百万千瓦级压水堆核电技术品牌——中国改进型压水堆（CPR1000）核电技术。

依托协同创新的研发创新体系，中广核技掌握了大量的工程技术。目前，中广核技的国产化比例已高达85%，关键技术及零部件均可实现国产化，无论从经济角度还是从国家安全角度，都打破了国外对核电核心技术的封锁，也打破了"引进—落后—再引进"的怪圈和市场换技术的怪圈。此外，中广核技以国际市场为目标，通过消化和吸收先进的理念和技术，加快研发具有自主知识产权、完全满足最新核安全法规标准要求的ACPR1000技术，将福岛核泄漏事故的经验反馈转化为能够切实提高我国核电机组安全性和极端灾害抵抗能力的先进核电技术，为后福岛时代的中国核电发展提供可选择的先进核电技术。中广核技的协同创新是中国在复杂产品系统领域建立自主创新品牌和能力的优质案例，证明了中国也可以在复杂产品系统中获得好的成绩，突破了早期西方国家的垄断。

三、协同创新链上的绝对主导

核电工程是名副其实的超级工程，尤为特殊的是它集高安全、高科技、多学科、跨行业等特殊性于一身。一个核电站建设投资以数百亿元计，复杂的工程由成百上千个系统构成，安装的管道长度达到数百公里，各种电缆总长则达数千公里，所用设备重量达到数万吨，设备件数达到几万件，小零件更是多到无法计量。核电站建设还涉及设计、设备制造、施工等上下游几千支队伍，上万个工种和专业，这一特点决定了核电产业链协同创新管理的必要性和重要性。中广核技不断强化自身协同创新能力，最终成为"中国核电技术第一股"（见图3-22）。

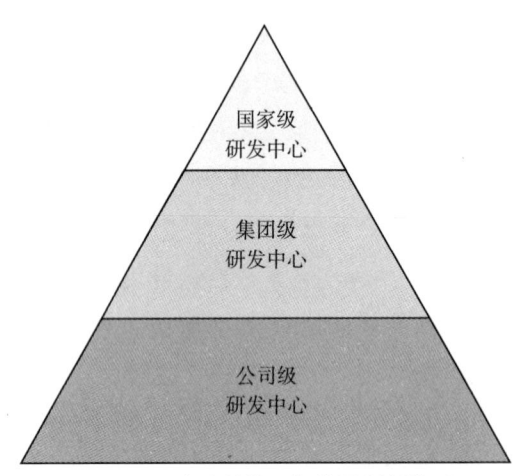

图3-22　中广核技三级协同创新体系

第一，依托重大工程、突破关键技术，中广核技成为创新链的主导者。核电工程装备自主化的核心是设计自主化，并由设备采购、制造和施工中的国产化来带动整个产业链的发展。核电工程涉及的企业以中广核技"Architect Engineering"（AE）为中心保持相对稳定，具有非常强的契约能力和协同能力。AE简单来说就是设计建造一体化，是总体工程管理。在核电工程创新联合体中，中广核技就处在中心的位置，能够把科研单位、设计单位、建设单位、设备厂家，以及政府有关部门的支撑等创新要素和创新参与者整合在一起。一系列的改革举措使中广核技犹如巨大的"磁场"，吸引协同单位展开深度融合，以实现协同效应的最大化。中广核技变革的经验表明，组织结构的重组、柔性组织的设置、分权体系的实施、市场化机制的落实同样能带来企业生产效率、管理效率的提升。

第二，形成有效的企业内外协同。中广核技作为总装公司，协同众多企业一同构筑核电产业生态，带动整个产业链的发展。同时，中广核技的协同创新能够成功还在于公司从战略层、组织层、人力资源层以及企业文化等多个层次深刻嵌入协同理念。

第三，中广核技全面掌握核电建造技术，通过设计主导、系统集成、资源掌控与组织协同，安全优质高效地建造核电站，并为客户提供专项技术服务。中广核技以满足用户需求为目标,推动建立产业链上下游协作机制,优质高效地完成核电项目群的建设,共同创造市场价值,形成协同利益,持续增强各方参与协同的积极性;以全球化的视野和开放包容的心态,广泛吸引国内外同行、研究机构等加入到协同体系中,提升核电 AE 公司的核心技术能力,提升协同平台的持续发展能力;以核电核心技术为引领,协同平台内企业,以共同走向国际核电市场为目标,推进技术创新、产品创新。

第四,通过用户进行牵引协同。作为承建单位,中广核技处在产业链的最前端,是对产业链上其他企业产品和零部件的整合和集成。中广核技在生产第一线,对核电站的实际运营最为了解,是最终的用户,所以由中广核技提出需求和标准,由产业链的中端和后端来完成。在这个过程中,需要满足最终的用户需求,即所有的参与者都需要对最终的核电站建设负责,中广核技负责对整个产业链进行整合和协同。中广核技帮助产业链上的其他企业实现共赢,解决供应商的协同,这是科研院所没有能力做到的。

四、结论与启示

中广核技的协同创新体系对于当代企业,尤其是研发复杂系统的工程的企业而言,具有重要的借鉴价值。

第一,加强协同创新,加速"落地"实效。通过协同创新,中广核技掌握了产业的核心技术并有所创新。中广核技的协同创新是中国在复杂产品系统领域建立自主创新品牌和能力的优质案例,证明了中国也可以在复杂产品系统中获得好的成绩,突破了早期西方国家的垄断。并且,以中广核技为核心的核电产业群打破了原有科技计划以院所大学为主体的创新思维,围绕核电建设,整个核电产业链积极从实际生产和应用中发现问题、解决问题,建立了从现场到实验室的逆向创新,使科学研究与实际生产紧密相关。

第二,企业主导协同创新模式的新典范。目前,大多数企业都将注意力从单纯追求技术上的新突破,转向以满足用户需求为前提的技术创新,即"市场驱动"的创新,其本质就是用户驱动的创新。随着全球化、信息化的发展,可以预见,科学技术的发展方向将由全体用户共同决定。过去的产业发展很重视技术研发和攻关,往往是技术和产品出来后才考虑市场应用问题,而不是一开始就把"用户需求"作为引领创新战略的基准目标,由此造成一些技术和产品在推广应用时遇到很大的困难，辛辛苦苦研发出来的成果难以实现市场价值，导致创新过程困难重重。决定创新的基本力量不仅包括技术进步带来的机会，而且还包括市场机会。要推动产业链各个环节的平衡发展，需要企业面向"用户需求"，面向市场，与其他主体进行多类型、多层次、多角度、多环节的互动与协调。"政产学研用"最终还是要落到"用"上。

资料来源：笔者根据多方资料整理而成。

|第四章|
崛起的商业协同模式

崛起的商业协同模式　在协同新时代，入口流量已不再是检验企业成功与否的唯一标准。最重要的是企业对产业链、人才、资本以及技术等相关资源的整合能力，而"互联互通、协同发展、融合创新"也顺理成章地成为商业转型最显著的特征。目前，协同商业模式正在快速崛起，一种以协同管理理念为基础的新型协同生态链正迅速成长，以聚合全产业链之势能冲破传统企业转型的束缚，让上下游合作伙伴协同形成商业新生态，充分发挥自定义和跨界创新效能，用生态圈层的方式随需定制企业每一站的商业形态，让人类的生活更加协同美好。

【开章案例】　　思创医惠：智慧协同下的多举成长

一、公司介绍

思创医惠科技股份有限公司（以下简称思创医惠）是一家专注于数字化零售、智慧医疗、物联科技方案的供应商，是集研发、生产、服务于一身的拥有从芯片研发，到标签制造和系统集成的全产业链优势的全球性高科技企业。在数字化零售和 RFID 应用领域处于世界领先地位，与全球 300 多家客户和代理伙伴建立了长期稳定的合作关系，产品出口遍及欧洲、美洲、中东、东南亚等 70 多个国家和地区。公司拥有世界级的商业智能、智慧医疗、RFID 开发与应用平台，与中科院深度合作，企业专利超过 300 项。智能标签产品市场占有率居于世界前列。近年来，公司先后被评为"国家高新技术企业""浙江省专利示范企业""杭州市工业企业信息化应用试点企业""杭州市外贸创新型百佳十强企业""杭州市社会责任建设先进企业"。产品获得国家火炬计划项目立项、获国家科技部立项、中国 RFID 优秀应用成果奖、中国 RFID 行业十大最有影响力成功应用奖、"物联之星"RFID 电子标签企业奖，产品应用涵盖供应链管理、零售业、制造业、医疗、智慧城市等多行业领域。2016 年初，在与医惠科技重组之后，思创医惠在智慧医疗、EAS、RFID 等各项业务方面实现了持续、健康、快速的发展，明确了涵盖医疗、家居、健康管理、消费体验等众多生活应用领域的以"互联物联，改变生活"为理念的战略定位，旨在将物联网、大数据、云计算等技术渗透到人们的生活场景中，并将移动互联网与物联网两大产业在终端、网络、平台等各个层面进行多种形式的融合，实现人与物、物与物之间的沟通连接，让人们工作、生活得更加轻松便捷。据其 2016 年年报显示，2016 年公司净利润为1.88 亿元，同比增长 33.36%，营业收入为 10.9 亿元，同比增长 27.79%。

二、高速直通车，三大业务协同推进

整合医惠科技后，公司完成了 ESA+RFID+智慧医疗三大业务布局，分别占总营业收入的 47%、25% 和 28%。ESA 和 RFID 下游客户均为零售业，市场协同效应明显，在架构上两部门合并后进一步发挥协同优势。物联网技术与医疗相结合进一步完善了智慧医疗方案，催生了智慧床等产品，技术和产品协同效应明显。

ESA：公司营业收入和盈利的主要来源，占整体毛利的 42%，未来增长趋于平稳。

RFID：随着物联网技术在零售业持续渗透，公司持续提升 RFID 产品需求，重点布局下游服装、珠宝、3C 等零售业，RFID 业务处于高速发展期，近 3 年 CAGR 达到 80%。

智慧医疗：重点布局底层架构+应用。一是在底层架构方面，以智能开放平台为核心进一步打造医疗生态云架构平台，为医疗大数据应用提供基础（见图 4-1）；二是在应用方面，思创医惠引进沃森，利用人工智能技术为医院提供辅助医疗服务并推出多学科会诊平台产品；三是稳步推进物联网，战略布局人工智能+医疗（见图 4-2）。随着健康中国战略的推进，智慧医疗产业前景广阔。当前，思创医惠将人工智能+医疗定位智慧医疗的发展战略分步骤推进。现阶段主要围绕发挥物联网和智慧医疗的协同性开发各类物联网产品，通过建立"智能开放平台+微小化应用+终端耗材"的医疗生态打造医疗大数据。2017 年将重推智能鞋、体温贴、RFID 被服等医疗信息耗材产品。下一阶段，思创医惠将结合物联网产生的大数据和人工智能技术，开发各类面向不同专科、病种的机器人医生，实现人工智能+医疗的战略转型。

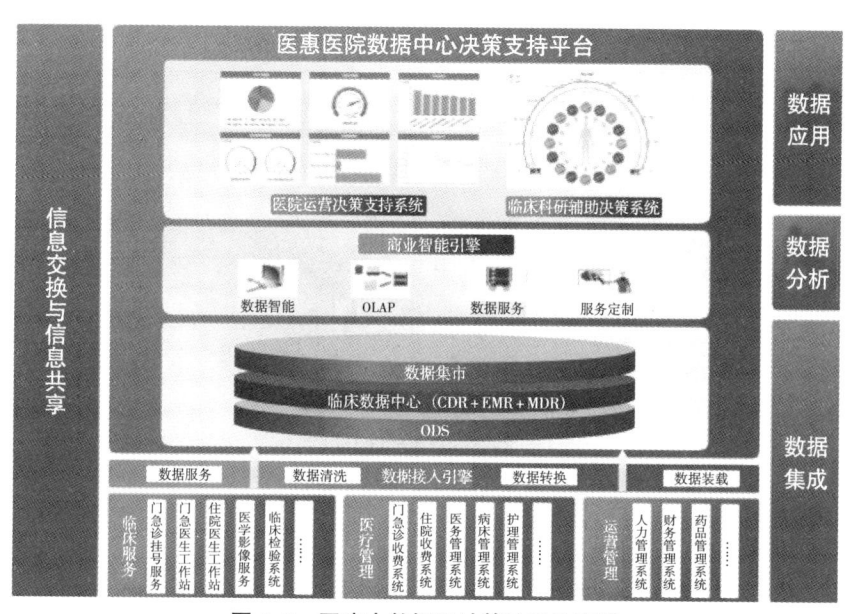

图 4-1 医疗大数据云计算的具体应用

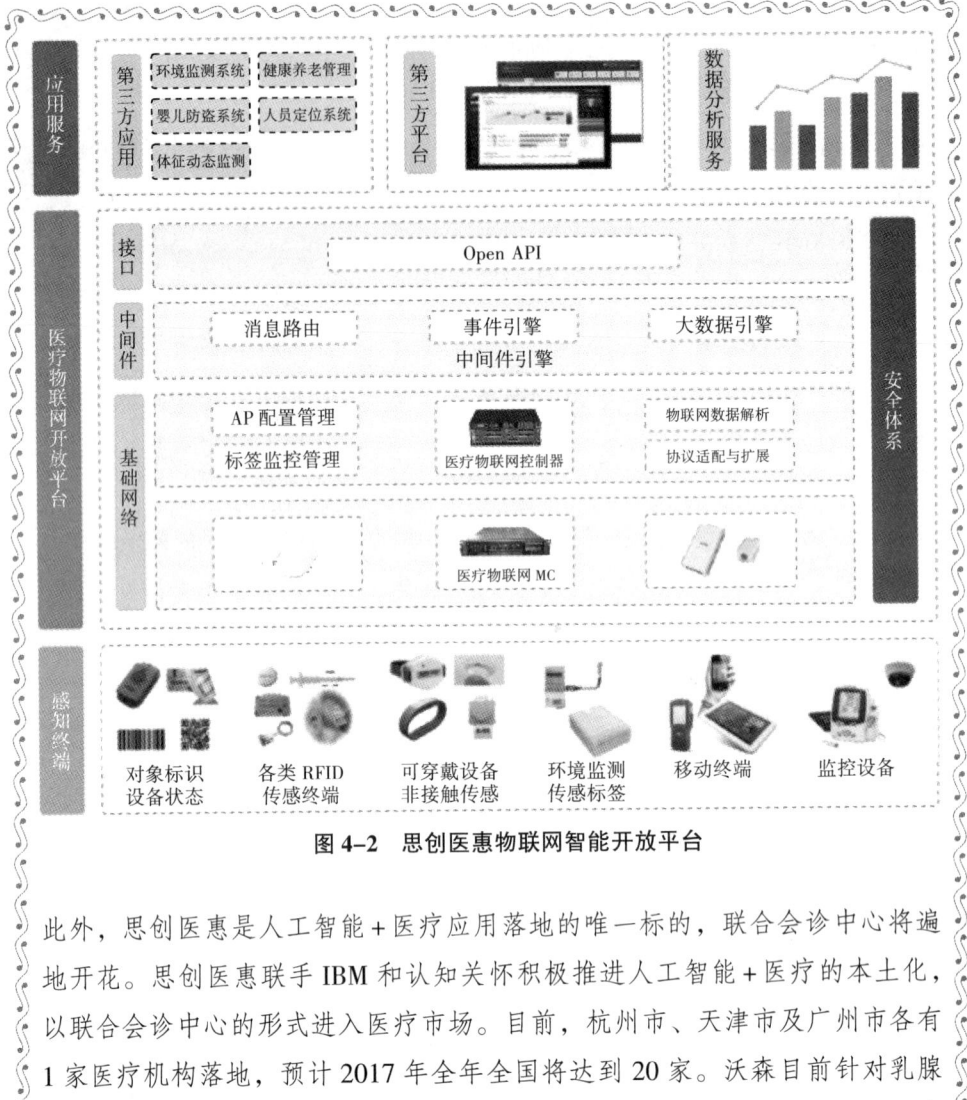

图 4-2 思创医惠物联网智能开放平台

此外，思创医惠是人工智能+医疗应用落地的唯一标的，联合会诊中心将遍地开花。思创医惠联手 IBM 和认知关怀积极推进人工智能+医疗的本土化，以联合会诊中心的形式进入医疗市场。目前，杭州市、天津市及广州市各有 1 家医疗机构落地，预计 2017 年全年全国将达到 20 家。沃森目前针对乳腺癌、宫颈癌、直肠癌、结肠癌、胃癌、肺癌六个肿瘤病种提供治疗方案。中国每年新增癌症病例 400 多万例，治疗费用高达数十万元，市场空间巨大。辅助诊疗的定位符合医院、医生、患者多方利益以及现行法律法规，有利于沃森的推广。

三、打造高效协同管理模式

自 2014 年思创医惠搭建集团管控平台公司优化 SBU 运营机制以来，公司各项业务主体经营重心下沉，各 SBU 经营管理团队日趋成熟。在 2016~

2017年两年的时间里，思创医惠对业务相对独立、内部经营管理成熟的SBU进行调整和合并，全面实施事业部核算机制。合并医惠科技后，思创医惠构建了零售科技、物联科技、医惠科技三大事业部，各事业部之间独立运营、协同互补，较好地提高了公司整体运营效率和持续发展能力。在有效整合业务架构的基础上，公司进一步明晰了集团投资管控职能，由上市公司全面负责整体的战略管理、投资并购、风险管控、品牌文化建设等重大方向性决策，建立各事业部的管控机制，统筹优化集团内部资源，实现了集团总部管控下的两大事业部独立运营、协同互补共促发展的经营管理模式。2016年，为最大限度地实现资源优化，提高经营效率和核心竞争力，思创医惠综合考虑新战略定位的要求，对管理框架和业务板块进行了较大幅度的调整，将原零售科技事业部和物联科技事业部合并成立了商业智能事业部。新事业部专注于服装、商超、珠宝等零售行业，以及资产管理、市政、物流等相关行业的智能化集成应用，同时着力于各类RFID硬件设备与医惠科技相关软件产品的协同应用解决方案的研发及推广。目前，商业智能事业部负责的项目有智慧门店、智慧仓储及智慧城市三大项目。

一是智慧门店。智慧门店采用"服务+商品+数据"的运营模式，通过结合EAS/RFID/Wi-Fi、视频识别等多种数据采集技术和多媒体技术，获取消费者和商品信息，借助人工智能平台为消费者提供消费者建议，建立会员数据库，为经营者提供有效的运营数据，提升营运效率（见图4-3）。

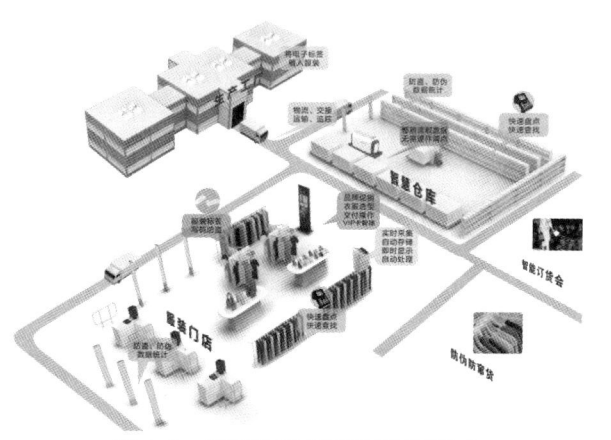

图4-3 思创医惠智慧门店运营模式

二是智慧仓储。思创医惠为品牌服饰搭建了一套完整的 RFID 技术物流应用解决方案，包括 RFID 电子标签的封装设计、吊牌生产管理、科学编码、工厂装箱、物流配送的追—收—查—储—拣—发—盘—退的作业，实现了服务生产、流通各环节的深度整合，打通了服装产品在生产和流通过程中的信息传输管道。

三是智慧城市。智能城市建设是一个系统工程。在思创医惠智能城市体系中，首先是城市管理智能化，由智能城市管理系统辅助管理城市；其次是包括智能交通、智能电力、智能建筑、智能安全等在内的基础设施智能化，也包括智能医疗、智能家庭、智能教育等社会智能化，以及智能企业、智能银行、智能商店的生产智能化，从而全面提升城市生产、管理、运行的现代化水平（见图 4-4）。

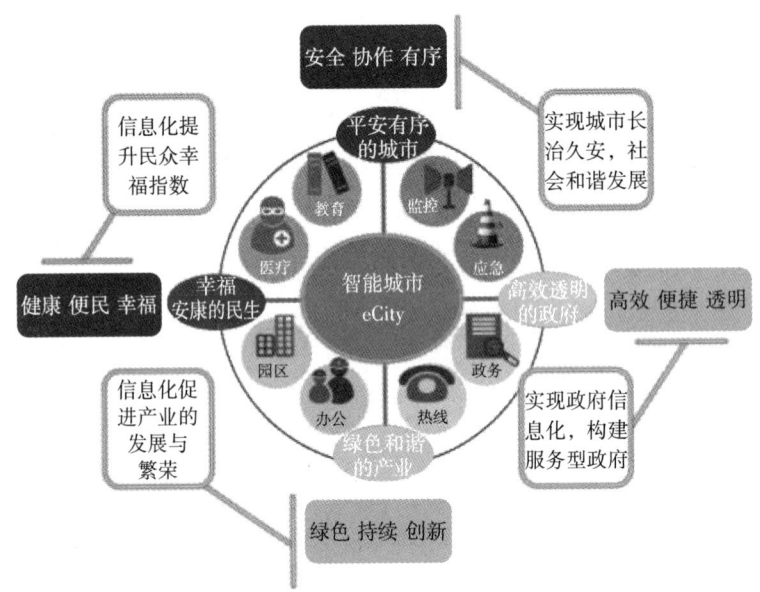

图 4-4 思创医惠智能城市体系

四、产品研发协同创新，增强市场竞争

思创医惠成功将平台架设在了云端，并进一步实现了智能开放平台和应用的打通、患者端和医护端的打通，完成了云架构智能开放平台和 HOSPI-TAL3.0 系统架构的落地。并且，思创医惠进一步丰富了医疗生态云架构的

内涵，初步形成了基于智能开放云平台的微服务框架，集聚了一批围绕云平台专注于微小化应用的合作伙伴。通过混合云平台搭载更多专业微小化应用，进一步提升了患者、医生、护士、管理者等不同用户的个性化服务体验。此外，医惠科技还与IBM合作首创了医疗行业多学科会诊平台（MDT），该平台系国内首款只用手机即可完成会诊全流程业务、音视频实时交互、患者信息全程共享的多学科会诊协作平台，极大地帮助医疗机构提升了响应能力，并为"双向转诊"诊疗机制的构建提供了有力的支撑。MDT嵌入人工智能辅助诊疗服务，则能够为会诊提供更全面、精准的诊疗参考方案。此外，医惠科技还重点加强了与商业智能事业部在RFID硬件研发制造方面的协同，在原有智能床、智能柜、体温贴等产品的基础上，继续开发完成了智能被服管理系统、床头卡、智能鞋等医疗健康信息耗材产品，部分新产品已投入市场，并取得了良好的市场反馈。

五、结论与启示

第一，企业必须以战略、市场和业务三项协同为导向，积极优化公司组织架构。企业需以协同理念为指导，把握行业变革和技术发展态势，重点发展智能化场景体验、线上线下融合发展、大数据分析等多重融合。并且，公司管理层需审时度势，协同整合科技部门，成立商业智能事业部，专注业务模块的智能化应用，加快开发全新的产品和解决方案，进一步优化市场、技术、渠道和人力资源配置，提升客户响应速度和核心竞争力，实现统一管理和协同。此外，公司需积极整合技术研发优势，加强协同创新，充分发挥商业智能与公司业务的协同作用，持续优化公司组织架构和业务模式。

第二，协同资源整合，强化内部协同管理。企业必须持续加强对全局的战略规划和资源的协同调配，在保持事业部经营实体独立运营的基础上，提升优化现有的业务管理体系，深化产业协同。此外，协同公司经营管理需重点加强内部控制，提升优化现有业务管理体系，不断规范和完善公司协同管理体制。

资料来源：笔者根据多方资料整理而成。

第一节　协同时代的商业巨变

协同管理的前提核心是客户（用户），其实质是让用户包括客户和企业共同参与的管理模式。在以"连接、融合、协同"为本质的"互联网＋人工智能"业态的冲击下，商业发展不只在产品形态和应用体验上出现了颠覆，还极大地改变了用户的消费习惯及消费方式，并伴随互联网分布式的扩散，促成了需求碎片化的快速兴起，"多、快、好、省"成为消费者在消费过程中的基础性需求，这也进一步导致企业间的竞争方式和商业模式发生了重大改变。过去十余年间，企业竞争总在提及的"得渠道者得天下"已经不再适用于今时今日。"互联网＋人工智能"的去边界化、易互联及相融合的特性，让协同管理成为了必然。面对碎片化需求，企业单打独斗已经难以企及行业顶端和应对市场竞争变化，商业模式的动态应变及兼容互补已然成为企业决战商场的法宝，"得生态者得天下"的竞争新业态将会成为企业发展的新常态，未来的企业间竞争更是高度的全生态博弈，不再是单一品类的角逐，万物互联、跨界融合的协同生态正在成为未来企业的竞争之核。

协同的出现意味着企业变革拐点的到来，以协同管理思维为主导的协同生态战略便是面向未来企业给予的蜕变之道。企业将从商业市场、跨界应用及伙伴发展三大维度与协同管理实现深度融合，以辅助企业构建更开放、更融合、更多元的自生态协同体系。通过去边界化、消除壁垒、优势互补、生态共融，加快大协同联盟的生成，以构生态、强体系、突行业、共创新的市场策略，全业务链支持伙伴融入于协同联盟之中，充分借助大协同联盟的上下游资源优势，发挥跨界协作的整合效能，进一步推动大协同联盟向协同生态链全面升级，打造一个跨界共赢的产业生态，以达到打破传统企业转型之枷锁和重构企业商业模式的目的。

一、群雄争霸：智能手机的生态系统之争

智能手机行业现在身处企业互联网竞争的"深水区"，面临新的时代特征和行业形势，小米、乐视这些互联网贵族，大力公关生态战略和生态服务，探索智能手机的生态市场。伴随铺天盖地的生态营销术语席卷而来，生态化自然成为众

多智能手机生产商的香饽饽，众多厂家铆足了劲儿，准备先发制人，利用生态理念，二次圈地，不断扩大自身的市场份额，以图更加丰厚的利润。

现在的智能手机市场在生态的大旗下，硝烟四起，群雄争霸之局面已经形成。各家依靠自身拿手的系统来俘获人心，依靠操作系统衍生的"软生态"，在商城、支付、理财及社区等多个方面来增强用户黏性，加长用户的逗留时间。先是苹果的 iOS 和谷歌的 Android 在全球市场打得不可开交，国内小米、乐视就不必再提，魅族则是和 YunOS 密切结合，虽然没有把"生态"二字挂在嘴边，但也"明修栈道、暗度陈仓"，逐渐扎根深入；360 更是做手机、做硬件，踏出了万物互联万里长征的第一步，与酷派联合后，推出了诸如 360 行车记录仪、智能摄像机等；华为荣耀也频频发力，荣耀手机、荣耀立方、荣耀手环、荣耀盒子、荣耀电力猫等智能终端产品联合打造了"荣耀家族"。随着智能手机产业，尤其是智能手机硬件本身的趋同化，中国手机厂商或以系统、或以生态之名彰显自己与对手的差异化。这是一个"低头时代"，当浏览手机已经成为习惯，不得不承认，手机作为移动互联网的重要载体已经成为了一种生活方式，智能手机已成为人的电子器官，掌握移动入口就是掌握未来，作为个性化和独立化的数据及流量端口，是企业生态布局的必争之地，不管生态是营销噱头还是另辟蹊径，智能手机生态之争已拉开大幕。

（一）智能手机生态惨状＝"虐恋"＋脱实就虚

今天的智能手机行业，扛起生态大旗的厂商有两家，一是小米，二是乐视。小米的生态链模式已经悄然落地。在过去两年多的时间里，小米考察过 600 多个团队，投资了 55 家公司，其中超过 30 家都是初创公司。在小米所投公司中，有 20 家公司已经发布了产品。这 20 家公司中年收入超过 1 亿元的有 7 家，超过 10 亿元的有 2 家。以估值论，依托小米的品牌背书、价值观以及小米的资金投入，部分生态链企业迅速成长，在 10 亿美元以上的独角兽公司包括华米科技、紫米科技等四家企业。从这个业绩来看，小米交出的答卷还不错。但是蜜月期总是短暂的，双方之间的关系开始发生了微妙的变化，生态链企业的创始人都并非无名小卒，多数都是连续创业者，对拥有自己的品牌和品牌产品有着执着的梦想，伴随着企业的壮大，小米在品牌及品质把控方面都面临一定的难度。

而乐视虽然连续说了三年"生态化反"，但无数次的强调和表述之后，还是只停留在 PPT 上，再加上供应商的欠款风波及乐视后端生态的全面败退，乐视手机的生态发展已处在悬崖边缘，甚至成为乐视的"毒瘤"之一。这并非要否认生态的重要性，生态其实是硬件服务的商业衍生，生态本身带来的营收和利润微乎其微。将生态模式当成重心，显然是不可靠的。这点和乐视"生态恋"所言的不指望手机硬件本身挣钱，而是围绕其生态挣钱截然相反。生态系统不可能带来支撑企业生存、发展、扩张必需的资金、用户、资源等，走错路的乐视已经积重难返。乐视手机是中国手机产业"生态恋"背后核心竞争力缺失和创新乏力的典型反映，必须引起手机厂商的警惕，重新思考来进行更深层次的生态互联，借助协同管理理念抓紧变革，避免成为手机产业竞争中剑走偏锋的牺牲品。

（二）手机"生态恋"的正确Style——协同管理

协同管理是企业在变与不变当中，寻求发展战略转变的最好契合点，对于手机企业而言更是如此。围绕"以人为中心"的协同管理思想，构建起一套智能手机生态新商业方法论与生态体系，即以智能手机系统或APP为抓手，实现系统、场景及设备端口的开放，以用户体验为基准，加快数据的互联互通与协同共享，借助传感网的辅助，推动参与主体协同、后端SDK技术支持及智能硬件云端接口的融合与兼容，与企业内部的手机生态进行交互融合，打造协同生态链。如此，将会大大增强智能手机生态系统的生命力和存活率，并推动智能手机生态系统实现自组织循环，促使系统内的有机物创造能量，反哺生态循环系统，催化协同生态链的快速落地，为企业植入了更先进的管理基因，进一步加强生态伙伴之间的纽带，以此极大满足智能手机生态系统在"互联网+"时代所需具备的"开放互联、随需定制"的属性，实现智能手机生态帝国的协同转身（见图4-5）。

以四川长虹为例，长虹的H1手机是全球首款物联网手机，是基于长虹全球独创且拥有70多项专利的IPP框架（个人集成网关），整合长虹云服务大数据处理平台及强大的智能终端阵营的重要产物。可以说，长虹H1的发布重新定义了智能手机生态系统的概念，即"以传感器为主体的物联网控制、交互和协同中心"，实现手机与其他智能终端的广泛连接、控制、协同、交互、共享，率先将手机带入物联网时代。在长虹H1的生态系统中，H1是万物互联的综合信息系统中心，也是智慧家庭的协同中心，电视、空调、冰箱、OTT盒子、厨卫、物业门禁、汽车等终端都可以看成是手机的外设（与长虹开放合作的品牌）。这些终端构建起一个传感器网络，通过H1的交互、控制和协同，形成一个以大数据为基础的智能生态系统，提供诸如智能家居、智慧娱乐、智能物业以及车联网等应用

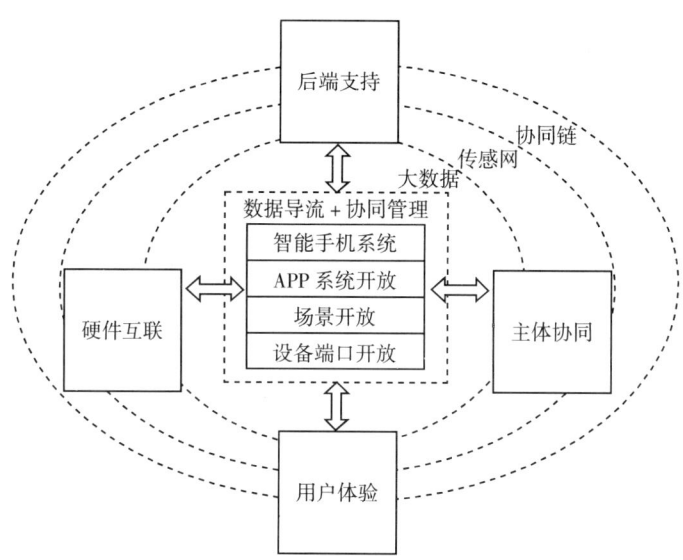

图 4-5　智能手机生态新商业方法论与生态体系

和服务。长虹的智能手机生态拥有了清晰的差异化定位，实现了智能手机生态的有序扩容及生态伙伴的协同融合，成功打造了一条具备综合竞争力的协同链，引领未来智能手机生态。

【崛起的商业协同模式专栏1】 岭南园林：协同未来，"大生态"+"泛娱乐"

岭南园林股份有限公司（以下简称岭南园林）为中国实力最强的园林企业之一，创立于1998年，拥有国家城市园林绿化一级资质及风景园林工程设计甲级资质，注册资本8572万元。历经12年的不懈奋斗，现已发展成为融景观规划设计、园林工程施工、市政绿化养护及苗木产销等为一体的大型园林龙头企业。近年来，岭南园林董事会深度把握实体经济和资本市场投资机会，紧跟时代发展趋势，专业运用各类金融工具，并与业内资深人士和相关机构合作，全面围绕公司发展战略进行金融投资，凭借公司多年实业发展积累的优势，同时嫁接资本市场和运用金融工具，力争在未来五年内再打造2~3家上市企业，形成岭南系产业集团。在其中最为独特，也是实现岭南"大生态"关键一环的便是其通过生态产业延伸，大力推行协同发展模式的文化旅游产业。岭南园林高层在近期便定位文化旅游板块"VR主题互动体验互动营销"发展脉络，旨在通过生态和文化旅游两大产业的交融发展，形成"大生态""泛娱乐"协同发展模式，已经取得了不俗的业绩（见图4-6）。据其2016年年报显示，公司实现营业收入为25.68亿元，同比增长35.94%，归属母公司股东的净利润为2.58亿元，同比增长55.29%；每股收益为0.67元，同比增长28.85%。

图 4-6　岭南园林投资目标

一、并购协同优势发挥，拓展"双业务"协同发展

岭南园林对接资本市场后，借鉴资本市场的资源平台优势，积极整合优质资源，并购了恒润科技，推动及加速了文化旅游领域的业务拓展，加速了产业转型升级，推动了原有业务突破瓶颈。恒润科技是具备文化创意基因的优质资源，业务涵盖了"创意设计、影视文化、主题高科技文化产品及VR、IP文化创意项目投资运营"的全产业链产业集群，可为用户提供各类高科技创意数字互动娱乐体验整体解决方案。岭南园林通过将生态环境的主业优势与恒润科技的文化创意资源禀赋有机融合，发挥其相融共生的业务及战略协同作用。首先在上游，岭南园林基于已拥有的及对外合作的IP，深挖其价值；其次在中游，以恒润集团为平台，将IP转化为大型游乐沉浸式体验的内容等；最后在下游，通过自建或"园中园"的方式打造主题乐园，实现创意价值的变现。同时，双方还积极探索在管理、资金、资源等方面的整合，提升了岭南园林的整体价值。

二、积极拥抱PPP协同合作模式，完善产业链建设

在产业链协同完善方面，岭南园林通过并购新港永豪，借力"大PPP"运营模式，全面提升公司在京津冀与粤港澳大湾区建设中水生态治理工程的PPP拿单实力，进一步完善公司"大生态"产业链。新港的业务主要集中于京津冀，在雄安新区曾经有过施工项目。未来有望结合岭南园林原有的地域优势，深度分享雄安新区以及粤港澳大湾区政策红利。此外，新港永豪是资质齐全的水务优秀企业，岭南园林"联姻"新港永豪将补齐"大生态"产业链短板，使业务深入京津冀地区，并产生三项战略协同：一是发展与生态园林相关的水生态修复行业，获取更多水生态领域订单；二是打通全盈利闭合产业链条，构建大生态和泛游乐综合业务模式；三是持续推进内延发展和外延扩张相结合，成为生态环境与文化旅游相结合的运营商。岭南园林通过内增式发展与外延式并购，以邹城项目为示范，引领"大生态"和文化旅游产业的有机结合，深挖二者协同效应，实现双主业的高速发展。

资料来源：笔者根据多方资料整理而成。

二、新零售之协同大混战

说到协同大战，不得不提及零售行业"虚实"两方的混战。过去20年是实体阵营和电商阵营战略对抗的20年，根据商务部发布的数据显示，2016年中国网络零售交易额达5.16万亿元，是同期中国社会消费品零售总额增速的两倍有余，占整个中国社会消费品零售总额的15.51%。中国电商行业两极分化严重，其中90%的电商企业还在挣扎中，阿里巴巴已经垄断了电商行业的利润，上一财年3.6万人创造了427亿元净利润。反观国外，杰夫·贝索斯创办的亚马逊，前十年的市值仅为175亿美元，2017年其市值却增长了超过20倍，亚马逊的股价已经冲破900美元，市值突破4300亿美元，超过世界最大零售商沃尔玛两倍有余。但是在国内，电子商务在经历指数级的疯狂增长后也遭遇了"天花板"，增速已经大大放慢，2016年增长率已经下降到26.2%（见图4-7），用户增长速度也正在逐步下降，移动购物人口的红利也基本耗尽，电商战场已经进入尾声，无论是亚马逊，还是阿里巴巴、京东等在全球电商市场也同样遇到了增长瓶颈。但是实体零售并没有因为电商的颓势而有所成长。根据瑞士信贷集团分析师 ChristianBuss 分析："2017 年以来美国关闭的店铺数量已经超过 2008 年受美国经济衰退影响而关闭的店铺数量。2017 年至今，美国已经有 2880 家零售商铺关闭，而在 2016 年同一时段有 1153 家商店关闭。2017 年美国大约将有 8640 家店铺关闭，这将比 2008 年的峰值 6200 家还要多。"过去所谓的"Big Box"（大卖场、百货店）遭遇了业绩和估值双杀，下跌最为惨烈。2007~2017 年，沃尔玛、百思买、梅西百货、Sears 百货、Target、JC Penney、Nordstrom、Kohls，从电商、O2O 到全渠道，艰难奋战之后，大部分公司的股东价值依然损失惨重：Sears 百货市值下跌 96%，JC Penny 下跌 86%，Nordstrom 下跌 33%，梅西百货下跌 55%，沃尔玛下跌 1%，只有沃尔玛勉强保住股东价值。这些数据的背后代表了一个旧时代的结束。如今，无论是实体零售还是电商都面临着严峻的寒冬：零售战争、转型、关店潮、倒闭潮、裁员潮、资金链断裂、股价暴跌甚至破产等故事正在全球市场上不断上演，全球零售死亡谷的钟声已经敲响。

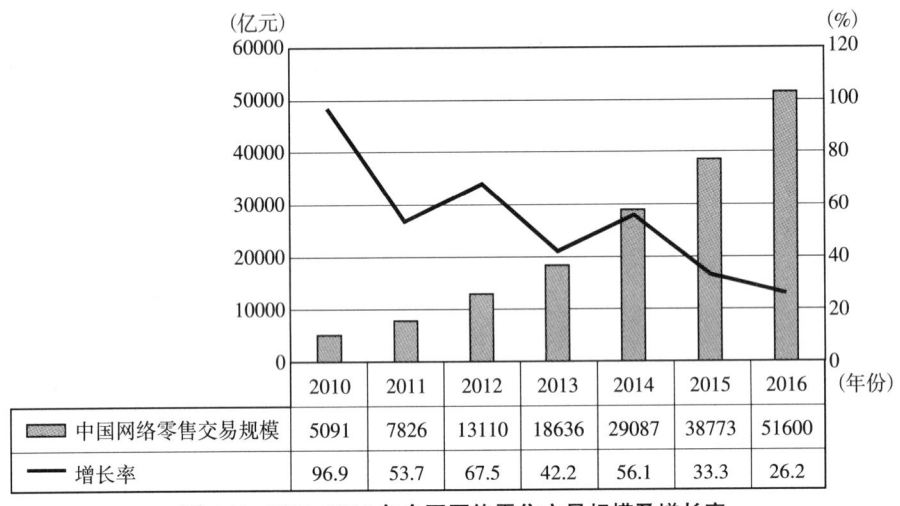

年份	2010	2011	2012	2013	2014	2015	2016
中国网络零售交易规模	5091	7826	13110	18636	29087	38773	51600
增长率	96.9	53.7	67.5	42.2	56.1	33.3	26.2

图 4-7　2010~2016 年全国网络零售交易规模及增长率
资料来源：商务部及国家统计局。

不得不承认，电商的到来对线下零售来说是一场恐怖的灾难。越来越多的传统零售商逐步开始布局线上与线下，搭建全渠道的销售及物流网络，但是实际效果却不尽如人意，就如沃尔玛全资收购 1 号店一般，由于经营理念和发展模式的不同而草草收场。其实，反观零售商积极触网的过程不难发现，零售商天生就是一个平台型企业，能够连接双边或多边市场，虽然现在的市场发生了巨变，但实体店的价值却依然不减。就中国市场而言，实体店仍占据中国社会消费品零售总额的85%，实体店对于消费者来说仍然是线下消费的主要场景，是消费者情感宣泄和情感连接的一个重要的消费场景，这是电商所无法比拟的。2016年，阿里巴巴董事局主席马云在云栖大会开幕式上喊出新零售，大声宣告纯电商将成为传统产业后，引爆了零售行业的全面变革，阿里研究院也在5个月之后，对新零售进行了定义，即以消费者体验为中心的数据驱动的泛零售形态。"合则两利，斗则两伤"，昔日人山人海、日进斗金的传统商场，被电商强大的效率体系瓦解得七零八落，但在未来纯电商已经无法继续撬动零售业数十亿元的体量，新零售的出现是打破电商"天花板"、促进传统零售变革、加速线上和线下协同融合一体化的重要载体。时光之河迤逦流过千载，商业形态繁复迭代，新零售共生的新生态系统则预示了一个全新的未来。

（一）新零售之谁主沉浮：阿里 VS 京东 VS 亚马逊

近期闭幕的"6·18"是新零售概念落地后，阿里巴巴和京东在新零售领域协同大战的第一次交锋。先来看看双方的战绩：根据京东方面的数据，2017年6月1日至18日下午两点半，京东全渠道累计销售额超过1096亿元，其中移动端占比88%，快递员走3亿公里才能把卖出的货全部送到消费者的手中。天猫方面，"6·18"当天"剁手党们"5分钟内买了200吨奶粉，7分钟内买了2000万片纸尿裤，14分钟内买了32万斤泰国榴莲，26分钟内竟然买了1000万支口红，10小时内买了4500万张面膜。在此次争锋中，诸如无人车、无人机、分拣机器人等黑科技撒手锏的应用还是次要的，双方均不约而同地聚焦于线下，注重线上线下的协同作战。先来说说阿里，在"6·18"期间，天猫在线下8个城市搭建了19个"6·18"新零售体验馆，并与CPB、兰蔻、Nike等合作发布了AR天眼、未来试妆镜、虚拟试衣间、全息投影区等一系列技术驱动的新零售活动。把黑科技统统搬到了线下，吸引消费者的兴趣。而京东方面，新零售的落地主要靠"便利店"，在"6·18"期间，总计30000多家线下京东帮服务店、家电专卖店、京选空间、母婴体验店、新通路服务门店都打上了"6·18"的鲜明旗帜，从"零售商"转变成"零售的基础设施提供商"。

2017年被阿里巴巴称为"新零售元年"，并且在布局新零售业务方面动作不断。2017年2月，阿里巴巴与百联集团签署了战略合作协议，百联集团拥有4800家线下门店资源。截至目前，阿里巴巴投资布局了包括苏宁、银泰、百联、三江、日日顺等公司在内的累计数十个项目，业态范围涵盖电器、百货、商超，在此基础上开拓了一条新路，强调"实体+互联网+物流"的新零售服务体系，而不是和阿里巴巴自己构建的线上电商体系分流量。在阿里巴巴如火如荼地布局线下零售市场时，京东也在紧锣密鼓地筹备着，最为瞩目的是与沃尔玛达成战略合作，沃尔玛在中国的所有业务即大卖场、山姆会员店、跨境电商全系入驻京东所有平台。除了沃尔玛外，京东与永辉超市达成战略合作，京东以43亿元入股永辉超市，获得其10%的股权。除此之外，京东正式启动"百万京东便利店计划"，在2014年，京东就宣布与北京、上海、广州、哈尔滨等15座城市的数万家便利店进行战略合作，在促进实体店向互联网转型的同时，完善自己的O2O布局，并将一半的便利店开在农村，做到村村都有。未来京东会发布标准化的京东便利店的统一形象。据说，京东便利店并非传统意义上的便利店形态，而是京东线下版本的创新综合体，京东会为这些便利店提供经营指导、商品培训、传达厂商促销信息、指导终端生动化陈列服务等，以提高其线上线下综合服务能力，同时对接自身的高效物流系统，进一步开发三、四级市场及延伸服务触手。表4-1为阿里巴巴与京东新零售版图。

表4-1 阿里巴巴与京东新零售版图

阿里巴巴		京东	
时间	事件	时间	事件
2014年3月	53.7亿港元战略投资银泰	2015年8月	43亿元入股永辉超市
2015年8月	283亿元战略投资苏宁	2015年11月	腾讯领投每日优鲜B轮融资
2016年1月	投资的盒马先生在沪开业	2016年3月	天天果园D轮1亿美元融资
2016年11月	21.5亿元战略投资三江购物	2016年6月	沃尔玛出售1号店给京东，取得后者5%的股权
2016年12月	天猫和聚划算全面一体化	2017年1月	京东、永辉"超级物种"落地开业
2016年12月	阿里系易果生鲜成为联华超市二股东		
2017年1月	拟约177亿元私有化银泰		
2017年2月	与百联战略合作		

最后再来看全球"新零售"巨头——亚马逊。相较而言，亚马逊的新零售战略开始得较晚，落后于国内的京东和阿里巴巴。但是就新零售的成效而言，亚马逊可谓做到了极致。2017年，杰夫·贝索斯在股东信件中提到了新零售的概念，他认为机器学习和人工智能或许将成为撬动新零售时代的主要力量，程序员们已

经能够借助规则和算法来精准描述消费需求。现实中，为了能够让机器学习和人工智能在未来的新零售时代发挥更大的作用，亚马逊其实已经进行了相当多的尝试：无人机送货服务 PrimeAir、不需要人类收银员的 AmazonGo 便利店和基于云端的 Alexa 语音助手。这些对于机器学习和人工智能在电商领域的应用其实已经颠覆了人们对于原有电商的认知，让更多人开始亲身尝试并参与其中。同时，贝索斯认为借助机器学习和人工智能，我们能够找到新零售时代更多的发展可能性。机器学习推动了需求预测算法、产品搜索排名、产品和交易推荐、商品调换、欺诈检测、翻译、交易等。但更不易被人看到的是，机器学习的很多影响都是对企业的核心运营展开悄无声息但却行之有效的促进。由此，企业才会找到撬动新零售时代持续发展的主要力量，真正让新零售摆脱以互联网技术为主要驱动力的既定印象，获得新零售时代的核心用户，不断获得新的发展力量。2017 年 6 月 16 日，亚马逊宣布以每股 42 美元全现金收购全食超市，交易总额达到 137 亿美元，这是亚马逊史上最大的并购案。仅从亚马逊收购全食超市本身看，其收购的不是一般的线下零售行业，而是高端、绿色、健康，甚至是未来。那么全食超市是怎么让亚马逊"看上"的呢？从规模看，全食超市是美国最大的天然食品零售商，在全美有 456 家门店，而亚马逊是全美最大的线上零售商。所以，线下线上两个全美"最大"定能撞出商业智慧的火花。在一定程度上，亚马逊将全食超市纳入麾下，标志着亚马逊捷足先登实现了新零售方向。亚马逊并不是就其收购一家线下实体店本身"谈事"，而是着眼于经营战略转型的长远目标，以技术为纽带，实现线下线上两翼驱动协同发展的战略。未来，亚马逊可能会将自己的无现金超市 AmazonGo 技术运用到所有全食超市门店，节约人工成本，使消费品价格下降，提升购物体验。同时，线下线上全布局，实现包括物流配送特别是生鲜食品配送最好的客户体验，目的在于对消费者消费品全占领、全覆盖。线下线上通吃，形成美国最大的新零售巨头。目前，亚马逊已经用 Prime 会员体系填满了消费者的网购购物车，用 Echo 音响和 Prime 视频服务占领了消费者的客厅，用 Kindle 电子书占领了消费者的书房，并通过收购 Zappos 占领了消费者的衣柜。而此次收购全食超市后，亚马逊终于占领了消费者的冰箱。这种态势足以令所有零售店、实体店都惧怕，这就是亚马逊收购全食超市被称为引发美国零售业一场大地震的原因，同样这也引发了零售行业的深度思考。就目前的态势而言，亚马逊作为电商企业的代表，已经在新零售领域有了较强的竞争优势，但是以阿里巴巴和京东为代表的后进"大生"也不甘示弱。以阿里巴巴为例，阿里巴巴对标亚马逊推出的无人超市，在短短一周的时间里，天天爆满，在火爆的氛围中，阿里巴巴通过技术手段实现了购物流程和购物体验的协同发展，着实让谷歌、亚马逊等互联网巨头都倒吸一口凉气。现在谈输赢，还为时过早。

（二）新零售之智慧云物流共享O2O协同模式

阿里巴巴、京东及亚马逊新零售的运作经验很明确地表明，技术的研发运用及线上线下的协同融合对新零售协同发展具有极大的促进作用，而物流则是实现这两方面诉求的综合载体，亦是新零售协同发展"活"的灵魂。百联集团董事长叶永明曾提到"传统零售经营的是渠道，不是经营商品，经营的是一种联营联销、招商、租赁等模式，是把空间打造了，而在新的消费环境下，购买方式发生变化，消费者更关注的是产品和体验"。零售业其实不论新旧，核心都是人、货、场三要素。在电商出现之前，传统的线下零售还处于初级阶段，只强调零售的"场"而忽略了"人"和"货"，就是一切都围绕着场所经营，重心并不在经营商品和经营消费者上，而新零售的"能量"要赋在"人"和"货"上。

第一，物流端——承上启下。当今时代，客户对于新零售的诉求是快速、品质及个性，这要求零售商更精准地进行品类管理、库存管理、供应链管理，特别是与供应商进行实时的协同管理，以此来实现商品的高速流转，最大程度地降本增效，提高客户的满意度及复购率。物流服务至关重要，不仅连接着新零售的发展动脉，更连接着用户的心脉，因此合适的物流模式创新才能裨益未来新零售的发展。"智慧云物流协同服务模式"是一种新型的智能化、网络化、感知化的物流运作创新模式，其核心是在云计算、物联网、泛在网等先进信息技术和协同管理、敏捷需求等先进管理理念的支撑下，整合社会物流资源，创新物流服务模式，通过协同整合各类基本服务和增值服务的物流一体化综合服务，为顾客提供"一站式""一体化"的物流送达服务，最大限度地促进各类物流信息、装备、人员与服务的协同运作，真正实现社会物流资源的最优化，满足网购时代顾客多样化的物流服务需求。

第二，企业端——共享协同。新零售不仅仅只有物流层面的协同创新，通过深入分析，可以发现新零售的本质是线上线下协同运作即O2O协同运作模式，通过线上的智能分析、数据处理及需求预测等，为线下提供流量引导及智能配送。因此，创新的物流协同模式是连接双"O"的重要载体，是将"2"转变为

"X",是激活双"O"产生指数级协同效应的重要一环,但并不代表新零售的全部。互联网的出现开创了伟大的共享经济时代,促使电商与实体店不再对抗,而是转向协同发展、相互融合及共同繁荣,这也是新零售的未来前景。如果说物流只是嫁接用户与企业之间的高速通道,那么新零售企业将成为共享实体,成为推动未来智慧物流及新零售发展的重要成员。竞争的本质是效率和成本,而共享经济能通过共享采购、共享物流、共享经营这套新的"打法"把成本降到最低,最大程度地提升效率。其具体做法是加强企业之间的协同合作,把企业级的闲置资产、过剩产能即大量碎片化的客流、物流、资金流、商品流、信息流共享出来,重新定价,形成一个新的市场,以此来实现产品集约、资源共享及新零售企业运营模式的优化。以日本7-11为例,7-11跳出企业的框架,开创了一种崭新的产业链——B2B共享经济模式。7-11将自身转变为产业"路由器",将18000个夫妻店、170个地方加工厂和140个地方物流公司连接起来,搭建了共享经济平台,彻底做到了"去中间化",形成了价值洼地。此外,7-11除了最早的500家门店外,后来新开的都是加盟店,仓储、配送也都不是自建的,实现了轻资产模式。通过全众包建立了零库存和轻资产的商业模式,再加上深度赋能和重度经营,7-11将传统加盟连锁店进化为赋能型共享经济体平台的超级物种。赋能型共享经济体将成为回报最高的闲置资产管理平台,开创了新零售发展的共享模式,获得了8000名员工创造百亿日元利润及库存周转只有10天的佳绩。

第三,客户端——社群复利。新零售有一个重要公式,就是$E=MC^2$,E是盈利(Earn),M是商品(Merchandise),C是顾客(Customer),C^2是顾客的平方。新零售的原点仍然是商品和顾客,但是它们的关系发生了巨大的转变,即顾客可以创造顾客,自发形成社群。今天几乎所有的中国互联网用户都已经拥有了唯一的ID——手机号。唯一ID即是会员ID,无须发行会员卡。移动互联网让中国的潜在会员群体都已经挂在云端了,这为新零售提供了一条新的发展路径——社群零售。用社交建立连接,以社群创造共识,为会员整合服务。借用云服务(SaaS Supply as a Service)的概念,云化社群零售状态下的会员体系。基于社群共建共享的消费标准,新零售运营商可以跳出传统的零售经营范畴,围绕会员来整合供应端更多的服务内容,这些内容包括有形的商品、认知的内容、精神的消费等。因此新零售在"人、货、场"三要素的基础上,必须新增一个维度——群。"群"存在于新零售的过程中,人与人、人与货、人与场等几个维度都可以构成某种"群"结构的关系，建立起新的零售参照系。"群"同时也是新零售的运营结果，形成新的认知，创建新的标准，沉淀出会员体系。在以"群"为主体的会员体系中，"人、货、场"也在协同迭代。例如，国内门店数和销售规模排名第一的外资便利店全家正是基于"会员群"进行"人、货、场"的重新组合。在推行会员系统三年后，全家在2017年低调上线"甄会选"收费制会员超市，完成全家新零售线上加线下（Online and Offline，OaO）闭环的布局。光靠收费制的线上会员超市，全家每天有大概100万元的净利润。有了会员大数据系统，会员到线下全家门店，要做什么，全家非常清楚；会员到线上"甄会选"超市，想买什么，全家都也了解。线上线下全渠道都以会员为核心设计和布局，最终形成"需求到交易"不断反复即形成复购的正向循环。"会员群"既是用户时间的驻留，也是购买力的驻留，更是提供（Supply）资源的驻留。社群零售的SaaS，提供的资源越好，服务的能力越强，会员的驻留越持久，形成一个正向的循环。消费端社群的最终形成促成了新零售生态体系的闭合。并且消费社群用社交建立连接，以社群创造共识，实现了物流端和企业端的协同融合及新零售生态圈的有序运转和服务模式的自组织整合，促成了未来新零售的新商业模式形态——智慧云物流共享O2O协同模式（见图4-8）。该模式是以协同管理为指导，大范围和全方位将物流、企业及用户纳入新零售的协同体系中，实现三者的集成协同，以真正发挥"线上+线下+数据"的整体优势，为零售商打造更全面的竞争力，让新零售成为引领经济发展的重要引擎。

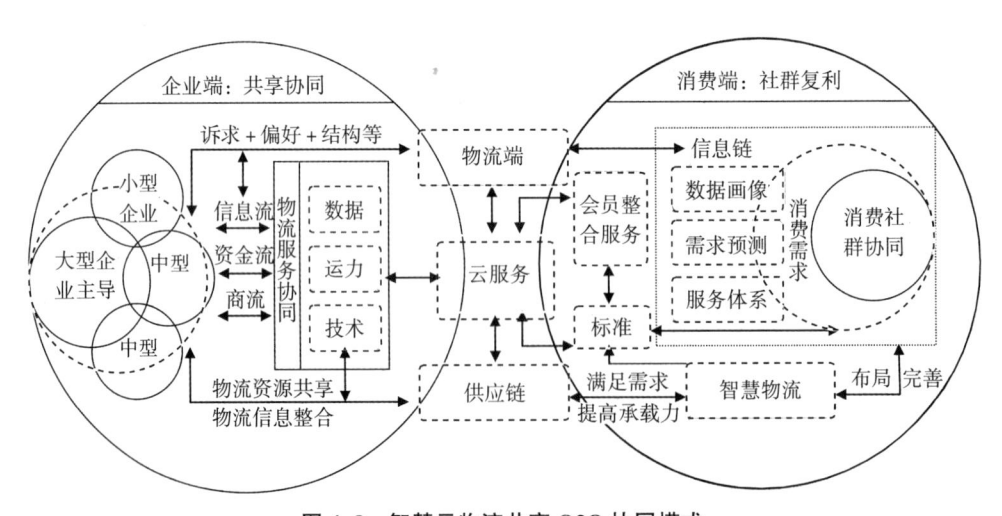

图4-8 智慧云物流共享O2O协同模式

【崛起的商业协同模式专栏2】 好想你：协同让"想你"更浓烈

好想你枣业股份有限公司（以下简称"好想你"）始创于1992年，是中国红枣行业优先上市的企业，也是一家集红枣种植加工、冷藏保鲜、科技研发、贸易出口、观光旅游为一体的综合型企业。2016年是好想你实施"开创标准健康食养生活方式"发展战略的第一年，重塑好想你"健康、时尚、快乐、品质"的品牌内涵。在新的发展战略的指引下，好想你围绕"一个中心，一条主线"，以"引领中国红枣领导品牌"为中心，以"打造红枣全产业链"为主线，扩大原材料的基地建设，保证高品质原料的供给，聚焦产品创新与研发，精耕生产与加工的每一个环节，专注生产高品质红枣产品，探索新的商业模式，塑造好想你品牌。2016年，好想你宣布以9.6亿元并购休闲食品电商百草味，从品牌、渠道、产品三大维度全面开启战略协同，实现了两者的优势互补与协同发展，激活了双方的协同效应，促使了好想你的业绩迅速增长。

其2016年年报显示，公司实现营业收入为20.72亿元，比上年同期增长86.14%；利润总额为0.57亿元，比上年同期增长1085.42%；归属于上市公司股东的净利润为0.39亿元，比上年同期增长1314.69%。

一、品牌协同优势

经过20多年的发展和沉淀，好想你这一品牌已经深入人心，被消费者广泛认可，成长为中国红枣领导品牌，连续多年全国销量领先。郝姆斯目前已经发展成为休闲食品类目的电商龙头企业之一，其旗下品牌互联网零食品牌"百草味"已经成为休闲零食的倡导者和先行者，在零食电商领域具有举足轻重的地位。截至2016年末，百草味拥有消费客户累计超2100万人，6个月内活跃用户占比约60%，天猫旗舰店2016年访客量就超过1.73亿人次。百草味与好想你产生了很好的品牌协同作用，通过品牌效应有效地促进红枣产业与健康零食的互动，为公司打造健康休闲零食领导品牌奠定了坚实的基础，进一步提升了好想你品牌的市场地位。

二、渠道协同优势

好想你在全国主要大中城市拥有1200余家线下门店，同时进入商超KA门店2200余家，线下销售收入将近90%；百草味是互联网零食电商的领导品牌，拥有千万名注册会员，线上销售收入在90%以上。双方线上线下优势明显，并且伴随好想你云商第二阶段的成功落地，销售全渠道得到有效整合，好想你和百草味在O2O模式中受益，实现了价值最大化及双方的协同发展。此外，好想你植根中原，向全国拓展，中原地区仍然是其核心销售区域；而百草味发迹于苏杭，兴盛于华东，江浙一带是其重点市场，被好想你并购后，双方渠道版图进一步扩大，再加上好想你积极拥抱互联网，渠道的地域限制被打破，渠道的深度和广度进一步延展，渠道协同优势得以进一步发挥。

三、产品协同优势

好想你拥有行业里最丰富的产品线及最先进的红枣加工技术，目前共有红枣及红枣相关产品244款。百草味作为休闲零食的倡导者和践行者，具有丰富的产品线。2016年，好想你将红枣类健康休闲零食拓展为全品类休闲零食，丰富的产品线将增强好想你在产品品类上的竞争力，而百草味丰富的产品线则将借道好想你现有的销售渠道对产品进行形象展示、销售等，线下全品类休闲食品的蓝海市场将成为双方业绩爆发的增长点。

此外，好想你拥有采购—存储—研发—生产—销售的全产业链体系，并与中国营养学会共同组建了"中国营养学会与好想你红枣科学研究院"，建立融新产品研究、技术创新和科技服务为一体的协同创新平台，能够使纵向以红枣为主展开，横向以五谷五果等展开的产品迅速上市，可有效拓宽产品结构，与百草味目前的产品结构实现协同互补。

资料来源：笔者根据多方资料整理而成。

三、和娱乐一起摇摆！协同大作战

中国娱乐产业2016~2017年度报告显示，2016年，就不同品类的内容所产生的市场总价值而言，中国娱乐产业已经是一个近3800亿元的市场，其大致分为游戏1600亿元（增速8%~10%）、剧集和综艺1000亿元（增速25%~30%）、电影700亿元（增速5%~10%）、现场娱乐450亿元（增速25%~30%）。可以说，在中国经济整体增速进入下行通道的今天，娱乐产业的规模已经不容小觑，娱乐产业已经成为所有关注资产回报的机构投资人无法视而不见的一道风景和一席盛宴。

2016年中国视频网站的付费用户接近6000万人，标志着中国互联网用户终于走进了"付费买欢乐"的新时代。未来三年，很多娱乐产业的憧憬与梦想、冲动与渴望、项目与交易，都会与付费用户的蓬勃增长有关。

2016年是中国娱乐产业前所未有的捞金狂欢之年，2016年第一季度中国电影票房创下了145亿元的历史最高纪录。在资本的推波助澜下，娱乐业核心元素（IP版权、一线演员等）的价格也在一路狂飙，进场者前赴后继进入"贵圈儿"之中。好景不长，2016年第二季度开始，中国娱乐业的狂欢盛宴逐渐冷却。2016年第二季度证监会陆续叫停与涉及影视、游戏、VR等领域的跨界并购有关的定增，给狂欢中的娱乐产业结结实实泼了一盆冷水。差不多在同一时间，中国电影票房的增速也开始放缓，最终全年增长从2015年的48.7%降至2016年的3.7%。一些本来万众期待的大IP影视作品的市场表现也不尽如人意。2016年A股传媒娱乐板块也十分惨淡，下跌超过30%，而影视是其中表现最差的子板块，作为这一板块龙头股的万达院线、华谊兄弟和光线传媒的市值在2016年共蒸发了1270亿元。中国娱乐产业着实坐了一次过山车，并逐步进入冷静期，埋头耕耘自身产业。

（一）娱乐生态："泛娱乐"大协同

阿里巴巴文化娱乐集团大优酷事业群总裁杨伟东曾发表演讲，他认为内容生产已经来到了"生态时代"，"未来碎片化或孤立的内容生产会越来越吃力，谁具备生态化的思考和执行，谁就更具生命力"。并且，"内容的生产、发行、宣推、变现都已经无法仅仅依赖单平台的能力，而是要求具备生态平台的操盘能力。生态化的两个关键是Digital和Data，它们加速了内容和科技的融合，大规模赋能内容产业，在各个环节发挥越来越重要的价值"。不难看出，优酷未来的发展战略就是娱乐生态，这也预示着娱乐产业未来的发展趋势，但是娱乐生态只有对生态内容不断进行消化和融合，才能促使娱乐生态通过自组织实现合理运转，才能从商业层面上实现对娱乐生态的构建。因此，介于娱乐生态的赋能范围，以及各子生态的有序结合以激发协同效应的目标，协同化的泛娱乐战略将会成为娱乐生态的"摆渡人"。

"泛娱乐"概念是腾讯互娱在2012年就提出的，即基于互联网和移动互联网的多领域共生，来打造明星IP的粉丝经济，并在游戏业务的基础上相继推出动漫、文学、影视、音乐等新业务，并基于版权流转的IP在互联网的汪洋大海里所能展示的最大价值，致力于构筑一个"让想象力自由表达的娱乐新生态"。中国的数字内容产业经过十多年的快速发展，目前已经成为全球最大的数字内容生产和消费市场之一，可以说中国文化创意行业的奇点已经到来，"泛娱乐"正站在真正的起点上。中国的"泛娱乐"根植于互联网土壤广阔多元的创作空间、丰富活跃的IP源头、形式多变的线上衍生，可以说"互联网+文化创意"的平台优势，是中国做"泛娱乐"的特色。以腾讯互娱为例，目前腾讯互娱旗下除游戏继续保持业界领先地位外，腾讯动漫也已成为中国旗舰动漫平台，阅文集团更是占据了绝对主导的产业地位，而新成立的腾讯影业也开始以IP为轴心，探索票房之外的更大价值。作为"泛娱乐"战略理念的首倡者以及中国互动娱乐产业的领军者，腾讯互动娱乐近年快速完成了五大关联业务的协同布局，五大业务板块既有各垂直业务领域的最新战略举措与产品重要动向，也有多业务协同的明星IP联动探索，不仅推动了"泛娱乐"生态的形成，也使这一理念成为行业的基本共识。腾讯影业首席执行官程武曾表示，在腾讯公司"连接"思维和"开放"战略下，"泛娱乐"正逐步成为腾讯在"互联网+文化创意产业"领域的发展思路。与此同时，腾讯将协同开放的发展战略作为腾讯"泛娱乐"生态的根本动力，通过构建互联网新价值体系，协同行业伙伴加入腾讯的"泛娱乐"生态布局中，使得开放、协同、共融共生的"泛娱乐"生态构建真正成为可能。在此过程中，腾讯互娱不仅收获了数据与商业上的成长，而且通过开放平台及互联网孵化器，赋予所有人更加多元、更加公平的表达空间，催生创意时代的到来，并实现"泛娱乐"生态成员及生态系统的协同发展。

在未来，任何娱乐形式将不再孤立存在，而是以"泛娱乐"的协同形式，实现全面的跨界连接、融通共生，只要粉丝的热情点燃一个IP，围绕这个IP的所有形态的娱乐体验及娱乐布局都将快速且协同地实现跨界连接和融通共生，呈现星火燎原之势。在"泛娱乐"的新起点上，协同将会从三点出发逐步融入娱乐生态之中，让"泛娱乐""泛"而不"虚"，"泛"而有"精"。第一，分层次孵化IP的协同生态。该要点是发挥互联网平台的协同优势，提供丰富IP的源头。除了传统的PGC，即专业生产内容，它还诞生了大量生机勃勃的UGC，即用户生产内容。可以说，这是一个"UGC+PGC"的"UP"协同生态。并且在这个生态里，更多作品的价值还是在于进行更多题材的探索，满足更多用户的细分需求。

这些 IP 的孵化模式可能都不尽相同，需要加强的是共性资源及技术的协同共享，以及不同 IP 之间上下游的协同匹配，以此实现整个 IP 生态的繁荣。第二，连接全球的协同生态。放眼世界，无论是中国的互联网平台优势，还是业务平台的共生能力，都拥有非常独特的价值。因此，需通过资本层面或业务层面的协同合作及协同管理，即通过战略投资、版权授权以及联合制作等方式，连接全球的优质伙伴，协同融入全球文化创意体系之中，并以协同体系为发展框架，实现多生态成员的协同发展。第三，高品质创作的协同生态。这是最重要的一点。它包括既要秉承匠心研发精品，打磨作品细节，也要发掘新科技与娱乐生态协同融合的各种可能，通过 CG、VR 及特效技术的大规模运用，让许多魔幻与异能题材的 IP 走向大银幕，成为在世界范围内有影响力的明星 IP。

（二）协同约束：王者荣耀或王者"农药"

娱乐产业精神已经随着游戏、动漫及文学等形式融入了大众喜闻乐见的精神文化之中。哲学中曾提到，社会意识对社会存在具有极强的能动作用，正确的社会意识会促进社会的发展进步，而错误的社会意识会严重阻碍社会发展的演进。王者荣耀就是这么一款"双刃"游戏。据公开资料显示，王者荣耀已然登上了"国民手游"的宝座，其累计注册用户超过 2 亿人，日活跃用户达到 1.6 亿人，月流水 30 亿元，中国每 7 个人就有 1 个人在玩，昔日手游界的王者们在这一数字面前纷纷沦为"倔强青铜"。据 Quest Mobile 的数据显示，2017 年第一季度，王者荣耀的 MAU 在同比增长 193% 的情况下，平均每个用户的月度市场还比 2016 年 12 月时增长了 33 分钟。由于上手门槛极低，王者荣耀吸引了大批低龄玩家。腾讯方面公布的数据显示，关注王者荣耀的用户中，年龄在 12 岁及以下的用户占 4.78%，12 岁至 17 岁的用户占 18.53%，也就是说，王者荣耀"00 后"的用户占比超过 20%，"千禧一代"已经尽数沦陷。为什么王者荣耀这么让中小学生痴迷，甚至疯狂在其中充钱？近日，《文汇报》的一段采访揭开了其中的秘密。不少学生玩家表示，因为王者荣耀采用的是组团作战的方式，当越来越多的学生置身其中时，打游戏就变成了一种社交需求。腾讯副总裁姚晓光曾表示，"作为一款社会现象级游戏，已不能再仅仅用'游戏'的概念来理解王者荣耀，它已成为一种新社交方式"。

但是，王者荣耀的火爆也暴露了其软肋，一大波负面消息侵袭而来：由于监管不力，没有采取年龄分级，使得好玩可社交化的王者荣耀变成了骇人听闻的王者"农药"。前段时间,《人民日报》官方微博转载的一篇发于《光明日报》的文章《荆轲是女的? 小学生玩〈王者荣耀〉还能学好历史吗?》提到,王者荣耀中有不少角色取自中国历史传说中的人物,但却与历史传说完全不符,希望"手游管理应精细化,文化企业要有正确价值观"。至此,对王者荣耀的口诛笔伐拉开了序幕。2017 年 6 月 28 日,《钱江晚报》连发《杭州老师发文怒怼王者荣耀手游成了新时代"黑网吧"》和《王者的荣耀,社会的忧愁》两篇文章,直接点明王者荣耀对于社会存在诸多隐患和问题。2017 年 6 月 29 日,东方卫视报道称,"13 岁男孩因玩王者荣耀被骂从 4 楼跳下,刚醒就想登游戏"。《南方都市报》《南京日报》《德州晚报》《东方卫报》《新京报》等报刊,以及东方卫视、海南新闻频道、江苏公共频道、青海卫视 1 频道、上海电视台新闻综合频道等电视台,再加上各家媒体的官网、微博、公众号集体出动,对这款游戏展开了舆论攻势,并形成了规模宏大的围攻局面。一位上海读者表示,一天内他在同一个电视台看到三次对王者荣耀的负面报道,在傍晚 17 点 45 分左右换台后又在本地新闻频道看到类似新闻。一家央媒连发两篇文章痛批王者荣耀,质问"到底是游戏娱乐了大众,还是陷害了人生",造成腾讯股价下跌一度达到 4.13%,损失近千亿元,虽然腾讯采取了一些技术手段来遏制这些负面现象,但是短期内"疯玩"的问题还是无法得到合理的解决。对于企业发展而言,必不可少地要关注社会反映,在产品或业务推广发展的过程中,必须让约束硬起来,加强各个环节的协同意识,把强化协同约束作为产品或业务"正能量"与否的固定指标,注重产品特性与社会效益的协同,才能保证产品在发展的同时,不脱离正确的发展轨迹,免受不必要干扰因素的影响。例如,近日陆军某旅举办王者荣耀对抗赛,将游戏娱乐与军事训练进行协同,将训练中的战术概念运用到游戏中,以游戏为平台,组织官兵进行战术协同训练,充分发挥王者荣耀"团战社交"模式的优势与特性,帮助战士们在游戏中研究运用战略战术,合理排兵布阵,致力于团队协作取胜。同时,军队领导加强协同约束,与战士们"约法三章",对玩游戏的时间、场合做出规定,培养团队协作,凝聚官兵感情,寓训于乐,真正实现了"1+1>2"的协同效应。

第二节 协同时代的生活点滴

用"润物细无声"来形容"协同"再合适不过了。伴随互联网的出现，我们的生活也日渐进入了协同的大时代之中，协同甚至成为人们生活中的贴身管家，事无巨细，一切包办，只有你想不到的，没有它做不到的。协同就是为了消费者而生，协同关注的最基本的是人们的需求，正是基于这种理念，传统企业的发展初衷和固定模式才得以改变，重新认识到协同的独特性和消费者的重要性。协同和互联网、人工智能比起来可以说是温柔得多，互联网、人工智能的颠覆之力不乏有摧枯拉朽之势，虽然带给人们极大的便利，但在一定程度上强制改变人们的消费方式，互联网、人工智能的过多介入导致信息量过载，技术的连环"爆破"也让我们的生活应接不暇，甚至在一定程度上将我们的生活模块化和数据化，重新建立了一条无形的边界，阻碍了人们生活及商业文明的进步。而协同的出现却是注重"合"，即商业上的竞合及生活上的和谐，一切以人为中心，倒逼传统商业模式变革，模糊互联网所建立的无形边界，将互联网创新成果的潜在价值激发，实现多方资源、优势及思想理念的竞合与整合，以商业改观推动生活改变，协同方方面面，融入人们的"衣、食、住、行"之中，在获取商业价值的同时，更让生活享受到最极致的服务体验，让科技、思想及商品协同于一身，武装到"牙齿"，真正实现人们从注重生存需求到追求自我价值的跨越式突破。

一、"衣"：任性的 VIP 穿着服务

现在的服装行业发展已进入相对成熟的时期，行业竞争激烈，制造端在成本上未能找到更成熟的降低方式，转型升级、精准营销等是服装品牌需要面临的重要问题。

（一）穿衣也要"潮科技"

消费者对服装个性化、碎片化及智能化的消费需求在显著增加，"三化"的需求加上技术的创新发展，使一个以数据处理和技术支撑为基础，以协同管理理念为指导的新蓝海市场浮现在企业眼前，智能科技与消费需求的协同融合正逐渐体现在人们的穿衣打扮上（见图 4-9）。

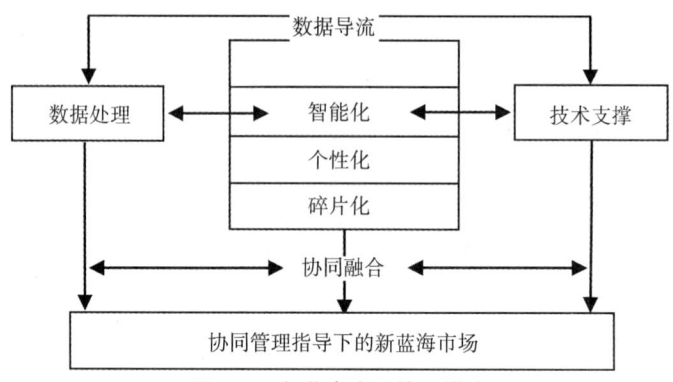

```
                    数据导流
    ┌─────────────────────────────────────┐
    │                                     │
┌───┴────┐       ┌─────────┐       ┌──────┴──┐
│ 数据处理 │◄─────►│ 智能化   │◄─────►│ 技术支撑 │
└───┬────┘       ├─────────┤       └──────┬──┘
    │            │ 个性化   │              │
    │            ├─────────┤              │
    │            │ 碎片化   │              │
    │            └─────────┘              │
    │              协同融合                │
    │◄────────────────────────────────────►│
    │                                     │
    └──────────────┬──────────────────────┘
                   ▼
         ┌──────────────────────────┐
         │ 协同管理指导下的新蓝海市场 │
         └──────────────────────────┘
```

图 4-9　新蓝海市场协同模式

第一，大数据定制衣物。随着互联网普及的深入，以及数据算法的迭代更新，个性定制市场的潜在爆发力定将逐渐释放。爱美之心人皆有之，消费者对于衣服个性化消费的执念也在潜在爆发的过程中变得愈加深厚。因此，打造智能协同定制模式对于企业而言变得越发重要，所谓智能协同，就是打通 TOB 和 TOC 的数据端口，全部以有效的算法进行整合分析，根据大数据分析的结果，针对特定时间、特定人群、特定区域，生产更符合该消费人群需求的个性化定制产品，产出更高的数据价值，并以企业智能平台为核心，实现制造端和消费端的协同发展，满足消费者的个性化需求及制造端的柔性生产。在著名的巴黎时装周开办前夕，谷歌正式宣布与 H&M 旗下在线时装品牌 Ivyrevel 进行协同合作，通过强强联合和协同发展，共同推出产品 Data Dress（数据礼服），该款 APP 仅需记录用户一个星期的行踪，便可通过 Google 内置的 Awareness API 监测用户的日常活动、生活方式和手机位置信息，判断用户正在进行什么样的活动，同时也收集当地的天气信息等。通过对这些数据的协同分析，用户可以通过 APP 轻松购买到独属于自己的私人定制专属服装，还可以随意调整服装的颜色、材质、装饰和轮廓等。除了数据共享和业务合作之外，大数据定制工具也日益兴起。近日，3D Look 公司宣布完成了一款帮助客户线上测量身材的数据定制工具——SAIA。其工作流程十分便捷，用户先用智能手机拍摄正面全身照，再拍摄一幅侧面照，通过这两幅图片，SAIA 就能测出用户精确的身体轮廓。SAIA 与多个品牌都有合作关系，通过定制化数据的分析和数据的协同共享，商家可以追踪特定时间内用户的扫描次数，SAIA 可以绑定在商家现有的 CRM 系统、推荐引擎、电子商务平台上，一旦植入，SAIA 就可以为商家提供用户数据分析。例如，根据用户的身高、体重、购买历史，调整商品的 SKU，为用户设计对应的尺码。此外，用户在 SAIA 上测量身材，无须离开商家 APP 或者网页就可进行。商家通过 JS 标签即可把 SAIA 镶嵌到网站上，通过 SDK 就能使之进入应用程序。用户在拍完两张照片之后，商家会根据相关的数据为用户推荐衣物，以此来节省用户的时间，同时能为商家节省物流成本，实现多方共赢和协同发展。

第二，3D 黑科技——高端定制，居家必备。"生活是一袭华美的袍，爬满了虱子"。这样的烦恼不大不小，但却总是解决不了。然而，有谁不渴望更加精致美妙的生活呢？据 Mashable 报道，与很多爱购物的女人一样，Haley Hamblin 有很多不合身的衣服。为解决这个难题，Hamblin 与 3D 扫描公司 Bodylabs 以及 3D 打印公司 VooDoo Manufacturing 协同合作，专门为女士们定制了一个人体模型，针对那些想自己做衣服的个体用户与服装定制商。其原理就是利用 Bodylabs 的 3D 扫描技术来全方位扫描 Mashable 女士的身体，收集到足够多的数据。然后利用 3D 打印技术生产专属于 Mashable 的人体模型，就可以在一小时内打印出客户的"身材"。在获得这样细节可圈可点的"塑料石膏像"模型后，服饰定制商或顾客就可以在设计衣服时尽可能排除误差，让设计出的衣服更加"契合"身体的各个部位。当然，由于模型更加直观，衣服的展出及试穿效果也会得到不小的提升。目前，在这项技术成本没有下降之前，这样的模型更适用于一些高端定制品牌及贵妇级客人，对于这些"土豪"而言，钱根本不是问题，而黑科技的应用更能体现其衣物的科技含量和内在价值。

第三，AR：试衣就是这么任性。据 Alert Technologies 在 2013 年的一项研究报告显示，消费者在零售店里购物时，如果他们进了试衣室，就有 67% 的可能性会实际购买。因此，以 AR 为基础的虚拟试衣室迅速发展普及，AR 虚拟试衣室可以帮助商店降低库存，实体店不再需要储备各种尺寸、颜色和图案的衣服，客户可以简单"试穿"（当然是虚拟的）样品，自定义他们的选择并下订单。然后，他们将在家接收商品。这对小型独立商店或位于地段昂贵的商店至关重要。诸如 Moosejaw、Topshop 及优衣库等企业大展拳脚，大范围应用 AR 技术打造虚拟试衣室，改组自身的营销模式。以优衣库为例，2012 年 10 月，优衣库在美国旧金山联合广场推出了第五个零售店，同时推出了 Uniqlo Magic Mirror（优衣库魔镜），为消费者提供独特的试衣体验。Uniqlo Magic Mirror 看上去和普通的试衣镜似乎没什么区别。但是，当你试穿一件衣服站在镜子面前，简单地按动按钮时，就能变换衣服的颜色（只要这种颜色是店里有的），这样就省去了频繁试穿多件衣服的麻烦。对于用户而言，这毫无疑问会成为一个超级方便的工具，你只需要试穿一次衣服，就能看到这件衣服所有颜色的款式穿在身上的效果了！而且，还可以直接把试穿效果分享到社交媒体上，穿衣秀美两不误。这就是穿的任性！

（二）穿衣服务好周到

"懒到极致，穿到发笑"，除了购买体验的显著提升，衣服"后市场"也被协同所组合，形成一个融"洗涤+整理+共享"为一体的协同服务载体——定制衣柜。来自日本的创业公司Seven Dreamers Laboratories设计出了一款"大衣服柜"（Laundroid），让客户在床上就能看着自己的衣服被叠得整整齐齐。Seven Dreamers表示，上到套头衫，下到毛巾、手绢儿，没有什么Laundroid不会的。Laundroid首先能够使用图像识别技术辨别衣物类型，再使用内部搭载的AI系统分析折叠这件衣服的最佳策略，并且内部的AI系统会逐渐学习家中各件衣服的特点，也就是说让它叠的衣服越多，它叠得就能越快越好。根据官方数据显示，Laundroid一次能叠30~40件衣服，每件都需要5~10分钟。此外，Laundroid不仅能叠衣服，还能够按照不同的方式进行衣物分类。Laundroid可以按照用户的要求，将衣服"按衣服种类"（上衣、裤子等）或"按家庭成员"（爸爸、妈妈、孩子等）进行分类。目前，Seven Dreamers在Laundroid的开发过程中，得到松下及大和房建工业不少的经济和技术支持，以资本投资加强了多方的协同合作，共同构建协同生态，在Laundroid的基础上，与实力强劲的生态伙伴进行协同合作，协同拓展服装租赁市场，共同开发在线衣柜管理系统及服装租赁平台，发展与"衣柜"相关的周边产业。

【崛起的商业协同模式专栏3】 鱼跃医疗："智慧鱼跃"，协同前行

江苏鱼跃医疗设备股份有限公司（以下简称鱼跃医疗）自1998年创立以来，就投身于生命健康事业，将专业的健康管理理念与先进的产品方案带入万千家庭，打造了由家庭医疗、临床医疗、互联网医疗组成的大健康生态圈，组建了一个全面覆盖医疗器械的专业化服务平台，并形成了完整的研发、生产、营销和服务网络，把全球各种健康需求和专业的理念融入协同创新之中，为生命健康保驾护航。在互联网大背景下，鱼跃医疗紧紧把握科技发展趋势，以专业的临床医学为基础，为患者提供了远程慢病管理、远程医

学诊断等云端医疗服务，颠覆了传统的医疗模式，为医患之间的沟通提供了便利，有效缓解了医疗资源的稀缺问题。同时，鱼跃医疗积极联动数字云技术，在医疗专业领域实现大数据价值延伸，并通过"平台协同+线上放量+院内突破+新品迭出"四重动力推动新一轮高增长，利用20%左右的内生增长+10%左右的平台协同作用不断促使公司实现外延增长，成功转型成为消费级智慧医用器械平台型企业。据其2016年年报显示，2016年公司营业收入26.32亿元，同比增长25.14%，归属于母公司净利润5亿元，同比增长37.30%，扣归属于母公司净利润4.89亿元，同比增长39.53%。

一、强化并购协同优势，协同整合收购标的

在兼并收购方面，管理层按照鱼跃医疗战略协同发展方向，对拥有领先技术、具有渠道协同效应或者在细分领域具有领先地位的标的，充分发挥鱼跃医疗在品牌、管理、渠道和资金等方面的优势，适时推进收购兼并的进程，不断丰富产品线，延长产业链，积极推进兼并收购以及对收购标的的资源融合；在整合收购资源方面，上械集团、上海中优医药、德国曼吉士（Metrax GmbH）公司是重中之重。鱼跃医疗的管理团队将通过业务补充调整、资源共享配置、员工众筹激励等多种方式调动员工积极性，优化配置各方资源，融合不同企业文化，实现"1+1>2"的协同效益，通过内生发展、外延并购、"互联网+"、鱼跃国际化四个方面的协同，发挥协同优势，构筑长期竞争壁垒，用外延式扩展促进公司跨越式发展。

二、发挥产品结构优势，协同发展拓宽市场

中国医疗器械发展起步较晚，综观国内医疗器械生产企业，普遍存在规模小、产品单一的特点。与国内大多数同行不同的是，鱼跃医疗产品众多、覆盖面广。在完成对上械集团和上海中优的收购后，鱼跃医疗拥有的产品种类多达百种、拥有的产品注册证近600张、产品规格近万个，覆盖家庭医疗器械、医疗设备、医用耗材、中医器械、手术器械、药用贴膏和高分子辅料、医院消毒与感染控制等各个方面，实现了产品结构的协同整合。产品结构优势的完善为协同拓展市场提供了基础。

一方面，鱼跃医疗通过产品组合式销售，与上械集团实现了营销渠道的协同性拓展，通过市场推广共同性等多种方式不断提升公司产品的竞争力；

> 另一方面，鱼跃医疗通过构建医疗机构、OTC零售网络、互联网平台三位一体协同销售渠道及协同智慧云，实现了超过5万家医疗机构的渠道网络及超过10万家药店的庞大销售终端协同发展。
>
> 资料来源：笔者根据多方资料整理而成。

二、"食"：舌尖上的"多享"体验

据国家统计局公布的最新消费数据显示，2016年，中国餐饮行业发展势头良好，全年餐饮收入为35799亿元，同比增长10.8%，大众对餐饮的消费需求仍然高涨，存在着较大的市场潜力。但同时，潜力较大的餐饮行业也吸引着更多企业涌入，竞争压力也逐步提升。并且据《2016年中国餐饮消费市场大数据分析报告》显示，与2015年相比，2016年消费者依然最为关注"口味"，其维度略有上升，而对于"地理位置"和"等位"这两个代表便捷性的指标，关注度下降明显，而"性价比"则成为唯一一个关注度明显上升的维度，上升至第二位。一方面，说明了口味依旧是消费者最为关注的核心维度。同时，近年来一些小而美的品牌的崛起和发展，使得消费者对更好的就餐体验有直接的感知。在这些品牌的推动下，消费者对优质的就餐体验、新颖的口味体验有了新的认知。这些体验成为了他们衡量就餐价值感的重要参考，新一代消费者正在从"价格敏感型"向"价值敏感型"过渡转换，因此，更多消费者对餐厅能否提供"价值感知"十分关注。另一方面，也反映了随着地图、等位、点餐和支付的移动互联网工具的完善和发展，一定程度上降低了消费者对于便捷性的敏感度（见图4-10）。因此，企业必须适应消费升级新趋势，重新梳理对消费市场的理解和思考，从而引导企业自身及整个行业的产业升级。

从数据分析的结果可以看出，我国餐饮行业正在进入以大众化为主体，多业态、精细化、品质化、特色化的新时期。在从中等收入向更高收入水平的迈进过程中，老年消费、"90后"和"00后"的消费、女性消费、亲子消费、品质消费、健康养生消费等追求功能化、特色化、精品化、科技化、消费安全、食品安全、心理安全等餐饮消费升级的消费市场正在崛起，对餐饮业的业态细分和产品升级提出新的要求，从原有的"民以食为天"转变为"民以食为先"，即要求餐饮企业面向新型餐饮消费，通过多方资源的协同管理，建立互联互通的平台，从餐饮

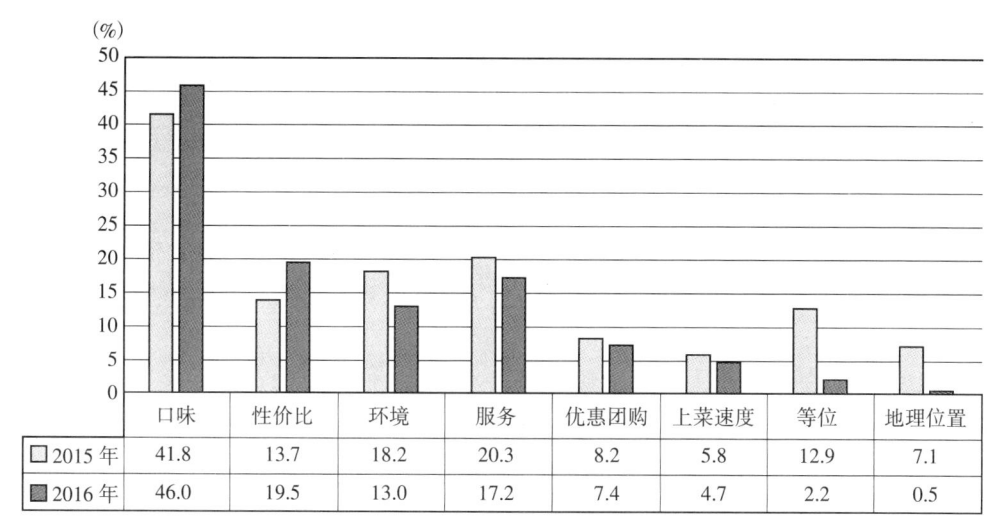

图 4-10 餐饮消费行业发展关注因素对比

	口味	性价比	环境	服务	优惠团购	上菜速度	等位	地理位置
2015年	41.8	13.7	18.2	20.3	8.2	5.8	12.9	7.1
2016年	46.0	19.5	13.0	17.2	7.4	4.7	2.2	0.5

资料来源：《2016年中国餐饮消费市场大数据分析报告》。

的"社交""科技""美味"及"共享"四个维度，建设多样化、个性化、定制化及社交化的新服务供给体系（见图4-11）。

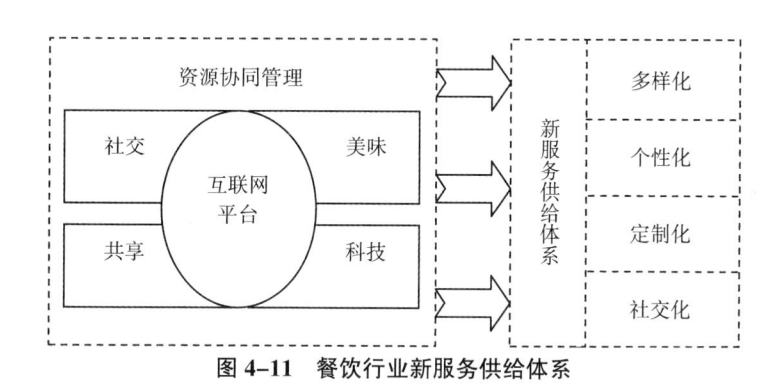

图 4-11 餐饮行业新服务供给体系

（一）大众"吃货"：协同共享中的新"食"尚主义

中国人在"吃"上花的心思也许是最多的，随着共享经济时代的到来，中国的"吃货"团体迅速扩大，即便"灶台久不闻炊烟"，也能有多种多样的"吃"的选择。想要吃得精致美味，纷纷涌现的各种私厨定制，足以让"吃货"们挑花眼，甚至是中午的商务快餐，也能让"吃货"们吃得"格调"十足，分分钟满足美食的"小资"享受。可以说，美食的极致享受无处不在，纵使嘴巴的缺口堵上，仍然不能忽略吃的衍生体验——社交。共享经济在"吃"这个领域的应用就是去发掘散落于民间的、喜欢并擅长自制美食的人，如同 Uber 发掘闲置的私家车和人力。国外的 Eat With 和国内的我有饭等私厨分享平台便是依托于共享经济的、为私厨做信息和交易服务的第一批实践者。但它们强调"饭局"的概念，希望私厨带给食客的不仅仅是一顿饭，而是包含美食、社交、文化等多种元素在内的个性化饭局体验。对于主人和食客来说，饭局可以成为双方的一个连接点，平台做的是增值和溢价。因此，"美食+社交"的协同组合可以让更多的美食效能得到爆发。

协同的目的是聚焦人的需求和期望，食物是人们生存的基本诉求，而美食是在食物基础上的进一步提升，能更好地满足人们味蕾的极致体验，但是单向的味蕾体验只是吃得更好一些而已，并没有突破为生存而吃饭的"固有框架"。而协同的应用则跨越了这种固有框架，将美食与人的社交需求作为"双主线"，通过互联网技术实现"双主线"的应用融合，协同构造共享美食社交场景。协同让美食更有温度和情感，不仅是商业层面上存量资源的协同对接，更是打破孤独、连接兴趣及挖掘价值的重要桥梁。以吖咪厨房为例，吖咪厨房的共享美食逻辑是"私厨共享+厨艺培训+DIY 体验+吃货社交"的平台，以线下厨房为社交场所，协同美食爱好者的行为习惯和兴趣爱好，分别从体验美学（食物及呈现的艺术感体现）、空间连接（美食爱好者的厨房梦想及美好进餐环境的实现）、跨界社群（饭局新社交价值的发掘）三方面进行协同发展，促使三者协同融合，并逐步形成美食社交体验场景。2016 年，吖咪厨房收购我有饭后，开始在运营战略和平台战略上进行品牌 IP 协同化，采取"吖咪厨房+我有饭"双品牌运营战略，协同整合双方的美食达人、美食场地、食材、大咖等资源及渠道，开展多元化的社交饭局，聚集美食达人，打造更大的美食社群，以社交互动来积累黏性用户，并从人才结构、技术储备以及业务布局上向全球化协同迈进。据公开数据显示，吖咪厨房和我有饭平台上聚集了超过 2 万名美食达人、80 万"吃货"用户，举办了超过 1.5 万场美食主题活动，覆盖全国 25 个城市。同一个厨房，经过协同共享可以实现按需整合并获得协同效应，这就是吖咪厨房美食 Party 的精粹所在——"美食+社交"的协同双响曲。

（二）美食经济学：协同管理下的商业美食新走向

协同让共享经济这台"美食挖掘机"有序驱动，让"吃货"们体验到绝佳的美食体验。当然，协同带来的美食变化不止于此，而是更深层次地改写了美食经济学的发展篇章，为商业美食的升级变革提供了全新的发展元素。据中国烹饪协会和辰智大数据报告显示，2016年，中国登记在册的餐饮企业数已经达到602万家，年倒闭率高达20%。一家餐厅，每天的有效利用率只有5小时，其他时段的闲置造成了大量人员、设备、资源的浪费，招工难、成本高、费用高及利润低严重制约了餐饮业的发展，大多数传统餐饮企业都自顾不暇，特别是面对消费者刁钻的口味和极高的美食保障要求，根本无从着手。而天生具备互联网基因的"网红美食"企业，在短暂的冲刺之后，也缓慢地败下阵来。以黄太吉为例，黄太吉曾经被称为互联网餐饮鼻祖，估值曾达12亿元，可以说是互联网餐饮玩家中的传奇，但是黄太吉采用的是自建平台的方式，通过吸引餐饮商家上线黄太吉外卖平台并为其提供代加工的服务方式与平台商家合作，这样的方式对于流量优势较弱的平台而言其实压力很大，为了保证正常的运营，黄太吉不得不提升与商家合作的抽成比例，使得平台商家的合作成本大幅提升，更是在传统餐饮企业的痛点上又撒了一把盐。同时，作为外卖平台，黄太吉面临美团外卖、百度外卖以及饿了么等外卖平台强大的竞争优势，而平台模式又十分依赖入住商户，商户一旦离开平台，此类模式就无法运转。在竞争和痛点的两相夹击下，黄太吉不得不走下神坛，另谋他算。

虽然餐饮行业的发展一片狼藉，但是从另一方面证明了协同的重要性。共享经济所倡导的是激活闲置的存量资源进行二次商业开发，但是餐饮行业的体系、标准及食品安全等方面存在较大的不同，单纯的共享还较为乏力。反之，协同的出现则加速实现了美食商业主体的有序结合及协同发展，通过共享时间、场所、供应链及相关数据，促使资源高度集成和成员高度协作的餐饮大生态的形成，可更加高效地利用闲置的存量资源，加速餐饮行业快速迭代。以金百万的U味儿为例，U味儿凭借"智能硬件+产品+服务"的核心思想，协同商业伙伴，打造完整的餐饮生态圈，以闲置产能作为突破口，进行产业链重塑。由于大型餐饮集团的产能上限设计是以一天中的用餐需求峰值为标准，因此，餐厅的闲时产能可进一步开发，分流至中小餐馆，甚至家庭，以解决中小餐馆高峰时期产能不足、配备厨房成本高、制作卫生难有保障的问题。并且在产品方面，U味儿美食平台研发的独有准成品和智能炒锅，通过技术的协同创新，可剥离菜品加热步骤，帮助中小餐饮企业用户和家庭用户在短时间内完成高品质的菜品制作。此外，U味儿智能美食平台提供了一套从产品到供应链、信息系统、金融、物流的系统方法和工具，可以应用到所有大、中、小型餐厅的外卖模式，再配合现有的门店及配送运力，与其他餐厅展开深度合作，协同效应惊人。在不新增加人员、设备的情况下，一些外卖餐厅月销售额就增加了100多万元。目前，已经有更多的餐厅在排队等候合作，领先于其母公司的发展规模。在诸多举措的辅助下，U味儿的估值也早早突破10亿元大关，与合作企业之间的生态联系和协同效应显著增强，帮助大型餐饮企业由单一服务模式转型成为"生产+服务"型企业，实现了平台的双向引流，大大提升了菜品的制作效率，降低了运营成本，帮助中小企业"瘦身"，增加利润。因此，可以称U味儿为餐饮行业协同管理的集大成者，实在够"味儿"！

三、"住"：家居生活的"合聚变"

据前瞻数据库数据显示，2016年我国智能家居市场规模达605.7亿元，同比增长50.15%。根据测算，我国智能家居潜在市场规模约为5.8万亿元，发展空间巨大，引无数企业"竞折腰"（见图4-12）。

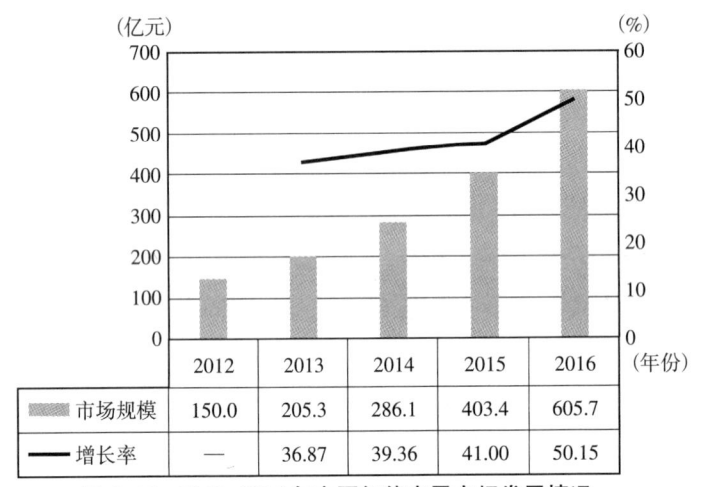

（年份）	2012	2013	2014	2015	2016
市场规模（亿元）	150.0	205.3	286.1	403.4	605.7
增长率（%）	—	36.87	39.36	41.00	50.15

图4-12 2012~2016年中国智能家居市场发展情况

资料来源：前瞻数据库。

近年来，国内外各类智能家居平台频频面市，根据自身对趋势的判断进行探索，迫不及待地推出自己的人工智能系统，但是厂商们各自通过不同的路径去争夺同一块蛋糕，缺少建立成熟的互联标准而放开怀抱展开合作的平台，导致智能家居市场良莠不齐，没有统一的标准，甚至沦落到"智障家居"的地步。业内人士称，现阶段每个智能电器仅通过Wi-Fi通信模块提供基础的联网控制，相互之间无法实现互联互通，需下载数十个 APP 来完成控制，标准之间不统一，互相连接存在极大的问题。因此，在前两个阶段，即智能单品和生态平台的基础上，协同进化至第三阶段——智能家居互联生态平台的"大协同"阶段，诸如三星的 Qsmart、海尔的 Smartlife 智慧家居分类、LG 的 Smart ThinkQ、长虹的 Smart Service、TCL 的 Aixperience、创维和小米的 Smart Home 概念，都大力倡导构建跨品牌、跨行业及跨设备的互联互通智慧生态体系，旨在打破相互独立的生态平台，实现跨生态平台的互联互通及各自智能家居业务的协同发展，让智能家居生活真正成为"合聚变"。

（一）协同技术共享，才有好未来

目前，智能家庭终端比较常用的协同共享技术包括 DLNA、闪联、Airplay、Miracast。这些协同共享技术基于或同或异的数据通信技术，为用户提供多终端在网络环境下的数字媒体共享交换功能，但是不同的协同共享技术关注的侧重点各不相同，拥有不同的架构，并提供不同的功能。DLNA、闪联、Airplay、Miracast 四种常用的协同共享技术拥有各自的优点和特色，其中 DLNA 由于侧重于网络娱乐、个人终端间共享的操作性和更广泛的开放产业联盟、更成熟的商业实现基础，在智能家庭组建的数字媒体共享系统中占有不可或缺的地位。与 DLNA 相比，闪联作为国内企业发起的标准，在坚持实现自己的技术理念和自由知识产权的同时，正在逐步实现和国际标准的兼容、接轨，但目前市场化的产品和 DLNA 相比相差甚远。与此同时，Airplay 和 Miracast 在传输手段和支持格式上比 DLNA 稍微缺乏，但这两种协同共享技术支持屏幕镜像或多屏游戏等功能，弥补了 DLNA 在互动娱乐功能上的不足（见表 4–2）。

表 4–2　DLNA、闪联、Airplay、Miracast 等协同技术比较

技术分类	组成成员	目标内容
DLNA	Sony、Intel、Microsoft	解决包括个人 PC、消费电器、便携设备在内的无线网络和有线网络的互联互通，侧重于网络娱乐和个人媒体设备之间的互操作性
闪联	联想、TCL、康佳、海信、长城等	在企业、公共场所、个人以及家庭所涉及的信息设备互联时，通过遵循共同资源描述及功能服务接口标准，使设备能够有效实现资源开放及服务协同，提高设备间功能的互操作性
Airplay	苹果公司	可以将 iPhone、iPod、iPad 和 Mac 上的音乐镜像传送到 Airplay 设备上播放的一种播放技术，允许用户使用镜像功能和双屏游戏，将便携设备的画面与现实设备同步
Miracast	Wi-Fi Alliance	设备之间通过 Wi-Fi 无线网络来分享视频、音频数据

由此可见，DLNA可以作为系统的核心技术支持数字媒体的系统共享，并尽可能地兼容其他协议技术，以支持更完善的协同共享应用场景功能，是智能家居协同共享技术广泛推广的重要标的。以中国电信为例，在智能家庭终端三网融合业务的推动下，智慧家庭业务、三屏互动应用、OTT等新型智能化产品的发展迅速，再加之协同共享技术在三者上的深度应用，使得电信IPTV业务的规模化发展面临越来越多的竞争对手，同时随着用户选择的不断膨胀发展，用户需求已不再简单停留于IPTV现有的基础业务形态、业务体验和终端能力。因此，中国电信开始通过DLNA智能家庭终端协同共享技术来提升IPTV现有业务能力，即通过协同共享技术实现对IPTV业务的操控，改变传统多键值遥控器操控且输入数字/文字烦琐的操作体验；提供业务的多终端共享，通过智能家庭终端协同共享技术实现IPTV业务在手机/平板电脑/PC屏多终端对内容的收藏/书签/订购的同步共享，实现业务的跨终端推送及本地内容的跨终端媒体播放/浏览，并通过连接和绑定其他终端，将其他终端的媒体在IPTV终端上管理起来，逐步形成以IPTV为中心的智能家庭媒体中心，推进IPTV的融合化及智能化发展。通过和其他终端屏幕进行互动，简化业务操作的复杂度，并提供创新的业务功能，如便携终端显示IPTV节目单、节目的多屏互动和节目或者业务的推荐。推进IPTV融合化及智能化发展，并拓展SNS业务使用协同共享技术，将IPTV打造成社交电视，通过电视与SNS结合，配合中国电信庞大的用户群体，提高业务传播和影响力，提高广告价值。

（二）协同合作，才有大未来

智能硬件技术存在一个"金三角"，即"智能硬件+云服务+智能终端"（见图4-13）。

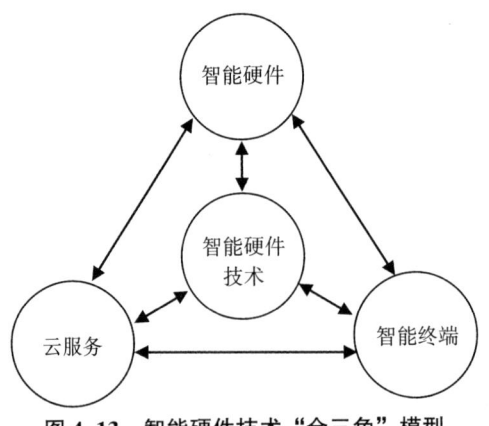

图4-13　智能硬件技术"金三角"模型

智能硬件是"Machine",智能终端上的APP是人机界面和控制枢纽,而云则是连接、数据和服务的中心。在这个"金三角"里,传统家电厂商擅长的是硬件,互联网玩家的优势则在于云服务和智能终端,他们更懂用户、更懂APP、更懂互联网,更擅长云端技术,包括数据存储、计算和挖掘能力。因而,Google通过OHA(开放式手持设备联盟)笼络智能家居产业链各个环节的厂商,成就安卓生态的繁荣。此外,Nest与HomeKit也玩起了"暧昧",谷歌母公司Alphabet旗下的智能家居品牌Nest可能很快就会支持苹果智能家居平台HomeKit,将自身设备及软件与生态伙伴进行互通和协同整合,真正实现消费者智慧生活升级。

反观国内市场也是一片繁荣之景。作为国内智能家居领域较具代表性的企业,欧瑞博在巨头无暇顾及的领域开创性地打造了基于场景互联和场景交互的基础电气类设备生态,并推出了一款适用于百种设备互联互通的"智慧"中心的Allone Pro多功能智能主机,只要接入Allone Pro多功能智能主机,传统RF家居设备及其品牌厂商就可以以近乎"零成本"的门槛和极为便捷的方式实现智能化升级。业界普遍认为,传统RF家居(设备)接入Allone Pro多功能智能主机之后,升级之后的RF家居(设备)在Zigbee等主流无线技术主导的(家庭、办公、酒店等)场景智能化系统中,同样实现了近场遥控、远程控制和场景联动,为传统RF家居(设备)厂商重新进入基于场景的智能设备生态链展现了广阔前景。而百度的度秘团队与紫光展锐、ARM、上海汉枫达成战略合作,以Duer OS智慧芯片为协同切点,打造Duer OS系统,开通Duer OS全免费授权,通过协同开源,积极创造条件,吸引各种硬件、软件的合作伙伴共同加入智能协同家居生态圈。此外,百度还在Duer OS系统的基础上,同汉枫、喜马拉雅等合作伙伴协同打造Turnkey智能家居物联网解决方案,实现最终产品承载及智能硬件产品协同创新。

【崛起的商业协同模式专栏4】 广汇汽车:并购狂魔的"协"心

广汇汽车服务股份公司(以下简称广汇汽车)是中国最大的汽车经销与服务集团、中国领先的豪华乘用车经销与服务集团,同时也是全球市值最大的汽车经销集团和全球利润最高的汽车经销集团、中国最大的乘用车融资租赁提供商及中国汽车经销商中最大的二手车交易代理商。依托广大的业务规模及广泛的销售网络,广汇汽车有实力为客户提供覆盖汽车服务生命周期的一站式综合服务,包括整车销售、汽车租赁、二手车、维修养护、佣金代理等在内的全方位服务(见图4-14)。通过综合业务组合,公司的业务及经营业绩得到稳步增长,进一步加强了公司在中国乘用车经销及服务市场的领先地位,并赢得了业界的广泛认可。据其2016年年报显示,2016年广汇汽车的营业收入为1354.22亿元,同比增长44.53%,净利润为28.03亿元,同比增长40.97%。

图4-14 广汇汽车一站式综合服务

一、加强并购协同,发挥协同效应

2016年,汽车行业政策频发,汽车经销商网络整合加剧,行业转型升级加速,广汇汽车积极把握政策利好和市场机遇,成功要约收购了香港联合交易所有限公司主板上市公司宝信汽车,使得自身成为国内最大的乘用车经销商集团,成为奥迪、宝马、捷豹、路虎和沃尔沃等豪华品牌国内最大的经销商,在全国28个省市拥有约800家门店,销售约57个汽车品牌。并收购了大连尊荣、深圳鹏峰等汽车经销集团,使广汇汽车现有业务在品牌覆盖、地域布局、产融结合等方面形成了良好的协同效应。在规模方面继续领跑,保持龙头地位,进一步完善了公司对豪华车品牌的布局。在此基础上,广汇汽车利用自身优势向宝信汽车系统注入全新的协同管理模式,对宝信汽车实施了百日整合计划,将宝信汽车的所有业务全面对接到广汇汽车协同高效的SAP系统中,并将广汇汽车的融资租赁和二手车等优势业务也逐步导入宝信汽车，全面提升了宝信汽车的经营管理状况，使其融入于广汇汽车的协同管控体系中，实现双方的协同发展。在此基础上，广汇汽车充分利用上市公司和宝信汽车在品牌、渠道、管理、经营等方面的互补性进行资源整合，在优化品牌结构、完善地域布局及改善经营情况三方面实现了合并协同效应，保持并提高了宝信汽车的综合竞争力，进一步发挥了其竞争优势。据宝信汽车2016年年报显示，宝信汽车2016年实现营业收入257亿元，同比增长8%，净利润4.20亿元，同比增长约87%，其中下半年营业收入148亿元，环比增长36%，净利润3.53亿元，环比增长447%。此次并购案引起了行业不俗的反响，这极大地提高了广汇汽车的市场认知度，使得广汇汽车在推进全国渠道建设的进程中更显高效，协同效应的显现也进一步促使广汇汽车的盈利能力持续提升。

二、加码汽车租赁，加速协同发展

依托广汇汽车自有渠道及乘用车全价值链客户服务独特优势，2016年广汇汽车充分发挥"总部、区域、店面"三级架构协同优势，重点推进租赁业务，持续提升租赁风险管控能力，拓展潜力巨大的汽车金融和租赁市场。从量上，开发"创新化、差异化、定制化"的融资租赁产品，提升自店渗透率和外采业务，加大二手车租赁的市场渗透；从质上，基于大数据分析，建立动态风险评估模型，加强风险控制。同时，持续优化催收组织架构，将催收前移，使总部催收和区域本地化催收、租赁自有团队和外部供应商催收相结合，全面提升催收能效。

资料来源：笔者根据多方资料整理而成。

四、"行"：一机在手，说走就走

正所谓，时势造英雄，在互联网的推动下，传统的出行正在迅速从方式、效率、规范性方面发生变革，分散化和条块化的出行供给系统模式已经失灵。《2016年移动互联网蓝皮书》中的数据显示，2015年移动出行市场仅占整体打车市场的13.6%，而截至2017年底，移动出行市场已经占据了整体打车市场的50%，未来占比将会进一步扩大，将主要在三、四线城市促进普及。想象一个场景，一个驴友正在进行短途旅游，手机轻点APP，坐着出租车/网约车去了动车站，下了动车站后根据 APP 地图模块的 GPS 导航，租着单车/汽车，欣赏沿途风光，放空自我，休息的片刻还能借助内置地图，看看住宿、景点推荐或是寻觅美食，一切都是那么惬意、潇洒、自然。可见，用户只需要一部手机，便能浩浩荡荡畅游天下，这已经不是梦，而是现实，而这一切都有赖于协同出行网络的构建。在当前移动互联网的普及和渗透下，分布式的出行潜力都被激发出来，并形成一块大网络出行版图，但是想做到场景中便利出行，还需将陆海空三个出行板块进行协同，即陆海空时间和空间上的协同发展，实现精度、高效及动态的匹配。以协同理念催动出行供给系统发生自组织行为，通过有序结合，构建起协同出行大网络，再辅以在线支付、智能地图搜索推荐及社交评价系统等，逐步实现协同出行大网络向协同出行网络生态蝶变（见图 4-15）。

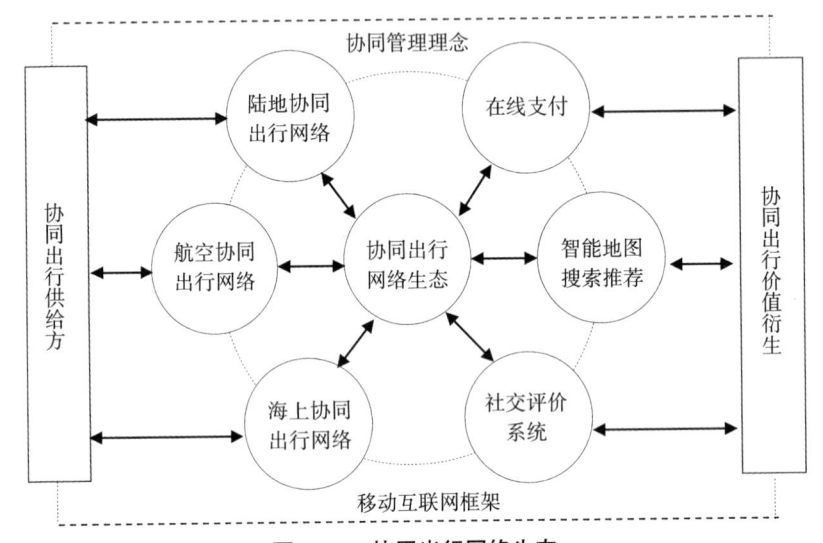

图 4-15 协同出行网络生态

虽说变革过程困难重重，但是传统出行供给方仍需紧抓机遇，顺势而为，紧扣协同思维，从一众创业者拍进历史的故纸堆中寻求经验，并从中借力，踏浪而行，迎来跨越式发展。

(一) 协同出行大网络——时代的弄潮儿

随着城镇居民可支配收入的增加，人们的消费习惯也由基础型消费向服务型消费升级。共享经济使人们公平享有社会资源，各自以不同的方式付出和受益，共同获得经济红利。目前，越来越多共享平台的出现让共享经济逐渐深入人心，共享经济已然成为时代的一种趋势，而出行则是共享经济发展最为活跃的领域之一，以共享经济为标榜的共享单车/汽车亦是迅速加入移动出行的版图之中。中国人口体量优势与移动互联网的结合使得移动出行风靡全国，并且领先于全球。根据速途研究院的数据分析，2016年国内移动出行的用户数已经达到4亿人，依旧取得了爆发性增长。

此外，从移动出行的市场内部看，2016年市场最大的两家平台再次合并，形成寡头格局，易道、神州凭借专业化服务增长明显，传统出租车企业开始积极转型，与汽车厂家合作，谋求突围。再加上新政的颁布，移动出行的发展环境逐渐稳定，可以判定2016年是移动出行市场良性发展的第一年，网约车市场的发展将更加有序协同，能为用户提供更好的出行服务共享体系，在此基础上再与共享系列的出行服务相辅相成，为中国的城市共同打造协同、高效、绿色、规范化的出行局面。但是日益向上的移动出行市场也将迎来新的竞争，即出行生态的竞争，其要义是以企业平台为核心，对接商业出行伙伴，构筑强大的协同出行地面部队，实现供给、流量及大数据的后端匹配，而后端则是对接用户的附属衍生价值，如社交、地图或是保险等，进一步增强用户黏性，使得企业、合作伙伴及用户体验实现协同发展，形成良性循环的协同出行网络服务生态圈，把握市场主导权。以滴滴出行为例，滴滴出行是全球领先的一站式多元化出行平台。滴滴出行在中国400余座城市为近3亿个用户提供了出租车召车、专车、快车、顺风车、代驾、试驾、巴士和企业级等全面出行服务。据其2016年数据显示，滴滴出行平台用户累计已达到4亿人，覆盖城市超过400座。多个第三方数据显示，滴滴出行拥有87%以上的中国专车市场份额、99%以上的网约出租车市场份额。伴随着和Uber中国的合并，滴滴出行已经成为垄断国内网约车市场的巨型独角兽，成功构筑起协同出行网络服务的竞争壁垒。同时，滴滴出行还积极致力于共享出行实践，响应中国互联网创新战略，与不同社群及行业伙伴协同互补。据其公开数据显示，从2015年12月1日上线快车、拼车之后，目前全国15个城市已经有1亿多人次使用了快车、拼车。日均订单突破了157万单，让每个车主每小时的平均完成订单提升了20%，车辆的空驶率也大幅度降低。在2016年春节时，滴滴出行开通跨城的顺风车，这项分享经济模式载体大大缓解了春运紧张的交通压力，在40天的春运期间为190万人提供了返乡、返城的服务，相当于增开了2658列八节动车组或是一个中等航空公司的运力。此外，滴滴出行对于节能减排也有一个基本的测算，通过一系列的拼车和顺风车等，每年可以减少碳排放970万吨，大概相当于8亿棵树的生态补偿量。2017年，滴滴出行开放OFO单车的流量端口，进一步补足了"最后一公里"短板，提高了用户的出行体验，同时实现了流量互导及出行数据的协同共享，加强了数据堆量。在此基础上运用指数级、非线性的大数据驱动的深度学习技术，加速解决了中国的出行和环保挑战，构建了智慧出行协同网络，通过上线"动态调价""拼搭合乘"及基于用户行为分析推出的"上车地点推荐"等功能，进一步提升了用户体验，创造了社会价值，建设了高效、协同及可持续的移动出行新生态。此外，滴滴出行开放后台，进行生态开放，构造了协同出行多元服务体系，例如，与饿了么展开深度合作打造物流系统，计划在"双十二"推出卖车计划，不断尝试通过精准的方式将滴滴平台线上巨大的流量引导进入消费环节及通过协同创新将数据运用于智能交通和无人驾驶的研发等，运用"协同+跨界"的模式，实现整个出行服务平台运力配置及生态合伙人的协同发展，不断实现协同出行服务生态圈的完善和扩展。

（二）"指尖"智慧——协同出行新方案

相信很多人经常面临苦等一辆公交车，却怎么也等不来的窘境。好不容易坐上了车，却发现明明站牌上只有几站地的距离，实际坐车所花费的时间要比自己的预期长上很多。更别提万一碰上堵车、交通事故，所花费的时间就更长了。随着共享单车的出现，共享出行的方式无疑将城市交通推到风口浪尖，等待着一场全新的革命。俗话说："三个臭皮匠顶个诸葛亮。"在移动互联网的推动下，人们的双手日渐"忙碌"，在公共的网络平台上，人们将自己的体会、感悟或是知识通过文字的形式进行系统表达，就如"脸书"，虽然其倡导的是社交，但是高质量的评价和"大牛"的分析，已经将"脸书"汇聚成为一个动态且高端的智囊团，可供大家交流参考。同样的方式放到城市交通问题上便能解决人们等车的尴尬局面，一机、一平台、一端口，就令人们可以共享自己的智慧，以博采众智的方式，获取公交线路图，将独立的个体转换成公共交通系统的智能引擎，通过个体智慧的有序集成及协同管理，结合公开数据，形成一套融动态交通路线指引、便捷出行方案规划及实时在线答疑辅助于一体的城市交通协同共享服务体系，进一步完善城市交通出行方案。以众包导航应用Moovit为例，Moovit利用群众智慧，通过175000个Mooviters用户主动贡献当地的交通信息，完善信息服务，以此来解决城市出行的痛点，可以称得上是"公共交通的维基百科"。Moovit是一款人人都可以编辑线路、提交乘车体验的开放式城市公交地图服务,具体来说,用户可以在乘车时、乘车后,利用 Moovit 这款应用,上传自己的实时乘坐体验,比如这辆车是否有空位、Wi-Fi 是否好用、环境是否清洁,该段线路是否存在堵车、交通事故等问题。更为重要的是,用户可以在乘车后向系统反馈这条路线、这趟公交所花费的时间。当其他用户再乘坐相同班次时,就能够查询到相同班次的到站时间。到目前为止,Moovit 已经积累了超过 6000 万名种子用户,现在它已在全球 1400 个城市和 77 个国家提供交通信息。此外,它也有一些著名的合作伙伴,比如为 2016 年里约热内卢奥运会提供交通数据和移动地图,给予与会者和运动员便捷的出行选择。

第三节　协同管理商业模式之三分天下

在新常态下,企业原有的商业模式固然有许多困难和问题,但更有机遇和希望。面对互联网的大颠覆,人的本性、组织的规律及商业的逻辑都没有发生本质的变化。人的本性意味着找到自我,实现价值;对企业而言,是必须回归"做产品",通过不断创新实现自我价值;而组织的规律在任何时代(包括互联网时代)都意味着"平等""参与""分享",但在目前产业集中度提升和消费者主权愈演愈烈的背景下,对于处于中间环节的企业来说平等更加难以实现。因此,突破企业个体成长行为、加快实现更高层次创新并共享收益是企业商业模式变革的重大课题。

将商业模式变革比喻为圆盘,要是觉得圆盘变化速度很快,就是因为企业的商业模式变革处在圆盘的边缘,随时面临跌入谷底的危险,所以一定要向中间走,找到它的核心,寻找核心的方法正是协同。在协同管理中有个重要概念,就是能控制慢变量与快变量之间相互结合的时机、方式及成效,输出最大的价值即协同效应,能最大程度地优化及转化快变量的能量,更好地促进慢变量的成长,以促使其发生质变,进入协同演化的良性循环之中。对于企业商业模式变革亦是如此,互联网的变化日新月异,是绝对的快变量,而人的本性、组织的规律及商业的逻辑是企业商业模式亘古不变的慢变量因素,因此企业商业模式的变革必须以三大慢变量作为变革基础及目标,最大限度地利用互联网的创新成果,在排除各种不良变体退出商业体成长的过程中,通过建立协同发展机制来不断实现核心价值的重构及连接,做出差异化的战略,激活三大核心的内在关联及协同效应,借助数据信息这项重要的要素资源,以协同有序的方式推动商业模式的华丽转型,进一步打造出协同管理商业模式三大变体——跨界整合、共享经济及商业生态圈,以此来实现商业世界的大规模协同。

一、跨界整合模式:跨出边界,跨出飞跃

广义的"界"就是这四大领域,狭义的"界"就是领域的某个产品。无论何种消费或是产品,最终都是人在主导,所以跨界整合里"界"的精准界定是"人",是基于客户心目中对品牌的专业、定位更清晰的认识来进行跨界,因此,客户需求的价值再造是跨界整合模式得以实现的核心。伴随着企业进入互联网信息技术革命,现实世界与虚拟空间得以打通,可以实行跨越地域边界、产业边界、组织边界、线上线下边界等各种各样的边界即跨界整合,为企业商业模式带来革命性变化,可以说互联网的出现为跨界整合提供了极佳的发展手段及条件。在综合分析下,跨界整合的本质是企业聚焦于消费需求,将不同行业领域的商业模式通过互联网技术进行智能整合,协同创造价值的一种逻辑过程,而"资源共享、优势互补、价值转化"三板斧贯穿于跨界整合的始终,构筑起跨界整合独特的商业内涵。随着产业革命的深化,跨界整合商业形态亦在发生变革,整体发展趋势更加趋于协同化。协同的介入促使跨界整合更加高效有序,使得企业商业模式从传统的单向线性跨界变为多元网状跨界,传统的企业边界和组织体系在突破和融合的过程之中,将更加符合设计逻辑,企业对于"度"的把握将会更加精准。协同跨界是企业跨界整合模式的二次创新,是企业重新占据战略方向、价值网络、运营结构和经济工具主动权的前提,也是企业二次发挥综合竞争优势的必然阶段。

(一)协同跨界与"伪协同"跨界

跨界的成功率有多高?抛开跨界不谈,我们先说创新。以零售行业为例,Kantar市场研究集团最新数据显示,全球快消品96%的新品都是失败的。也就是说,一家快消品公司推出一款新产品,其成功率尚且只有4%。那么,一家零售企业要跨界经营一种新业态,其难度可想而知。在传统领域中,商业模式的创新越来越凤毛麟角,那跨界整合也就变成了理所当然。然而,囿于线下的动作成本

及物理条件的限制，跨界又未必能立竿见影，这就非常考验企业是否进行了内外部的协同管理，这也成为提高跨界经营成功率的关键所在。说到底，协同管理的引入更加放大了跨界整合过程中"人"的重要性，即对客户需求的精准把握，而在这里就蕴含了协同与非协同之别。

一般情况下，互联网创业企业容易陷入"伪协同"的陷阱，花了巨大成本研发出一款消费者根本不需要的产品。但在跨界风潮之下，这种错误出现的概率还是非常之大的。先说无印良品，无印良品经营的品类跨度非常大，有家居、服装、文具、家电、食品、咖啡甚至生鲜和酒店。但由于其经营品类都传递了一种极简主义的生活主张，有统一的品牌调性，这使得其受众群体非常聚焦。因此，无印良品的跨界经营看上去风马牛不相及，但却把握住了消费者的"真需求"，做到了企业多元发展要素的协同。再看看顺丰旗下的嘿客便利店，第一代嘿客的诞生正是在O2O概念刚刚兴起的时候。与一般便利店不同的是，嘿客店内不设产品库存，这是互联网时代零售、物流、网络跨界融合的产物。看得出来，顺丰想要通过嘿客创造一些超越运送货物、搜集包裹、开辟空中运输线之外的东西。在顺丰嘿客店中，顾客只需扫描墙上的二维码完成购物，所有商品均可选择货到付款，商品送达后，再到店亲自查看或试用。如果不满意，可立时无条件退货。这其实是为O2O而设计的购物流程，异常烦琐，除此之外，嘿客的管理混乱到触目惊心的地步。顺丰的总裁王卫曾做过深刻反思，承认团队犯下许多低级的错误。的确，顺丰的优势在物流领域非常明显，但是顺丰缺乏必要的电商基因，再加之物流发展过程中的一些"野蛮"文化，过于草率地进行战略决策和战略布局，从顶层设计开始便没有注重产业发展的协同性，也没有进一步进行人才的培训及组织协同的改进，只能白白缴纳10亿元的学费。通过无印良品和一代顺丰嘿客的对比，可以发现跨界本身并没错，但如若对"界"的把握出现偏差，无异于为企业自身挖了个坑。因此，跨界整合过程中的协同管理变得异常重要，需紧抓三大重点：第一，企业是否通过跨界整合将专业优势进行集成协同，并加强原有的专业优势；第二，企业的品牌是否能形成一个交集，通过产品协同传递给消费者；第三，目标客户群是否感受到企业跨界整合的协同价值。让大众为企业的跨界整合买单，要与客户互动，要把品牌的价值通过跨界整合协同传递给消费者，注重极致享受的客户体验。

(二) 跨界整合的四大协同模式

早期的工业化时代基于价值链的商业模式形态得以树立。多元化企业经营多种业务，每个业务都是一条独立的价值链，服务特定的主流需求。但从商业需求的视角出发，长尾理论中的长尾用户存在大量未被满足的需求。因此，当企业跨界进入长尾市场，要通过跨界整合协同来创造性地满足该群体的需求，找到新的增长机会。当今的互联网时代，信息不对称导致的交易成本和创新的障碍正在被电子商务瓦解，智能终端的兴起又进一步带来移动商务和新兴服务业的繁荣。前沿企业正利用互联网的思维、技术和手段跳出原有行业，来整合各行各业中诸多的碎片、零散的需求。进一步分析而言，从工业化时代到互联网时代，跨界整合形态的发展导致了主流企业和跨界企业的关系、企业与用户的关系、用户与用户的关系等各种关系的变化。将行业（行业内/外）及用户（主流/长尾用户）两个维度划分为四个界别（见图4-16），跨界整合的协同模式相应地呈现出以下四种类型。

图 4-16 跨界整合协同模式四大类型

第一，多元化协同跨界模式。在工业化时代，依据二八定律，各行各业的竞争点主要集中在满足本行业内最具优质价值的主流市场需求上。当该行业内的企业无法有效服务主流市场的需求时，就给了其他行业企业以可乘之机。行业外的企业得以通过多元化破坏行业壁垒，跨界进入并服务行业内的主流市场，从而赢得竞争优势，如美国通用公司、日本三菱商事等。

第二，O2O协同跨界模式。由于激烈的市场竞争，主流市场几乎饱和，但长尾理论表明，行业内那些数量庞大但非主流的市场（长尾用户市场）蕴藏着巨大的机会。由于交易成本巨大，这些所谓的"低收益"市场往往被行业内的主流企业忽视甚至排斥。在电子商务时代，O2O带来一种需求侧革命，非主流市场需求终于得以被开发。当行业内的主流市场饱和时，主流企业可以基于互联网思维建立强大的线上交易平台，协同全球本地化、分众/聚众、产品平台化和虚实联动四种基本机制打破传统交易壁垒，降低交易成本，充分发掘行业内被排斥的非主流需求，进一步赢得竞争优势。美国梅西百货、沃尔玛开设网上商城，都属于O2O的跨界协同模式。

第三，跨界颠覆协同模式。到了跨界颠覆时代，如果行业内的主流企业不重视那些被主流市场排斥的需求，而来自行业外的具有互联网思维的跨界者注意到了这样的机会，跨界者就可以聚集行业内的大量用户特别是被主流企业排斥的用户，用流量的力量反过来向主流企业议价，这就变成"跨界打劫"，从长尾颠覆原先的领导企业。典型的案例有余额宝跨界进入银行领域，微信跨界进入移动运营领域，滴滴出行跨界进入租车领域。这就不难理解为什么主流企业会在占尽行业优势的情况下遭到非线性打击，让来自其他行业、毫无优势可言的跨界者后发先至。

第四，用户创新跨界协同。移动商务使得过去有间隔、碎片式的互动变成现在无时不在的互动，这进一步带来一种革命性的变化。人们在使用其他人知识的过程中，又创造了许多新的知识。最典型的特征是：让用户参与创新。用户不再是价值的被动接受者，而是主动卷入价值创造的过程中，他们可以参与设计、制造、营销、维护、评价等各个环节，典型的案例如小米。用户创新的跨界服务模式带来了一种供给侧的革命。在该模式中，跨界者不是简单地炒作流量，而是强调用户特别是原先被主流市场排斥的长尾用户，能够深度卷入产品和服务创新中。这些用户在使用跨界者产品和服务的过程中发现的问题、提出的建议和疑问，都能及时地转入跨界者的改进体系中去，让用户自己参与创造产品和服务，在塑造出强大的用户黏性的同时，通过快速迭代改进产品和服务。

【崛起的商业协同模式专栏5】　　久其软件："久其+"协同

北京久其软件股份有限公司（以下简称久其软件）是中国领先的管理软件供应商，长期致力于为政府部门和企业客户提供电子政务、集团管控、数字传播及互联网等综合信息服务及行业解决方案。近年来，久其软件积极顺应趋势、引领潮流,通过"内生+外延"相结合的模式,贯彻"久其+"的理念,依托多年积累的客户与资本优势,以应用场景为抓手,全面整合资源,在方案、技术、数据、人才和文化等方面进行协同布局及管理,成功构筑起"久其+"信息化生态体系,实现四大业务(电子政务、集团管控、大数据和数字传播业务)的协同驱动,促进公司业务融合与资源整合不断完善,推动业绩的高速增长,阔步向国内领先的大数据综合服务提供商迈进。据其 2016 年年报显示,公司全年收入为 13.21 亿元,同比增长 84%;归属于母公司净利润为 2.19 亿元,同比增长 62%;扣非后归属于母公司净利润为 2.12 亿元,同比增长 74%。

一、打造资源共享平台,强化协同管理服务

随着久其软件外延式发展的不断拓展,组织机构逐渐增多,集团化体系架构日益显现,财务共享服务与集团化发展日益加深。为了适应外延式发展的需要,久其软件凭借自身在集团管控领域的经验和积累,在原有业务、财务一体化的基础上,结合公司发展战略和业务特性,推进集团范围内的资源共享与管理服务,并架构起财务共享协同服务体系,将亿起联科技、华夏电通纳入财务共享范畴,实现财务资源的共享与协同,进一步提升了上市公司的协同管理。同时,久其软件成立了企业管理部,建立了投后管理服务机制,进一步解决了集团总部与子公司的权利职责、利益分配、资源整合、信息沟通等问题,促进了集团内部各成员单位的战略协同,充分落实了岗位职责,加强了风险的协同管理能力,保障了集团价值最大化;此外,久其软件的人力资源部立足集团化视野,与各子公司人力资源部门定期进行业务交流,统一部署人力资源信息化系统,在人力资源劳动风险管控、招聘管理、培训管理等方面进行经验及协同共享,并通过联合招聘、集团采购、资源共享等措施降低人力资源运营成本,促进了集团内部管理的协同与效能的提升,在支持集团业务发展的同时,也最大限度地防范了人力资源风险(见图4-17)。

二、完善大数据生态体系,协同挖掘云服务价值

久其软件在大数据领域的战略布局稳步落实,进一步为构建基于大数据价值分析的 B2B2C 数据服务、应用服务和管理咨询的协同业务体系奠定了

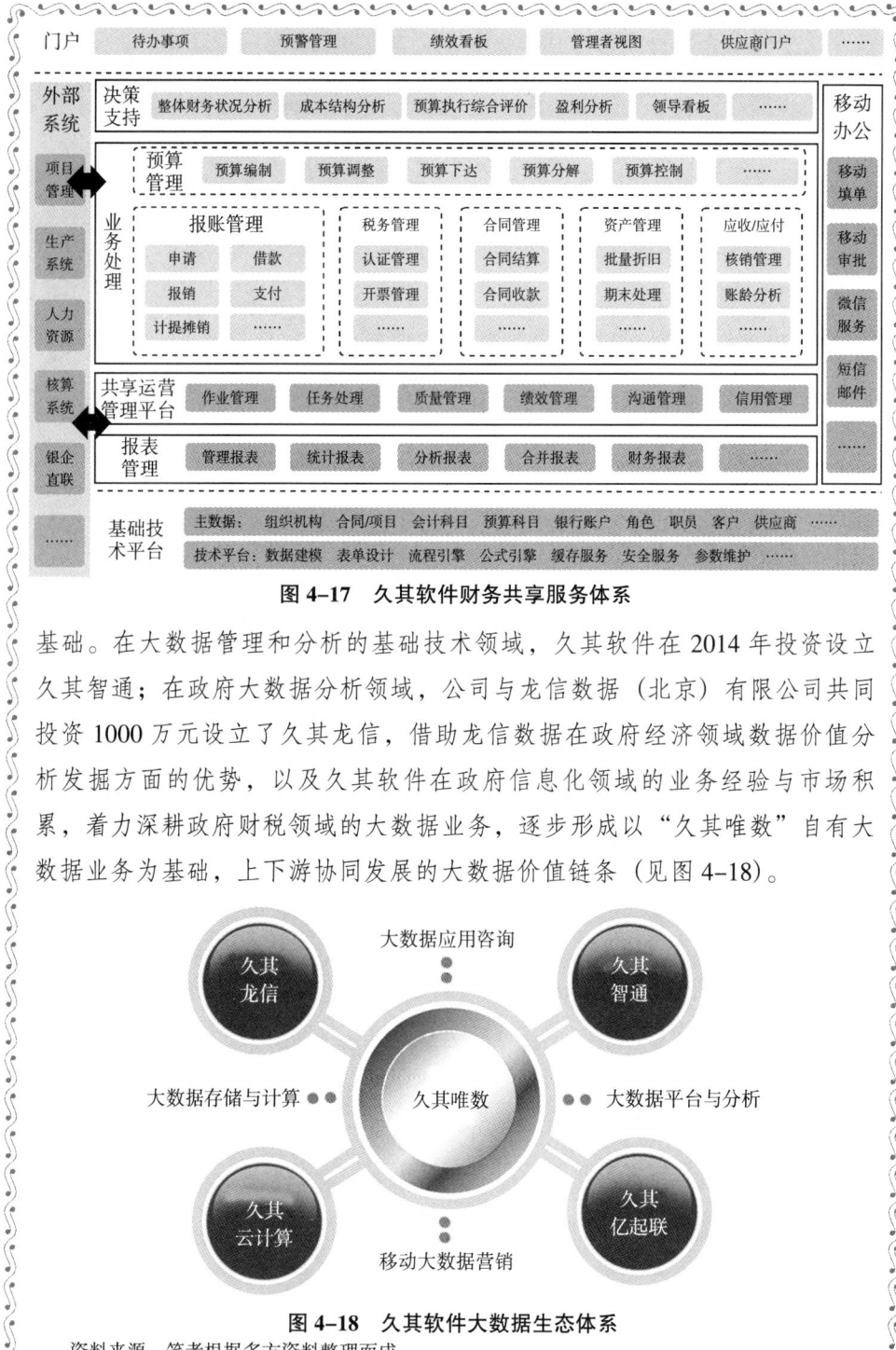

图4-17 久其软件财务共享服务体系

基础。在大数据管理和分析的基础技术领域，久其软件在2014年投资设立久其智通；在政府大数据分析领域，公司与龙信数据（北京）有限公司共同投资1000万元设立了久其龙信，借助龙信数据在政府经济领域数据价值分析发掘方面的优势，以及久其软件在政府信息化领域的业务经验与市场积累，着力深耕政府财税领域的大数据业务，逐步形成以"久其唯数"自有大数据业务为基础，上下游协同发展的大数据价值链条（见图4-18）。

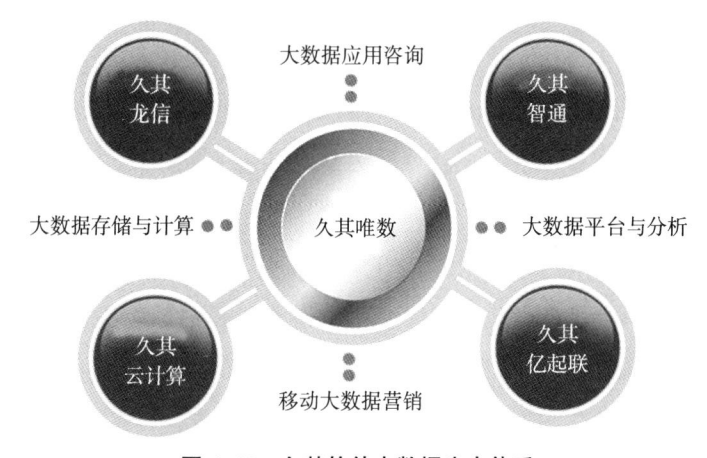

图4-18 久其软件大数据生态体系
资料来源：笔者根据多方资料整理而成。

> 此外，在大数据产品与技术方面，久其智通正式发布 Darwin 平台，将久其软件原有的商业智能分析技术久其唯数与久其智通的大数据技术进行协同整合，并结合久其龙信的数据分析理念和行业经验，形成了涵盖 Hadoop 大数据技术、商业智能分析和数据可视化技术、行业方案模板等具有强大协同创新能力的大数据技术和产品平台，以促进产业生态的协同与共赢。

二、共享经济模式：协同共享，价值优化

共享经济模式是互联网时代一种基于共享闲置物品或服务的新的商业模式，其作用在于提高存量资产的使用效率为需求方创造价值，促进社会经济的可持续发展。作为新常态下的"网红"模式，共享经济模式已经成为我国经济发展的重要引擎，据中国电子商务研究中心发布的《2016年度中国"共享经济"发展报告》显示，2016年中国共享经济市场规模达39450亿元，增长率为76.4%，分享经济的就业人数约为6000万人，比上年增加了1000万人，其中分享经济平台的就业人数约585万人，比上年增加85万人。"共享热"在国内发展的"热度"不减，但是这个"热度"也让共享经济的入场者前赴后继，热昏了头脑。一方面，资源的完全共享是不现实的，而在有限的范围之内，人、资源、资金的存量有限，较难形成规模效应；另一方面，缺少有效的保障机制，无序共享势必造成挑肥拣瘦，甚至资源的破坏（类似共享单车乱象），对脆弱的共享意愿造成冲击。因此，不得不采取一定的方式来降温，思考共享经济未来的出路。

杰里米·里夫金是共享经济模式的倡导者，他曾提到："资本主义时代正逐渐离我们远去，尽管这一进程并不迅速，却是大势所趋。与此同时，一种改变人类生活方式的新型经济体制应运而生，它就是'协同共享'（Collaborative Comman）。"杰里米·里夫金的话语重新将共享经济拉回到原点，即其核心理念——协同共享。协同和共享虽然相辅相成，但并不能等同视之。共享强调的是物品或信息的所有权和使用权的分离，通过分享共用，提升资源的有效使用率；而协同则强调元素之间在整体发展过程中的协调和合作，在推动事物共同前进、整体加强的同时，使协同的双方或多方集体受益。换言之，共享只是第一步，它改变了资源利用的模式，使用者不一定必须是所有者，协同则让离散的人力、资源朝着协

同的目标发展，通过产生合力，实现互利共赢。因此，在某种程度上，整合协同与共享的效益，才是充分释放和聚合资源潜能、产生共享协同效应的不二法则。

（一）人民的名义——未来的共享红利

共享经济的本质是服务于民，即通过技术手段来提高共享模式的匹配效率，来满足人的消费需求。而协同与共享经济结合生成的新范式商业模式，真正从根源及理念上把握了"人民的名义"——互动、体验、分享（见图4-19）。

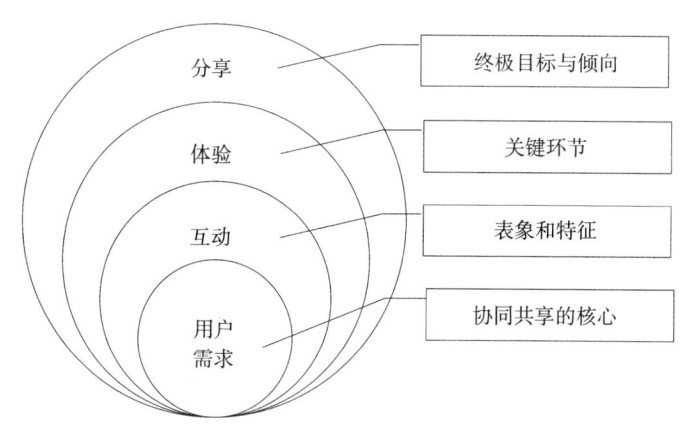

图4-19 协同共享商业模式三大元素

协同共享经济模式旨在把产品销售从单纯的推销转变成商家与用户互相沟通、交流、合作、充满乐趣的过程。真正的商业行为是商家与用户之间在一个完全放松的商业生态环境中进行一种双向、多维"互动"的过程；是每一个置身其中的个体"身、心、灵"对商业活动全方位"体验"的过程；更是每一个置身其中的个体在互动、体验中"分享"行销经验、知识和智慧，享受其中快感的过程。正如杰里米·里夫金所言，"服务学习的前提是：假设学习从来不是孤立的，而是一种共享经验，一种协作阅历，它最终会在人们生活和工作的现实社会中得到最佳实践"。"协作是高度社会化的核心和灵魂"，"在协同共享时代，学习被视为众包的过程，知识被视为公开共享的，可提供给所有人。人类行为本质上是社会化和交互式的"。

协同共享经济活动的外在表象和本质特征是"互动"。这里所谓的互动意指特定商业环境中的每一主体之间、主体与外部环境之间思想交流、情感沟通、灵魂融合的过程。在共享经济的范畴之中，互动可以满足用户需求，并挖掘用户的潜在需求，唤醒用户对预期商品功能、服务的渴望。互动，即双向或多维的融通交流，而非单向或线性的生拉硬拽。互动的表现形式多种多样，既有身体的接触，也有心灵的感应；既有个体之间的融通，也有商家与用户之间情感的共鸣、能量的互换与智慧的渗透和唤醒。随着信息技术的进步，现代商业活动对互动的体现十分充分。如时下最为流行的基于移动互联网所打造的 SoLoMo（Social + Local + Mobile）移动本地化社交模式，指的是以 LBS（Location Based Service）为基础，利用移动互联网技术建立区域性的社交网络。在 SoLoMo 环境下，用户在浏览信息后，可以获得更加实时的互动和服务，结合共享经济的理念，撬动更多闲置资源，以此来加强消费流转及社交互动。

协同共享经济模式的关键环节是体验，即体验经济和体验营销。这里的体验意指特定商业生态环境中的每一商家之间、商家与用户之间"身、心、灵"全方位的体察、感悟、验证的过程。通过体验，加深对商品外形的认知、对商品性能的了解，感悟商业活动的真谛。实践是检验真理的唯一标准，同样，体验也是商业活动的重要途径，人类商业活动如果离开了体验这个中心环节，消费者的潜在需求无法被激发和满足，与消费者的沟通就缺少了一条很好的渠道或途径。现在的跨国集团、全球的成功企业，无不是在践行体验经济的理念和智慧共享。就如张瑞敏的海尔集团、王健林的万达集团，都是基于互动、体验的理念来分享商业经济的智慧密码。

协同共享经济模式的终极目标和价值取向是分享。这里所谓的分享意指商家对用户、用户对用户之间，以口头或书面等方式，交流彼此在商业互动、体验中获得的收获、感想、经验、知识等。通过分享传承人类商业文明、交流商业文化、传递最新商业资讯。互动、体验、分享是协同共享经济模式的不同侧面，统一于人类协同共享商业活动的全部过程之中。互动的过程是在体验和分享中进行的，没有离开体验和分享的单一互动；体验的过程是在互动中推进的，体验的成果是在分享中实现的，没有离开互动和分享的纯粹体验；分享是体验和互动的归宿，离开体验和互动，分享即成为无源之水、无本之木了。因此，互动、体验、分享是共存于协同共享商业模式之中的，是未来用户享受共享红利的重要基石。

（二）协同共享之价值链的共创重构

如果说以人为本是协同共享商业模式的核心，那么价值链的共创重构则是协同共享商业模式的协同目标。在当前的时代背景下，由于技术因素、成本因素、实现平台因素的限制，协同共享商业模式在企业日常中的应用具有很大的局限性，使得目前的价值共创只能阶段性地实现，企业和用户无法通过共享资源创造价值，无论是产品型企业还是服务型企业，为了平衡资源限制和鼓励用户参与，在企业创造价值的过程中，都需要将整条价值链的创造过程分为各个阶段独立进行，通过单独创造平台和条件来实现该阶段企业和用户一起创造价值。同时，企业在阶段与阶段间会利用信息技术进行相互反馈和跟踪，以此来不断改进和完善服务流程或产品生产，并通过协同、共享及交互，最终将价值创造的各个阶段进行串联捆绑，以此形成目前形势下的价值共创。因此，受制于资源和技术短板，用户和企业之间必须以协同共享商业模式作为战略模式，创建动态"四点三维"协同共创价值实现机制来共同创造和重构价值链。

动态"四点三维"协同共创价值实现机制是运用互联网的思维，运用协同共享商业模式去构建价值共创的实现机制。其中，"四点"指的是用户、创新、生产和数据，用户点贡献需求和使用价值；创新点通过协同创新设计研发价值产品和服务；生产点是对研发的价值产品进行生产；数据点负责提供互联网技术、传递价值数据和共享价值数据。这"四点"就是互联网思维下价值共创内涵延伸的四大实施主体，这"四点"各司其职，相互协同，相互共享。"三维"则是由这四大实施主体构建的四面体成就的一个三维空间，即研发、生产、消费；动态是三维空间的四面体在价值共创的不同阶段所具备的动态调整及自适应的功能（见图4-20）。

第一，研发阶段。该阶段是实现机制运转的开端，其主要任务是加强产品的协同创新，以创新点为主、其他三点为辅的形式进行。创新点主导产品的设计思路为客户点贡献需求、使用和体验信息，生产点负责来回传递生产技术的可行性和科学性信息，数据点负责数据信息的共享、映射、分析、传递，并将客户和生产的数据信息协同到创新点，以此在研发阶段设计出市场认可度高的价值产品，实现价值链的协同共创。

第二，生产阶段。在产品价值的生产阶段，则以生产点为主、其他各点为辅的形式进行运作，产品在经过研发设计后，需要被创新地生产出来，此时客户点提供的是需求体验信息，创新点则转变调整为研究如何更有效地降低生产成本，信息点负责协同共享和传递有助于产品生产的有用信息，此阶段实现机制的主要任务就是在保证产品被成功制造出来的前提下尽量降低成本。

第三，消费阶段。在产品最终到达用户手中后的消费阶段，用户点以核心角

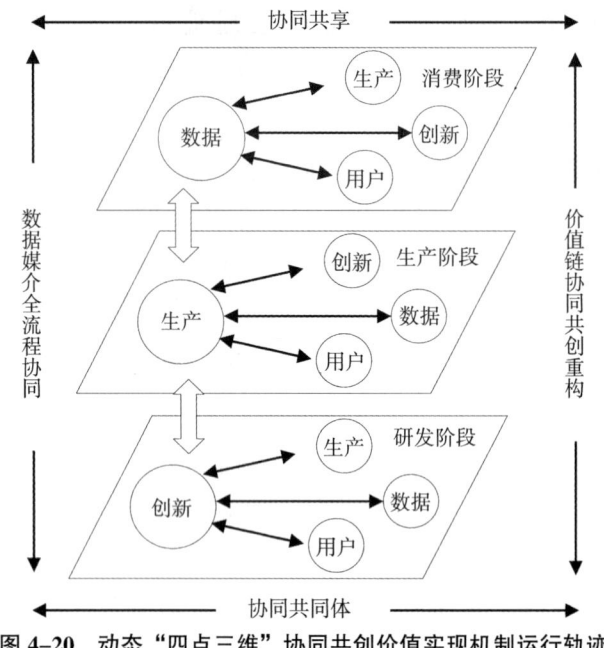

图 4-20 动态"四点三维"协同共创价值实现机制运行轨迹

色进行产品价值的消费、体验和感受，利用信息点的辅助将产品价值的使用和体验信息及时反馈到创新点和生产点，以此不断修正和完善价值产品，形成类似螺旋式上升的价值不断得到改进和提升价值链的协同共创过程。

动态"四点三维"协同共创价值实现机制是以协同共享的商业模式来相互平衡、协同、共享和运作的三维四面体结构。从微观层面上看，价值链重构共创的不同阶段，实现机制能够动态性地自我调节以保障产品和服务的价值是集"四点"一起努力共同创造出来的；从宏观层面上看，整条价值链共同创造的实现机制是各个阶段协同发展和协同演化的过程，三大阶段以数据为媒介和指标，将价值共创的所有阶段串联成一个协同整体，通过不断进行及时反馈、修正改进直至价值链的重构、完善及协同共创，最大程度地实现价值链的协同合力。

【崛起的商业协同模式专栏6】 鼎汉技术：多元协同，疾行稳行

北京鼎汉技术股份有限公司（以下简称鼎汉技术）成立于2002年6月，是一家从事轨道交通电源系统研发、生产、销售、安装和维护的高新技术企业。自成立以来，鼎汉技术在产品研发、生产和销售方面取得了长足的发

展。鼎汉技术拥有完全自主知识产权的轨道交通电源产品，已广泛应用于国有普通铁路、客运专线、城市轨道交通和地方铁路等轨道交通领域，在铁路运输安全性和稳定性方面发挥着不可替代的重要作用。目前，鼎汉技术聚焦轨道交通行业，以"打造轨道交通行业最值得信赖的国际一流企业"为愿景，以"地面到车辆""增量到存量""走向国际化"为战略发展方向，对轨道交通各类高端装备进行研发、生产、销售、安装和维护；同时，以客户需求为导向提供其他配套产品及服务，取得了显著的社会效益及经济价值（见图4-21）。

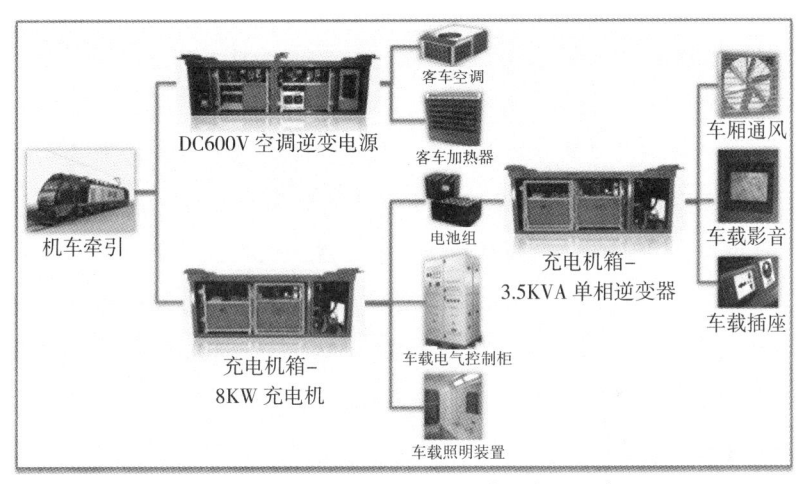

图4-21 鼎汉技术普铁车载辅助电源系统

一、发展融合协同，实现增效共赢

随着鼎汉技术发展规模的逐步扩大，公司已构建了拥有国内多家子公司的产业集团架构体系。因此，鼎汉技术根据集团化发展需要，成立了集团管理委员会，提升管理效率，并下设相关财经管理委员会、预算管理委员会、营销管理委员会、质量体系监督管理委员会、行政人事管理委员会等专门委员会，实现资源协同共享。此外，鼎汉技术继续完善支撑公司内生持续发展的矩阵化协同管理平台，加强市场平台、技术平台、供应链平台、财经平台、人才流动等方面的无缝对接。同时，鼎汉技术加强集团层面的战略和方向牵引，推进子公司间资源的协同共享，层层推进目标分解和战略落地，集中解决制约各子公司发展的共同矛盾，真正把集团化经营的规模效应和边际效应发挥出来。另外，积极发挥各子公司的独立性和灵活性，建立敏捷的业务闭环改进模式，以各项业务板块协同化为抓手，自上而下推进各公司间的有效整合和协同，从公司治理、发展战略、市场协同、人才激励等各个方面不断完善相关内控制度与流程，加强子公司之间的协同管理和文化的协同融合，进一步强化集团化协同管理运作的模式。

二、借力并购，助推业务协同

自2016年起，鼎汉技术在原"从地面到车辆""从增量到存量"的战略基础上制定并实施了从"从国内到国外"的发展战略，努力"打造轨道交通行业最值得信赖的国际一流企业"。对德国艾思玛铁路技术有限公司（SMA Railway Technology GmbH，SMART）的并购是鼎汉技术"从国内到国外"战略的初步落地。鼎汉技术的车载辅助电源产品目前已获取了普通铁路的资质，动车的车载辅助电源正在研发中，但缺少地铁车载辅助电源的相关产品和应用。而SMART是地铁车载辅助电源的全球领先企业，将完善鼎汉技术车载辅助电源序列的产品，同时加快车载电源相关产品的协同创新，业务协同价值巨大。此外，SMART在辅助电源技术方面国际领先，并与国外各主机厂具有广泛的合作基础和全球应用案例。通过与SMART的协同发展，鼎汉技术可以协同开拓国际市场，并深化对国际轨道交通市场的了解与理解，提升公司国际化水平。

资料来源：笔者根据多方资料整理而成。

三、生态圈模式：生态裂变的终极奥义

随着跨界共享的推进，企业商业模式改革之风愈刮愈烈，众多企业在资源利用及业务领域都实现了极大的蜕变，企业同企业之间的合作融合逐步演化为小型生态，实现了生态群落的自组织循环。但是，生态群落毕竟在体量和竞争上还是较为脆弱的，单一的生态体系已经无法应对快节奏的商业发展。因此，在大协同时代，各个生态群落的生态成员根据自身的发展需要，通过互联网技术，自发寻求与跨领域和跨行业的待选成员在强关联业务上的协同合作，通过建立生态联系，进而撬动多生态群落之间的资源共享、业务往来及协同演化，并逐渐形成一个协同开放的商业生态圈，实现多级生态子系统的裂变重组。

互联网竞争格局跑道已变,"生态+生态"的竞争将会成为商业主流。世界第一零售平台沃尔玛曾用了 220 万人在 54 年时间达到 3 万亿美元的销售目标,而阿里巴巴只用了 8000 名"电小二"便在 13 年的时间内高效率达到这一商业体量,这意味着传统商业时代告一段落,新网上经济体已经诞生。阿里巴巴的互联网"生态圈"协同模式激活了整个社会资源,从电商创业者、服务商、快递员,到全球品牌商、国际物流,协同众多成员共同参与整个产业链。互联网新商业生态圈的协同爆发力,正在逐渐显现。一个开放、协同、繁荣的互联网生态系统正在调动全社会更有效地配置资源,最大程度地实现共赢。

(一)生态圈模式的"三三"法则

生态圈原是自然科学用语,1993 年穆尔(James Moore)在《哈佛商业评论》上第一次提出"商业生态系统"的概念,通过众多学者的逐步完善,"生态圈"正在成为商业关系构建上的一场革命。商业生态圈是指包括产品提供者、供应商、分销商、顾客、互补产品提供者、竞争者、政府及其他利益相关者等各种不同组织,通过相互作用及协同管理而结成的经济协同体。在生态圈模式中,每个组织承担着不同的功能,各司其职,但又形成互赖、互依、共生的生态系统,虽有不同的利益驱动,但身在其中的组织和个人互利共存,资源共享,共同维持系统的延续和发展。生态圈模式与原有的商业价值链模式最大的区别在于价值链模式强调如何利用企业已经拥有的,即内部资源形成竞争优势,而生态圈模式则强调企业如何通过建设一个价值平台,通过平台借助、撬动圈内其他企业的能力,而形成竞争优势。在现代竞争中,商业生态圈日益占据了重要地位,这种商业模式使得产业活动的分散化成为可能和必要。

(二)生态圈三层次:共生+互生+重生

生态圈模式作为商业关系构建上的一次革命,能够实现共生、互生和重生三个层次的作用,共生和互生描述系统内成员间的关系,不但能够通过各成员的不断投入共同创造价值,而且能通过生态圈内的价值分享保持系统的健康发展。而重生则能够推动生态圈的不断进化,适应不断变化的竞争环境需求。

第一,共生。在生态圈模式中,各成员分工协作,为共同的目标有机地联合成为一个协同体,协同为用户创造价值,实现生态圈的整体价值最大化。共生的核心是创造一个可供生态圈中各商业伙伴共同利用和分享的价值平台,从而使价值创造活动能够得以系统化地组织。此外,在共生这一环节中,参与者可以将精力集中在某一个市场，而利用平台其他合作伙伴的力量解决其他方面的问题，从而大大提升了经营绩效。这一环节的核心在于建立和维护价值平台，参与者可以通过实物资本、智力资本或是金融资本建立一个平台。通过这样一个平台，各成员可以共同投入，使复杂的价值创造活动简单化，以提高生产率，并提供更多可能的价值创造点。

第二，互生。在共生之上，生态圈成员还呈现出一种相互依赖的关系，每个成员的利益都与其他成员以及生态圈整体的健康发展相联系，成员所创造的价值会在整个生态圈中进行分享。如果缺乏这种互动分享，生态圈模式的健康水平就会受到威胁，成员可能会出现衰退，或转向其他生态圈。这一环节的核心在于系统中分享价值的成本必须足够低，生态圈必须建立一种可低成本分享价值的管理结构。例如，众多手机操作系统或 SDK 平台的开源就是通过定义一系列的标准化软件接口，通过这些接口让不同的软件公司或参与用户可以用标准化的接口程序在企业的硬件产品上实现不同的功能，这使数以万计的开发商或用户能够通过开放平台发布自己的软件，从而分享生态圈所创造的价值。而这种价值分享的方式也较为简单，主要是从商业收益中进行固定分成，从而进一步降低相关交易成本。在整个生态圈中，每个关键业务领域都必须是健康的，任何一个环节的脆弱都可能损害整体的绩效水平。因此，成员的眼光必须从企业内部转向企业外部，避免企业获取的利益超过生态圈所能够创造的商业利益，从而导致生态圈的崩溃。

第三，重生。任何产业都有其发展边界，当外部环境变化或产业进入成熟期之后，可能会发生整个产业的衰退，劣币驱逐良币的状况会更加恶化。重生是指通过重新关注最适合的市场和微观经济环境的产业区域，将一些资源转移到新的生态圈，建立更好的合作框架和更健全的经济秩序，从而成功地穿越未来更宽广的市场范围。以淘宝为例，淘宝网在初期经历了快速增长之后，由于参与的商家资质参差不齐，假冒商品和劣质商家导致部分消费者向其他品牌类电子商务网站分流。在此情况下，淘宝创新升级平台功能，使得淘宝品牌、网络入口、支付宝等后台设置实现技术贯通，成功实现平台生态圈的技术支撑。淘宝以此为基础，相继启动"淘品牌""淘宝商城"（天猫）两项战略举措，使一批在淘宝网上已经建立了良好口碑的网络品牌脱颖而出，并与部分传统品牌组成淘宝商城这一新的生态圈，做到多方的互利共赢。再生的淘宝生态圈保留了原生态圈的用户、商家这些"原住民"，实现了商家和用户的平稳过渡。一方面，消费者不必改变入口，也不必改变交易习惯；另一方面，商家不必完全放弃其已建立的淘宝网运营基础。生态圈模式的再生特性使得生态成员可以随环境变化而持续创造价值，这是生态圈模式优于传统价值链模式的重要原因。

(三) 生态圈商业模式三特性：轻生态+不可复制+"放大镜"

与建立在价值链模型上的商业模式不同，基于生态圈的商业模式由于将重心从企业内转向企业外，从经营企业自身能力或是资源转向撬动价值平台相关企业的能力和资源，从而具备轻生态、不可复制及"放大镜"三个特征。

第一，轻生态。"轻"是指生态圈模式突破了由成员在内部通过扩大投入、缩减成本、提高效率等方式提高自身核心竞争力的模式，而代之以通过平台，以自身能力为基础撬动生态圈，借助合作伙伴的资源和能力来创造价值。在传统的价值链模式中，价值是按链条中的不同环节进行分配的，任何一个环节的利得都意味着其他环节的损失，这使价值链的主导企业有动力去进行整合，将更多的业务纳入自己的掌握中。在这一模式中，任何能力都来源于企业内部，需要不断加大投入，导致企业资产越来越重及发展后劲缺乏。而在生态圈模式中，价值是被不断创造出来的，打破了整合限制，降低了运营成本。主导企业与其他企业通过协同管理将内部资源和能力进行整合，共同将平台作大，吸引更多伙伴加入生态圈。同时，生态圈的价值创造是多元化的，每个伙伴都依赖其能力为生态系统贡献不同的价值，能力上的错位和互补也使整合的可行性大为降低。这两个因素使生态圈成员的战略着眼点从价值分割整合转向共享价值创造。

第二，不可复制。首先，生态圈的不可模仿性源于核心竞争力从企业内部转向网络，一方转向多方。普拉哈拉德 (C. K. Prahalad) 在提出"核心竞争力"的概念时，即强调公司取胜于竞争对手的能力的集合是核心竞争力，由于具备独特的组合方式，这种核心竞争力是难以复制的。而生态圈则是由多个不同能力、不同定位的企业所组成的，其形成的方式比一家企业的内部组织更为复杂。生态圈的核心竞争力可以视为所有成员企业的核心竞争力的综合体，这种复杂性从根本上决定了生态圈的不可复制性。其次，生态圈的多元化和开放性特征使其具备超越价值链系统的吸纳能力，可以容纳更多的公司加入生态系统，而随着生态系统的不断扩大，其竞争力也会相应增强。这使后起者在试图复制生态圈时，会面临缺乏合伙伙伴的窘境。

第三，"放大镜"。生态圈协同创造了一个价值平台，使成员能够利用这一平台来提高自己的业绩和完善自身的业务矩阵。通过生态圈内部的整合，这种价值创造还会被进一步放大。这种超越依赖企业自身能力和资源的模式，使生态圈的优势会随着伙伴的不断增加而增长，而参与的各方也可以利用平台的优势，借助其他成员的能力和资源而获取业绩成长。

（四）生态圈的绝密要领——协同管理

当前，受苹果、乐视等先驱者鼓舞，"生态圈""产业链"似乎成了创业者嘴边最流行的词汇。创业者以生态圈、产业链的思维来布局企业没有错，但若一味贪大求全，则有可能跌入生态圈陷阱。随着"互联网+"的兴起，人们开始赋予"生态"更广的内涵，但凡借助互联网发展且紧密联系的产业形态都可以叫作"生态圈"。以苹果为例，苹果的商业模式就是一个典型的生态圈。它的核心竞争力在于围绕 iOS 系统打造的软硬一体化封闭模式，通过 iTunes 和 Apple Store 等为用户持续输送优质的服务和内容，不断扩展增值服务的边界，进而连接一切。苹果的生态圈虽然强大，但是其生态圈模式从形成之初就高度依赖它的颠覆性创新产品——iPhone。纵观近年来苹果的发展，相较于出货量和股价，苹果产品的创新步伐似乎正在减慢，从技术到工艺都呈现出创新乏力的趋势。倘若 iPhone 的优势不再，苹果所建立的生态帝国又从何谈起？再看看刀尖上的乐视，乐视通过资本驱动打造出"内容+平台+硬件+应用"的生态圈。从影视、电视、手机、体育等行业，又接连进入了汽车、房地产行业，"生态梦"一度成为其代名词。但仔细分析乐视的产业布局，它最应该解决的是其核心业务——视频版权，只有这个问题解决了，生态圈才能随之形成，然而残酷的现实是，乐视目前掌控的内容和版权少之又少，仅仅一个乐视会员根本就解决不了消费者多元化的影视需求。皮之不存，毛将焉附？因此，乐视进行摊煎饼式的扩张而忽略核心业务，使得乐视的生态圈大举崩坏。可见，"生态圈陷阱"客观存在于生态圈中，因此必须要加强生态圈模式协同管理的引入和改良。

协同管理对于生态圈的成败至关重要，生态成，则企业成；生态衰，则企业衰。协同管理是产生多模生态协同效应的重要驱动力，协同不利，则陷入内耗，甚至导致生态坍塌。所以，生态协同的成功与否，关乎企业的生死。协同产生聚变，聚变形成核爆。对于企业而言，协同管理目标的实现必须加强生态圈模式的协同创新，创新建立与生态业务相匹配的生态型组织，形成更加贴近市场、快速响应、协同优化、鼓励创新的运营模式。此外，协同管理的引入可增强核心竞争力与生态圈模式的协同优化。核心竞争力是企业内部具有的积累性学识，特别是关于如何协同不同的生产技能和有机结合多种技术流的学识。生态圈优化能力则是企业协调外部伙伴关系的能力。核心竞争力强调企业的内部积累，生态圈构建能力则突出外部关系的协调，可见这是两种不同的能力。在今天这个以"连接"为特征的信息时代，迅速适应新环境的方法就是优化生态圈：高质量的生态圈为企业提供了一个丰富的外部资源库，使企业能够在专注自身核心业务的同时调动和利用外部资源，达到四两拨千斤的效果。不过，这并不意味着企业可以放弃核心竞争力，毕竟核心竞争力对于企业是"刚性"的，在技术突变或者产业融合的背景下，核心竞争力仍然是企业不可或缺的重要武器。因此，在当前异常动荡、复杂的环境下，企业要获得成功必须协同核心竞争力和优化商业生态圈的能力，必须加强节点生态、组织生态及战略生态协同创新，借助协同管理引起生态化反，扩容企业协同生态圈（见图 4-22）。

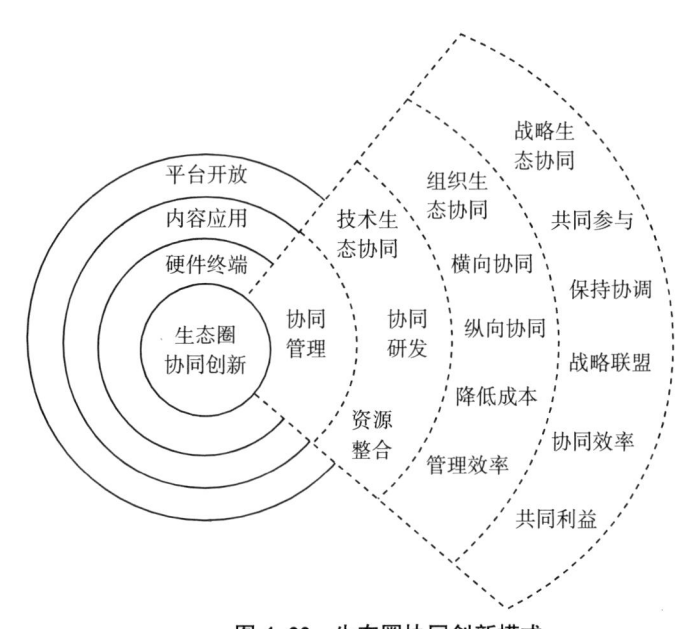

图 4-22　生态圈协同创新模式

第一，技术生态协同创新。当价值创新链的某一技术节点成为制约创新的关键，而单个创新主体又难以独立完成突破时，生态主体就会围绕这一技术进行协同创新。技术协同包含技术储备、创新主体、政府与辅助组织、规则等基本要素。技术协同多表现为创新主体之间的知识和资源的协同，在技术协同创新阶段，创新主体通常通过签订合同的形式建立临时协同关系，共享技术创新界面，主体间的合作时间取决于技术突破的时长，合作的时间相对较短，因而更多的是基于现有资源的整合，以实现技术创新的突破。技术协同创新的最大价值在于帮助企业直接突破核心环节的制约瓶颈，实现技术换代的"弯道超车"，取得产业价值链的控制权。以新能源车为例，车用锂电池技术已经成为保障新能源汽车动力续航的关键制约因素，因此相关企业积极尝试协同研发模式，发挥各自的比较优势，突破制约技术问题。例如，特斯拉与达索合作，消除制造研发生产 ModelS 车型环节的数据壁垒；日产汽车、日本电气（NEC）合资组建 AESC 电池公司，共同研发 Leaf 车用锂电池；LG 化工与观致汽车合作开发最新的插电式混合动力技术；奔驰、比亚迪成立合资公司实现新能源汽车开发在电动汽车结构、安全领域、汽车电池及驱动技术等多个专利技术上的互补与协同创新。

第二，组织生态协同创新。主要是围绕创新价值链制约技术进行协同，由于创新主体的角色和协同收益的差异，基于规则所形成的短期合作契约可能存在机会主义行为，为了有效控制知识溢出，降低投资成本和管理成本，企业在保持组织核心职能独立的基础上，进行组织职能和结构层面的协同，弥补创新资源的缺乏，降低创新成本，共担创新风险。组织生态协同创新是创新主体之间的流程协同，组织协同从短期合作契约进化成长期的企业实体，共同组建长期项目小组或虚拟合作企业，实现创新力量与创新资源的协同整合，可有效应对动态环境，增强核心竞争力。组织协同创新活动包括纵向的产业链协同创新和横向的知识链协同创新：纵向的产业链协同创新是指企业与产业链上游的供应商和产业链下游的客户之间的协同；横向的知识链协同创新是指企业与竞争企业和其他相关企业以及高校、科研机构之间的协同创新关系。

第三，战略生态协同创新。战略生态协同创新是指企业与其产业链相关者之间为了共同的利益目标，通过签订协议或长期形成的心理契约，达成战略联盟并形成战略伙伴关系，从而在战略上保持协调一致，共同参与市场竞争。战略生态协同能够实现协同主体各方战略的互补、一致性和战略支持，通常表现为战略投资、战略研发、共享战略风险，相互借助核心竞争力，避免竞争损失，共同防御市场掠夺者。在战略生态中，战略协同主体拥有的知识、资源通过交流和共享形成整体的核心竞争力，并通过核心竞争力在成员之间的转移和扩散，获得各自创新能力的大幅提升。此外，战略生态协同的关键在于通过资源互补协调研发和生产力量，形成统一的战略目标和行动准则，可有效降低组织型协同的管理成本，也能有效避免契约型协同的机会主义行为，从而提高协同效率，促进技术的快速发展。

企业作为一个复杂的经济系统，具有开放性、非线性、突变和涨落等自组织特征，不断地与外界进行着资源的输入与输出，其自身就是商业生态圈利益共同体的一个构成部分，与生态圈其他成员协同是其内在要求。因此，协同创新生态圈扩大了企业的资源边界，将不同来源、不同层次、不同结构、不同拥有者的资源或能力联结成创新共同体，按照合作竞争机制和协同规则进行识别与选择、汲取与配置、激活与有机融合，通过互利和契约把企业外部既参与共同的使命又拥有独立经济利益的合作伙伴协同整合成为一个具有特定目标的价值创造系统，从而帮助企业构建未来的核心竞争力。

【章末案例】　　东兴证券："协同 + 上市"跨越发展

一、公司介绍

东兴证券股份有限公司（以下简称东兴证券）是2008年经财政部和中国证监会批准，由中国东方资产管理公司作为主要发起人发起设立的全国性综合类证券公司，是境内首家资产管理公司系上市证券公司，2015年被评为AA级券商。公司注册资本为27.58亿元，总部设在北京，在全国各地设有72家分公司和证券营业部；拥有东兴期货有限责任公司、东兴证券投资有限公司、东兴资本投资管理有限公司、东兴证券（香港）金融控股有限公司四家一级全资子公司。目前，东兴证券的业务涵盖证券经纪、证券投资咨询、与证券交易和证券投资活动有关的财务顾问、证券承销与保荐、证券投资基金销售业务、证券自营和证券资产管理业务、融资融券业务、代销金融产品业务、公开募集证券投资基金管理业务，已经形成覆盖场内和场外、线下和线上、国内和海外的综合金融服务体系。近年来，东兴证券秉承"诚信、专业、创新、高效"的经营理念，把客户利益放在首位，以高水准的专业技能、至诚有效的服务和稳健的经营风格赢得客户信任；积极构建具有鲜明时代特色和符合自身特点的企业文化体系，精心打造结构优化、素质精良、战斗力强的专业化人才队伍；深入推进业务的开拓创新，在产品设计、项目运作上追求高质量、低风险；奉行以严格的风险控制为前提、以合理的投资收益为目标的稳健投资策略，建立科学、严谨、高效的业务流程和风险管控体系，追求稳步增长的经营效益，使其为客户、股东和员工创造的价值最大化，将东兴证券建设成为品牌领先、能力突出、业绩优良、特色鲜明的现代金融服务企业。在东兴证券已经确立的发展思路和形成的企业文化的指导下，公司经营业绩持续增长，净资产收益率持续保持在10%以上，发展趋势良好。

二、"双东"之"大协同+"战略

近年来，东兴证券结合控股股东中国东方资产管理股份有限公司（以下简称中国东方）金控集团的优势和资源，以客户为中心，确定"大协同+"战略，以"大投行、大资管和大销售"作为发展战略。通过综合运用跨行业、跨领域的金融工具，借助场内和场外、网下和网上、国内和海外平台，为不同需求的客户提供覆盖融资、资产管理、投资顾问、衍生工具、非证券类金融产品的全生命周期、全产业链的财富管理和投融资服务，并在投行、资管、投资等多项业务领域共同挖掘项目、共享客户资源，着力打造有特色的综合财富管理机构，协同效应显著。据东兴证券公开数据显示，2016年东兴证券与中国东方开展的各项协同业务累计规模超过1000亿元，协同业务预计总收入同比增长243.77%。在投行业务方面，东兴证券实现投行业务收入7.86亿元，同比增长28.86%；在资产管理业务方面，东兴证券的资产管理业务收入为6.16亿元，同比增长14.48%。2016年末资产管理受托规模为1005.86亿元，同比大增66.24%，同时专项资产管理规模和基金产品管理规模分别同比增长213.40%和1416.31%。根据统计计算，2016年投行和资产管理收入占比分别由上年的11%和1%提升至22%和17%，信用业务占比也从13%提升至15%，业务结构优化明显，表现亮眼。此外，在2016年，东兴证券全年股票主承销家数提升28名至行业第19名，累计总承销金额756.95亿元，同比增长73.44%，主要因为增发金额和债券发行金额分别同比增长316.35%和56.56%。同时，东兴证券全年完成财务顾问项目346单，新三板累计挂牌162家（排名行业第21位）。截至2016年底，东兴证券在审IPO保荐项目5个，在审再融资保荐项目12个，项目储备量与2016年实际完成量相当，对2017年业绩形成保障。

三、借"改革"东风，大举开拓协同业务空间

东兴证券控股股东中国东方是由财政部与全国社会保障基金理事会共同发起设立的，是拥有银行、证券、期货、信托、保险、金融租赁、信用评级等多种业务的国有综合金融服务集团，注册资本553.63亿元，在全国26个中心城市设有分支机构以及多个平台子公司。中国东方以其深厚的金融背景和雄厚实力为东兴证券的发展提供了强有力的支持，共同为客户提供境内外全面金融服务。2016年，中国东方完成了对大连银行的收购，完成了金融全牌照的战略布局，形成了集资产管理、保险、证券、银行、租赁、信托、投资、小贷、评级和互联网金融于一身的金融控股集团，在全国范围内拥有众多分支机构以及1500万个客户资源。同时，中国东方以不良资产处置业务为核心，结合收购契机，进一步完善了金融全牌照的战略布局，成效显著。截至2016年末，中国东方未经审计的总资产达到8233.08亿元、净资产为948.53亿元，分别较2015年初增长100.16%和39.61%。

目前，中国东方已完成股份制改革，并已于2016年10月17日挂牌成立，未来有望引入新的战略投资者，进一步整合境内外优质资源。改革后中国东方将在做大做强不良资产核心主业的基础上，从产品协同、客户协同、渠道协同、资金协同四方面深化集团战略协同，将协同定位为集团实现战略发展目标的关键（见图4-23）。

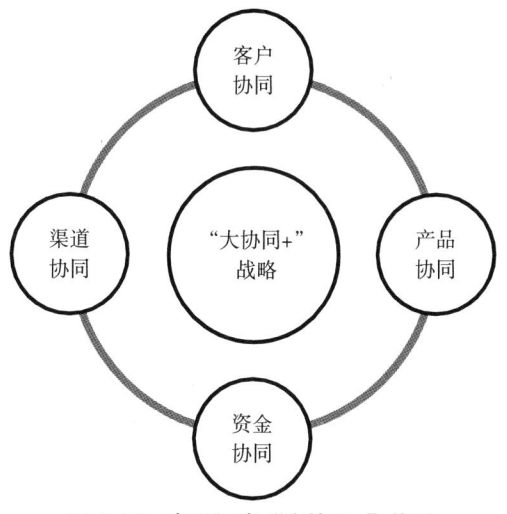

图4-23 东兴证券"大协同+"战略

东兴证券作为中国东方旗下唯一的上市金融平台，在集团内部具有重要的战略地位，未来东兴证券将进一步共享中国东方及其下属公司范围内的客户、品牌、渠道、产品、信息等资源，结合中国东方处置不良资产主业的优势地位，打造自身具有不同需求类型和风险偏好的多层次客户结构，进一步提高公司的客户开发、产品销售和全方位金融服务的竞争力。同时，东兴证券将通过对接集团海外优质客户，加快实现境内与境外的业务联动，最大限度地挖掘客户价值，提高公司金融产品、金融服务的渗透力以及客户满意度、忠诚度，为各项业务的开展奠定坚实的基础。

四、渠道协同运营，推进"网上+网下"业务发展模式

东兴证券持续推进"网上+网下"业务发展模式，从产品、服务、组织架构、运营机制等方面实现网下分支机构与网上平台的有效协同，使产品服务创新及互联网金融体系建设卓有成效。2016年，东兴证券投资顾问产品签约客户数和签约客户资产规模快速增长，投资顾问产品"金股在线"在《证券时报》"2016中国区财富管理机构评选"中获评最佳投资顾问品牌。

网上方面，东兴证券正式成立互联网金融部，完成了机器人投资顾问产品APP、"东兴198"综合APP、极速交易系统、PB交易系统、运营外包托管系统、大数据平台等的建设与上线，率先实现智能投资顾问、数据实时分析、智能账户分析等特色功能，通过自主研发的"东兴198"综合APP为客户提供行情、资讯、开户、交易、理财、增值服务（机器人投资顾问、金股在线）、账户管理等"一揽子"服务。东兴证券2016年新增经纪业务客户中超过92.95%为通过手机端开户，同比提高8.61个百分点。

网下方面，东兴证券建立了以分公司为核心的分支机构管理体系，形成了三级一体的管理考核和责任追究制，2016年完成江门、新疆昌吉两家营业部以及三明、莆田、泉州、南京、济南五家分公司的开业，分支机构总数达到72家。

随着规模扩张和转型需要，东兴证券将加强经纪业务人才储备，进一步完善分支机构管理体系，通过金融产品与服务创新以及网上、网下的深度融合，加快从传统通道向财富管理及投融资中介转型，全面提高经纪业务市场竞争力。

五、结论与启示

第一，借力资本提升，多手段加深企业协同合作。资本力量不容忽视，就如东兴证券完成非公开发行计划，借助资本实力的显著提升，东兴证券的业务结构得到持续优化，投行资管实力进一步提升，并分别与大连银行签署战略合作备忘录及完成东方金科25%股权的认购，大连银行与东方金科是中国东方旗下重要的银行与互联网金融牌照，无论是对金融规模还是金融业务的发展都具有极大的益处。因此，对于企业，特别是上市公司来说，必须注重资本的协同运作与实力提升，才能更好地与兄弟企业进行协作，实现客户资源的协同共享，完善企业自身渠道的布局，加快相关业务的发展。

第二，确立协同战略定位，积极布局协同生态。企业必须加强"大本营"及优势经纪业务的开发建设，制定协同战略，借助互联网创新技术成果拔除地域限制，促进自营业务的多元发力和异变拓展，并进一步促进业务模式即业务成效的稳步提升。此外，依托股东资源或合作伙伴加强协同合作，以产品"创新驱动+交叉金融"打开业务均衡快速发展的空间。

资料来源：笔者根据多方资料整理而成。

|第五章|
协同时代的管理智囊

协同时代的管理智囊 协同管理的提出在于探索管理最本质的特征,即管理的一般性,而不是一种新的管理理论。在一定程度上,协同管理是先前的各种管理理论的集大成者。协同管理是从中观上考察管理问题,所涵盖的范畴超越了某个单一的、具体的组织,甚至涉及与组织发生关系的顾客、供应商等的信息流动和物品流动的全过程。因此,协同管理的未来不仅仅是组织内部的协同,在"互联网+人工智能"科技的助攻下,企业之间的边界、知识、认知时间都会实现开放互融,在协同管理的框架下形成一个组织协同生态,以组织协同体实现自身创新升级。

【开章案例】　　　　陆家嘴：双驱落成，协同共进

一、公司介绍

上海陆家嘴（集团）有限公司（以下简称陆家嘴）是上海市人民政府批准组建并重点扶持的大型企业集团之一，主要负责全国唯一以"金融贸易"命名的国家级开发区——陆家嘴金融贸易区的城市开发。自1990年成立至今，陆家嘴一直致力于陆家嘴金融贸易区的开发建设，包括金融城的土地成片开发和城市功能开发，并完成区域内各类"七通一平"基础设施投资建设，如世纪大道、浦东滨江大道、陆家嘴中心绿地、二层步行连廊等重大市政基础设施的投资建设（见图5-1）。

图5-1　陆家嘴具体运作项目

作为一家上市公司，陆家嘴始终秉承效益优先和实现企业价值最大化的宗旨，注重对广大股东的良好投资回报，实现区域开发和公司效益的"双赢"。为了保持公司长期稳健发展，确立在行业发展中的竞争优势，陆家嘴从2004年开始实施主营业务转型战略。公司主营业务已从原来单一以土地

开发为主逐步向以土地开发与项目建设并重的战略格局转型，逐步增加公司长期拥有的优质资产的比重，成为一家以城市开发为主业的房地产公司，产品类别包括办公、商铺、酒店、会展以及住宅物业。并且，在当前"创新驱动、转型发展"的背景下，陆家嘴也在积极实施主营业务战略转型，通过加速落成"地产＋金融"的双轮驱动架构，协同资源整合，创新企业经营模式，实现了产业发展的大突破。据其2016年年报显示，陆家嘴实现营业收入128.07亿元，同比增长69%；归属于母公司净利润26.49亿元，同比增22%。

二、协同联动，强化协同增效

近年来，陆家嘴积极探索"地产与金融联动""金融持牌机构间联动"的"双联动"策略，探索地产与金融的业务协同，发挥"1＋1＞2"的效应。其内容主要包括三点。

第一，聚焦"双联动"，协同金融板块战略定位。近年来，在房地产金融化的趋势背景下，陆家嘴积极研究部署地产与金融板块的业务协同，梳理业务协作点，推进地产板块内与保险、证券、融资等有关的各类业务，优先依托三个持牌金融机构予以协调。并积极探索地产与基金、尝试楼宇资产证券化等金融产品的业务创新，提高融资能力和整体资产收益率，逐步形成陆家嘴金融集团大业务链条，促进整体业务发展，其具体内容有两个方面：一方面，陆家嘴通过地产与金融、金融持牌机构之间的"双联动"策略，重点对旗下证券、信托、人寿三家持牌金融机构的近、中、远期的战略定位、经营目标、发展途径进行协同和布局，进一步提升证券、信托、人寿三大机构的综合竞争力，推动金融资本、产业资本及商业地产资本有序融合的实现，构筑公司新的产业链，并进一步促进地产与金融融合发展，放大产业与金融、投资之间的协同效应；另一方面，以提升经营业绩为中心，深化"房地产＋""适度多元"经营，重构传统商业地产边界，优化公司产业布局，坚定不移地进军商业领域，以商业需求和市场依托为导向，着眼于未来商业营销体系和岗位建设，着眼于营销人才培养与成长机制完善，着眼于营销人才能力与素质提高，立足于自有物业优势，参考学习行业标杆，总结多年运营经验，借力专业平台，全力推进商业招商，使商业板块成为助力公司发展的一支重要力量。

第二，整合资源，做强持牌机构。陆家嘴探索建立持牌机构间的客户数据共享平台，推进相互间的业务协同，提高服务浦东开发开放的能力，形成与陆家嘴品牌相匹配的市场影响力。同时，陆家嘴还加强了对持牌金融机构的管理、服务和协同，逐步剥离非金融股权投资项目。此外，陆家嘴还拓展证券业务范围，增加新的盈利点，提升行业排名。在确保风险可控的前提下，陆家嘴扩大信托业务规模，创新业务模式，力争使之跻身全国前列；同时，陆家嘴还逐步扩大保险业务范围，提高现金流和营收能力，并尝试启动证券与信托、保险的合作，寻求在资产管理业务、产品销售、证券账户的开立和存管、投融资等方面的协同合作。

第三，结合国有资产改革，协同产融结合。陆家嘴充分发挥公司在核心区的资产优势以及国有资产背景优势，研究发展金融板块的财富管理业务、资产管理业务、融资拓展业务等业务的协同创新，并进一步着手研究扩大金融资产规模和业务规模的举措，以平滑业绩周期性波动，支撑金融板块的稳健发展，真正打开产融结合的新局面。

三、协同外延拓展与内涵发展，构筑核心竞争力双引擎

在外延拓展方面，陆家嘴坚持稳健的经营策略，通过发挥"战略纵深"的优势，牢牢把握国企改革浪潮下的跳跃式发展机遇，抢抓政府功能性项目蕴藏的发展契机，通过市场化方式协同功能开发、功能塑造、功能集聚，实现"陆家嘴品牌"的进一步延伸，持续推进市场化改革，实现外延式跨越拓展。

在内涵发展方面，陆家嘴通过加强企业各项运营模块的协同管理，以协同理念为指导，建立高效、规范、科学的企业管理方式，并通过系统化对标协同管理模式，把握建设、营销、采购、资金管理等内控重点环节，严格执行上市公司内控规范，防范经营风险，提升公司管理水平和管理效率；重视员工的成长与发展，大力推进企业文化建设，坚持"以人为本"理念，不断激发干部、员工的工作活力、创业激情，营造员工持续发展的氛围，增强企业发展的软实力；此外，陆家嘴紧抓资本及货币市场融资契机，大力拓宽融资渠道，强化资金统筹和资金管理的协同，提高预算执行力，把控融资规

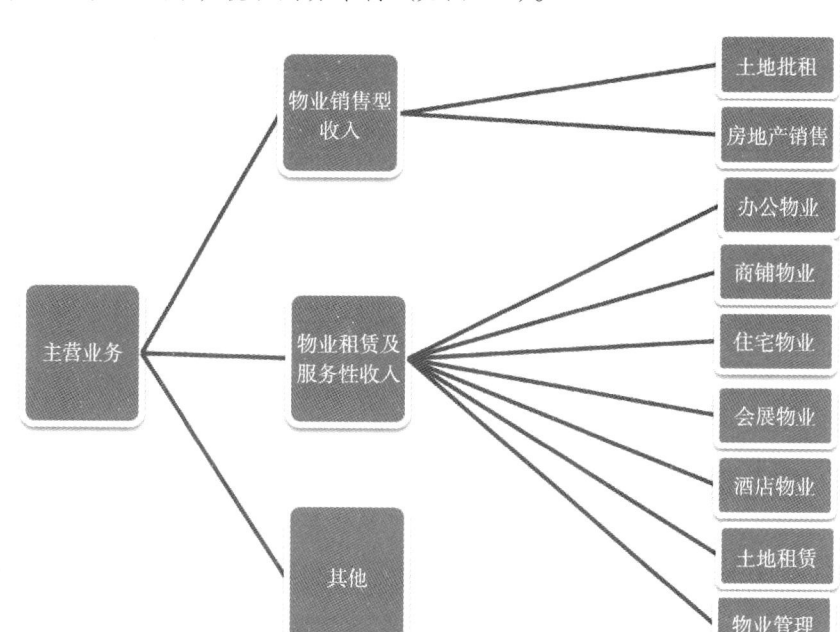

模，降低资金成本，优化财务结构（见图5-2）。

图 5-2 陆家嘴主营业务构成

四、强化核心资产运营管理，协同市场客户双导向

近年来，陆家嘴抓住"自贸区发展""科创中心建设"和"金融改革开放加速"三个历史性新机遇，协同整合公司产品和客户资源，进一步挖掘更广阔的客户市场，为客户提供更细致的服务体验，发现更细致的营销空间，实现协同市场和客户双导向。在此基础上，陆家嘴进一步加快项目招商节奏，集中优势资源，借力金融集聚和区位中心，充分发挥陆家嘴金融城的载体作用，通过协同整合楼宇资源，依托现有产业基础，坚持"以楼兴商、以商促楼"的思路，使力招大引强，进一步加速产业集聚，并加速推动楼宇服务综合体、金融集聚区的协同互动。此外，陆家嘴围绕"以顾客为关注焦点"的协同经营理念，强化"想于客户未想之先，做于客户想做之前"的服务意识，从客户需求的实际出发，协同物业管理区域，组建产业链服务平台，进一步增强产业服务功能。

五、完善协同机制，聚焦安全建设与品质提升"高效+安全"

为确保优质、安全、高效推进产品建设，陆家嘴以目标管理为抓手，以

制度执行为基础，以成本控制为核心，以质量安全为前提，不断完善改进协同机制，坚持高效建设与安全品质双结合的项目建设宗旨。而且，不仅完善协同机制，陆家嘴更以协同机制为纲，严把方案设计关、施工队伍选择关、过程管理关、材料质量关、验收检查关，切实加强工程管理，严格技术标准，确保责任落实。并进一步规范建筑工程流程，形成完整的工程建设管理制度体系。同时，陆家嘴紧扣监督检查环节，将安全因素"长效"融入协同机制中，把安全责任落实到工程建设的每个环节，加大防范、监管力度，确保安全生产工作真正落到实处。

六、结论与启示

第一，协同强势业务板块，布局产业大势走向。在产业互联网的趋势背景下，企业需积极研究部署核心产业板块之间的业务协同。类似于陆家嘴，通过地产与金融、金融持牌机构之间的"双联动"策略，进一步提升证券、信托、人寿三大机构的综合竞争力，实现金融资本、产业资本、商业地产资本的有序融合。以此来构筑企业新的产业链，实现多元业务模块的协同发展，进一步放大核心产业与金融、投资等"衍生品"之间的协同效应。

第二，建设协同型组织体系，增强商业板块发展竞争力。企业的发展必须以提升经营业绩为中心，深化"产业+""适度多元"经营，重构传统商业模式边界，并通过协同优化公司产业布局，坚定不移进军"商业"领域。在此基础上，企业要坚持以商业需求和市场依托为导向，着眼于自身商业营销体系、工作岗位、营销人才培养与成长机制完善及营销人才能力与素质提高等全方位协同型组织体系的建设，立足于自有的产业发展优势，参考学习行业标杆，总结多年运营经验，借力专业协同平台，全力推进商业发展，使商业板块成为助力企业发展的一支重要力量。

资料来源：笔者根据多方资料整理而成。

第一节　组织协同管理

随着国内"互联网思维"的风起云涌，先知先觉的企业开始发现用户的需求已经变得千人千面。面对长尾分布、无限极致、快速迭代，自身的产品越来越不讨用户的喜欢。倒逼之下，企业不得不再次搬出"用户光环"，尊称顾客一声上帝，但这与它们在工业经济时代喊出的口号并没有实质性区别，在行动上也没有任何特别之处。或许个别企业会发现零星的"用户需求的盲点"并做出相应的产品调整，但是，如果总是依靠于老板下基层体察用户需求的偶然事件，企业依然不是符合互联网时代商业逻辑的"用户中心型组织"。经济学家布莱恩·亚瑟曾提到："所有伟大的发现都源于深层的内心历程。"当前，人与人之间的沟通障碍比比皆是，环境和社会的危机层出不穷，如何改变现实？领导者如何引领员工走向未来？如何把握创新的真谛？答案就是协同管理，组织赋能！

当前，管理3.0模式即协同管理已经到来，由于"互联网+人工智能"科技的进步已经彻底改变了人与人、人与组织的关系，企业边界被打破，与传统管理模式相适应的层级式管理架构正在走向解体，扁平化管理成为主流，为构建互联网化的灵动组织提供了条件，真正实现了内外部组织间的高效协作，打破了组织的边界。在众多行业组织中，存在着各种有形或者无形的边界。法务、财务、业务、商务、政务实际上都有边界，但是随着社会经济变化速率的加快，组织之间无法时时、事事履行复杂的程序来进行合作，组织内部也在想方设法提高运营效能。这恰是协同的领地所在，协同管理会促使企业从更宽阔的组织体系去洞察，以业务联系强化为契机，实现跨组织之间的协同合作与融合共生，进而衍生出管理3.0模式的核心形态——"泛组织"。当前，面对不断迭代的各行业业态，协同管理不仅可以加强企业的流程意识，加快响应速度，同时还可增加企业之间的知识共享，提升整体效率。除了解决显性的流程，协同管理还激发员工的创造力，增强员工在领域知识上的专精性，从而加快组织的创新。一个真正的创新组织需要人和组织的有机协同，组织之间协同生态体系的出现已经展现出了更多的可能性，这也将是中国企业实现竞争力创新再造的切实途径。

一、迈向组织协同"小时代"

正如《公司战略：企业的资源和范围》的作者 Collis 和 Montgomery 所言："一个优秀的企业战略不是随意地将组织中独立的部分拼接在一起，而是精心地将这些独立的部分组成互相依赖的一个系统。"现代社会的普遍不确定性以及快速变化已经成为企业组织生存环境的基本特征，外部资源的开放接入、多元混沌的管理对象、跨空间的复杂协作等使得企业必须发展一套共同的沟通方式、基本行为规则和衡量标准，其中最为重要的是在组织内建立起相互依存的协同关系。近年来，互联网思维可谓风卷残云：不懂得O2O，你就"OUT"了；没听说过事业合伙制，你就是奇葩。战略事业单元（SBU）、阿米巴、扁平化、无边界、内部市场化、自组织、自经营、自我管理、自激励……这些与新型组织形式紧密相连的名词，都在诠释着组织协同的管理哲学理念。组织协同是指企业将组织内部相互联系、相互作用的若干要素进行有机组合，实现不同职能模块的协同耦合运作，从而实现组织有序协同及发展重塑。在一定程度上，组织协同是企业在竞争加剧、变化加速、复杂性加大的超竞争时代赖以生存和发展的基石。不仅组织结构及运作方式的调整至关重要，组织协同更是具备自组织学习能力的智能"生命体"，企业组织内外的协同化可有效实现企业的管理增效，并通过自适应功能，与市场环境、波动实现动态平衡及协同演化，以此实现企业在发展、品牌、产品及商业模式上的差异化，构建高度集成化的组织协同价值链，在清除组织内部战略实施障碍的同时，在组织内部创造跨业务和跨部门的战略协同效应，营造竞争优势，增强企业组织模式的不可模仿型和精度复杂性。可以预见，组织协同的"小时代"正在到来！

（一）组织协同"四痛点"

第一，企业难以实现收权与放权之间的妥善平衡。多数中国企业习惯中央集权制度，面对组织扩张和业务多元化，无法寻求收与放之间的妥善平衡。传统企业最擅长的是全面管理，即高层直接影响业务板块运营决策，原因是中国企业往往都从单核业务开始起步，所以集团管控比较严密细化，力度也比较大。但是随着业务多元化的发展，产业分工过细、层级过多，科层式组织在面对外部竞争对手或用户需求快速变化时显得迟钝和低效。不管在新产品开发还是调整新的打法上，团队都需要取得多个部门的协同、多个层级的审批，导致内部耗时过长，无法招架新创企业颠覆创新、快速迭代的经营方式。于是开始向家庭组建者过渡：一方面保持高层的精益，有选择性地参与板块事务，确保灵活应对新趋势；另一方面，主要通过构建具有协同效应的业务投资组合、融资，以及其他为各业务板块培育协同效应的举措来实现总部价值。但是，在目前的大趋势下，中国企业特别是万科、格力等大企业应紧抓财务权和核心人事权，适当放宽业务和其他人事权。同时，企业在权力交接或是股权交易的过程中须小心处理，牢牢遵循循序渐进、过程可控、反馈及时及制度化流程的原则，但就万科、格力等股权管理的情况而言，仍然不太理想。

第二，难以及时响应客户并适应新市场、新趋势。在互联网的催化下，个人客户和企业客户的需求和自身特点都在发生趋势性变化。无论身处何种行业，中国企业比以往任何时候都更难以轻易取悦客户捉摸不定的需求。另外，在供给侧改革和"互联网+"热潮下，组织对客户需求的响应效率和质量将成为业务发展的关键成功因素。然而，许多传统企业难以应对新市场、新趋势，主要原因包括：纵向层级过多，决策链条冗长，并可能出现冗员；横向则无法有效建设跨部门团队，整合内部资源，通过组织协同为客户快速高效地提供产品和服务。此外，科层式强调从上而下的管控，实行标准化流程、精细化分工，这些条条框框让团队缺乏空间尝试计划外的创新，阻碍员工的创新积极性。

第三，人才的"新旧交替"难以实现。传统人才由于长期从事同一个行业，在思维、视野方面形成局限，致使他们对转型机会不敏感，对转型战略认识不足；同时他们可能自恃于过往的成功经验，欠缺转型的激情与动力。他们所拥有的核心素质、专业技能可能与组织未来转型的方向不匹配（如国际化、数字化等）。因此，传统人才在企业转型中存在"看不见""转不动"和"够不着"三大局限。而外部新兴人才则正好相反，作为曾经的"局外人"，他们在转型中拥有能够帮助组织客观审视、规划的"新视角"，能够成为推动转型发生的"新动力"。因此，组织迫切需要"新旧交替"，即提升传统人才的能力、规避局限性，并吸收和彰显新兴人才的优势，从而通过人才的协同管理，增强组织的战略性转型能力。

第四，科层制的去与留。讨论科层制并非因为其日薄西山，是要澄清组织协同过程中的一些误区。基于工业经济基础而建立的组织结构并没有因为所谓新经济的到来而有太多改变。即便有改变，也并非是狂飙突进式的，而是缓慢、渐进式的。不可否认，官僚制所体现的支配特性在今天确实已经发生了改变，自高层决策者到面向市场一线员工的指挥链，已不再那么简单，而应该给予终端更多的决策权。当然，这种决策权的下放必须是在一种基于共同智慧、共享价值前提下的下放。这种共同智慧与共享价值是一个企业所积累的知识资源和价值观。

如果说这些公司与传统制造型企业有不同之处的话，大概也就在于它们在结构上少了几层而已。形成这种相对扁平化结构的原因，很可能在于其行业特性与产品特性。但在组织内部，在指挥链方面，并无明显不同。此外，近些年来备受推崇的阿米巴模式，并没有否定科层制，在国内却一直被曲解为一种新的组织结构形式。而事实上，阿米巴产生的直接原因是稻盛和夫面对京瓷规模日渐扩大而弊病骤增所寻求的解决之道。稻盛和夫坦承："如果当时掌握了经营学或者组织论的知识，或许会知道如何控制越来越庞大的组织，面临的问题也许会迎刃而解。"他甚至还提到，倘若知道有咨询这个行当，说不定会硬着头皮去凑钱，接受咨询。在万般无奈之下，稻盛和夫想到的办法是将公司分成若干个小集体，让那些中层人员担任小集体的领导，放权让他们管理。把公司分成能开展业务活动的最小组织单位，让这些小组织独立核算——这就是阿米巴组织的由来。在今天看来，阿米巴模式通过划分最小组织单位并实行这些组织单位的独立核算，从而使得管理更加量化、精细化，以及可视化，但在本质上，它并没有否认科层制，只是给予了这些最小组织单位，即阿米巴组织更大的自由度和自主权。

（二）组织协同小时代三特征

组织协同在本质上是一种创新型组织，它强调近似于回归到创业阶段，鼓励自雇佣、自激励、自经营、去复杂度、少管控与监督，其根本逻辑是"只有尊重人的本性，才能调动他的积极性"。组织协同必须以三大特征为核心（见图5-3）。

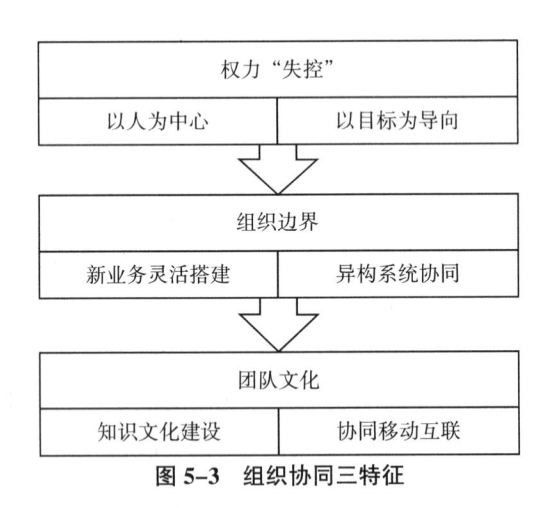

```
            权力"失控"
      ┌─────────┬─────────┐
      │ 以人为中心 │ 以目标为导向 │
      └─────────┴─────────┘
                 ↓
            组织边界
      ┌───────────┬───────────┐
      │ 新业务灵活搭建 │ 异构系统协同 │
      └───────────┴───────────┘
                 ↓
            团队文化
      ┌───────────┬───────────┐
      │ 知识文化建设  │ 协同移动互联 │
      └───────────┴───────────┘
```

图5-3 组织协同三特征

第一，权力"失控"。既然决策权下放，在企业发展的过程中总会存在无法实现目标的团队。这就是组织协同的"试错"机制。这种"失控"通常不是因为内部竞争引起的，而是市场检验的结果。只要团队成员愿意承担风险与相应的责任，创业失败后依然可以选择继续创业，也可以自主选择加入其他团队。这种小范围的"失控"，是为了保证系统的"可控"。有人说，阿里巴巴一直以来的轮岗制度，为它的"失控"做足了准备。也有观点认为，25个事业部的管理成本巨大，横纵标准不一存在矛盾，这将带来巨大的内耗，过渡之后必将重新整合。无论这些判断的结果如何，不可否认的是，未来好的坏的方面都会在"失控"的氛围下不断碰撞、迭代，甚至淘汰。"失控"对达到一定量级的企业而言，是一个必须经历的高阶蜕变过程。有时候不经历一次彻头彻尾的打散和重构，根本无法跃升到一个全新的高度，如华润集团应用6S战略管理体系、5C价值型财务管理体系等管理手段，确保集团多元化、利润中心专业化，并以多元化控股下的专业化管理为基本框架，在组织模式上将业务类型分散的多个一级利润中心整合成七大协同战略业务单元。在放权的过程中，华润总部更多以产业发展、产品投资组合的视角管理业务单元，主抓财务权（如资本、资金和资产的统一集中管理）及核心人事权（如战略业务单元及一级利润中心管理层的任命），下放其他决策权力及权限，并以全面的管理系统（如战略、IT、风险和财务）予以支撑，推动各业务单元和部门的协同创新。华润总部的权力"失控"为业务单元更敏锐地响应市场和客户创造了条件，并将总部注意力更精准地投向产业增值领域。

  第二，组织边界。一是横向淡化边界。在组织内部，员工以团队、项目组、事业部等形式自发，或者按一定组织行为组成数量众多的业务单元。这些业务单元大小不一，业务性质可以相同，也可以差异化，形成"百舸争流"的局面。团队负责人、团队成员进行双向选择，以决定团队的人员构成。为了某个业务目标，团队人员在一定时期内是稳定的；但一旦项目结束或者失败，团队自行解散，也可以重新组建。业务单元更多以团队（Team）、小组（Group）相称，而不是有明显边界的部门（Department）。二是纵向简化层级。因具备了横向众多的平行业务团队，新型组织在纵向上会"减负"很多，决策链条缩短，部门墙也被打通，团队只需要对决策结果负责。横纵向的组织协同实现了"层级×幅度"的组织优化，进一步推动了企业"精益组织"决策、研发及营销"模块化"的实现。在此基础上，企业也将出现更多的"决策者"而非"分析师"，各级员工的决策承担意识和能力也将得以加强。此外，业务团队的协同合并扩大了管理者的管理幅度，消除了不必要的管理层级，摒弃双线汇报有助于实现内部的跨界协同及实现以客户为中心的有效转型。

第三，团队文化。作为一种新型组织，组织协同并没有严格的考核，缺乏严苛的管理，看上去"形"很散。因此，更要重视"神"聚，最有效的措施就是加强企业协同文化建设。在新员工入职时，要进行非常严格的企业文化考试，不认同企业文化的员工一律不接收。并且，组织协同所要求的考核应宽严相济。无论是团队，还是事业部，都只是组织的一部分，其协同规则的制定也要更具"人情味"，主要是将客户满意度与团队成员满意度作为重要的考核指标。在Facebook上，其他同事的"点赞"表明对一个员工的认可，"点赞"的数量就是一种考核；小米团队工程师的满足感来自用户的极力追捧。然而，在创业型组织中，当团队业绩不理想、"创业"失败时，团队解散、人员离职可谓最严厉的自我考核。

【协同时代的管理智囊专栏1】 通鼎互联：管理重协同，加码协同后劲

通鼎互联主要经营通信光缆、电缆业务，致力于通信光缆、电缆的研发、生产、销售。随着互联网的崛起，通鼎互联借助国内外通信市场高速发展的契机，遵循市场规律，坚持以质量为本，上市以来不断扩大市场份额、丰富产品种类，已成为通信光缆、电缆制造行业内排名前列的企业集团（见图5-4）。

图5-4 通鼎互联光纤光缆产品展示

近年来，公司在保障传统光缆、电缆业务稳步增长的基础上，转型大通信领域，开拓大数据、电子商务、计算机网络集成等大移动互联市场，继收购瑞翼信息后，参股南京安讯科技有限责任公司、杭州数云信息技术有限公司、南京云创大数据科技股份有限公司等高成长性、高协同性的互联网企

业。产业从原有的应用于基础网络的光纤光缆、通信线缆逐步进入网络应用层面，产品线扩展到 APP 终端、大数据分析和应用等领域，依托多元集团及业务模块的协同管理，通鼎互联的业绩后劲十足。据其 2016 年年报显示，通鼎互联 2016 年营业收入达 41.43 亿元，同比增长 14.82%，归属于母公司净利润 5.39 亿元，同比增长 110.55%。

一、业务重协同，打造核心竞争力

通鼎互联自 2014 年起就积极布局转型，以下游客户运营商为核心主线，目前在主业外形成了"ODN+百卓的信息安全"和"瑞翼+微能的大数据和精准营销"两个新方向。两大业务的协同发展进一步挖掘了公司的发展潜力，如 ODN 可以借助百卓的软件能力针对运营商的机房建设打包做产品；将百卓的 DPI 设备得到的数据进行脱敏，脱敏后的用户画像通过瑞翼等分发渠道进行变现；等等。此外，通鼎互联深耕通信行业多年，已经与国内三大运营商形成了稳定的业务合作关系。近年来，通鼎互联在做强原有光纤光缆主业的同时，积极谋求业务协同转型，基本完成了通信设备、互联网安全和移动互联网业务等新的业务方向的布局拓展，进一步提升了通鼎互联的综合竞争力。

二、管理重协同，强化组织管控

为了支撑业务的高速发展，通鼎互联邀请前华为高管加盟，进一步在各子公司协调发展、搭建良好协同效应、管理团队和人才结构的优化上发力，形成优势互补、构成合力，以快速促进通鼎互联核心竞争力产品的打造和进一步发展。并且，通鼎互联还在组织、人才、绩效管理、流程建设、激励政策上做了相应的规划与布局。公司及时调整了组织结构，任命了经营管理团队，以目标责任结果为导向进行管理执行；在人力资源上采取了提前培养、提前储备的战略，加大了培训体系建设，培育了核心团队，引进了社会优秀人才，优化了人才结构；在绩效考核上，强化了战略执行，落实了 KPI 并实施了《事业部绩效考核方案》，在销售规模与利润、产品质量、成本控制、劳动效率提高和安全生产上取得了良好的协同效应；在流程上，通鼎互联全面加强了企业信息化建设、智能制造，使两化融合工作得到大力推进。通过全面实施 SAP-ERP 系统，通鼎互联将新上线 CRM 及 MES 系统，实现全业务

> 流程和生产制造过程协同管理的信息化、财务业务一体化，进一步提升工作效率；在激励政策上，通鼎互联在2016年启动长期激励方案，对核心骨干员工考虑用股票、期权等工具进行长期激励与牵引，与通鼎互联协同发展。
>
> 资料来源：笔者根据多方资料整理而成。

二、组织协同"大拼盘"

不管是传统线下企业，还是背靠互联网诞生的线上或O2O企业，组织管理创新如雨后春笋般出现，如2010年成立的Supercell，依托于小团队为核心的超强组织模式，持续名列全球游戏"琅琊榜"的前十；海尔的倒三角、华为的铁三角和项目制亦是组织创新的代表，这一切均显示一股强大的组织管理创新潮流正在进行中。在"互联网+人工智能"科技驱动下，企业的组织不仅局限于内部协同和外部协同，而是一个更加泛化的社会化协同，也可称为组织协同生态。面对动态的市场环境，组织协同是传统企业做出改变的最佳路径，亦是实现加速转型升级的必然选择。企业要认清互联网所触发的共享时代的来临，理解组织与个体的共生关系，进一步加速实现更具平台性、开放性、协同性和幸福感的组织新常态。并且，随着商业与技术环境的变迁，未来组织协同模式正在向着移动化、社交化、扁平化、智能化、跨界化、个性化组织不断演变（见图5-5），以人为中心的组织协同模式更加灵动、更趋跨界、更富个性，可有效帮助企业实现向高自主和自激励的未来组织形态的自我进化，让多变的商业环境不再成为企业发展的掣肘，转而化解成为企业的创新驱动，以此实现组织与管理的价值升华与模式创新。组织协同生态是企业实现社会化协同的模式支撑，其本质已跳脱出组织管理的范畴，而是一个可支撑企业"互联网+"模式的万物互联的共生态。可以预见，随着更多企业转型为组织协同生态，技术与模式的迭代升级将不再成为传统企业转型发展的掣肘，更多的将是企业实现自我蜕变的永动法则，像新陈代谢的自然规律般将所谓的业态鸿沟且行且荡平，通过持续增强组织协同的集群效应，在提升组织效率的同时，进一步增强组织的效能，降低组织运营的熵值。

（一）组织协同大突破：群落型组织生态

已经存在了一两百年的科层型组织经历了直线职能制、事业部制、矩阵制等经典结构的演化，但是仍然无法解决和调和集权与分权、效率与创新这两组矛

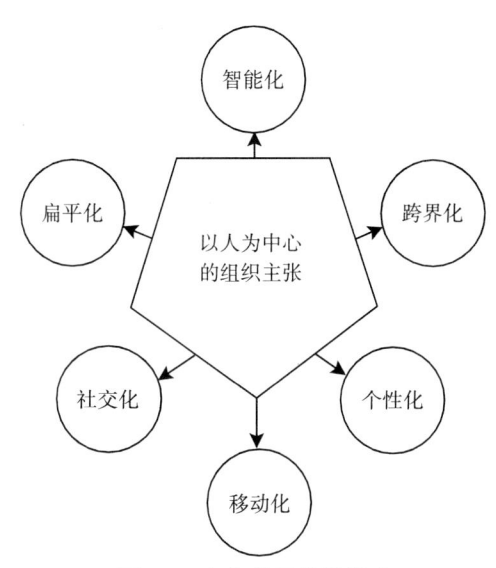

图 5-5 组织协同发展模式

盾。面对困境，善于调整应变的中国企业家开始追捧一个概念：平台型组织。而在一定程度上，大多数企业所理解的概念是"纯平台型"的组织改革。淘宝网、滴滴打车等属于典型的平台型组织，连接的是供需双方的需求，但此类平台多遵循"数一数二"的原则，排名第三的都很难活下来，对绝大多数企业来说其实没有模仿价值。此外，一些企业在没有明确的产业战略目标的前提下，只是因为传统的组织管理手段已经失效，或是看不清接下来的产业方向，就索性把公司做成平台，将内部划分成独立的团队，让它们各自为战，平台上的团队往往只顾自身利益，忽视组织整体计划和长远目标。并且，团队之间协同度低，效率和效能也都徘徊在较低水平，难以形成组织的协同合力，易错失市场机会。因此，要破解上述组织之痛，需要借鉴组织协同的理论和实践，打造企业内部有序协同的群落型组织生态，以此来变革企业组织的运行模式。

群落型组织生态是指企业内部按照功能协同分成几个群落，每个功能群落里有若干团队或者小组；企业通过关键业务流程把这些群落中的团队（小组）串联起来，协同合作、竞争制衡，达到集权与分权、创新与效率的动态平衡，最终实现公司的整体战略。但需明确构建群落型组织的基础——对企业的组织结构进行重组，划分出不同的功能群落，组建出不同功能的团队（见图 5-6）。从大的分类来看，功能群落包括两大类：一类是由项目团队组成的"经营群落"；另一类是由资源小组组成的"支撑群落"。

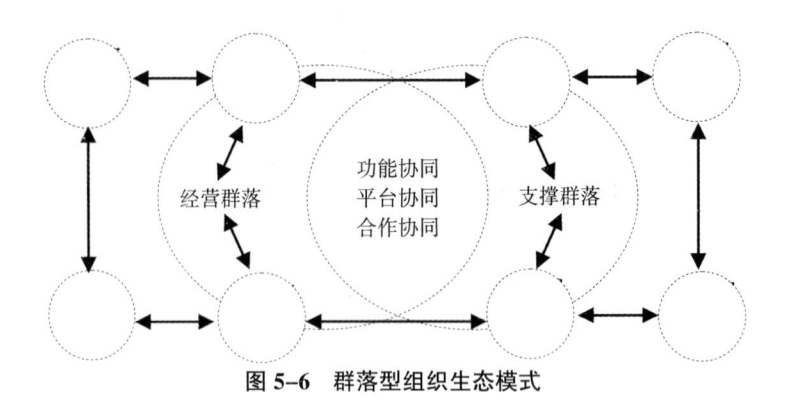

图 5-6　群落型组织生态模式

第一，经营群落。互联网的兴起带来了消费者至上的时代，谁能与消费者沟通得更好，谁就能走得更远，大公司的弊病往往就是决策者与消费者越来越远，无法根据消费行为的变化作出快速反应。正如铂涛集团董事长郑南雁所说，创业早期的 7 天酒店拥有很强的组织活力，但最近几年活力渐渐消失，甚至变得有些官僚和封闭。为此，铂涛开展平台化变革，构建"酒店资源平台＋外部创业团队"的群落组织，将原有 7 天酒店的资源统筹打造成一个资源平台，再以资源平台吸引真正对中高端酒店品牌有意识的外部创业团队，通过"6＋2＋2"的股权结构设计（集团公司占 60%，集团高管占 20%，创业团队占 20%）实现共赢发展。原本强大的财务、法务和各种风险管控部门、效率提高部门的话语权被尽量压低，变为支持部门；平台上直接面对消费者的品牌创业团队享有决定权。

第二，支撑群落。支撑群落通过下设专业小组、支持小组、监督小组以达到多个团队和小组之间有序运营、协同合作，实现战略拉动与流程串联，其运作核心是资源小组的平台支撑。专业小组的职能是执行，比如生产项目团队设计的产品，为顾客提供专业化服务。以美特好集团为例，美特好集团把战略协同分解成 100 多个流程，在流程的不同节点上组建项目团队，1 万多名员工形成了 1000 多个团队。不在项目团队中的人则成为"专业人才"，承担各种各样的专业工作，支持、监督或者执行项目团队的任务。支持小组主要由传统的职能部门改造而来，比如 IT、客服、财务、法务、人事等。此外，每个公司还可以根据自身情况设立具有公司特色的支持小组。比如，韩都衣舍建立了以小组制为核心的单品全程运营体系，将服装企业传统的设计部门、视觉部门、采购部门、销售部门等统统打散拆分，并专门为销售额在 1000 万元以下的项目运转提供服务支持，比如提供包括前期市场调研、商标申请、知识产权保护等在内的各种支持。监督小组是对其他团队进行考核、评估、督导、控制、审计的小组，其中对战略执行进行监督和控制的小组十分关键。悉地国际按照职能将组织划分成由经营团队与资源团队构成的矩阵，实现"管"与"做"分开，将项目的管理与设计分别交给不同的团队。为更好地贯彻企业战略实现组织协同，悉地国际设置了产品经理负责战略控制，其职责是使经营团队和资源团队的行为与公司战略目标密切关联。

（二）组织协同打天下：市场化网络生态组织

群落生态组织只是组织协同的第一步，其主要作用是促进企业内部的组织运行再造与团队重塑，为引入外界资源及外部团队协同发展奠定了基础，但是对于企业发展而言，还是远远不够的。组织协同的目标是借助互联网的技术成果实现泛社会化协同，以内部组织群落为依托更加深度、自由及协同地实现跨企业、跨边界及跨领域的组织合作，以市场化网络组织的形态实现组织协同生态，进而推动全社会组织生态的协同创新。打造市场化网络组织有四大基石，分别是业务团队、共享平台、战略协同主体及连接协同机制（见图 5-7），以此实现企业在不擅长领域的新策略布局及战略伙伴的深度合作，通过相互借力，建立"朋友圈"，强化整体生态共赢。

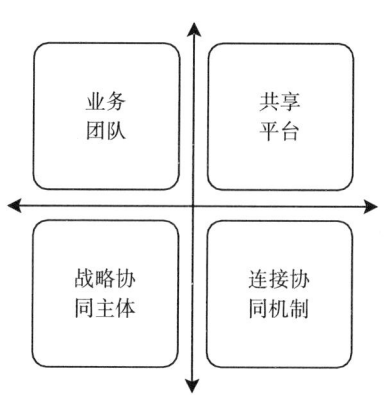

图 5-7 市场化网络组织生态矩阵

第一，业务团队。业务团队应按照业务逻辑或行业特点进行分拆整合，并按照行业特性和发展周期（孵化、成长和成熟等）进行差异化管理。团队规模可大可小，但必须责权利结合。在"责"方面，包括清楚独立的核算标准（如营业收入、利润、成本和用户数等），作为业务的生、老、病、死依据；在"权"方面，必须按团队的健康程度在人财物方面合适授权，为了减少不必要的跨部门协调，生态组织团队应尽量闭环，涵盖与经营活动紧密相关的环节；在"利"方面，把团队的激励政策与团队业绩指标挂钩，让他们更像小老板来管理业务。

第二，共享平台。平台是支撑业务团队和战略伙伴高效运作的后盾，支持跨企业业务团队所需的共同关键资源、专业能力、知识和服务；同时，也有助于帮助企业协同体实现用户体验的一致性。企业要持续获胜，必须高度重视平台建设，因为共享平台是否强大将决定业务团队的运作效率和胜率。按照功能属性，共享平台可以分为两类：中台具有支持所有业务团队所需的用户、流量、账号体系、支付、LBS、仓储、物流、制造和客服等职能或相关技术职能，如提供所有业务团队所需的服务器、频宽、软件、算法、搜索和用户数据、画像等，中台的价值较易计算，条件成熟后可以和业务团队进行市场化结算；而后台提供财务、人力资源、行政、法务、公共关系、政府关系、品牌建设和内审等公共服务和专业规范，并帮助业务团队和其他平台提升相关专业能力，一般定位为成本中心。

第三，战略协同主体。在互联网时代，企业需要专注核心主业才能赢。为了满足用户的多维需求，对于不擅长领域企业必须和战略伙伴协同合作，相互借力，丰富生态环境。合纵联盟的形式很多种，可以通过控股、参股或联盟，而合作的基础可以是以股权回报和利益分成等为互利原则。通过董事会或事先制定的合作规则，实现数据、信息、资源共享等协同关系。

第四，连接协同机制。在业务团队完成闭环作战后，最怕的是出现内部恶性竞争的情况。因此，需要有效的衔接机制让跨企业业务团队、业务团队与平台、业务团队与战略伙伴、平台与战略伙伴之间形成合力。

（三）组织协同之智能坐标

就目前而言，大数据和人工智能技术已经逐渐成为了企业组织协同生态的技术支撑，促成了组织行为的数据矩阵，让项目团队拥有自主控制变化的权力，实现了对既有模块的"解耦运动"，将系统的业务模块按照场景功能进行拆解，一直拆到"原子"级，通过灵活的配置策略构造了更多的细度场景。大数据技术运用于工作行为数据分析，通过对个人和组织沉淀的工作行为数据进行分析，可形成个人和组织高效协同工作的最佳模型及范式。而人工智能技术则将进一步解放用户，通过智慧工作流的模式实现决策的自动化和智能化。在两大技术的共同支撑下，企业级二次元组织协同平台也得到了进化和跨越，涵盖了"灵""智""效"

"聚"及"融"五大特征(图5-8)。

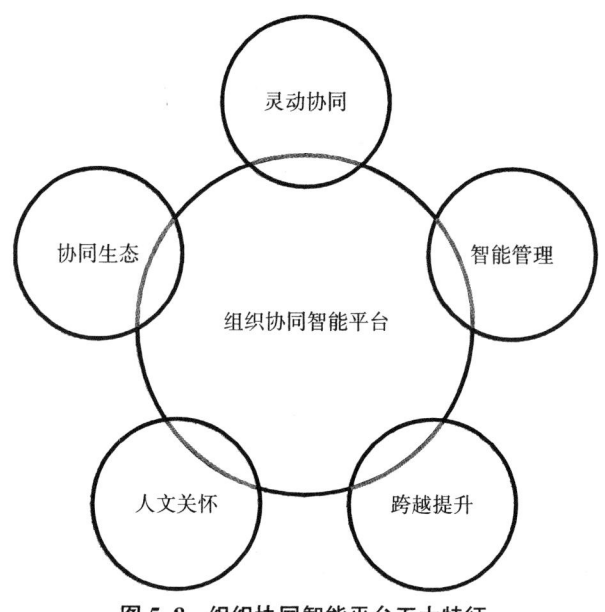

图 5-8 组织协同智能平台五大特征

第一,"灵"——灵动协同。组织协同平台可辅助企业自组织学习,持续打造竞争优势,并通过协同关联信息,为团队项目审批提供决策依据。在此基础上,平台可将流程与业务数据打通,使得流程更加智能,可将更多的场景流程化,为组织协同制度落地提供有力支撑,实现更加高效精准的组织生态业务管理。

第二,"智"——智能管理。组织协同平台可实现可视化定制,以大数据、人工智能两大引擎为依托,实现项目团队(小组)柔性管理及项目运行流程的结构化、制度化及标准化,并维系各项目运营、机制的协同与控管,科学、规范地助力企业不断提高自身的管理能力和生产效率。

第三,"效"——跨越提升。组织协同平台可实现更加科学严谨的组织体验,协同驾驶舱可对组织协同管理制度、组织协同效率进行体检,为组织能力评估提供依据,同时泛组织的应用更展现出另一种连接的价值,平台通过建立组织与外部强关系的接口,彻底打通内部协作管理与外部伙伴、供应商、用户的交互,从而突破组织边界,帮助企业随需创新碎片化应用,轻松应变商业模式之变。

第四,"聚"——人文关怀。组织协同平台更加"走心",通过文化沉淀、组织内基于图片的轻社交应用、员工福利型创新社群电商平台及讨论调查应用,以及正能量的人文管理、员工福利与激励的精神与物质并重的员工关怀体验，拉近管理者与员工的距离。

第五，"融"——协同生态。组织协同平台是更具感知力的集成平台，关联应用更加丰富，可提供各色库存管理、云计算功能等集成插件并支持一键导入，实现了项目团队分享、交流一站式体验，进一步放大协同管理的增值效能。以支点科技旗下的"聚事"为例，"聚事"致力于引领建设跨组织业务协同全生态圈，以科技为先导，应用人工智能和大数据分析技术，革命性地实现跨组织协同，通过布局多个垂直行业，专注建设与经营具有共享特性、无缝连接、智能板块灵活组合的多维业务全生态圈，真正地帮助企业实现转型升级，应对 SaaS 领域的趋势变化。

此外，支点科技创造的"C.A.T."原则更加凸显了"聚事"的价值。"C.A.T."原则，即协作（Coordinated），取得组织内外协同一致；适应调节性（Adapted），能适应外部环境，根据组织的实际战略灵活修订解决方案，增减附加内部管理功能与外部横向协同的沟通板块，动态智能组合与调整；可靠（Trusted），作为企业与组织的可依赖及可靠的企业管理助手，基于人工智能和大数据分析技术，与其他通用型的 SaaS 不同，"聚事"的功能模块不是由第三方提供的，而是由"聚事"提供的，用户能够有效解决数据相通的问题，这是大多数平台型 SaaS 很难做到的。

【协同时代的管理智囊专栏 2】　　天舟文化："天"之骄"文"，激活协同新动能

天舟文化以从事传统图书发行业起家，其前身最早可上溯到 20 世纪 80 年代初期在中国四大书市之一的黄泥街所从事的图书经营业务。目前，天舟文化已发展成为规模、效益和影响力位居全国同行前列的标杆性企业，被誉为"中国民营出版传媒第一股"。近年来，天舟文化抓住国家大力推进文化产业大发展、大繁荣的良好机遇，以经营多元、业态多元、投资多元的协同发展思路，积极布局教育资源与服务、移动互联网游戏、优质文化的传播与传承，激活了其协同新动能，使得自身发展成为经济实力雄厚、产业特色鲜

明、文化积淀深厚、国内一流且在国际上具有一定知名度的文化产业集团。据其 2016 年年报显示，2016 年天舟文化营业收入 7.8 亿元，较上年同期增长 43.30%；营业利润 2.9 亿元，较上年同期增长 40.65%；利润总额 3 亿元，较上年同期增长34.55%；归属于上市公司股东的净利润 2.4 亿元，较上年同期增长 36.22%。

一、协同精品游戏打造，推进泛娱乐板块

在移动互联网娱乐领域，天舟文化大力探索一体化发展战略，通过深化游戏全产业链布局，发挥集团优势，实现"1+1>2"的协同效应。同时，天舟文化在泛互联网领域加大投资和布局，加强用户互动，进一步补充公司移动互联生态。2016 年，天舟文化重点推进并购重组游爱网络、控股派娱科技及人民今典各项工作，利用外延方式拓展娱乐业务布局，并通过投资并购多样化游戏产品类型增加新的盈利点，构建手游全产业链，实现产品类型全覆盖，确保充分发挥各投资标的的协同效应。此外，天舟文化旗下的神奇时代和游爱网络，秉承游戏产品精品开发模式与多类型开发模式协同互补原则，依托公司强大的研发实力及优质的 IP 资源储备，实现了高品质、长生命周期、满足不同类型玩家需求的多元化精品游戏的输出（见图 5-9），进一步提升了公司在移动网络游戏领域的竞争力。

图 5-9 天舟文化热销的游戏产品

二、"决胜"千里，协同爆发

在教育出版领域，天舟文化教育出版业务稳健发展，个别区域市场获得

突破性进展。此外，天舟文化不断完善教育板块布局，拓展互联网教育业务，进而实现优质教育资源的快速积累与协同。2015年11月，天舟文化收购决胜网18.89%的股权，决胜网是国内唯一基于O2O的泛教育导购平台。截至2016年3月，决胜网入驻商家达25万家，旗下APP累计下载量突破2200万次，用户数量超过2000万人。2016年3月22日，决胜网正式挂牌新三板，成为新三板上市的互联网第一股。天舟文化借助决胜网的平台和技术力量，推进线下内容资源的互联网产品化，在"互联网+"上找到突破口。在实现业绩协同增长的同时，进一步推动了决胜网与公司原主营业务构成的协同效应，进一步优化了天舟文化在教育板块的战略布局。

资料来源：笔者根据多方资料整理而成。

第二节 知识协同的"黏合剂"

尽管大型组织可能为了在结构上适应新时代而进行组织协同，但依然拥有一个关键性的优势——智力资本。大部分世界级的智囊团都在经营着这些大型组织，而这些智囊团完全有能力想出一些惊人的方法来实现或适应指数型组织的原理，而它们所欠缺的只是眼界和意愿。为何智力资本如此重要，那是因为其创造了一个机遇，一个多组织之间机会共创的机遇。机会共创需要各个创新的利益相关者群策群力，通过协同分享自身所掌握的核心知识和专利方案，共同参与、共同选择及共同建设某一关键项目。不同的利益相关者在共同的解决问题的出发点上，相互匹配与选择，共担风险、共享利益。创新的不同利益相关者往往会有不同的利益冲突，但通过协同管理，将会促成新的解决方案。例如，香港科技大学与多家公司合作，创办"香港××科技创业平台"，连接不同的研究领域，比如大数据、人工智能、微电子、机器人学、商学、金融科技、材料、能源、生物医药、生物技术等，同时接入不同的大学，并将年轻的创业团队与导师相连接，提供天使基金和工作空间，孵化出了大疆等一系列明星科技公司。在这个不断迭代的过程中，科技学者应该展现出创业者的领导力，形成不同层面上知识共享的互动圈子，从而产生新的市场与机会。各种新的知识与技术得以在利益相关者之间迅速转移、扩散、学习，从而实现"知识协同"，促进跨学科项目的协同合作、开放式的信息交流、产学研的合作，使各个利益相关者紧密配合、共同发挥作用，组成创新的知识协同生态体系。

一、知识协同之协同迷思

早在 1936 年，著名学者哈耶克曾在任职伦敦经济学俱乐部主席时发表了《经济学与知识》的致辞。在发言中，他提出："完整的知识"是不存在的，也即并不存在一个可以集中社会上零散知识的大脑，由此，人类是不具备全面设计或控制社会整体知识的能力的。随后，哈耶克进一步提出了"知识分工"（Division of Knowledge）的概念，认为其重要性类似于（至少不亚于）劳动分工问题。"社会的经济难题就在于如何利用不能完整地由个人掌握的知识问题"。在哈耶克的思想中，知识的有限性始终都是关键所在。他曾以经济学为例，认为"经济的全部问题就是如何利用高度分散的、个人根本不可能整体掌握的知识的问题"。说到底，在哈耶克看来，知识本就是地方化的、分散的、实践性的，当然也是主观性的。"知识只会作为个人的知识而存在。所谓整个社会的知识，只是一种比喻而已。所有个人知识的总和，绝不是作为一种整合过的整体知识而存在的"。因此，现代社会的基础就在于利用广泛分布的个人知识，通过知识协同来解决商业发展的"疑难杂症"。

知识经济时代的主要特征是全球化、网络化和知识化，特别是网络化和知识化的发展促使现代企业从产品设计、生产管理、供应链管理、客户关系管理、电子政务和信息技术等诸多领域都呈现出协同化的发展趋势，在此基础上也促成了新组织能力的诞生——知识协同。知识协同是知识管理和协同管理融合发展的新阶段，其主要是指知识管理中的主体、客体、环境等达到的一种在时间、空间上有效协同的状态，知识主体之间或"并行"（Parallel）或"串行"（Serial）地协同工作，并实现在恰当的时间和场所（即空间，包括实体空间和虚拟空间），将恰当的信息和知识传递给恰当的对象并实现知识创新的"双向"或"多向"（也包含"单向"）的多维的动态过程。目前，大多数公司以协同、共享、合作创新为主题，通过实践社区、学习社区、兴趣社区、目的社区等进行知识的协同和交互，并以此进一步促成了商业价值的转换，实现了认知盈余变现的目标。

(一) 协同跨界知识整合

在新环境中整合多元化知识尤为困难，因为不确定性会模糊个体的想法，以及个体间想法的相互关联性。只有当参与者愿意将其当前的知识转化为新知识，并促使其他人的知识发生转化融合、延伸及重构时，个体想法才会浮现并相互提炼，最终实现跨界知识的协同整合。专家们需要将自己对问题的看法告诉其他专家，并进行深入探讨，将自己的知识与其他人的知识相整合。如此，他们可以了解彼此的思维模式，及其隐含的问题解决路径，并获知其他人对每个解决方案的制约作用或重视程度。

第一，锁定知识协同边界。由于知识的定位、内嵌和投资方式不同，人们面临的知识传递、调用或转化的挑战也不尽相同。因而，希望通过跨界融合以实现知识协同的人会面临句法（Syntactic）、语义（Semantic）和实效（Pragmatic）的边界（见图 5-10）。句法边界指的是具有不同专业知识的人对特定问题表达自己看法时会采用不同的语言表述方式，为更好地跨越边界，应采用通用词；语义边界指的是在不同知识背景下，解释体系的差异；实效边界与不同领域潜在竞争的利益有关，人们都有各自的情境理性，这就意味着会出现特殊的"价值体系"和"评估原则"，或多或少会追求特定的利益，而组织是一种权力系统，跨界组织也不例外，员工和管理者的利益是相互冲突的：员工会努力争取自主权并获得专业知识，而经理会掌控正式权力。在行业层面，非政府组织和企业通常会束缚个体，分散利益。要跨越实效边界，除了共同的含义和用词，还需要通过协同来明确共同的利益。句法边界、语义边界和实效边界的厚度会影响知识整合的难易程

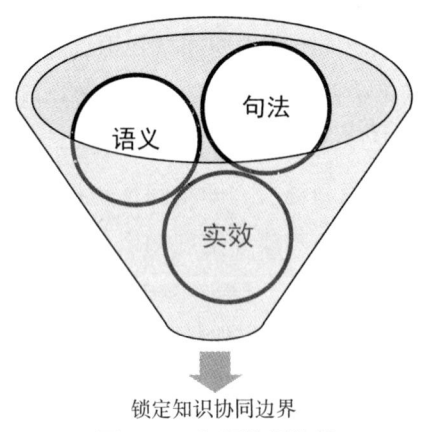

锁定知识协同边界
图 5-10 知识协同边界

度，而且为确保绩效，需要采取不同的策略和行为。

第二，协同跨界知识整合模式。跨界知识流动是协同跨界知识整合的关键要素。利用知识的能力对组织的成功至关重要，但是，知识常被边界所阻隔，这使组织难以定位、获取并吸收知识。而这种边界既可以是地理上的，如在地理上相隔较远的企业之间的知识储备会被物理边界分隔开来，也可以是社会的，即个体通常倾向于与他们自身所处的社会组织中的成员而非其他社会组织成员分享信息。跨组织边界对知识进行有效的协同管理是创造竞争优势的关键，而有效的知识跨界协同管理则指组织不仅分享他们的知识，还获取彼此的知识。这样，组织间就可以将一部分知识作为共同知识分享，并获取对方的部分专业领域知识，进而组织得以在跨领域时对所面临的挑战有更深入的理解并进行合理应对。简而言之，协同跨界知识整合的目的是实现"泛知识"协同，以知识协同体来推动商业创新。因此，根据综合分析及跨界与知识协同的概念特性，必须构建一种协同跨界知识整合模式来辅助"泛知识"协同的实现（见图5-11）。

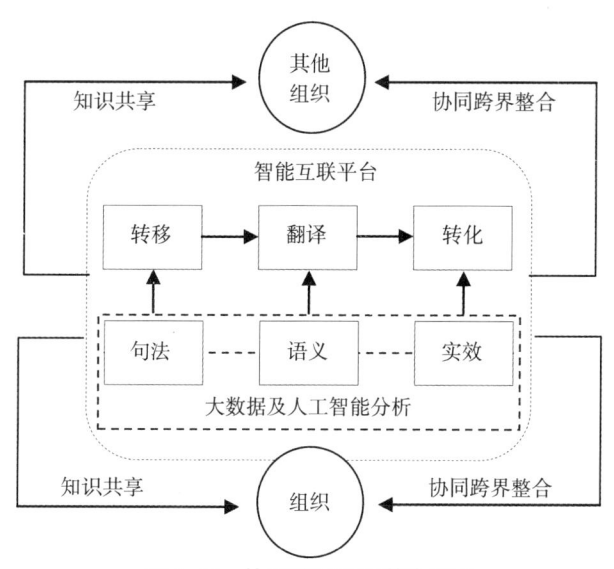

图 5-11 协同跨界知识整合模式

知识整合与知识转移不同，并非是单方向的提供与接受的关系，而是彼此互相的、共享的关系。因此，在协同跨界知识整合模式的构建中，主要是以知识的流动为着眼点，考虑到知识的属性带来的阻碍，根据上述分析，模式在运行过程中将协同跨界知识整合面临的知识边界划分为句法、语义以及实效三层。对于知识跨界而言，其本质是知识共享的知识转移、知识翻译与知识转化的过程，组织可以将其知识分享给其他组织，同时也从其他组织处获取知识，这丰富了企业的知识库，使企业能更充分地利用知识，从而满足市场需求。在此过程中，组织与其他组织互为知识提供方与知识接受方。组织间在知识跨界整合的过程中通过将知识转移、翻译并进行转化，可以使一方的知识为另一方所用。但是如若边界无法逾越，知识的协同跨界整合亦将不复存在，而随着人工智能、大数据等智能互联工具的兴起，组织对于三大边界解构的能力获得了长足的发展，能有效克服这三层知识边界，使得跨界组织之间得以顺利地进行知识的协同跨界整合，因而该模式的关键还在于知识协同的平台量化，互联网平台可以以其极大的兼容性、动态化的应用场景及丰富的智能外接应用，实现对三大边界的"攻城拔寨"，是协同跨界知识整合模式中最为重要的一环。如此，组织既可以获取陌生领域的知识并加以利用，又可以通过开发新产品、新工艺或改进已有产品和工艺等形式使组织得以将不同的专业知识进行衔接和融合，并将其他领域的知识转化为组织跨界发展的产品或服务中的价值，为组织跨界的协同发展提供支持。

（二）协同跨界知识团队组建

知识创新已成为决定企业发展前景的关键要素，并日益呈现出前瞻性、集成性和动态性，而传统的以个人为基本单位的创新方式却对此无能为力。因此，寻找一种新型团队运作方式就显得迫在眉睫，知识协同团队便应运而生。知识经济时代，知识协同团队已成为企业解决复杂创新问题和推动人与组织协同发展的重要组织形式，亦是协同跨界知识整合的运行载体。但是在知识协同团队组建的过程中，不可避免地会面临知识异质性（Heterogeneity of Knowledge Attributes）的阻碍。

知识多元化会通过影响团队合作过程（信息交换、相互学习和磋商）来影响团队创新能力。如果团队成员之间不进行争论，不协同知识多元化的优势，则会降低团队绩效。简而言之，如果没有协同多元化知识的创造性任务或商讨过程，多元化本身是无法产生绩效优势的。因而，协同跨界团队的组建显得尤为重要，其运行模式的确立将有益于知识协同团队的诞生。

对于跨界的多元化团队来说，较高的多元化程度会带来较强的创新能力，但仅仅实现专业知识的多元化并不足以提高团队绩效。与之相关的是"常识效应"（信息多元化的团队中，每个成员会主要考虑和协同所有人都知道的信息）。跨界团队成员在工作中，即使独特性知识对于团队任务的完成至关重要，成员也往往会趋于讨论常识性知识而非独特性知识。并且，与其他团队的人进行深入交谈需要具备较强的沟通能力，而且面临着人际冲突。因此，跨界团队的成员必须适应特定的知识边界和合作情境，这是协同跨界团队组建的前提，若是企业要获得进一步的提升及升华，就必须加速跨越知识边界，通过自身智力资源的协同整合，与跨界团队进行磨合和融合，实现跨界团队间的协同发展。

在日新月异的互联网时代，团队的组建选择也变得日益社交化、便捷化及动态化，协同跨界团队的组建也不例外，作为复杂的运作过程，基于知识跨界协同的跨界团队组建的适应性体系对于团队组建的柔性与精度要求更是提高了一个档次。在此大环境下，基于互联网技术的交互式云管理动态组建模式将会在一定程度上更好地适应、推动及协同跨界团队组建运行（见图5-12）。交互式云管理动态组建模式主要包括输入层、反馈层及输出层。

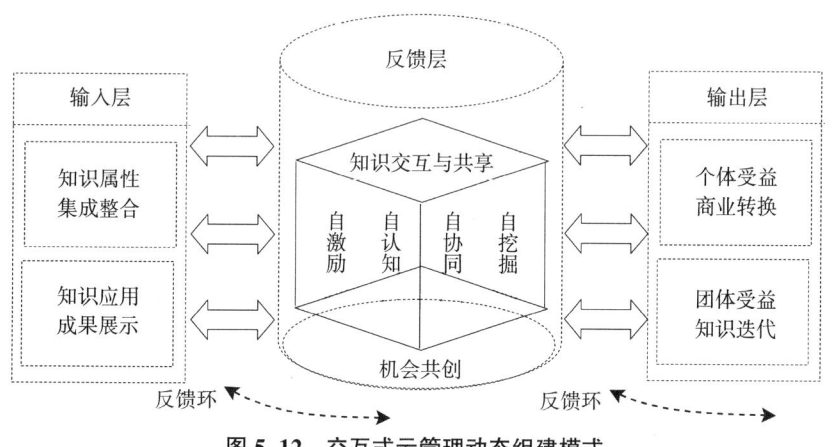

图5-12　交互式云管理动态组建模式

第一，输入层。输入层主要是输入知识属性的集成与整合，借助互联网技术实现知识"工种"的模块化和结构化分类，此外还包括一些项目团队的知识专利成果和应用实践展示。

第二，反馈层。反馈层的核心是提供互联互通的社交平台，具有动态性的特征，会随着团队成员的行为变化而发生变化。其主要功能是用于跨界团队知识的协同交互和共享，以促进跨界团队知识层面上的协同合作。此外，反馈层的另一大作用是为团队成员提供一种通过新视角检验自我认知的机会，也能反射出自己对专利知识的了解程度或转化运用。例如，团队成员加入新团队时，对个体状态和集体状态都了解甚少，但仍可基于平台发起谈话或视频交流，进而更加深入地了解彼此。同时，与团队其他成员交互思考知识，有助于团队成员形成归属感并实现自我激励，并帮助成员充分了解团队的目标、规范和惯例，从而激发集体的状态，协同挖掘机会共创的新机遇。此外，团队在协同合作过程中涉及的跨界知识一直处于相互影响、融合及整合的状态下，这就形成了一种反馈环，即将最初的跨界合作成果（如演变后的团队成员语言、解释和利益）再次输入到反馈层中，直至实现机会共创的目标。

第三，输出层。参与跨界合作的人会获得个体受益的机会。团队的成功经验和新知识的融合诞生会给个体成员的学习和幸福带来积极影响，而不会使其感到沮丧、被疏远或无法应用自己的专业知识。团队成员通过掌握新语言、获得对特定情况的不同见解或了解其他团队的不同利益，会变得更加善于思考和运用专业知识技能，同时能够更有效地利用互联网智能"工具包"跨越句法、语义或实效边界，传递、调用或转化知识。有效的跨界合作可以产生富有成效的团队绩效，解决复杂的知识盲点，实现知识迭代，最大程度地利用高效率的协同跨界团队来大幅提升协同跨界知识的整合效率，进而推出创新产品或服务，将知识成果转换为更具现实意义及应用价值的成果。以网易开发阴阳师手游为例，作为一款爆款游戏，其制作团队是由剧作家、设计师、艺术家和程序员组成的，是一个不折不扣的花样跨界团队，其实现了团队成员和不同专业知识两方面的跨界协同整合，成功打造了轰动玩家的游戏。实践表明，最具创新能力的团队都选配了具有"其他专业知识"的成员，以知识相互匹配、互补及交互为前提，跨界协同组建合作团队，可以带来截然不同的新鲜体验。多种不同知识属性的人进行知识交互，是最大程度提高团队绩效的关键，也是激活三层次交互式云管理动态组建模式跨界合作圈的关键所在。

（三）知识协同管理：企业竞争核心

作为中国民用航空领域的开拓者和引领者，中国商飞公司"第二块屏幕"建设中所体现的知识协同管理，为企业打造核心能力提供了新的视角和思路。"第二块屏幕"是中国商飞公司在技术中心、管理部门和生产车间等机构中全面推广的、旨在构建员工专业能力的知识管理工程，包含"知识工程、问题导向、智慧企业"三个步骤（见图5-13）。

图 5-13 "双屏协同创新"三步骤

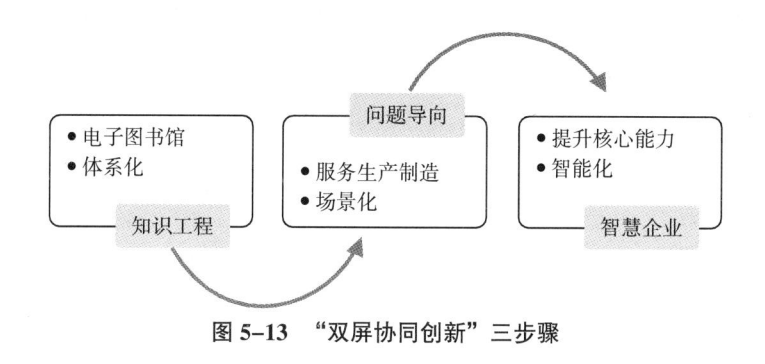

第一，知识工程。知识工程的主要任务是建立电子图书馆，实现知识的"体系化"构建。"双屏协同创新"的第一步就是实现"第二块屏幕"的知识储备，即建立结构化知识的电子图书馆，将知识进行协同分类、科学梳理、有序存储，实现"隐性知识显性化，显性知识体系化"，如各工作岗位、任务和流程手册的编写、知识历程图的编制和隐性知识的整理等。同时，建立与之相配套的协同管理制度，如考核、评估和激励制度等。

第二，问题导向。其主要任务是服务产品生产制造，实现知识的"场景化"应用。知识的协同管理服务于知识的运用，知识"资产化"是为了更好地应用到实际情况和实际问题的解决之中，服务生产目标。基于资产化的数据库，形成协同工作平台，把资产化的知识和工作流程进行匹配、连接、组合，根据不同场景实现知识的标准化和模块化，将碎片化的知识资产进行集成协同，并直接面向工作场景的效率提升和质量提高，比如上海飞机制造中心设计一个工装由原来的平均需要 22 个工作日缩短为 14 个，部分工装设计的效率提升了 36%。同时，继续完善知识管理制度，让面向问题的场景化知识梳理和整合工作成为工作常态和工作惯性。

第三，智慧企业。其主要任务是全面提升企业的核心能力，实现知识的"智能化"服务。"双屏创新"的最终目标和愿景就是实现知识的智能推送、智能决策和智能纠错的协同创新，是一种智能地运用知识处理问题的能力。在服务于生产制造的过程时，智能化的知识管理系统使员工具有科学的操作方案和参考系统，从而更好地做出科学决策，在执行的过程中也会有最优方案的参考提示，在收尾时也会有自动纠错功能。借助于人工智能和大数据技术，智能化的知识体系也有自学习功能，不断优化算法、演化发展，提升自身的智能化水平。

"第二块屏幕"形象地描述了公司员工在日常工作的电脑之外，再增加一块新的电脑屏幕作为正常工作的信息参考、数据支撑和知识借鉴媒介，对于改善员工工作绩效、完善公司的知识体系、打造学习型组织都有重要作用，为构建公司核心能力和持续竞争力奠定了良好的基础。这是中国商飞公司正在积极推行的管理创新，即"双屏协同创新"。"双屏协同创新"是对"第二块屏幕"的全面"武装"，它不仅仅是一块工作屏幕的增加和一种工作形式的丰富，其本质是对知识协同管理的重视和学习能力优化的一种机制创新。在微观上，中国商飞公司设计了"一把手工程"机制与"全员参与"机制相结合的协同机制。对"一把手"的重视是保证"双屏创新"策略自上至下、一以贯之实施的重要保障，将"第二块屏幕"的建设情况纳入考核机制和激励机制，激发各部门工作和全员参与的动力，并能长期持续地实施下去。全员参与会产生意想不到的创意和想法，仅以中国商飞公司为例，每年就贡献37000多个知识点，人均贡献12个知识点，正是这种高层领导重视下的全员参与保证了"双屏协同创新"的推动有力和有效实施。基于这种全员参与的共享和创新，"双屏创新"在宏观上优化了企业学习氛围与组织学习机制，提高了企业作为一种创新主体的核心能力。

　　作为一种知识协同管理的手段，中国商飞公司的"双屏协同创新"通过企业知识管理流程与模式的改进，促进了组织资源的汇聚、能力的积累、信息的转移、学习的强化，从而有效地服务于企业核心能力的建设。在知识与智能化的发展背景下，知识协同管理成为企业核心能力的关键，而"双屏协同创新"正是核心能力知识观的集中体现和应用。协同建立知识分类体系、完善知识协同管理制度、促进隐性知识和显性知识的体系构建工作常态化，更加注重知识场景化方案和平台的建设，探索智能化知识协同管理体系的构建方向和实施方法，从而更好地服务于企业核心能力的构建。

【协同时代的管理智囊专栏3】　立思辰：业务先行，整合协同

　　北京立思辰科技股份有限公司（以下简称立思辰）秉承"厚德载物、自强不息"的发展理念，把握历史机遇，持续创新，历经十几年的稳健增长，旗下业务现已发展形成两大领先产业集团：教育集团与信息安全科技集团。2016年是立思辰进入教育领域的第四年，公司紧紧围绕"智慧教育+教育服务"的发展战略，坚持校内校外相结合、线上线下相结合、国际国内相结合

的发展路径，以市场开拓为核心，以业务协同整合为主线，以资本运作为手段，明晰发展思路，不断强化公司的核心竞争力，努力提升公司产品和服务品质，稳步推进各项业务顺利开展，使公司在经营业绩、市场服务、技术研发和企业管理水平等各方面都取得了良好的成绩。据其2016年年报显示，立思辰实现营业收入18.8亿元，比上年同期增长84.10%；实现利润总额3.62亿元，比上年同期增长138.77%；实现营业利润3.05亿元，比上年同期增长171.92%。

一、双轮协同驱动，协同效应激活

立思辰自成立伊始，就确定了双轮驱动模式的协同战略目标，目前已形成了"智慧教育+教育服务"两大板块的业务布局（见图5-14），并拥有立思辰合众、敏特昭阳、康邦科技、留学360、百年英才、跨学网、乐易考等多个教育品牌。创始人黄威表示，"2017年我们依然会按照既定的战略坚定地走下去，强化两个核心板块，特别是加强在教育服务中的教学服务和学习服务；强调两大板块相互协同，以及在整个学段中不同业务之间的协同。协同增长和整合是立思辰教育在2017年非常重要的工作和主题。同时，我们也会通过战略并购，或者说投资工具，完成对一些重要领域的布局"。

图5-14 立思辰互联网教育协同发展模式

板块一是智慧教育。目前立思辰业务已形成"区域平台+智慧校园+学科应用"的产品组合及协同战略入口，在中国教育信息化与校内学科应用方面，具有领先优势。立思辰以区域智慧教育云为基础，协同整合教育集团内部各业务模块，将智慧教育的整体解决方案打包推广。这一板块主要由立思辰合众与康邦科技联合提供。

　　板块二是K12教育服务。敏特昭阳作为立思辰K12学习服务的核心应用，全线升级了英语和数学产品，进一步完善了公司的K12学习产品线，并形成了课上课下、校内校外、直播和系统学习的结合，在用户、产品和学习习惯养成领域为B2C导流打下了坚实的基础。通过敏特昭阳、跨学网、百年英才和留学360在用户数据和业务层面的进一步打通，形成了立思辰K12板块的协同布局，即"学习服务+升学服务"。

二、完善业务矩阵，协同整合发展资源

　　立思辰一直围绕着其教育大战略展开协同并购，每一个收购对象的业务都成为公司战略版图中不可或缺的一部分。近几年，立思辰先后收购了大量的教育公司。立思辰十分关注提高各业务线自身的协同增长，整合各板块的优质资源。目前，立思辰康邦作为智慧校园解决方案供应商，已经与立思辰合众高度协同，将区域智慧教育事业群并到康邦，共同参与整个智慧校园及区域云平台的建设。立思辰敏特作为立思辰K12学习业务的中心，其学科应用产品是B端业务，选择进校进课堂。目前，产品已经进入快速发展期，正从单纯的学科应用产品向学习平台转变，连接校内和校外场景，并与立思辰其他教育服务产品对接导流，立思辰敏特与立思辰跨学已经在做产品层级的协同。

　　资料来源：笔者根据多方资料整理而成。

二、知识联盟"大派对"

　　"互联网+人工智能"是科技与知识融合的过程，改变的并不是知识本身，而是人们对于知识应用场景的认知革命。互联网时代，一方面，知识变现正以我们难以想象的速度增长着；另一方面，无数的注意力、社交情感需求，乃至基于"泛知识"的学习服务需求正在酝酿着新一轮的消费需求。也正是因为互联网造就了个体知识得以释放的需求与供给，"变现"才得以实现。甚至可以说，所有的组织活动均在触网的情况下，通过高举知识联盟的大旗，实现了分散化知识的协同与整合。知识联盟既是组织的"强化丹"，又是组织开启创业蓝海的第二法则。然而，2015年互联网产业概念创新的巨大泡沫破裂的惨痛教训仍在眼前，此轮"知识联盟"的大旗究竟能够扛多久？知识联盟究竟是引发全民消费新浪潮，还是沦为资本包装下的新泡沫？抽丝剥茧，知识联盟的本质是在协同共享的基础上，以平台作为容器，吸纳个人、高校及企业的知识精英共同加盟，在协同机制的综合引导之下，开展知识服务和知识转化的活动。可见，协同自一开始便是沉淀在知识联盟之中，并伴随其进入开放式创新 2.0 时代。维基百科、微博、微信、虚拟社区等知识共享工具的迅速发展，使知识联盟可以在更大范围、更深层次上共享知识资源，使世界范围内的合作研究成为可能，也越发凸显协同作为交互理念维持联盟平衡的效能。

（一）知识联盟的协同特征

现实中，各组织均以虚拟网络形式构建知识共享与学习型合作联盟，开放式网络化、异质性组织协同是其主要特征。可以说，知识联盟的涌现完全是自组织的突变产物，从最初具有他组织特征的非线性合作到逐渐向自组织演变的虚拟知识联盟形态的出现，知识联盟的网络化、大规模、低成本、高敏捷、强交互的特征，不仅为知识共享、知识转移提供了敏捷通道，而且为跨区域、跨组织、跨文化的协同创新提供了全新的解决方案。

第一，开放式网络化。知识联盟协同创新系统充分体现了异质性组织间的知识共享与交互，联盟内部由于人人交互、人网交互、网网交互的强交互活动过程源源不断地溢出新的知识。因此，知识联盟的协同是基于联盟规模的低成本扩展和交互强度的敏捷深化，进一步优化了异质性组织间知识共享与学习的途径和效率。具体而言，参与校企虚拟知识联盟知识共享与交互的各创新主体，既是信息、知识资源的提供者、创造者，也是共享者。他们通过对知识的识别、获取、提炼，将所获取的信息在第一时间形成一个拥有丰富信息和知识的虚拟知识网络。而在这样开放式的网络中，与学习、设计、创新等过程有关的全部知识都分布在虚拟的知识联盟网络中，任何参与其中的创新者都可以直接获取，并协同共享知识。同时，知识联盟内的知识创新主体通过各种基于网络技术的直接（视频会议）或间接（社群分享）的知识交互行为，不断实现知识的协同升级与演化。

第二，异质性组织间协同。在开放式网络化的促进下，知识联盟的协同效应将会日益显现，并主要体现在技术协同、知识协同及关系协同三个方面。知识联盟的协同是以信息技术为基础的协同，即各组织在形成虚拟知识联盟之前已基于不同的信息技术及资源来增进组织内的知识共享与交互。该形态下的知识管理与创新不再局限于各组织相对封闭的组织边界内,新知识的创造、扩散、共享和学习更聚焦于组织间的知识流动、溢出、共享、协同与创新。因此,知识联盟协同化的首要任务是要实现各类信息技术及相关资源的整合、协同,通过构建统一的知识分享与交流平台,为知识联盟的协同运作提供技术保障。知识联盟的知识创新是在知识应用过程中实现的,包括组织内的独立创新和联盟内的协同创新。独立创新就是联盟双方在各自学习和吸收知识之后,于组织内新旧知识的融合中产生的新知识。协同创新则是知识联盟成员在协同完成任务的过程中,于敏捷高效的知识交互过程中为达成联盟知识的共享、转移而产生的新知识,最终,知识联盟的知识总量不断增加,产生显著的知识溢出效应。知识联盟的双方由于组织的异质性,易产生因组织文化差异而导致的分歧。一般而言,知识联盟是基于任务导向而形成的,显然这种动态联盟组织的知识网络的形成路径是目标导向的,即事先并没有形成明确的社会网络,而是因各组织之间知识势差的存在而紧密围绕知识需求与合作创新目标构建起来的虚拟联盟知识网络。根据弱联结优势理论,要获取新的知识和资源,网络中的弱关系将发挥更重要的作用,所以企业往往更易从现有合作伙伴之外的知识组织中去搜寻和选择。尤其是在新一代信息技术的广泛渗透下,使得非地理邻近的知识搜寻和选择更为便利,企业远距离知识资源互补性的组织更易被搜寻到,从而形成虚拟知识联盟网络。而在虚拟知识网络形成之后,由于组织间频繁的知识共享与交互,彼此间信任加深,反过来又进一步巩固了异质性组织之间的社会网络,弱联系关系会向强联系关系协同转化,进一步达成和促进网络中知识的溢出与共享。

(二) 知识联盟协同共享模式

知识协同不同于知识管理,知识管理是指为了增强组织的绩效而创造、获取和使用知识的过程,而知识协同是在知识管理基础上的超越,是对知识管理过程中知识联盟如何更好地利用知识的协同。可见,知识联盟的协同化对知识联盟的成长和升级有着重要的作用,首先,因联盟知识可以重复使用,不会因为被使用而被消耗,在共享过程中,随着知识使用次数的增多,平均每次的共享成本会下降,而联盟中用于知识共享的协同成本,如投入的技术设备、软件支持、组织与管理资源等投入成本会相对保持不变。其次,知识具有边际效益递增的独特优势,在联盟知识协同机制的作用下,这种优势会被放大,它会因为被不断使用而得到累积、提炼和增值。因此,为保证知识联盟协同效应的发挥,必须为其"量身定制"一套运行模式,即知识联盟协同共享模式。

知识联盟协同共享模式的要义是以平台化为基础,将联盟知识体系中各个构成要素之间相互联系、相互制约的关系以及系统内各个知识点、知识源开展互动的知识活动进行协同,构建知识协同体。知识联盟协同共享模式以提高联盟企业知识共享的收益、降低联盟企业知识共享风险、缩小联盟企业间的知识水平差距为目的,并将三者作为联盟知识共享协同机制建立与运行的立足点,从软环境和硬环境两方面分别构建知识联盟协同机制和知识联盟共享网络平台。因而,其运作逻辑包含影响因素、网络平台及协同机制三部分(见图5-15)。

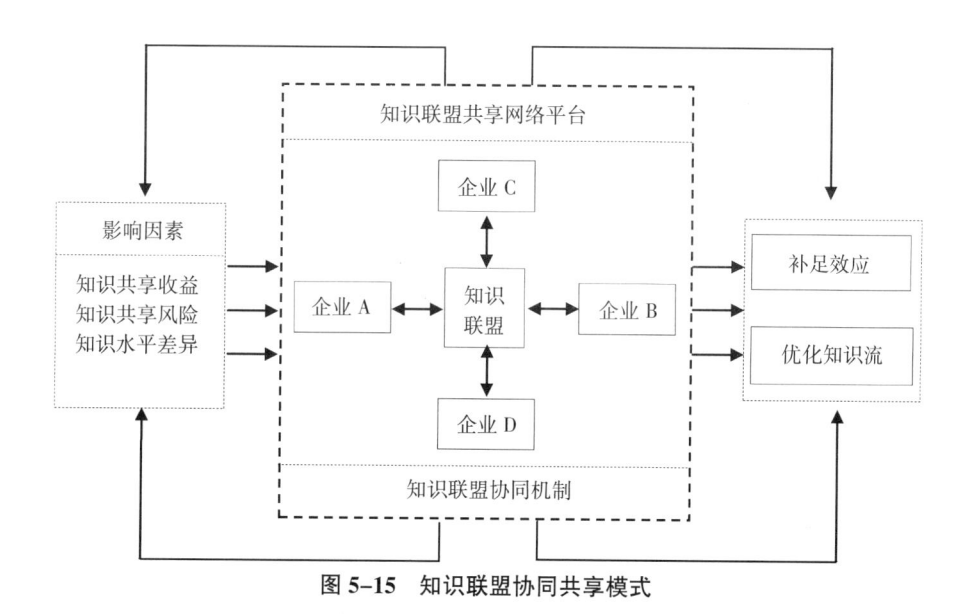

图5-15 知识联盟协同共享模式

第一,影响因素。影响因素主要包括知识共享收益、知识共享风险、知识共享水平差异等。知识共享收益是由于知识共享给联盟各方带来的新价值。知识联盟企业的知识共享收益除了与其自身所贡献的知识价值有关,还与其他联盟伙伴贡献的知识价值以及联盟中知识共享技术条件有关。而联盟企业贡献的知识价值与其自身的技术创新水平和知识的吸收能力等因素有关。如果某一联盟成员企业认为其联盟伙伴转移给自己的知识过于简单或价值不高,不及自己转移给对方的有价值,在没有足够激励等补偿措施的情况下,该企业就不愿意继续转移自己的知识或有所保留。另外,如果知识联盟企业共享知识的潜在价值难以判断就会使其知识共享的积极性受到挫折,使其不再乐于共享其隐性知识。而联盟中知识共享的技术与条件对企业加入联盟后创造知识的价值具有较大的促进作用。知识共享风险是知识共享给联盟企业带来的风险。联盟企业由于知识共享可能会带来一系列负效应。知识共享风险的存在多与隐性知识的共享有关。如果联盟成员间存在一定的竞争关系，出于对自身利益的考虑，担心将自己掌握而他人缺乏的知识完整地转移后会导致核心、能力的缺失而不愿转移自己的知识；如果知识联盟企业间的专业领域和知识结构差异很大，知识转移方需要花费许多时间、精力向知识的接受方解释，而接受方很可能无法理解，则知识转移方发现自己的努力没有效果，就不会乐于继续转移知识，并且很可能在以后的工作中对自己的知识加以保留。

第二，网络平台。知识联盟共享网络平台的搭建体现了知识共享具体运行与技术支持的融合，可从多个方面提升联盟成员知识共享价值、降低知识共享水平差异，从某种程度上对联盟知识共享风险也有一定程度的防范。对于单个企业而言，知识创新平台是不可或缺的。同样，知识联盟学习也离不开学习平台。知识联盟为组织学习和创新提供了一个理想的发挥类似功能的平台，战略联盟使参与的企业有机会接触到联盟及其他成员的知识，为企业获取显性知识甚至隐性知识提供了条件和可能。

第三，协同机制。知识联盟的协同机制主要包括联盟知识成果评估机制、知识共享技术优先支持机制、知识产权保护条款的制定机制等。联盟知识成果评估机制是指，为提升成员对知识共享的积极性，避免联盟各方对共享知识价值认可的差异性，联盟通过抽调联盟成员及有关专家对联盟成员共享知识进行评估。当联盟成员的隐性知识被评估并融入利益分配中，成员企业意识到知识共享与自己的利益一致时，才会愿意共享自己的知识。这里体现了联盟利益协同机制对知识协同的耦合作用。也可以考虑建立联盟知识成果申报制度，联盟成员不但要申报创新成果，还要申报知识共享成果和知识应用成果，联盟跟踪成果进展并对成果进行评估。由于知识共享技术也是影响联盟知识价值和知识共享效率的重要因素，因此，联盟可从整体的角度对联盟成员提供知识共享技术的相关激励措施，通过对个体成员的激励达到提高联盟知识共享的目的。例如，通过知识共享技术优先建设与及时更新等措施对联盟成员知识共享行为进行引导和提供保障；尽管联盟成员企业加强自身的知识产权保护对于知识外溢的风险有很好的效果，但在战略联盟中，还要明确分清联盟企业的核心知识与技术，并制定正式或非正式的规定来限制那些可能导致核心知识泄露和丢失的行为。例如，列出明确的清单，明确哪些技术或诀窍是属于联盟成员贡献给联盟的，哪些技术所有权是属于联盟企业的，即要清晰划分出知识边界。特别是对不能共享的知识订立严密的保密条款，建立起联盟内部的"防火墙"。

【协同时代的管理智囊专栏 4】中航资本："金"字招牌，融创协同

中航资本控股股份有限公司（以下简称中航资本）是中国航空工业集团公司（以下简称中航工业）控股的金融控股类上市公司，它担负着发挥产融结合优势、探索航空产业发展模式的重要使命。并且，中航资本作为金融运营的平台，致力于构建"全牌照"金融业务布局，打造一流的金融控股公司。旗下拥有证券公司、财务公司、租赁公司、信托公司、期货公司、产业基金公司和保险公司。随着协同战略的持续推进，中航资本近年实现了跨越式发展，其全牌照金融业务平台已初步形成，获得了良好的业绩增长。据其2016年年报显示，2016年中航资本实现营业总收入42亿元，同比增长28.13%，净利润23.24亿元，同比增长0.51%。

一、践行协同战略，加速协同发展

2016年，中航资本以"成为根植航空产业、深具中国产融结合特色的一流上市金融控股公司"为指引，全面实施"产融、协同、国际化、并购、人才、品牌"六大协同战略举措，积极探索与实践业务转型升级，核心竞争力显著增强，并在多个领域建立起差异化的竞争优势，实现多业务模块的协同发展（见图5-16）。

第一，产融结合优势显著。作为中航工业唯一的金融平台和产融结合平台，中航资本根植于航空工业，通过构建"综合金融、产业投资、国际业务"三大平台，协同发展综合金融服务、航空产业投资、新兴产业投资，同时着力探索和开展国际化业务，在贯穿航空工业各产业链的研发端、采购端、制造端、销售端等各领域形成深度的产融结合能力，同产业链紧密结合，全力打造全方位、专业化、定制化的综合金融服务能力，实现了金融与产业资源的有效对接、相互驱动和融合发展，实现了实体产业和金融业的协同双赢。

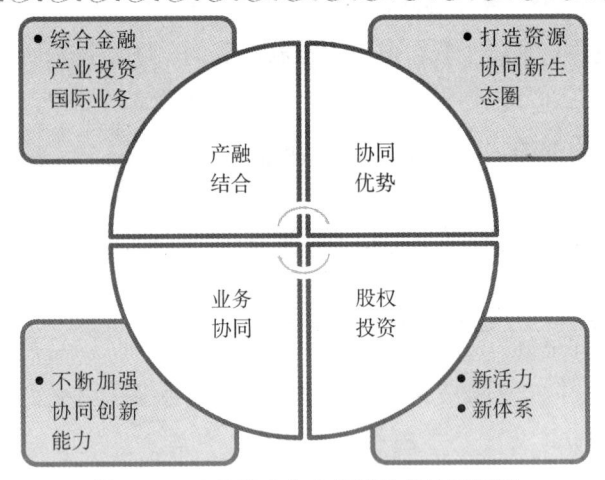

图 5-16 中航资本多业务模块的协同发展

第二，协同优势持续凸显。2016 年，中航资本通过不断深化协同战略，在客户资源共享、渠道资源共享、业务协同合作方面不断取得新成效，并通过积极引导和发挥整体协同效应，成功实现了"产、投、融"协同模式的创新打造，逐步形成环环相扣的资源协同生态圈。

第三，业务协同创新能力加强。中航资本旗下的信托业务、租赁业务和证券业务正在加快落实协同创新驱动发展战略，积极探索业务转型，在开辟创新业务模式、业务专业化提升、拓展优质业务合作伙伴、推进产融结合、提升品牌影响力等多个方面取得了明显成效。部分业务领域的创新发展已领跑行业，并荣获多个专业奖项。

第四，股权投资激发新活力。中航资本依托股东中航工业的高新技术、产业资源和品牌优势，紧密围绕航空工业各产业链，积极开拓航空产业投资。同时，中航资本聚焦战略新兴产业发展，投资了一系列高新技术产业优质项目。近年来，公司不断加码私募基金业务，参与设立多个产业基金，构建了多层次资产协同管理体系，并通过充分发挥金融牌照资质较全的优势，大力推动业务协同，不断巩固"产、投、融"协同模式，保障各种业务协同机会的有效挖掘和实施，围绕核心客户提供综合性的金融服务，致力于将自身打造为"一站式服务"的综合金融服务商。

二、践行组织协同，加速业务协同"双展"

为有效发挥及完善协同合作优势，中航资本积极培育、发展协同机制和协同文化，相继成立央企业务组、集团业务组和政府业务组三大组，并选择九个业务协同试点分支机构。通过加强跨业务、跨部门、跨区域的沟通与合作，极大地促进了创新业务的协同发展；同时，中航资本旗下有证券、信托、租赁、期货、财务公司多家金融牌照公司，各家公司之间相互进行客户资源的协同共享及业务外延的协同拓展，从而实现各项业务之间的有效配合，提高运行效率，有重点地推进"产投融"协同拓展，建立和完善合作联系机制，持续深入挖掘协同机遇，切实推动业务协同工作向纵深发展。

资料来源：笔者根据多方资料整理而成。

三、协同管理+智力资本

20世纪90年代中期以来，新兴的美国上市公司没有大规模的有形资产却坐拥高市值，也皆是因为其产品的核心就是知识。微软就是这类企业的代表。市场看好知识的价值，投资者相信，企业的大部分知识资产尚有很大的利用空间。值得一提的是，这种现象也是企业转向敏捷模式所带来的必然结果。因为敏捷竞争的本质就是将知识应用到瞬息万变的市场机遇中，从而产生出价值。在这一时期，开始出现知识经济的提法。那么，知识到底为现代社会与商业管理带来了什么？研究知识管理长达40多年的著名学者野中郁次郎在《知识经营的魅力》一书中就曾总结了知识管理的两大源流：对企业内部资源的关注和对数字化经济的关注。1991年6月，《财富》杂志刊登了托马斯·A.斯图尔特（Thomas A. Stewart）的文章《脑力》（*Brainpower*），提出智识资本正在变成美国企业最有价值的资产，也会成为其最有力的竞争武器。随后，斯图尔特遇到了GE的掌门人杰克·韦尔奇。韦尔奇激动地说："智识资产就是一切。"很快GE就在自己的企业价值观中加上了一条："珍视全球智识资本和为组织提供智识资本的人……"21世纪是一个以知识为主导、资本为支撑、科技创新为驱动的全新时代，在新时代中，企业竞争决胜的关键因素在于企业智力资本所创造的价值。

（一）智力资本三维协同创新模式

智力资本的终极目标就是为了实现企业的协同创新，这也是智力资本三维协同创新模式的追求。企业智力资本是人力资本、结构资本和关系资本的有机结合体，而这三方面也奠定了这一运作模式的三维结构。在企业创新过程中，各智力资本要素之间存在着复杂的非线性相互作用，应该通过协同效应构建一种促使"有序"形成的正反馈机制，从而使创新系统实现高度有序状态，即各个智力资本要素协同程度较高，推动组织之间创新能力和绩效得到显著提高（见图5-17）。

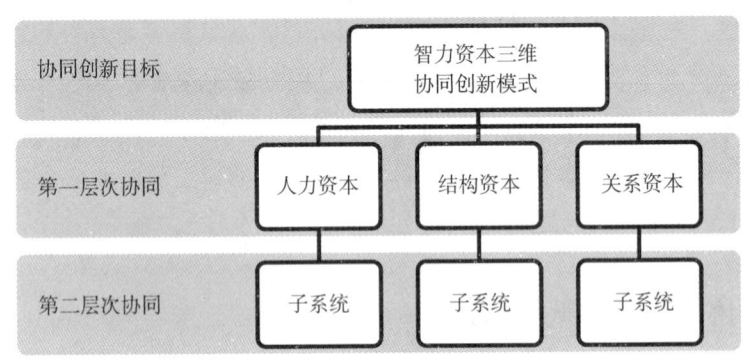

图5-17　智力资本三维协同创新模式

因此，必须让组织的人力资本、结构资本与关系资本三大维度很好地协同，三者的匹配与协同将成为驱动组织创新系统发展演化所产生的"巨涨落"动力，把人力资本、结构资本及关系资本等要素有机结合起来考虑，即实现智力资本三维协同创新。

智力资本三维协同创新包括两个层面：第一个层面是从智力资本视角来培育组织创新能力，必须从智力资本的三个方面来统筹考虑，即人力资本、结构资本与关系资本的三维系统协同，不能顾此失彼。第二个层面是三大维度下属的子系统之间的协同，一是体现在员工身上的知识、技能和能力，即人力资本子系统；二是体现在组织中的知识和能力，包括企业文化、企业管理制度、业务流程、信息和网络系统、知识产权和商业机密，即结构资本子系统；三是体现在组织与外部关系方面的知识和能力，包括顾客关系、供应商关系、银行、科研机构、政府相关部门的关系，即关系资本。因而，基于智力资本的三维协同效应包括两种类型的协同效应，一种为智力资本三个维度内部各个要素独立发挥作用以外共同产生的协同效应部分，另一种为智力资本三大维度的下属子系统各自独立发挥作用以外共同产生的协同效应部分。在智力资本三维协同创新模式中，基于智力资本的三维协同子系统也是组织创新系统的一个最为重要的核心子系统，其产生的协同效应较大，与此同时区域创新系统的各个子系统若不进行有效协同，其独自的创新效应也难以发挥。所以说智力资本三维协同创新子系统是智力资本视角下组织创新系统的核心和中枢。

（二）协同出"智"：智力资本五大协同管理策略

作为科技、资本和创新的结合体，智力资本在互联网的冲击下激发出的"协同"能量，逐渐走向技能化、工具化、组织化，为知识的商业应用提供了现实可能性，也造就了其协同神话。

第一，提升人力资源的协同效率。企业应充分发挥其协同机制灵活的优势，与高校建立利益协同体，构建高校联盟人才战略，吸引优秀的人力资本。企业可以采取定向培养人才、在高校设立奖学金、联合培养人才、通过项目合作吸引研究型人才等战略措施，为吸引优秀的人力资本奠定良好的基础。加强人才培养和选拔，给员工提供各种学习和成长的机会，使员工能够在工作中不断更新知识结构，保持与企业协同发展，成为企业最稳定可靠的资源。企业对员工薪酬、福利等方面要给予充分的激励。合理的薪酬制度，既要有外在的能够量化为物质性的报酬，也要有内在的各种精神方面的奖励，如对工作的满意度、工作的挑战性等。企业在薪资管理方面应强调以加强员工认同感和归属感为目的的长期激励措施的实行，比如实行股票期权制度、终生雇佣制等。

第二，建设现代化的信息管理系统。要在企业内部建立一个协同高效的沟通网络，就要充分利用信息技术建立现代化的信息管理系统。一方面，企业应建立自己的内部网络和数据库，并及时进行更新和维护。企业应派专人对内部网络进行维护，以保证网络畅通无阻和高速运转。在数据库维护方面，应及时进行更新，删除无用的数据信息，协同管理有价值的数据信息，以提高搜索效率和减少噪声干扰。另一方面，利用现代信息技术建立起知识导航站，让员工上传和下载各种信息，将个人或团队的知识和技术储存到企业知识库中，并及时更新和完善，促进员工自主学习。

第三，建立高效的组织结构。组织的高效运转取决于其组织结构的合理性和协同性，对于积累组织资本至关重要，因此企业要根据自己的特点合理地构建组织结构。首先，企业可以采取团队工作方式。这是一种能够激发员工创新思想的结构方式，它随着任务的需要而组建或解散。团队成员来自各部门、各层级，是一种跨部门、跨职能、跨层级的协同组织，团队之间为了特定的目标相互学习、相互合作,可以有效促进信息和知识的广泛交流。其次,组织结构应尽量扁平化,以减少层级沟通的障碍,实现知识和信息的全方位沟通。最后,构建学习型组织。学习型组织建设是组织资本增长的关键环节,学习型组织强调每个人都参与组织学习。在学习型组织中,创造新知识不是一项专门的活动,它是行动的一种方式,是存在的一种方式。组织有一个协同目标,组织中每个成员共同对组织所要达到的目标负责,组织成员的技能互补性使他们一起工作创造出来的东西比各自为战创造出的东西更多。

第四,注重开展协同创新活动。高度竞争的市场环境对企业的创新能力提出了更高的要求,企业必须不断开展创新活动以保持企业活力,这是智力资本协同管理的关键。一方面,企业应建立创新失败宽容机制。任何创新都是有风险的,如果企业只奖励成功的创新,而对失败的创新加以惩罚,则会打击员工的创新积极性。另一方面,企业还应利用企业的内外部关系来增加企业的协同创新活动。在对关系资本进行协同管理的过程中,应积极从外部获取知识和技术,实现企业内部知识和技术的协同创新。此外,应经常进行市场调查,加强与消费者的联系,从而使企业的创新活动有目的地进行,提高创新的成功率;与其他企业建立技术联盟,实现技术协同,既可以减少创新风险,又可以快速地进行学习和获取创新成果。

第五,积累关系资本,与利益相关的外部各种主体建立良好的协同合作关系。现代企业的竞争空前激烈,企业为了生存和发展,自然必须与利益相关的外部各种主体建立良好的协同合作关系。通过企业的关系网络能够以较低的交易成本获取企业需要的信息、线索和互补资源等,有利于在企业经营过程中避免风险、降低成本、获取市场良机、培养核心能力和建立市场竞争中的优势。企业与供应商建立牢固、稳定的关系可以保证原材料、零部件的供应;向客户提供优质产品和服务以保证强大而忠实的客户群体;企业与银行或其他金融机构保持良好的金融合作关系,有助于发生资本危机时走出困境;与政府部门保持持续友好的关系,有利于争取合法的政策扶持和把握政策环境变化的契机。因此,积累社会资本是企业在市场竞争中制胜和获取智力资本的重要途径。

第三节　协同文化之原力觉醒

文化是组织的灵魂，也代表着组织的核心竞争力。作为多元协作的共同体组织，拥有怎样的共同体文化，在某种程度上决定了合作的深度、持久度以及合作者的贡献度，进而影响到协同的水平与绩效。美国的硅谷是大学、创新企业和风险投资相结合的典范，开创了协同创新形式的先河。而今，"硅谷文化"所包含的"文化簇集""能者在上、宽容失败、精诚合作、冒险精神、分享财富"等，业已成为举世公认的先进协同文化的特质。纵观其发展历史，"支撑高科技企业成功的源泉正是一种深厚的文化氛围和内涵"。因此，培育先进的协同文化，也是为推动协同创新开掘核心能量之源。

先进的协同文化是以共同的协作目标集聚各方的创新力量，充分尊重协同各方的发言权和决策权，包容协同各方自身的文化特性，鼓励大胆尝试和实践，为培育创新提供丰沃的良性土壤，从而对身处其中的组织产生积极的文化感染力，有效激发协同各方的创造力和潜能，进而实现创新效益的最大化。并且，先进协同文化是协同创新的软动量。协同创新的实现需要系列软硬动量予以支持。硬动量的重要性已成为共识并在近年来得到了快速发展，而文化作为动力系统软性要素的关键仍存在较大的建设空间。先进的协同文化将统一协同各方的价值共识，有效消除因协同各方的文化差异而产生的冲突和阻滞，克服偏狭的利益本位观，做出相应的文化调适，形成荣辱与共、休戚相关的协同意识，为协同创新提供绵绵不绝的内驱力。协同共同体文化一旦经由重塑趋向成熟稳定，就会显示其对协同创新的巨大影响力和推动力。协同组织应进一步凝练其文化核心理念，对自身文化进行全面输出，提升协同创新软实力，扩大知名度和辐射圈。由此，重塑先进的协同文化是协同创新的最高形式，输出协同文化则是提升协同创新能力和水平的必然途径。

一、海底捞：文化"膳"的极致享受

20年来，海底捞从四川简阳一家小火锅店开始，成长为在中国大陆39个城市拥有138家直营餐厅的龙头餐饮品牌（截至2016年），并入选哈佛商学院案

例。目前，海底捞还在向海外扩张。若谈到中国公司情感文化管理中的佼佼者，很多人的第一反应就是这家火锅连锁店——"海底捞"。海底捞用协同文化重新定义了老板与雇员的关系，最后的结果是改变了企业与顾客的关系，老板毫无保留地对员工好，员工毫无保留地对顾客好，结果大家都成了好人。

（一）情感文化："捞"文化的协同始末

海底捞的崛起成了一种现象，不但对餐饮业，对各行各业都是一种启示。海底捞以打造超越性的服务而为外人所称道，这种服务的支撑，来自于其内部强烈而独特的文化意识。"海底捞你学不会"，指的就是其"协同文化"的独特性。但以文化模型来定位的话，海底捞属于标准的"情感型"文化，即从努力营造大家庭气氛、内部按部就班的晋升、不考核单店利润等因素可以看出它属于"重关系轻目标"的文化。那么海底捞是怎么做的？主要有以下七大措施：一是选拔培育有感恩之心的员工；二是营造大家庭的氛围；三是"传帮带"的固有习惯传承；四是员工自主性的激发；五是拒绝空降兵，坚持内部选拔；六是弱化冷硬的制度流程，强化内部沟通和创新；七是鼓励员工全员创新，提出改进建议。

一个企业可以选择"情感型"文化，也可以选择"目标型"文化，或者是"共生型"文化，甚至是"松散型"文化等，关键是看能不能与组织相适应。而更为关键的，是想方设法不断激发文化的"正面"作用，打造协同文化，才是真正的企业管理之道。

（二）协同文化之十字真言

第一，授权。海底捞的核心是授权，这是其企业文化的一大核心。海底捞的授权到了什么程度？——海底捞的服务员，有权给任何一桌客人免单。

第二，待遇。待遇不仅是钱的问题，还包括生活细节的人文关怀。海底捞的宿舍一定是有物管的小区，虽然挤一点但档次要高（房间生活设施健全，还要有电脑、Wi-Fi等）；海底捞的服务员不用自己洗衣服，有阿姨洗；吃饭也不在店里，是由阿姨做菜……海底捞培训包括如何使用ATM、乘坐地铁、买卡、充值等融入城市的培训。这种待遇，如何不让员工心存感激？

第三，真诚。作为餐饮业最常考核的指标（KPI），比如利润、利润率、单客消费额、营业额、翻台率等，海底捞都不考核，只考核客户满意度、员工积极性、干部培养三个指标。协同文化是企业的魂，所有的利润和翻台率，都是附加的、随之而来的、不重要的。这种真诚，如何不让员工有积极性？

第四，尊重。尊重不仅来自待遇，不仅是让员工住得好吃得好，还尊重每一个想法。对于一个职业人，这一辈子，遇到高薪，遇到高职位，都不稀奇，稀奇的是遇到老板的尊重和了解。海底捞这种尊重，如何不让员工有成就感？又如何不让员工有创造力？

第五，承诺。在海底捞有个承诺叫"嫁妆"。一位任职超过一年以上店长离职，给8万元的嫁妆，就算是这个人被竞争对手挖走了也给；如果是小区经理，给20万元；大区经理，送一家火锅店，约800万元。海底捞1994年成立，店长以上干部上百人，从海底捞拿走嫁妆的只有三个人。这种承诺，如何不让员工有忠诚度？

【协同时代的管理智囊专栏5】 华工科技：协同迈向"制造的最高荣耀"

华工科技产业股份有限公司（以下简称华工科技）是国家重点高新技术企业、国家"863"高技术成果产业化基地、中国激光行业的领军企业、中国电子信息百强企业。华工科技以"激光技术及其应用"为主业，在已形成的激光装备制造、光通信器件、激光全息防伪、传感器、信息追溯的产业格局基础上，针对全球"再工业化"发展趋势以及自身特点，集中优势资源协同发展"智能制造"和"物联科技"两大业务方向，取得显著成效，协同迈向"为制造的更高荣耀"的企业使命。据其2016年年报显示，华工科技2016年净利润为2.3亿元，同比增长52.49%，实现营业收入为33.14亿元，同比增长26.51%。

一、协同发展，打造智能制造和物联科技平台

华工科技以感知层的高理公司和图像公司为战略基点，以华工正源为传输层，以赛百公司为数据层，以华工激光为主要执行层，打造以传感器和光通信器件销售、信息处理传送、数据服务和激光领域自动化装备生产线整体解决方案的全产业链高科技型公司（见图5-18）。华工科技还瞄准智能制造和物联网的快速发展，协同整合公司优质资源和产品，着力打造智能制造和物联科技的龙头企业。

图 5-18 华工科技智能制造平台及产品服务

近期，华工激光开启智能制造新征程，研制智能制造生产线，实现工单导入、在线赋码、自动剔除、智慧监管及远程操控等智能化生产功能，并与合作伙伴协同开展智能制造综合标准化与新模式应用；参与空调全流程协同智能制造项目，设计开发全自动、智能化的激光切焊生产线，建立钣金激光切割智能生产系统；成立苏州自动化公司，全面进军高功率汽车及零部件激光焊接市场。此外，华工科技还借鉴创客模式创新激励机制，尝试"准经营体"的独立核算，形成产出线和资源线有机结合的经营运作体系，并围绕产品和技术创新，深入推进大客户战略，取得显著成效。不仅各产出线销售同比实现大幅增长，而且重点客户数量和销售贡献持续提高，发展潜力巨大。

二、协同战略合作，深化协同发展理念

华工科技积极贯彻"走进核心企业"系列活动精神，以内部资源的打通和整合为重点，强化公司协同发展理念的学习与实践。通过创新理念指导，华工科技及各子公司之间也进一步明确了协同发展战略，并紧锣密鼓地展开业务协作和资源共享。一方面，华工科技内部就互相支持、共享市场资源达成一致共识，销售协同初显成效。旗下高理公司发挥自身在白电领域的市场地位和渠道优势，助阵激光公司一举拿下价值上千万元的美的白色家电大项目，掀起激光赋码技术在白色家电领域的开拓性应用；赛百公司集合公司优势资源打造"智慧工厂模拟生产线"，实现从生产单导入到自动上下料、自动剔除等功能，提高生产过程可控性，有效缩短项目执行周期40%~60%。另一方面，华工科技发挥本部一体化协同管理优势及资源集约优势，着手打造华工科技层面的经营性协同平台，努力尝试在企业层面联合相关核心子公

司，协同开展产品、业务的整合推广、销售，对跨核心企业间的大客户、大项目进行整体运作，成功达成与中集、中汽修协会等大客户的协同战略合作，为华工科技后续业务的开拓奠定了良好基础。

三、引进培养并举，激励约束协同

华工科技坚持人才是第一战略资源的指导思想，人才工作领导小组坚持"引进培养并举、激励约束协同"的工作思路。推进人员结构优化，提高人力资源效能，实行精准激励，发挥人才创新驱动的引擎作用。此外，华工科技在人才体制机制、培养使用上大胆创新，真正使"人才引擎"释放出澎湃动力和无限潜能，为自身提供坚实的智力支撑。

资料来源：笔者根据多方资料整理而成。

二、重"心"出发：BAT的责任之旅

有一件事情，竟然让平时"相爱相杀""有你没我"的BAT三家，都"勾搭"到了一起，还有曾经因为"3Q大战"红爆互联网的360安全卫士，与新晋超级APP今日头条。你能不能想象一个百度、腾讯、360都接入了的系统，背后居然是阿里的程序员？这件事情，就是打拐！2017年，公安部儿童失踪信息紧急发布平台（"团圆"系统）3.0上线，并宣布新接入国家应急广播中心、腾讯新闻客户端、钱盾、百度宝宝知道、易到、ofo、宝宝树，一共7个新媒体或APP。此前，腾讯QQ和百度地图、手机百度就已经接入，做这个"团圆"系统的，则是阿里的程序员。

（一）打拐难：打拐之不可承受之重

中国的儿童拐卖问题比较严重，这是让整个社会都非常痛心的事，丢失了孩子的家庭，往往为了找孩子，而弄得倾家荡产，却依然无果。还记得在2016年的春天，朋友圈突然席卷起了一阵"支持拐卖儿童死刑"刷屏风，虽然后来发现这是一起营销活动，但依然能看出民众对此事的关注。大概是因为体会到孩子的丢失对于一个家庭而言是如此地痛苦，社会上也曾经有过非常多的努力，包括微博上的"随手拍照解救乞讨儿童"，还有我们平时在网站或者是朋友圈看到的失踪儿童信息等。不过，这些信息有两个问题，一是不够精准，二是有的时候发布的信息可能不实。因此，通过这些渠道找回孩子的效果有限。但是，这不代表微

博和微信等新媒体，还有社会公众在打拐中毫无作用，相反，他们在提供线索方面有着非常重要的作用。人贩子一旦拐到了孩子，往往会立刻转移，警察要追踪就很难。可是既然要转移大活人，不可能没有人看见，要是能把人贩子身边的所有人都变成线人，是不是他就无所遁形？所以，公安部需要一个能把身边民众变成线人的工具，这个工具要能把失踪儿童的信息推送给非常多的民众，于是就有了"公安部儿童失踪信息紧急发布平台"，简称"团圆"系统。

（二）协同文化：让技术更有"文化"和"人情"

"团圆"系统由阿里内部的一些工程师开发，严格意义上来讲并不是阿里自身的项目。团圆公益项目负责人、阿里巴巴集团首席风险官刘振飞解释，从技术上，这个系统其实主要包括两部分：一个是后端的警方内部沟通系统，一个是前端的失踪儿童信息发布系统。这两个系统，都是"To B"的，也就是使用者都是警方。作为 C 端用户，我们可能更直观地感受到的是儿童失踪信息紧急发布系统，这个系统的主要功能，其实就是把失踪儿童的信息推送给民众，所以支付宝的首页经常有一个专门的露出窗口，显示失踪儿童的信息，里面有儿童的照片、姓名、特征和走失地点等，当然还有办案民警的联系方式。这个系统推送的特别之处还在于，它会基于儿童走失地点和时间，以儿童失踪地点为中心，失踪 1 小时内，定向推送到案发周边 100 公里范围；失踪 2 小时内，定向推送到方圆 200 公里；失踪 3 小时内，定向推送到方圆 300 公里；失踪超过 3 小时，定向推送到方圆 500 公里。社会民众接收到了这些信息之后，就能给公安提供线索，以便尽快侦破案件。为了触达更多的用户，这个系统也已经接入了非常多的超级 APP，包括第一批的高德、新浪微博等超级 APP，还有第二期的支付宝、手机淘宝、一点资讯、今日头条、百度地图、百度搜索、腾讯 QQ、360 手机卫士、滴滴出行、UC 浏览器、UC 头条、YunOS 操作系统。出于用户体验考虑，这些 APP 的相关推送都可以关掉。

无论什么时代，这个世界需要的不仅是技术，更需要的是大家的一颗爱心，更需要公众自觉接受正能量的协同文化。协同文化的生命力来自吸收组织内部各方文化之长，融合为更适应时代和历史发展潮流的新文化。而要使协同文化保持旺盛的生命力、产生强大的影响力，还有赖于努力塑造其良好的公众文化形象，并对此进行传播和推广。BAT 的打拐之旅是用技术连接文化、消除文化分歧的典型案例，他们所做的只是撬动其自身的很小一部分的专利资源，便使得打拐这项公益事业有了长足的发展，既输出了自身文化的品牌价值，更是让打拐文化深入人心，成为个人、企业，乃至社会的一种共同文化和共同意识，这反过来又进一步让人对冷冰冰的商业"BAT"重新改观，获得一种新的认识，三家公司也因此将自身的文化与社会正能量文化结成羁绊，实现协同，获得"双赢"之效。协同文化的"技术范儿"正在帮助这个世界变得更加美好！

【协同时代的管理智囊专栏6】 飞利信："飞"上协同之端

北京飞利信科技股份有限公司（以下简称飞利信），是国内领先的政府信息化全面解决方案提供商和智能会议系统第一股。近年来，飞利信结合自身视听控成熟的核心技术实力与丰富的案例实践经验，并通过企业并购进军智慧城市、大数据等新领域。目前，飞利信已构建起完整的战略布局，并形成智能会议、智慧城市、大数据和在线教育四大业务板块，为客户提供相对应的整体解决方案服务。而且，飞利信梳理并规范各大业务体系，进一步加强各业务内部资源、技术、管理的有效整合，极大降低了集团内各公司经营、研发、销售成本。通过技术协同、业务协同和市场协同，扩大了同源销售门类和销售范围。通过整体资金调度，提高集团内部资金运用效率，为驱动公司智慧城市业务发展提供充足动力。据其2016年年报显示，飞利信2016年的营业收入为20.38亿元，同比增长50.28%；净利润为3.4亿元，同比增长88.23%。

一、四大板块协同良好，助力业绩大增

首先是智能会议。2016年前三季度飞利信智能会议板块营收同比增长13.93%，在传统项目盈利模式基础上新增飞利信视频会议云服务，通过运营方式收取服务费，深挖长尾用户。其次是智慧城市。2016年前三季度飞利信的智慧城市板块营业收入同比增长124.17%，公司以飞利信智慧城市研究院为首，与各级政府共同探讨信息惠民的具体举措，积极开展协同合作，先后与丽水市、渭南市、泉州市达成合作意向，飞利信及其下属公司陆续中标多项智慧城市项目，而且通过并购公司协同整合不断完善智慧城市板块布局与业务实力。再次是大数据。2016年前三季度飞利信大数据业务呈爆发式增长态势，同比增速为9512.22%，并且，飞利信陆续中标国家发改委互联网大数据分析系统、软件采购、开发及系统集成、南阳市社会信用体系平台

建设等项目，并完成了南航移动项目 1∶70 的 ROI 运营指标（见图 5-19）。飞利信通过协同并购、参股等资本运作不断增强大数据业务实力，拓展大数据行业应用，使大数据板块实现爆发式增长。最后是在线教育。飞利信在线教育业务继续保持快速增长，2016 年前三季度营业收入增速为 452.58%，通过加强对国家培训网、互联天下的优势定位和业务的协同融合，在保证一个品牌、两个平台、三块业务持续发展的基础上，推出机械云项目，得到了社会的认可。在下一阶段，飞利信将在两个平台协同融合的基础上，充分挖掘学历教育、职业教育及专业技术人员继续教育等市场的需求潜力，并加大在"互联网+智能制造"和"智慧教育"产品线上的投入，形成新的业务爆发点。

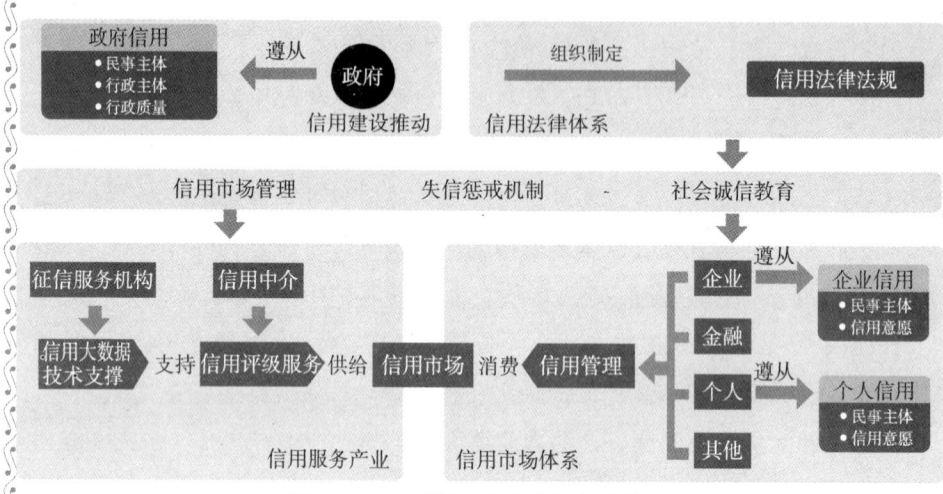

图 5-19 飞利信政府大数据征信体系

二、强化管理协同，增强公司竞争

首先是优化协同管理架构，加强团队建设。飞利信依据战略布局，进一步细化协同管理架构，并协同公共管理服务板块、业务板块和区域板块融合。公共管理服务板块新设一级大数据研究院，支撑公司大数据基础研究；三大板块细化，二级部门设置，应对不断细化的市场需求。优化后的管理架构将更好地利用已有资源、引进外部资源、开展有针对性的合作，提高产品研发与项目实施的协同配合能力，提高公司技术与业务创新能力，支撑公司主营业务发展。其次是完善融合协同管理体系，加强内部控制。飞利信提升规范化协同管理水平。在已经成形的、符合现代企业要求的管理体系基础上，飞利信继续完善自身和集团内部各公司管理制度和实施方法；切实落实集团内部组织机构对接、协同有序发展及文化融合的管理理念；重点建立有关合作创新、统一市场策略、共同培育飞利信品牌和联合参与市场竞争的有关管理规则。

资料来源：笔者根据多方资料整理而成。

三、编织缺失的工匠精神：老工匠 VS 新工匠

北京大学经济学院教授董志勇曾将工匠精神概括为四个方面：精益求精、持之以恒、爱岗敬业、守正创新。精益求精是工匠精神最为称赞之处；持之以恒是工匠精神最为动人之处；爱岗敬业是工匠精神的力量源泉；守正创新彰显了工匠精神的时代气息。工匠精神是当今商业发展所欠缺的重要文化，更是协同文化这道"全席宴"上不可或缺的一道大菜。世界品牌实验室在北京发布了2017年（第十四届）《中国500最具价值品牌排行榜》，这份榜单除了腾讯、阿里巴巴这些互联网巨头，也有海尔、华为这些老牌传统企业，还有专注于制造插排21年的公牛以80.05亿元的品牌价值首次上榜。公牛集团在插座这么一个不起眼的行业里做出了大局面，直至在行业里树起了自己的品牌，诠释了属于自己的"新工匠精神"。

极致地做产品就是工匠精神。产品是企业的阳面，管理和营销是企业的阴面，它们的融汇调和了企业的阴阳，当企业发展得顺风顺水的时候，是我们关注产品的时候，是产品供不应求的时候；等我们关心管理和营销的时候，就是公司发展慢下来的时候，毛利低的时候。很多企业都说自己的产品好，只是缺乏好的管理和营销，但要深究的话，就会发现它们对于管理和营销的恐慌是来自于对产品的不自信。互联网代表着创新和颠覆，这是工匠精神所欠缺的重要元素，两者的协同融合是新工匠精神诞生的必由之路，也是工匠精神重回协同文化"全席宴"的重要途径。

【章末案例】　　　探路者：协同"探"前，构建协同生态群

一、公司介绍

探路者控股集团股份有限公司（以下简称探路者）成立于 1999 年 1 月 11 日，凭借"追求科技创新，为勇敢进取的人提供安全舒适的户外运动装备"的发展宗旨和公司全员的努力，通过自主知识产权的品牌塑造与推广、产品研发设计、营销网络建设与优化、供应链整合与管理，在全国建立连锁零售网络及电子商务销售系统，向广大消费者提供安全舒适的户外运动装备，获得了市场的广泛认可。也由此取得诸多殊荣，先是在 2008 年成为"北京奥运会特许供应商"，在 2009 年成为"中国南（北）极考察队独家专用产品"；再到 2014 年，探路者在中国户外产业年度评选中再度获得"综合类领军品牌""网友最喜爱的品牌""网友最喜爱装备""年度装备—优秀国产装备"四大奖项；最后到 2016 年，探路者产品获得红星奖 17 项、德国 ISPO 亚洲产品区装备类银奖 1 项、户外服装类银奖 1 项、户外鞋品类金奖 1 项、中国优秀工业设计奖 1 项，品牌知名度大大提升。

近年来，探路者始终加强技术创新能力，投入建成国内户外行业规模最大、创新能力最强的研发中心。2016 年探路者紧紧围绕"用户中心、极致产品、数据驱动、社群链接"的经营思想，结合互联网创新成果，明确了构建以用户为中心的"健康生活方式的社群生态"的战略目标，实现了户外用品事业群、旅行服务事业群、体育事业群三大事业群的协同发展，有效地推进了社群生态战略的实施，取得了良好成效（见图 5-20）。

其中户外事业群为集团基石业务，致力于为户外活动提供安全舒适的户外装备；旅行事业群是用户流量的重要入口，定位于"基于服务者展开的旅行服务"；体育事业群关注运动社区、体育赛事、体育传媒、体育培训、智能健身管理等领域，同时开展滑雪场及冰雪项目运营，通过专业运动服务促进全民健身落地。据其 2016 年年报显示，2016 年探路者实现营业收入 28.78 亿元，归属于上市公司股东净利润 1.66 亿元，经营活动产生的现金流量净额 2.84 亿元。受益于公司经营管理的持续优化及管控效率的加强，2016 年度经营活动产生的现金流量净额大幅提升 359.18%，为归属于上市公司股东净利润的 1.72 倍。

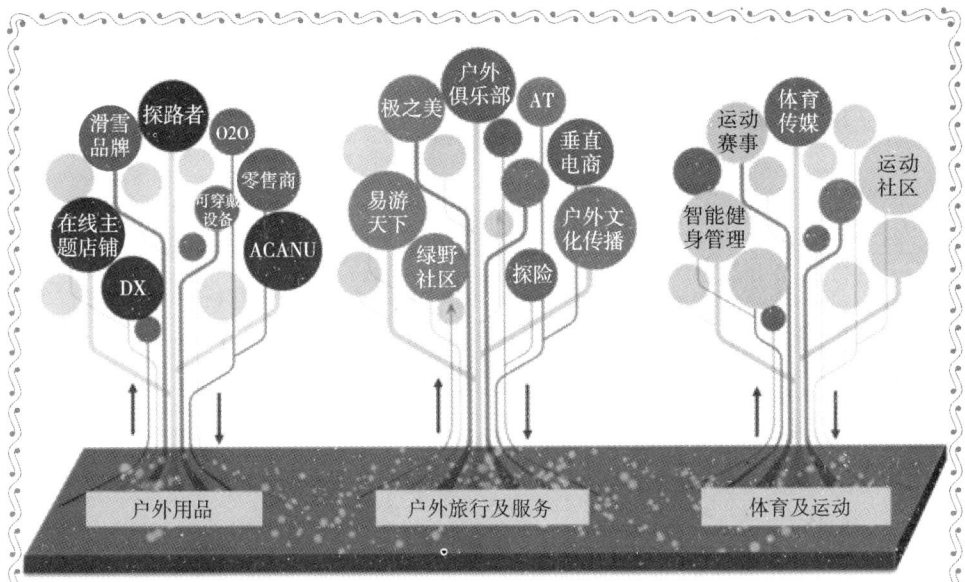

图 5-20　探路者三大事业群

二、协同战略定位，构建生态社群

作为中国户外领军品牌的上市公司，探路者抓住有利时机，并调整战略发展节奏，协同集团业务重心回归户外用品主业，通过加大资金和人力投入，聚焦于户外多品牌业务的发展、协同和深化，有效促进旅行服务和体育相关业务的健康发展，继续完善业务生态协同体系的搭建。此外，探路者以用户为中心，以互联网技术为抓手，进一步构建互联网时代的社群生态系统，聚焦户外运动和体验式旅行的细分类目，依照协同战略，通过并购、参股、战略合作等多种方式网聚各细分活动类社群资源，并以数据分析驱动，不间断地向社群输入新内容（见图 5-21）。

同时，探路者围绕上述社群生态系统的构建完善公司组织结构，在现有三大业务基础上，打造流量入口、分销平台、产品经理、供应链和生态支持系统五层组织协同平台，流量入口以各种运动社群为基础，同时孵化培育更多细分运动类目的有价值的内容、口碑和信息扩散等众多入口；分销平台以集团线上线下全渠道为基础，聚集各种消费场景的电商和实体门店等，专注交易的达成；产品经理则基于社群数据，广泛使用生态系统及其他社会资源，以全新的视角创造性地发出需求指令，解决用户痛点，给予用户全新体

图 5-21 探路者云结构示意图

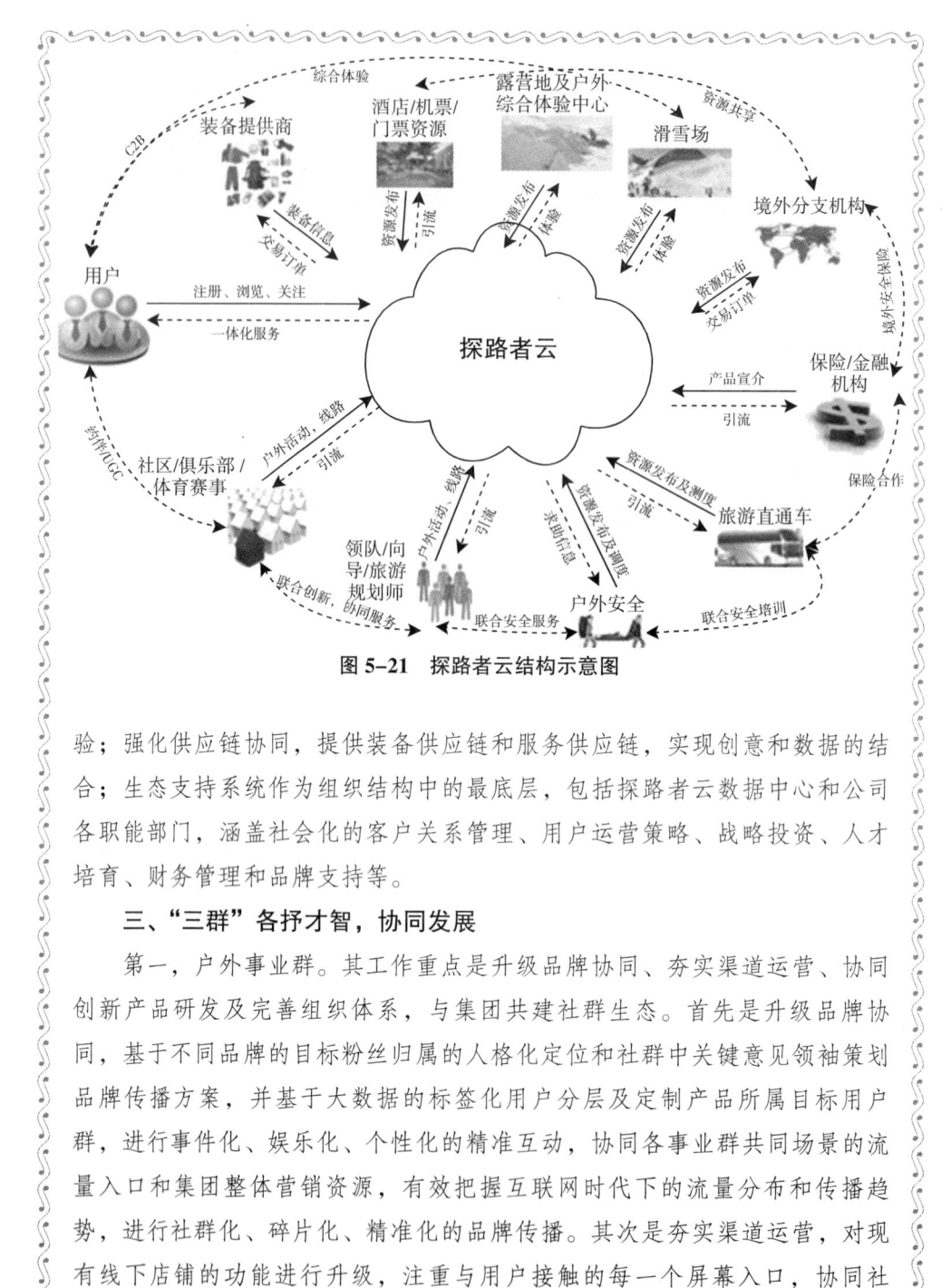

验；强化供应链协同，提供装备供应链和服务供应链，实现创意和数据的结合；生态支持系统作为组织结构中的最底层，包括探路者云数据中心和公司各职能部门，涵盖社会化的客户关系管理、用户运营策略、战略投资、人才培育、财务管理和品牌支持等。

三、"三群"各抒才智，协同发展

第一，户外事业群。其工作重点是升级品牌协同、夯实渠道运营、协同创新产品研发及完善组织体系，与集团共建社群生态。首先是升级品牌协同，基于不同品牌的目标粉丝归属的人格化定位和社群中关键意见领袖策划品牌传播方案，并基于大数据的标签化用户分层及定制产品所属目标用户群，进行事件化、娱乐化、个性化的精准互动，协同各事业群共同场景的流量入口和集团整体营销资源，有效把握互联网时代下的流量分布和传播趋势，进行社群化、碎片化、精准化的品牌传播。其次是夯实渠道运营，对现有线下店铺的功能进行升级，注重与用户接触的每一个屏幕入口，协同社交、搜索、移动支付进行全渠道建设，同时促进各事业群"商品+服务"的全渠道销售融合，以数据驱动的方式提升售罄率和库存周转率，以全渠道方式立体扩展通路，增强互动功能，全面提升用户的消费体验。再次是协同创新产品研发，基于各事业群目标用户细分类目和需求创新产品研发，用产品表达对用户的认知，推进旅行规划师、户外俱乐部、旅行路线的C2B产品定制，协同整合探路者内外部设计资源推动市场化设计平台的建设，强化产品科技、专业属性，推动产品中类的升级，并基于用户需求数据、信息流、快速反应的柔性供应链改善产品研发、生产流程，提升产品的适销性和售罄率。最后是完善组织体系，以社群生态战略为基础，聚焦细分运动类目及围绕满足用户需求进行户外事业群的阿米巴组织建设，有效促进阿米巴组织的发育和高效运营，高层管理者在从管理转向服务、控制转向协同、激励转向赋能等方面推进组织的职能变化，以提升公司整体的活力和运营效率。

第二，旅行事业群。其核心目标是提升户外活动和体验式旅行业务比重，打造体验式旅行的综合服务平台，促进集团社群生态的建立完善。旅行事业群下属不同子公司依据上述规划设定不同的定位和协同机制，易游天下作为集团旅行服务的重要用户入口，继续完善O2O综合旅行服务平台建设，使其成为旅行事业群整体业务的整合器，完善与绿野等其他业务单元的协同。综上，旅行事业群将统筹易游天下、绿野网、户外垂直电商等线上渠道，协同易游天下全国分公司、线下零售门店、大型体验店等线下渠道，同时结合探路者集团参股公司行知探索、Asiatravel的优势资源，进一步落实易游体验式旅行转型计划、绿野中国计划、社群创业孵化计划、创新实验室等计划，促进用户资源共享，丰富平台的产品和体验，提升户外活动和体验式旅行业务比重，为整个集团服务转型提供多场景、多层次、可感知的体验式旅行产品。

第三，体育事业群。在现有投资业务体系的基础上，体育事业群阶段性减小资金投入力度，重点加强项目优选和已投资项目的协同管理整合，结合自有投资团队及探路者体育并购基金的相关资源，在深入的行业分析和细致的前期调研工作的基础上，通过协同并购、参股或协同合作等方式围绕重点领域开展投资工作，在争取获得投资收益的同时，为集团未来的发展储备优秀种子性项目，促进集团社区生态的进一步丰富。借助冬奥会的东风，加快完成对冰雪运动产业的纵向聚焦，以现有滑雪场、户外冰雪运动产品线、绿野滑雪社群、冰雪运动投资项目为基础，通过并购、参股或战略合作等多种方式加强冰雪运动相关业务延展，与公司主营业务进行协同，并初步形成整合能力和协同管理能力，为冰雪运动的培训、活动、产品销售以及其他相关及衍生领域发力建立阵地；与教练培训/认证、活动社区、行业协会等机构建立合作，协同控制"内容+人才"端口，形成对冰雪运动产业的顶层控制。

四、结论与启示

第一，以用户为中心，强化组织协同。在用户为王的时代，企业必须有效推进阿米巴组织协同变革，以用户为核心推动产品研发、品牌推广、营销及运营管理等一系列工作的开展，在强化线上渠道商品企划和活动推广的同时，逐步推进线下渠道升级并融入更多的消费者体验和互动职能，同时在行业低迷期加快库存消化出清，大幅降低期货采购，大力提升快速翻单补货的运营能力，进而加快公司经营模式的转变，降低整体经营风险，并积极把握互联网发展方向，构建企业协同发展的生态圈，通过投资并购、资源整合等多种方式推动公司互联网化变革与转型，以此抵御国内户外行业增速放缓以及竞争加剧所带来的风险。

第二，加强成本费用管控，协同推动主营业务盈利能力提升。企业一方面需持续推动以划小核算单元，强调自主决策的阿米巴管理模式，增强全员的市场意识，通过基于阿米巴经营成果的分配机制改革激发员工的创业热情和工作积极性，从而提升整体公司的创新能力和经营的效率及效果；另一方面企业通过全面预算管理，不断加强各类支出的预算管控，进一步增强内部管理及财务规划控制能力，充分发挥规模效应以及内部协同作用，合理有效控制企业各项成本费用的增长。

资料来源：笔者根据多方资料整理而成。

|第六章|
协同管理缔造未来

协同管理缔造未来 协同发展、协同创新、协同共享、协同开拓、协同组织以及协同××……其实,协同管理的理念早已飘荡在这个快速发展的互联网时代,深度融于每个人、每家企业、每个组织之中,只是润物细无声而已。协同管理实现了多主体之间的技能衔接及智能合作,将分散化的种种协同成为一个巨大的整体,让价值完美迭代,让连接更加轻松,让生活更加和谐友爱。未来已来,协同早至,未来的商业风向,必将是大格局、大智慧、大融合、大共享,协同管理将成为商业的主旋律,成为社会发展的不竭动力和智慧。以协同管理为内核,携天下资源,促大同之势,共赢协同未来!

【开章案例】　　　　昆仑万维：智能协同时代的赢家

一、公司介绍

北京昆仑万维科技股份有限公司（以下简称昆仑万维）是一家定位于全球化的综合性互联网集团，一直致力于为用户群打造精彩的互动平台，为用户提供丰富的创新应用。昆仑万维具备三大业务体系，分别是网络游戏研发、全球网络游戏发行及PC移动端软件商店。自2008年昆仑万维成立以来，公司以坚持不懈的毅力和矢志不渝的动力发展着新模式与新业务。目前，昆仑万维全球员工数已增至1000多人，先后在中国香港、中国台湾、日本、韩国、马来西亚、美国、欧洲等国家或地区开设了子公司。昆仑万维企业规模逐年增大，用户群正遍及全世界，形成了令人瞩目的资源聚集效应。从2015年至今，昆仑万维围绕"打造国际化新媒体和数字娱乐平台"这一发展战略进行了一系列投资布局，已形成移动游戏、软件商店、社交媒体和亚文化社交媒体四大平台，具备为全球互联网用户提供综合性互联网增值服务的能力，商业模式也丰富至内容付费、会员付费、广告收入等多元化的变现方式。与此同时，昆仑万维各个业务板块之间相互支持，实现了资源的有效整合，形成良好的协同效应。比如在游戏业务中深耕的国际市场和相关资源，可充分运用到其他互联网产品中去。1Mobile、Opera和Grindr作为三大平台级应用，本身自带内容分发属性，可为公司推广网络游戏业务提供渠道。在昆仑万维的前瞻性的布局之下，公司已经具备平台级应用和多元化变现方式，各业务板块间协同发展，也为其带来了丰厚的利润回报。据其2016年年报显示，2016年度，昆仑万维实现营业收入24.25亿元，同比增长35.52%；归属于母公司净利润5.31亿元，同比增长31.14%；归属于母公司扣非净利润5.27亿元，同比增长113.60%。

二、立足业务核心，驱动协同发展

近年来，昆仑万维积极推进"全球化互联网综合平台商"这一发展战略，并确定了公司未来3~5年的发展蓝图，即继续稳固公司现有的网络游戏、软件工具、互联网金融三大业务板块的同时，积极探索互联网领域的投资机会，重点围绕软件工具、社交平台、IP经营、互联网金融和视频直播等板块进行投资布局，同时通过搭建集团中央平台，使得自身的共享用户系统、大数据系统、推荐系统和广告系统能够实现贯通和协同，给全球互联网用户优质的服务体验，形成各业务板块协同发展的国际化互联网生态系统（见图 6-1）。

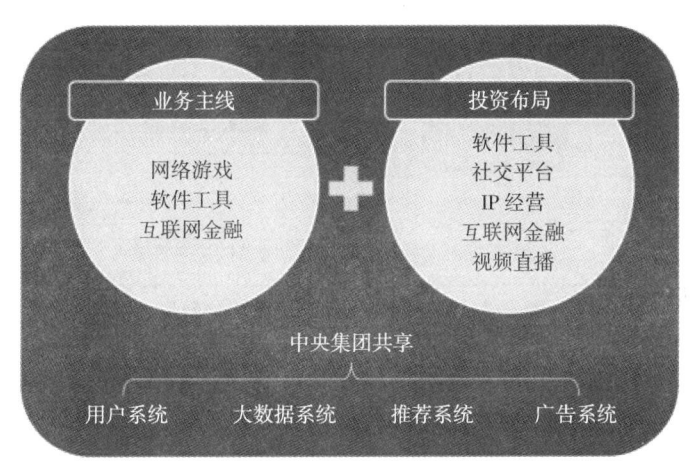

图 6-1 昆仑万维互联网生态系统

第一，全球覆盖，高流量+内容协同发展。昆仑万维立足于游戏业务，精准卡位社交媒体与内容，构建全球流量平台。在收购了覆盖全球 5 亿用户的 Opera 后，借助其全球知名度、生态组建方面的优势，Opera 成为昆仑万维的重要流量入口，与公司其他业务如移动游戏平台、社交媒体等均产生了显著的协同效应（见图 6-2）。数据显示，Opera 浏览器市场占有率保持相对稳定，占据 6%左右的全球市场份额，仅移动端月活跃用户近 3 亿人。作为全球互联网入口级产品，Opera 流量潜力巨大。公司拟在原 Opera 浏览器产品上新增新闻资讯的精准推送功能，使其成为融搜索、导航、内容分发、社交为一体的综合平台级应用。商业模式由原来的导航、搜索引擎分成、软件预装等模式延伸至广告变现，也为公司其他互联网以及移动服务导入流量资源。更值得期待的是，昆仑万维董事长周亚辉曾表示，希望将 Opera 打造成美国的"今日头条"。目前，Opera 已经推出利用人工智能打造专属个性化信息推送平台 Feednews。这种可以根据用户偏好，实时为用户智能推送新闻的模式，可以形成覆盖全球 5 亿人的"今日头条"。

图 6-2　社交媒体+内容催生协同效应

第二，协同一体，多业务形态形成产业链闭环。昆仑万维在游戏板块、软件工具、社交平台、IP 经营等方面的全面布局，目前已经形成了由内容付费、广告收入、投资收益构成的三大利润增长点。通过立足游戏，收购 Opera 以及 Grindr 的路径，昆仑万维实现公司业务由游戏与软件商店延伸至社交媒体业务，致力于打造海外领先的社交媒体和内容平台。目前，昆仑万维的主营业务聚焦移动游戏、软件商店、浏览器、社交软件等多个互联网细分行业，同时卡位全球流量入口，布局领域增量空间巨大，既与昆仑万维的游戏业务形成了强协同效应，也为其新增了广告收入。正是由于业务上的协同布局，昆仑万维体内资产逐渐形成"获取流量→运营流量→变现流量"的商业闭环，日渐发挥出其协同效应，体现出了健康运营状况和良好的投资价值。此外，昆仑万维的游戏主业正处于健康向上状态，研运一体化带动毛利率迅速回升，闲徕棋牌业务市场规模不断扩大，同时包括 Grindr、Opera、Mobile 在内的平台流量和昆仑万维游戏内容最大限度发挥协同效应，加之投资业务板块存在较大增值空间，未来昆仑万维的发展潜力不可估量。

三、协同国际化市场布局，构建全球资源协同网络

昆仑万维在发展之初便意识到海外市场的巨大潜力，积攒了雄厚的海外互联网产品运作实力。昆仑万维于成立之初便有着成熟的海外软件工具团队，2009 年开始组建海外游戏业务团队，2016 年切入社交网络和新闻资讯

平台业务，现已在中国港澳台地区、东南亚、日韩、欧美、拉美等10余个语种的市场设立办公室，协同建立起了全球化的互联网业务网络。通过海外互联网业务的不断开拓，昆仑万维与相关产品链各个环节的主要合作伙伴建立了良好的协同合作关系，并与昆仑万维的各个业务板块产生了显著的协同效应。如在产品发行方面，昆仑万维与苹果、谷歌建立了坚实的合作关系；在产品运营方面，昆仑万维与全球多个市场的主流网络产品发行和推广平台建立了长期的合作关系；在支付渠道方面，昆仑万维与全球多个市场主流支付服务提供商建立了合作和服务关系，能够为全球用户提供安全便捷的线上支付渠道；在服务器和网络服务方面，昆仑万维向全球知名服务器供应商进行采购，与海内外主流数据托管和内容分发服务提供商建立长期、稳定的合作关系，有效保证数据中心的稳定和安全，实现了数据资源的协同共享。

此外，人才战略也是昆仑万维全球资源协同网的重要组成部分。近年来，昆仑万维加紧网罗全球顶尖互联网人才，特别是在各个业务线条上均吸纳了国际化顶尖人才，确保了公司在各个细分领域的并肩发展。如引进来自腾讯、畅游、完美、人人网等知名游戏公司的策划和发行人员，从Facebook、Google、百度、今日头条等知名互联网公司引进了大量算法人才。同时，昆仑万维也在不断完善人才激励机制，加紧"内功"修炼，从员工培训、管理层培训、考核激励和薪酬分配等方面着手，进一步完善了人才培养与激励机制，为公司的长期稳定发展奠定了人力基础。

四、数据资产：协同作战的基础

昆仑万维每个业务板块覆盖的独特用户群体，为其积累了大量的极富特征的、精准有效的用户行为大数据，利用成熟的大数据分析系统，昆仑万维极大提升了互联网用户体验。近年来，昆仑万维逐步搭建集团公共平台系统，作为各板块协同作战的基础。该平台系统包括用户系统、大数据系统、推荐系统和广告系统。一方面可以为用户提供更好的服务体验，另一方面可以显著提高昆仑万维的变现能力和运营效果。昆仑万维通过优秀的数据分析能力，实现了精准的市场投放，建立了以数据为依托、以用户行为为导向的精细化运营体系。借助高效准确的数据统计和分析，昆仑万维可以为所有运营及营销决策提供数据支持，协同调整市场推广工作，优化广告投放渠道、投放时段和投放创意，实现精准的市场投放。此外，昆仑万维还可以通过及时的数据分析和产品分析，对市场变化做出迅速准确的判断，形成以数据结论为主要参考标准的科学化的产品运营决策和运营策略，对产品的成功和稳定运营起到了关键的保障作用，最大程度上发挥数据支持运营效率，进一步夯实其协同布局的奠基石。

五、结论与启示

第一，多业态协同发展，提升效益。企业需立足核心业务，通过外延式并购或协同合作等形式，打造多种业态协同发展态势，不断丰富商业模式，推动多元化的变现方式，以此反哺各个业务板块之间的协同发展，并通过资源的协同整合，形成良好的协同效应，进一步增强为全球互联网用户提供综合性互联网增值服务的能力。

第二，紧抓发展热点，构造协同生态体系。企业需积极探索互联网领域的投资机会，重点围绕软件工具、社交平台、IP经营、互联网金融和视频直播等板块进行投资布局，同时通过搭建智慧协同平台，实现企业用户系统、大数据系统、推荐系统和广告系统的协同共享，给全球互联网用户提供优质的服务体验，形成各业务板块协同发展的互联协同生态体系。

资料来源：笔者根据多方资料整理而成。

第一节 入局和破局：协同管理的"洪荒之力"

曾经的洪水猛兽"互联网+人工智能"科技如今成为了互联网新时代的洪荒之力，不断推动着一直坚守着"互联网+人工智能"协同大战略的企业进行资源整合、组织重构、商业模式变革等协同创新活动，创造了一个个互联网新时代的传奇，共同缔造属于中国的新时代。

一、发现风口：下一个 Tiny BAT！消费升级下的私人定制

我们生存在一个话语权和定义权高度下沉的时代："O2O""互联网下半场"，乃至于"消费升级"……这些新生词汇多出于资本或媒体之手，没有详细的论证，边界模糊且在使用过程中慢慢丧失本意。但是在这些概念中，"消费升级"是非常特殊的一个，在经济学语境中它被用以描述一切"消费结构的升级变化"过程，而媒体的使用，又给这一概念赋予了另一番意义。根据波士顿咨询公司（BCG）与阿里研究院联合发布的 *Five Profiles That Explain China's Consumer Economy* 报告，中国是全球增速最快的消费品市场之一，预计到2021年，中国消费市场将达到6.2万亿美元的规模（见图6-3）。

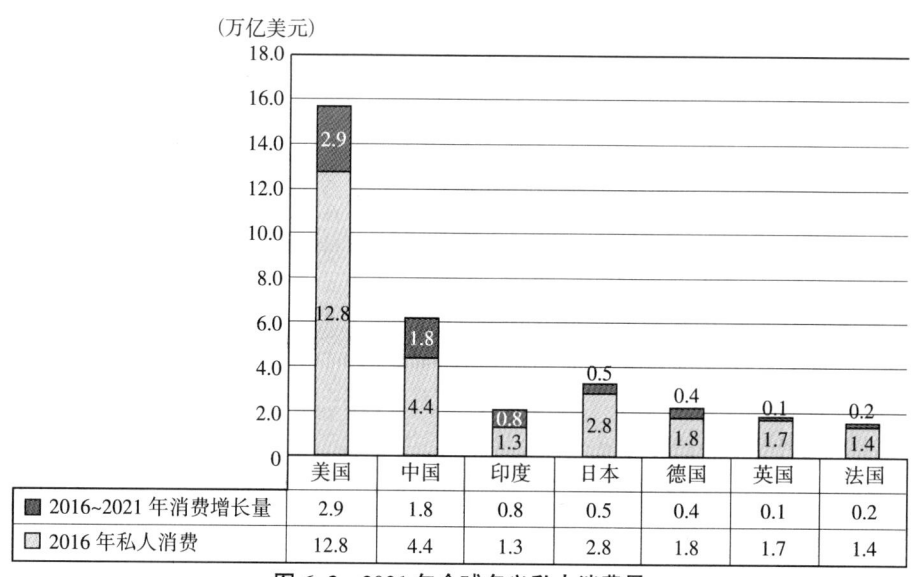

	美国	中国	印度	日本	德国	英国	法国
2016~2021年消费增长量	2.9	1.8	0.8	0.5	0.4	0.1	0.2
2016年私人消费	12.8	4.4	1.3	2.8	1.8	1.7	1.4

图6-3　2021年全球名义私人消费量

资料来源：经济学人智库；BCG分析。

报告分析，崛起的上层中产和富裕阶层、新时代年轻人的全新消费习惯和线上线下全渠道的普及是新兴消费的三大驱动力。随着人们消费需求、生活方式和行为态度的变化，在中国社会中将催生出越来越多新的细分消费客群。如"都市潮流男士""活跃的银发老年""都市单身贵族"等。且不说中国的消费品企业如何把握商机，赢得未来，单就消费升级而言，想要站在时代风口上，把握消费升级机会是协同管理创新风口所必需和必要的，是发现风口和挖掘消费需求的"最强音"。

（一）2017年的五个协同创新"小风口"

"42章经"的创始人曲凯曾提到以前市面上有三大投资主题，而人群和消费能力等变化带来的消费升级与文娱等传统领域的投资主题就是第二大主题，这个主题其实过去一直在，未来也一直会在，与互联网等技术也没有那么大的关系。此外，作者还列举了当下被 VC 追捧的五家公司，及其所代表的五种投资方向。这五种方向便代表着五个协同创新的"小风口"——消费理念重塑、传统优势协同、社会分工属性、资源协同整合及游戏社交哲学（见图 6-4）。

消费理念重塑 ＋ 传统优势协同 ＋ 社会分工属性 ＋ 资源协同整合 ＋ 游戏社交哲学 ＝ 消费升级

图 6-4　五个协同"小风口"

（二）S2B：消费升级的前奏

C2B（Customers to Business）才是互联网时代未来最核心、最重要的商业模式，即消费者根据自身需求定制产品和价格，或主动参与产品设计、生产，企业组织定制化生产。这一趋势源于"互联网＋人工智能"科技发展的基础，因为低成本、快反应、高定制是在供应链管理中完全冲突的 KPI 要实现的同时动态优化，只有"互联网＋人工智能"科技构建网络（实体网络、信息网络）才能达到。换句话说，未来最有价值的东西其实是一个协同的网络，这个协同网络的全局动态优化，可以实时产生按需定制的一条供应链，来满足任何一个节点当时的个性化的需求。

可以预见，未来消费升级的核心是打造 C2B 的商业模式，消费者可以通过互联网尊享私人定制的服务。然而，C2B 的中间需要一个介质——越来越广大、越来越紧密的 S2B（Supply-Chain-Platform to Business）协同网络（见图 6-5），才能够走向整个 C2B 这个未来的重要的商业模式。

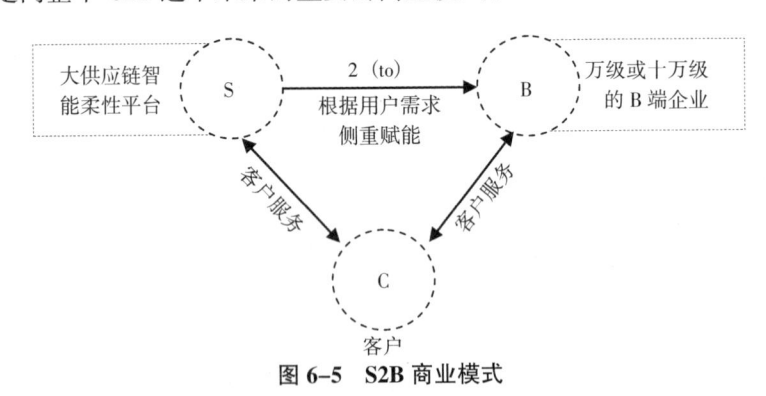

图 6-5　S2B 商业模式

以土刻猫为例，通信零售行业的土刻猫，通过整合通信零售行业的资源，在平台建立统一的通信产品供应渠道，集合供应商、销售者、顾客，帮助手机实体门店进行线下线上统一销售，把互联网模式的优势转移给线下实体店。在此基础上，土刻猫开放了供应链平台，让厂家和门店、个人都可以在上面自建平台，它的定位也很有意思，就是"给小B赋能"的工具箱，通过提供各种工具帮助"小B"连接各种产品和资源，同时搭建一系列与客户的互动场景，帮助"小B"快速挖掘消费者的需求，还创造性地将各行业的实体店整合在一起，形成生态联营圈，让联营店自主地去发挥它们最能触达客户的能力，扩大联营圈的影响力。在C2B这种长远目标的前提下，S2B作为过渡可能会使多个平台同时存在，把中小企业聚集在一起提供在线化服务的平台，或将掀起一轮供应链平台升级的革命，提供微商、类微商化的S2B模式的商业尝试。

【协同管理缔造未来专栏1】 中南文化：文娱布置协同推动，激活板块协同效应

中南文化前身为中南重工，是国内第一家工业金属管件行业上市公司。为响应国家产业转型号召，中南重工从2014年开始构筑文化传媒板块。2014年，公司斥资10亿元全资收购了出品过大量热播电视剧的大唐辉煌，强势开启转型之路；2015年，完成收购拥有刘烨、王珞丹、黄轩、李小冉等一线艺人的千易时代；对接湖南台，共同设立规模为30亿元的文化基金；2015年2月，聘任前凤凰卫视执行台长、搜狐总编辑刘春为公司首席文化官；成立中南影业，全力进军传统院线电影和新媒体领域的网剧、网络电影；2016年，全资收购值尚互动，切入网游运营领域，并且，在全资收购新华先锋之后，中南文化便储备了大量优质文学IP，进一步提高了中南文化旗下影、视、音、游公司的协同效应。2016年5月31日，公司证券简称正式由"中南重工"变更为"中南文化"，主业从单一的工业金属管件及压力容器制造，变为先进生产制造与文化产业并行，形成以文学IP为源头，电影、电视、艺人经纪、音乐、游戏、衍生品全产业链协同发展（见图6-6）的IP变现模式。据其2016年年报显示，2016年中南文化净利润为2.29亿元，同比增长64.32%；营业收入为13.4亿元，同比增长19.71%。

一、协同整合并购，增强产业链协同优势

目前，通过协同资源整合和外部并购，中南文化旗下已经囊括了电视剧

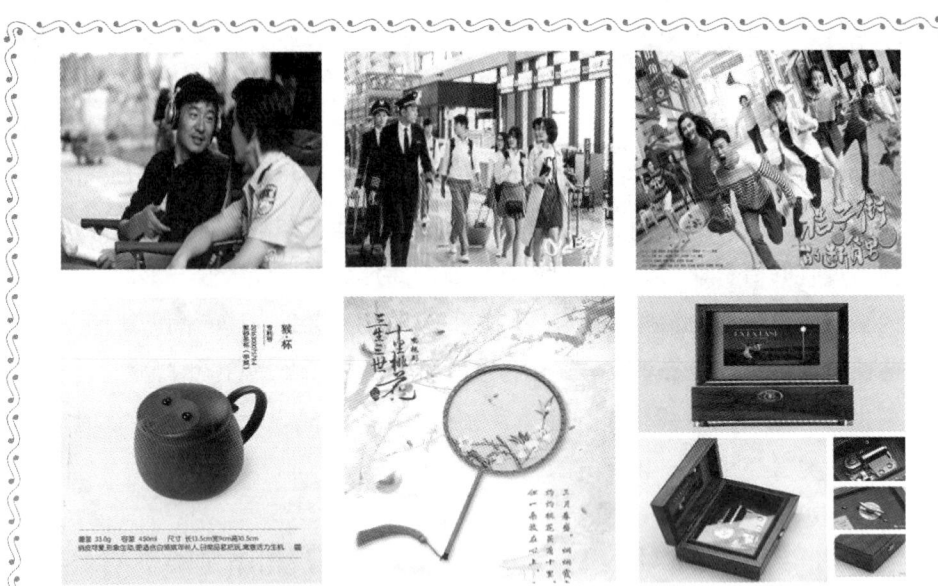

图 6-6　中南文化热门影视剧及衍生品

公司大唐辉煌、电影公司中南影业、艺人经纪公司千易志诚、版权运营公司新华先锋、游戏公司值尚互动及正在并购中的极光网络、中南音乐以及衍生品公司。已经成功打造了以文学 IP 为源头，以明星资源为催化，电影、电视、音乐、游戏、衍生品协同发展的文化产业生态链条。同时，加上中南文化自有明星资源，其各个业务单元的竞争力得到显著提升。在此基础上，中南文化通过内部的整合与协同以及同上下游产业资源的对接，实现单一 IP 在各个变现环节的价值最大化，将自身打造成为一家精品文娱内容提供商。

二、强势协同文化发展战略，强化产业协同能力

中南文化将推动"1+7"文化发展战略，即：以精品文娱内容为核心，IP、电影、电视、艺人、游戏、音乐、衍生品七大业务协同发展，从而构筑完备的 IP 变现体系和快速的艺人培养体系，使中南文化成为国内知名的精品文娱内容提供商，并且，2017 年中南文化将通过内生发展与外延收购并重的方式，继续完善文化产业布局。对内提高协同管理水平，协同整合内外资源，强化子公司内部协同，提高内容制作水平和效率，从而提升主营业务利润，增强综合竞争实力和持续发展能力；对外继续推动外延并购，补充产业链短板，强化 IP 和艺人核心资源，增强产业协同能力。

资料来源：笔者根据多方资料整理而成。

二、制造风口："WE 众"创业

"互联网+人工智能"科技改变了人的生活方式，更改变了社会资源传统配置。"泛爱众而亲仁，己欲达而达人"这千年家国情怀传承下的中国心和中国魂，随着企业固有的边界的打破，普惠思维、协同意识已渐成主流。

分享经济持续加速、共享经济崭露头角。协同创业正是对分享经济和共享经济的充分洞察与应用，并以核心自主技术研发团队持续开发运营融"普惠主义+信任价值沉淀+协同分享消费+WE 众"为一体的友好型商业生态型平台的协同创业模式。通过协同平台打通了资源、用户、市场和服务的交互与融合，拓宽了网络经济边界，重塑了消费价值空间，改变了社会规范与群体性合作、个体生产生活方式，激发了信任价值合作意愿，促进了产销融合，让每一位创业者获得了更便捷、生态、智能、价值持续输出的新商态协同创业方式——"WE 众"创业。

"WE 众"创业是指以人为中心的新的连接方式、新的关系模式、新的创业结构及其规则，是大众的积极参与和跨界融合，协同创新创造。概括地说，众包（汇众力创新业）、众筹（汇众资促发展）、众挖（利用人的认知和大众间的交互，融合计算机存储对大数据进行挖掘）、众扶（汇众能助创业）、众创（汇众智搞创新，通过创业创新平台集聚社会资源，形成大众创造、释放众智的新局面）、众智（一人之智，不如众人之愚，强调大众智慧、大众协作）、众设（大众参与设计），再加上交互、分享、协同，就可能获得"WE 众"创业，实现生态优化，借助互联网与平台，进行新的创业合作。协同管理，让每一个个体的创意、创新、创造的能动性与活力充分释放。

【协同管理缔造未来专栏 2】 拓维信息：协同拓维，疾驰增长

拓维信息系统股份有限公司（以下简称拓维信息）成立于1996年，秉承"诚则通、信则达"的经营理念，致力于成为最优秀软件服务和信息系统整合提供商。历经 20 多年发展，已经发展成为拥有 4000 多名员工，以 O2O 在线教育为主营业务，以湖南为总部，在中国北京、上海、深圳、香港，美国、日本、韩国等国家或地区设立了分支机构的移动互联网集团公司。在"互联网+"的大背景下，拓维信息依托湖南的优质教育资源和近 10 年来在教育行业的积淀，用心做教育，借助互联网技术成果，让教育过程更加可视化和数据化，驱动教育实现真正的个性化和均衡化。2015年，拓维信息通过协同并购，将海云天科技、长征教育纳入拓维集团，全力加速拓维教育战略进程，打通产业链，构建生态圈（见图6-7）。2016年，拓维信息按照既定的战略目标，发挥整合协同价值，做实K18教育业务；据其2016年年报显示，2016年拓维信息实现营业收入10.28亿元，比上年同期增长33.80%，其中教育业务收入占比提升至64.40%；归属于上市公司股东的净利润2.12亿元，比上年同期增长0.99%；归属于上市公司股东的扣除非经常性损益的净利润1.72亿元，比上年同期增长64.13%。

图6-7 拓维信息教育产业

一、海云天和拓维信息的协同

海云天深耕考试、测评行业多年，无论是在学校还是在教育机构均有着非常深厚的合作关系和渠道优势。拓维信息自身有着非常丰富的教育产品，通过和海云天的结合，利用海云天的渠道优势，有利于拓维信息将自己的服务产品向教育机构和学校进行推广；另外，海云天具有考试数据优势，通过考试数据可以衍生出很多极具竞争力的教育服务产品，如"高招帮"等。

二、协同整合，接力高速增长

拓维信息在"内生+外延"的企业发展路径中，文化融合、整合发挥协同价值是企业长期、良性发展的基础；公司以包容性、开放性的企业文化，基于拓维信息、海云天科技、长征教育各自的独特优势，通过优势互补，最大化发挥协同价值（见图6-8）。

图 6-8　拓维信息并购长征教育和海云天打造协同生态

三、长征教育和拓维信息的协同

长征教育主要是幼儿园教育内容提供商，其优势是通过占据课堂而获得幼儿园渠道。拓维信息和长征教育结合以后，拓维信息将为长征教育注入互联网基因，使其内容互联网平台化，从过去单纯的 2B 向 O2O+B2C 领域扩张，构建出院所服务闭环。

过去，拓维信息主要是为运营商提供技术支持和服务的企业，从 2013 年开始，拓维信息开始向游戏和教育进行布局，先后收购了火溶信息布局游戏业务；自身开始布局线下教育、O2O 教育，后续收购了海云天、长征教育等优质教育企业。目前拓维信息整体是"游戏+教育"的双主业驱动的模式，未来教育将是公司重点发展的领域，各个子公司和母公司平台的协同效应将是未来增长的核心。

资料来源：笔者根据多方资料整理而成。

三、最痛的爱：物流市场的"饕餮盛宴"

2016 年，快递行业几大巨头先后登陆资本市场。中通成功在美国上市、圆通成为 A 股快递第一股、申通借壳艾迪西、顺丰借壳鼎泰新材、韵达借壳新海股份，五家公司的市值总计超过 3000 亿元。

号称国内规模最大的独立于汽车生产厂商的第三方汽车物流企业的北京长久物流股份有限公司，于2016年8月在上海证券交易所主板挂牌上市；新疆的综合型供应链服务提供商新疆天顺供应链股份有限公司，于2016年5月在深圳证券交易所中小板上市。

2017年3月，德邦物流股份有限公司再次刊发招股说明书，拟发行总量不超过15000万股，意味着德邦物流上市在即！天天快递、百世汇通等多家主流物流快递企业，也正在通过直接或间接的方式，实现与资本市场对接……

以快递为主的物流企业在资本市场的频频动作让外界看花了眼，它们上市折射出物流行业变革的缩影。

经过多年发展，物流业已然成为我国支柱产业之一，有着10万亿元大市场和改变人们日常生活的能力，绝大多数产业都极度依赖物流产业。生于"草莽"的物流业在搭乘电商飞速发展的进程中已经逐步走向规模化、市场化、智能化和精细化。新零售风口的到来，也给物流业带来了更广阔的发展机会与探索可能性。在这一新经济形势下，我国快递业继续保持高速增长。据国家邮政局数据显示，2017年上半年邮政服务业务总量累计完成809.5亿元，同比增长25.5%；从2017年第二季度起，中国已常态化进入单日快递"亿件时代"。

中国快递行业已经进入全方位拥抱资本的阶段，资本市场的运作已经被视为维持地位或者弯道超车的必备条件，而资本的推波助澜也加剧了行业内的明争暗斗。一系列的上市进程意味着我国大型物流与快递企业几乎全部启动上市计划。上市后的企业主体，在行业规模持续扩大但利润降低的机会与挑战下，走进资本竞争深林。

（一）上市物流的资本"新大陆"：策马奔腾或内外"协"修

在登陆资本市场后，快递企业借助资本市场力量快速扩张，购置土地、发展境外货运、采购设备以及加大在信息领域的研发等，按照"打通上下游、拓展产业链、画大同心圆、构建生态圈"思路，加强自身物流硬件的自动化、智能化布局，尽可能地涉足更多的领域，合纵连横，走出国门，建设属于自己的企业生态圈（见表6-1）。

据世界银行统计，目前我国物流总费用占GDP比重高达14%，不仅远高于发达国家平均水平，也高于印度、巴西等发展中国家的水平。中国物流业自发展初期，就带有"小、散、乱"的特点，即便业务量暴增也掩盖不了"大而不强"

表6-1 2017年第一季度主要快递企业发展关键词

物流企业	发展关键词	代表性举措
顺丰	冷链、同城配送、合伙人、电商	医药冷链、顺丰大当家、顺丰彩、顺丰付、增资丰泰资产
中通	快运、冷链、跨境、电商	与河南机场集团签约、与东风轻型商用车合作
圆通	快运、跨境	收购先达国际、圆通快运、圆通妈妈店
韵达	智能仓配一体化	募集资金45.17亿元
申通	冷链、电商	申雪供应链、申通国际商城
京东	智慧供应链价值网络	京东物流子集团成立

的发展现状——利润率低、基础建设和运营成本高等现象严重，直到现在，行业的痛点一直没有缓解。物流行业本就是烧钱的行业，随着行业的洗牌加剧，利润也将不断压缩。进入资本市场融资或可缓解企业在资金方面的压力，也利于其兼并扩张，但如果上市是为了获取同质化的竞争资金，一切只会是徒劳，还会遭到需求商业回报和股权溢价的资本无情的打击。因此，中国的物流业即便跟上了资本的脚步，竞争依旧残酷，它需要每个入局者不只会跑马圈地，还要拿出打江山不易守江山更难的本事突破同质化的行业竞争，寻找利润新增长点。

据物流业2016年年报显示，2016年上市的快递公司商业利润可观、发展势头强劲，但是否能长久却是一个不可忽视的问题（见图6-9）。

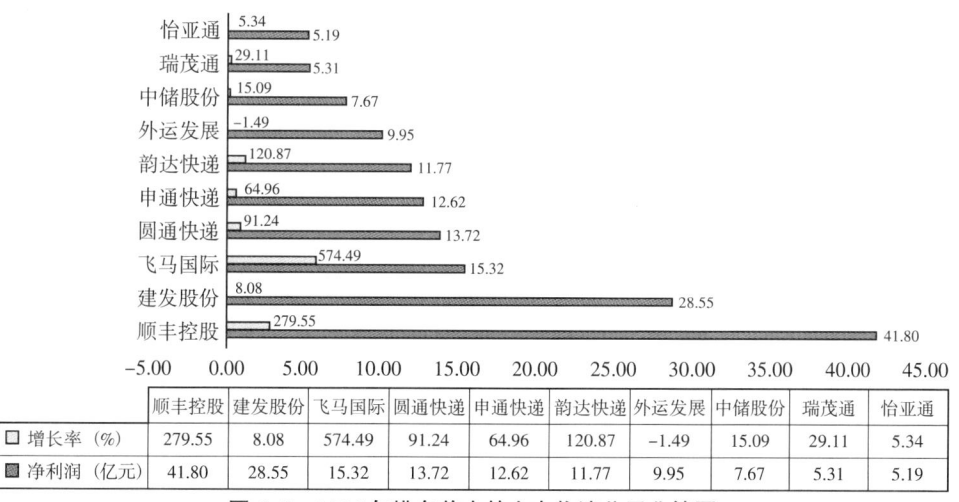

	顺丰控股	建发股份	飞马国际	圆通快递	申通快递	韵达快递	外运发展	中储股份	瑞茂通	怡亚通
增长率（%）	279.55	8.08	574.49	91.24	64.96	120.87	-1.49	15.09	29.11	5.34
净利润（亿元）	41.80	28.55	15.32	13.72	12.62	11.77	9.95	7.67	5.31	5.19

图6-9 2016年排名前十的上市物流公司业绩图
资料来源：中国产业研究院。

因此，物流企业要尽量避免出现"挣快钱"的苗头，减轻"上市后遗症"，不盲干，靠协同，发优势，激效应，探索出一条属于自己、适合市场、回报股东的新业态、新生态。

（二）共享物流"理念"的重塑与协同

在"互联网+"的时代背景下，信息流、资金流、物流合一，要求物流环节效率跟上电子化的信息流和资金流，较低的物流效率正在倒逼催生新兴物流模式。通过整合体量庞大的社会物流资源以及移动互联网技术的应用，物流产业在效率的提升过程中孕育着巨大的投资机会。

第一，物流协同生态圈。协同是整体中的组成部分相互协调、合作或同步的联合作用和集体行为，是系统整体性、相关性的内在表现，是对整体中各部分间动态、良性的相互配合关系及其程度的一种反映，是指在外部环境发生改变时，整体要素间的互相配合与耦合。协同进化作为协同的衍生概念，是指发生在两个或多个具有共生、共栖和竞争关系物种上的持续变化。无论是物流发展"小、脏、乱、差"，还是物流配送过程中的黑哨和盲点，归根结底就是两个根本，一个是资源组合低劣，另一个是信息不对称所导致的。在"互联网+物流+人工智能"的蓝图里，物流业的各种角色主体之间是一种广泛的共生关系，共同利益多于分歧，合作多于竞争。要让"互联网+物流+人工智能"运行得更好，实际上需要采取更加高效的共生方式，以推动行业效率的提升。因而，协同是"互联网+物流"需要遵循的运行准则。作为一种高效的共生方式，在协同的帮助下，更多的物流企业实现了自组织联合，在大数据、云计算及移动互联网等互联网技术的综合辅助下，实现了动态化信息数据的无缝对接，构建了"天网+地网"的黄金组合，再结合共享经济这一物流的天生引子，物流协同生态圈得以形成，而协同是物流生态圈进化过程中的必然选择（见图6-10）。

第二，生态自组织。商业模式物流协同生态圈所强调的是圈内物种，通过自组织匹配直至达到平均适应状态，如此循环往复、持续进行。物流生态圈在"大数据"的作用下使得信息共享成为物流种群与环境之间、物流种群之间、物流企业个体之间协同发展的主要方式。因此，物流生态圈的协同意味着充分利用物流生态系统中的资源禀赋，相互配合共享价值创造成果，使物流活动符合经济环境、社会环境和自然环境的要求，最大程度地实现物流生态圈的合理组织，从而使物流活动与周围环境相协调，以实现可持续发展。在此基础上，协同的引入真

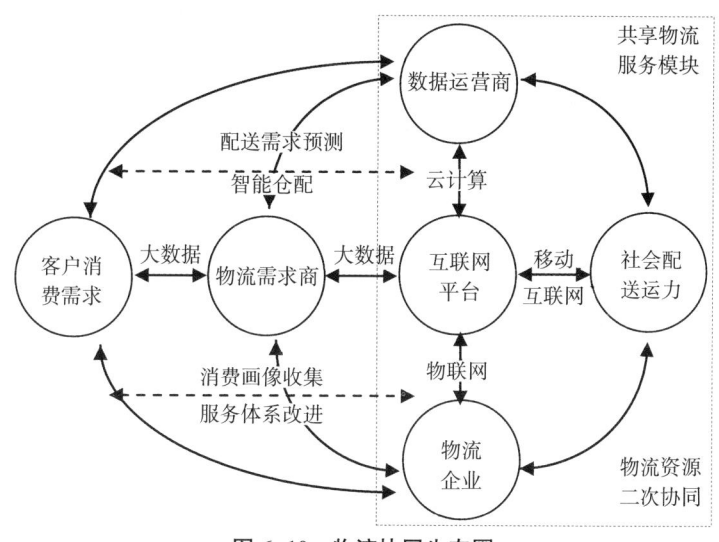

图 6-10 物流协同生态圈

正做到了物流协同生态圈以客户为中心的服务宗旨，以客户的物流体验作为协同效应的检验指标，进而增强企业组织和工作人员的服务及协同运作水平，实现人、企、物的协同发展，让物流真正服务于社会，服务于实体，服务于人。

"互联网+物流+人工智能"的发展，不仅取决于互联网、物联网等相关技术的普及程度，很大程度上取决于行业的透明程度、分享意愿与协同精神。因此，必须加快物流企业之间协同机制的建立，基于参与合作各方的现实条件进行合理的统筹和安排，通过协同合作方之间的合理约定，进而做出合理的协同计划，以减少摩擦和争端，全心全意协同发展物流市场，如此中国物流必将大成。

【协同管理缔造未来专栏 3】宜华生活：新生活——协同"大跃进"

宜华生活科技股份有限公司（以下简称宜华生活）是汕头第一家上市和年产值超百亿元的民营企业，是中国第一个以自有品牌出口和销售木制品企业，始终致力于成为全球领先的居住生活一体化服务商。近年来，宜华生活以家具制造业务为核心，积极稳健推进产业链整合，一方面向上游进行买林造林资源拓展，一方面向下游推进国内营销网络的渠道建设，形成了较强的综合竞争实力和抗风险能力。目前，宜华生活已经成为纵贯"人工造林、林地采伐、木材加工、产品研发、家具制造、销售网络"完整产业链一体化经营模式企业，公司沿产业链向上游的林木种植以及下游的销售渠道纵深发展,发挥产业链不同环节业务的协同及互补效应,在开拓发展空间的同时增强了自身的抗风险能力与竞争优势。据其2016年年报显示,2016年宜华生活净利润为7.09亿元,同比增长15.11%;营业收入为57亿元,同比增长24.14%。

一、着手品牌形象,构建生态协同

与国内大多数家具出口企业不同,宜华生活是我国家具行业中少有的在国外市场采用自有品牌销售的企业之一。自有品牌的确立使宜华生活在与国内企业的出口竞争中具有明显优势,极大地增强了海外经销商对公司的依存度,在定价机制上有较强的议价能力,有利于市场地位的巩固和扩大。目前,宜华生活正在制定整体品牌转型升级规划方案,系统梳理品牌发展战略,加速生态开放、扩容与业务模式革新,生态协同能力日益增强。

二、创建协同创新机制,打造技术研发优势

宜华生活与中国林科院木材工业研究所、南京林业大学、中南林业科技大学达成全面战略合作关系,借助各方在科学研究、人才资源、技术成果等方面的优势,在技术研究、项目开发、人才培养等方面开展产学研用合作,进行多方位交流,多样化协作,形成全方位深入合作和资源整合的协同创新机制,保证公司技术研发的持续和高效开展。

三、"Y+生态圈"协同发力,凸显产业一体化优势

近年来,宜华生活积极把握"互联网+"契机,为夯实在国内市场实力,公司全力构建"Y+生态系统"。通过投资美乐乐等泛家居领域企业,整合实体渠道和互联网平台的流量,宜华生活协同布局"互联网+泛家居一体化",实现融合大数据、移动应用、消费金融等创新技术的O2O家居运营模式。目前,生态圈已拥有美乐乐、爱福窝、有住网等庞大用户群的"线上入口",宜华生活和美乐乐线下实体门店的"线下入口",海尔家居的"工装入口",金融一号店的"金融入口"以及物流体系的"物流入口"等。而且,宜华生活协同上下游产业链整合,不断增强抗风险能力和竞争优势。宜华生活在上游通过租赁林地使用权、境外股权收购等方式丰富自有林地资源,并在下游打造"家具体验中心+经销商"的国内营销网络布局,以体验馆为中心点辐射周边区域经销商。同时,宜华生活协同布局家政、送装等领域,实现了产

业链持续延伸。在此基础上，宜华生活还投资健康家布局家政，入股国内变形家具第一品牌多维尚书家居，拓充家居产品等，最终形成泛家居产业层，突出产业和消费导向功能，丰富产业链条，为消费者提供泛家居一体化的家居产品和服务（见图6-11）。

图 6-11　宜华生活"Y+生态系统"

此外，在近期宜华生活收购国际知名软体家具企业华达利，实现内外协同并进，为发展再添新引擎。华达利为新加坡上市公司，主营皮革沙发，主要出口欧洲、美国、亚洲等市场。因而，在制造、产品、渠道方面与宜华生活现有资源的"协同性"极高。在产品端，华达利将补充宜华生活软体家具板块；在渠道端，华达利和宜华生活分别主攻欧洲、美国市场，海外渠道有望协同，而宜华生活内销拓展可带动华达利国内销售、进一步完善和发展宜华生活的产业链。

资料来源：笔者根据多方资料整理而成。

第二节　新时代：欲戴王冠，必向协同

正道行修，弘天人之道；以和为贵，合协同知心。道可道，协同道，破时代发展之谜题。协同时代，携手伙伴共建协同生态，共赢协同管理的商业价值势在

必行。商业巨轮的前进推动,需以大协同联盟为根基、以伙伴发展为中心、以"互联网+产品"为手段、以行业聚焦为驱动,强化伙伴运营支撑平台,构建行业化、专业化、服务化生态体系,全面推动协同联盟在区域、国际、行业以及创新业务突破,实现协同共赢,天下大同。诚然,"协同号"列车驰向远方,需要强劲有力的火车头,而"大协同联盟"巨轮行稳致远,更需要从容驾驭的领航者——组织。基于组织级的协同(工作)管理是布局全球、纵横商海的焦点,是风口,更是一场"互联网+工作"的革命,是组织的必然选择和必由之路。只有那些能深谙企业管理之道,又可驾驭互联网技艺的企业才能在未来引领协同领域的变革,取得成功。当前,我国正在大力推进供给侧改革和"一带一路"两大战略和倡议性规划,这为协同管理提供了更大的舞台。"欲戴王冠,必承其重",在信息爆炸、机会横流的时代,协同管理必将与时代融合,并烙印在时代发展的轨迹中,助长企业"一代枭雄"之崛起,并与企业一道把握未来商业之发展趋势,用协同之力,打造企业发展奇迹,共同见证中国大同天下,协同天下的成功!

一、产业互联网:协同与分享

互联网在消费领域的蓬勃发展,让人们看到了互联网在工业制造、产业协作等企业级应用领域的巨大发展空间与可能性。这推动着互联网企业纷纷将眼光投向价值更高、直接付费意愿与能力更强的企业级领域,以期复制"互联网思维"的成功模式,重构传统产业生态(见图6-12)。

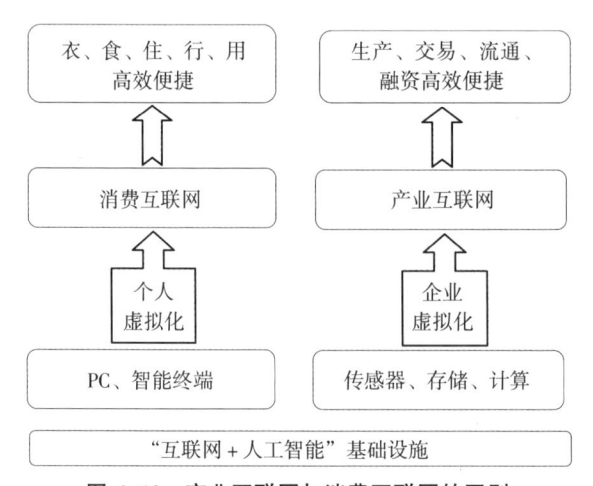

图6-12 产业互联网与消费互联网的区别

于是，一个全新的概念也因此应运而生——产业互联网，即产业互联网化，区别于消费互联网的企业级互联网应用大市场，通过网络提供全面的感知、移动的应用、云端的资源和大数据分析，重构企业内部的组织架构，促进生产、经营、融资模式以及企业与外部的协同交互，实现产业间的融合与产业生态的协同发展。

（一）产业互联网的协同之路：生态协同+协同创新+未来技术

产业互联网是在人工智能发展到一定阶段之后，协同大数据、云计算和人工智能必然的走向，今天它正在开端期。产业互联网的发展源于"互联网+人工智能"科技的驱动。在产业互联网时代，企业之间的竞争更多地表现为整体价值的竞争，围绕价值发现、价值创造、价值传递、价值实现的全链条、全节点展开，企业竞争优势突破了内部资源的限制和束缚，重心从企业内转向企业外，从经营企业自身能力和资源转向撬动价值平台相关企业的能力和资源。生态商业以其平台化、共享化、协同化的优势，通过资源整合、知识转移、信息共享、协同创新，体现了从竞争到合作、从交易成本最小化到交易价值最大化的转变，扩大了企业经营发展的边界，增强了企业的环境适应性，成为企业竞争优势的新来源，要么创造生态，要么加入生态。

在产业互联网里要想做好一家公司，核心必然是人工智能和商业智能。人工智能跟大数据、云计算是一脉相传下来的；人工智能其实在未来两三年里，最能解决的问题是服务用户。

（二）产业互联网驱动协同供给和协同消费的融合

"产业互联网"是应用系统理论模式，以生产者为主导，通过物联网技术、云资源和大数据分析及工业智能化，以生产活动为应用场景，深层次地体现了"互联网+人工智能"科技对生产、交易、融资、流通各个系统的变革，改变企业与外部的协同交互方式，改变企业的公司治理与组织架构，改变企业的运营管理方式与服务模式，真正打通消费者跟生产者之间的价值链条，实现人与人、人与物、物与物的互联互通，把物和人的价值和创造要素全面激活，从而推动传统产业升级与创新发展。通过产业互联网的应用，能够很好地解决市场中需求端和供给端的有效协同问题，解决市场中的产品、技术和产业的升级问题，解决市场中的有效供给和多层次的需求问题，从而完成中国产业升级换代与市场规则和信用体系的重构。简单来说，"产业互联网"是一个真正地使实体经济与虚拟经济深层次地融为一体、促使产业协同发展、建立协同共享机制商业生态文明的有效路径，是催发供给侧改革协同潜力的重要驱动力。

【协同管理缔造未来专栏4】 艾派克：并购协同，彰显协同之价

珠海艾派克微电子有限公司（以下简称艾派克）是兼容耗材芯片技术的领导者，专注于兼容芯片的设计、研发和生产，为通用耗材行业提供最佳、最快和最全的喷墨与激光芯片解决方案。艾派克拥有一支经验丰富、业界一流的研发团队，在喷墨芯片升级、激光芯片固件升级和高加密芯片的开发上具有行业一流的技术水准。艾派克在依靠自身技术积累的同时，积极展开与海内外技术合作伙伴的深度合作，在尖端芯片加密与解密技术方面拥有强大的技术优势。据其2016年年报显示，2016年艾派克的营业收入为58.05亿元，同比增长183.31%，而由于并购投资，净利润为0.61亿元，同比下降78.31%，但就其营业收入增长而言，艾派克的协同效应可期。

一、协同利盟（Lexmark）——彰显强强联合

2016年，艾派克与太盟投资及君联资本共同组成投资方，全资收购美国打印机及软件公司利盟。利盟是世界领先的打印产品及服务供应商，主要经营ISS业务、ES业务。除了其ISS业务将完善公司打印领域布局外，其ES业务也将为艾派克开辟新的增长点。因此，艾派克携手利盟，首先能够实现自身在全球中低端打印市场的优势与利盟在中高端打印市场的优势结合，发挥协同效应，扩大市场份额，提高公司核心竞争力；其次，艾派克有望借助利盟在打印机整机设备方面的出货量优势，带动包括集成电路芯片、通用打印耗材及其他核心部件的研发、生产与销售；最后，艾派克能够借此优化国际经营的战略版图，具备与全球打印巨头进行全方位、全领域竞争的能力（见图6-13）。此外，利盟软件业务资产亦非常优质。艾派克旗下的利盟软件业务亦十分亮眼，例如其旗下Kofax在文件录入方面在全球处于领先地位，应用非常广泛。另外，软件业务管理团队也非常优秀，艾派克当前已经对利盟原有的软件资产进行了协同整合，包括研发、市场和管理的整合。未来软件资产有望成为艾派克的重要资产加分项。

图 6-13 艾派克携手利盟激活协同效应

二、协同利盟国际，实现发展全面协同

利盟国际的营收体量十倍于艾派克，在艾派克并购利盟国际后更加意在并购后的协同整合，充分发挥"1+1>2"的效果。一是市场互补，利盟国际是全球领先的打印产品及数据解决方案提供商，主打欧洲和美洲的高端市场，发展中国家的市场渗透情况不佳，而艾派克的奔图目前主要在发展中国家发展，艾派克在亚太的优势可以很好地导入给利盟国际，在市场层面互补明显。二是生产协同，并购之后艾派克可以通过供应链的整合降低生产成本。三是业务协同，艾派克是通用打印耗材市场的领导者，利盟在原装打印市场有较强优势，并购之后双方将形成"原装+通用"的竞争优势。四是专利协同，打印市场的最大壁垒是专利，完成并购之后可避免内部的专利战争。

资料来源：笔者根据多方资料整理而成。

二、"一带一路"倡议：全球的协同商机

"一带一路"倡议倡导的是全球命运共同体，即全球既是发展共同体、利益共同体，也是安全共同体、责任共同体。如何让同舟共济、荣辱与共的命运共同体意识成为"一带一路"发展的基本共识？如何借助"一带一路"更好地打造互联网的创新风口，以发掘新动能、推动新发展？答案是协同治理，即协同创新国与国之间的经济与科技的合作机制、合作路径、合作模式，深化政治互信，共建全球命运共同体，造福全人类。简单地说，就是"兵马不动，亚投先行"，然后"先修路，一起富"的道理。

"一带一路"倡议为沿线国家的企业提供无限商机，驱动企业走出国门将自身的生产要素与新环境、新文化、新资源等进行创新组合，实施内部协同创新和外部协同创新，打造制度、技术与文化的三维协同发展企业商业模式（见图6-14）。

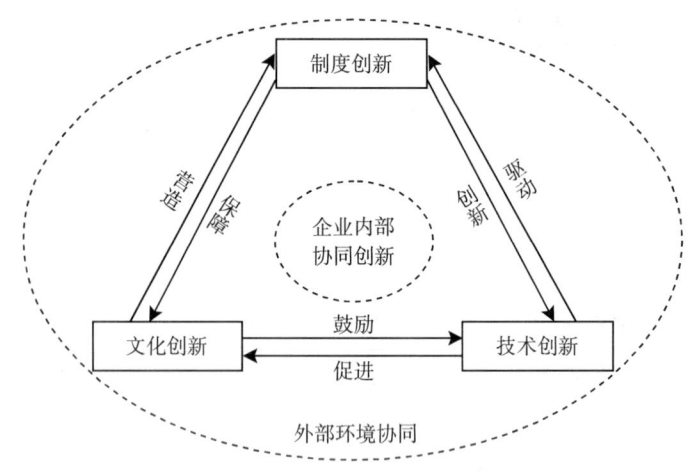

图 6-14 企业"一带一路"三维协同创新模式

【协同管理缔造未来专栏 5】 美亚柏科：并购协同，彰显协同之价

厦门市美亚柏科信息股份有限公司（以下简称美亚柏科）成立于1999年，是国内电子数据取证领域龙头企业、网络空间安全专家，主要服务于国内各级司法机关以及行政执法部门（见图6-15）。近年来，得益于美亚柏科公司资源协同整合的加强，以及公司各企业产品及渠道协同效应的发挥，美亚柏科主要经济指标一直保持稳定高速增长。截至目前，美亚柏科已拥有3家全资子公司、7家控股子公司、10家参股子公司，在北京成立1家分公司，并在全国建立了24个分支机构（16个办事处，8个售后服务点），为全

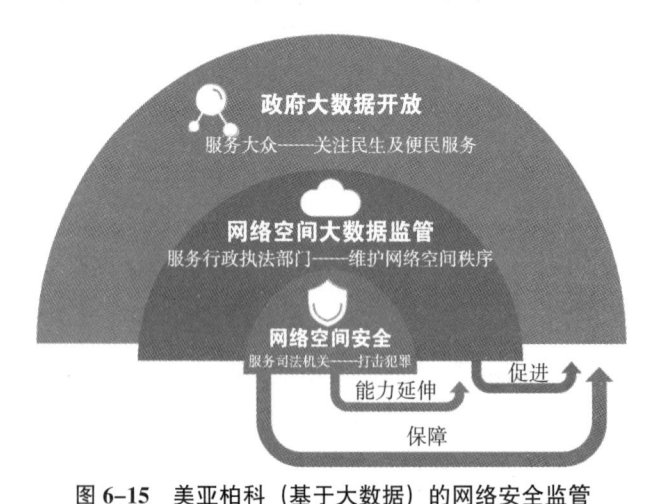

图 6-15 美亚柏科（基于大数据）的网络安全监管

国客户提供技术支持服务，并且，据其 2016 年年报显示，2016 年美亚柏科实现营业收入 9.98 亿元，同比增长 30.76%；净利润 1.83 亿元，同比增长 37.42%。

一、协同并进之战略规划

随着"互联网＋行业"应用的发展，越来越多政府机构的监管职能正由线下逐步向线上渗透。因此，美亚柏科提出了网络空间安全及大数据信息化的战略方向，业务从事后取证、鉴定向事中监管和事前预警、防范方向延伸。根据长期以来持续不断地针对市场需求、技术发展、行业趋势及国家政策的跟踪和深入分析，协同公司自身优势和核心竞争力，美亚柏科计划未来几年仍将协同电子数据取证技术、互联网搜索技术、大数据技术、网络空间安全技术等领域的研究和创新，并积极关注人工智能技术和区块链等新技术的研究和应用（见图 6-16）。通过内生发展和外延并购协同并进，继续开拓军警司法、政府、教育培训、民用等行业应用，并借力国家"一带一路"倡议努力开拓国际市场，保持公司持续稳定发展。

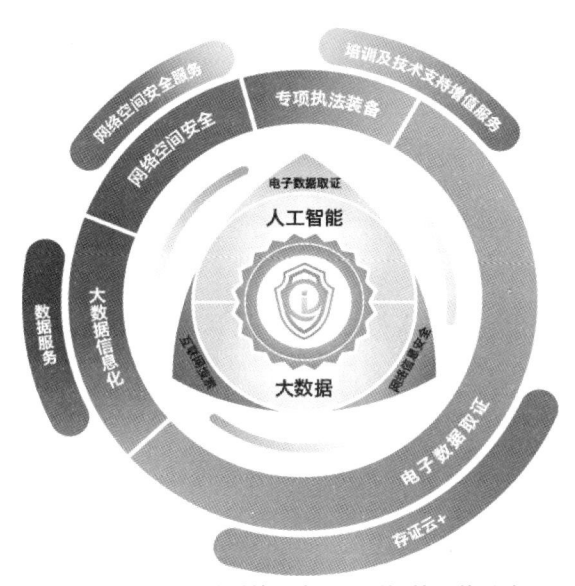

图 6-16 美亚柏科（基于产品规划）协同战略布局

二、协同管理模式的大融合与快推进

随着美亚柏科投资并购项目的开展和自身业务规模不断扩大，其旗下子公司数量逐渐增加，组织架构和管理体系日趋复杂化，各子公司的管理和新业务运作管理都将给美亚柏科管理层带来新的挑战。为加强子公司管理，优化资源配置，美亚柏科大力推行协同管理模式，设立了集团资源协调中心，针对母子公司在产品、市场、营销、培训、技术支持、采购、财务、人力行政、信息化、安全保密等各个环节进行协同管理，以便充分整合各子公司资源，增强公司及各子公司的综合竞争力，实现投资效益"1+1＞2"的目标。2016年，美亚柏科与江苏税软、珠海新德汇、武汉大千等子公司在产品、技术、渠道等方面都进行了不同程度的整合，并且，美亚柏科在2013年就收购了新德汇51%的股权，经过几年的整合，目前新德汇与母公司的协同效果显著，产品实现了相互的补充，在刑侦领域的渠道扩展也比较顺畅；江苏税软与母公司联合开发了"互联网＋税务"大数据项目、税证宝等产品，在技术的协同整合上取得了不错的效果；在渠道方面，江苏税软与美亚柏科实现了渠道资源的协同共享，保证了美亚柏科的取证产品在税务领域的销售。可以说，在协同治理和全面质量协同管理方面，美亚柏科都得到了有效的提升。

资料来源：笔者根据多方资料整理而成。

三、协同管理，千面未来

协同管理，是一种变革意义的力量。无论在未来的何时何地，商业的走向最终均会围绕"人"这个核心回归到效率与利润，实现自我的迭代与变革。而协同管理的目的正是在于此——以人为原点，以"互联网＋人工智能"技术作为半径，通过资源的连接、匹配、融合，激活闲置存量，不断地实现企业"混沌"→"有序"→"高级有序"的跃迁（跨越式发展），促使企业内部协作向全产业链协同不断演进。协同管理作为企业卓有成效的管理方法与"互联网＋人工智能"本身就是天作之合，两者的融合造就了一个新的商业密码——协同管理协同智慧的方法论。协同管理所预示的是以数字经济和商业智慧为载体的未来商业发展趋势。

对于企业而言，协同管理就是企业发展的"润滑剂"与"黏合剂"，可以更好地辅助企业建立智慧协同云平台，实现多组织协同管控，加强企业自身的信息沟通与协作，激发员工创新创业活力，实现组织的智慧运营及智能迭代。

对于产业而言，协同管理可以将电子商务、互联网金融、智能生产、移动办公等独立的应用领域连接起来，将产业链的上下游企业协同连接起来，形成产业链的联动与产业生态的发展，不断打造智慧商业新物种，如智慧供应链和智能商业体等，实现信息商品的价值成倍放大以及数据资产的协同共享，无缝连接社会商业力量，推动全社会商业模式的协同创新与协同发展，以协同之力一举扭转传统利己竞争的商业价值观，构造以"竞协"为标签的未来新商业竞争体系，重新释放商业发展之潜力，打造共治、共享、共赢商业新生态。协同管理的未来，就是协同生产与协同消费不断融合的千面未来：协同智慧"念"创天下商业模式，自组织形成有序协同生态圈，大规模定制服务成为常态……

（一）数字经济："数"说中国新时代

"互联网＋人工智能"科技是当今企业乃至国家发展动力的重要组成部分。在"互联网＋人工智能"的驱动下数字经济迅速崛起，信息商品化彻底改变了企业的组织形态和创造财富的方式。据《2017 中国数字经济发展白皮书》指出，2016 年中国数字经济规模达到 22.6 万亿元，同比增长 18.9%，对 GDP 的贡献已达到 69.9%；占 GDP 比重达到 30.3%，带来 280 万新增就业人数，占中国年新增就业人数的 21%。因此，从某种程度上可以说，数字经济作为全球经济增长最快的领域，数字经济已成为带动新兴产业发展、传统产业转型、促进就业和经济增长的主导力量，不仅是中国寻求可持续发展的重要机遇，也直接关系到全球经济发展格局。因此，把握中国经济未来的新方向就要把握数字经济。

（二）智慧商业："智"享未来

智慧商业是一个建立在"互联网＋人工智能"科技基础上以人为核心的"端""网"和"云"完整的协同管理闭环（见图 6-17）。

如果没有"端"，就无法获得数据，正如"巧妇难为无米之炊"，再先进的算法如果缺乏数据的基础，就无法训练和迭代，系统连"智能"的水平都达不到；如果没有"网"，离散的各类数据无法汇集、标准化，算法就只能针对局部进行优化，无法产生聚变的价值；如果少了"云"，整个商业系统就像一个没有灵魂的躯壳，丧失了智能的根基。只有"端""网""云"相互配合和支持，才能够赋予整个商业系统不断迭代和学习进化的能力，焕发自我更新的生命力，形成以人为核心的商业生态。

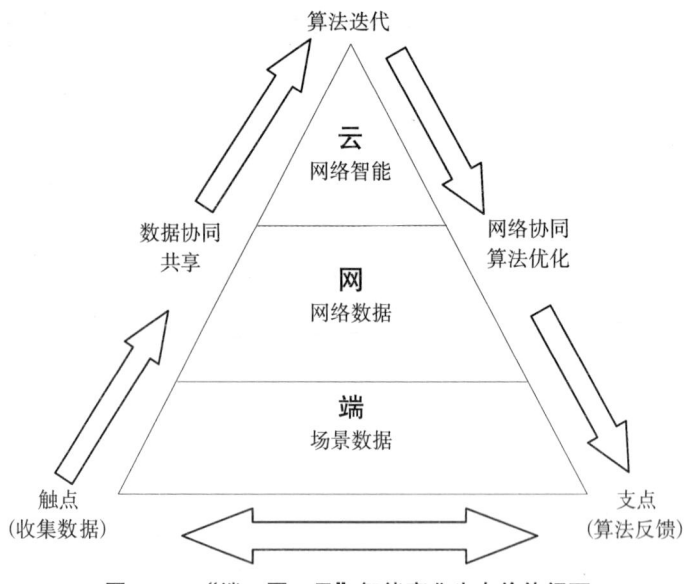

图 6-17 "端 + 网 + 云"智能商业生态价值闭环

【协同管理缔造未来专栏 6】泛海控股：协同引擎——促金融实业协同发展

中国泛海控股集团有限公司（以下简称泛海控股）是中国泛海控股集团的核心企业。经过 30 多年的协同发展，泛海控股已发展成为一家以金融为主体、以产业为基础、产融结合的具有一定市场影响力和社会贡献的跨国企业集团。泛海控股以房地产、金融、能源、综合投资、资本经营为核心业务，其主要业务涵盖房地产、基础设施建设、银行、保险、证券、典当、能源、战略与创业投资、文化、资产管理和资本经营、物资贸易、消防电子、酒店、物业管理等诸多领域。据其 2016 年年报显示，2016 年泛海控股的净利润为 31.09 亿元，同比增长 37.96%；营业收入为 186.22 亿元，同比增长 97.11%。

一、金融业务布局之协同完善

建设完整的金融服务体系是泛海控股发展金融业务的核心目标之一，金融板块多元化布局和有效协同发展是公司发展金融业务的核心理念。经过近几年的系统布局和精心经营，泛海控股已形成以民生证券、民生信托、亚太财险为核心,涵盖证券、信托、保险、期货等主要金融业态的金融板块布局,并正在积极谋求互联网金融、基金等业务资质,金融牌照不断丰富,金融平台实力持续增强。此外,泛海控股持续从"质"和"量"两个维度协同推进金融板块布局。从"量"上来说,泛海控股利用新设、收购、增资等各种手段,进一步丰富金融牌照;从"质"上来说,泛海控股将"提高核心资本运用效率"作为对各金融板块的协同机制,引导资金、人员等资源向真抓实干成效明显的高效率金融板块倾斜,同时依托自身的互联网金融平台,打造产业、金融、投资等不同板块业务互补、协同的综合型营运体系(见图6-18)。

维度"质"	• 提高核心资本运用效率 • 互联网金融平台实现协同融合
维度"量"	• 新设+收购+增资 • 丰富金融牌照
金融发展核心	• 民生证券、民生信托、亚太财险 • 涵盖证券、信托、保险、期货

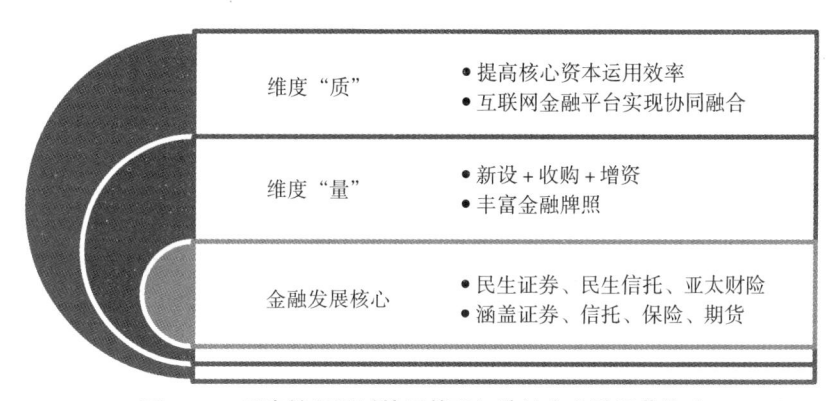

图6-18 泛海控股通过协同管理打造综合金融运营体系

二、产融结合,协同驱动战略转型

产融结合的国际化企业集团是泛海控股转型发展的目标愿景。通过对金融、房地产、战略投资等业务的持续拓展,泛海控股已初步形成深具泛海特色的产业布局和业态,产融结合、资源整合优化基础得以夯实。近年来,泛海控股围绕房地产、不动产、电力等产业板块上下游投融资需求,以互联网金融平台为依托,运用股权、债权、资产证券化等多种工具,实现房地产、电力等产业板块与证券、保险、信托等金融板块之间的协同发展,以及金融板块相互之间的协同发展,并加快传统金融与互联网金融的融合,切实发挥"互联网+"集众智汇众力的乘数效应,增强企业发展新动力。

三、全面优化协同机制,持续提升协同管理水平

高效的协同管理是泛海控股转型发展的重要支撑,规范完善的协同机制

则是泛海控股管理水平提升的有力保障。转型发展大背景对泛海控股协同机制的整体性、协调性提出了更高要求，既要有效防范风险，又要适应各业务平台的特性，还要有利于不同业务板块的协同。近期，泛海控股深入开展新一轮的制度优化工作，并取得了初步成果。针对公司转型发展中出现的新需求、新问题，泛海控股全面梳理公司治理、财务、审计、法律合规、风险控制、人力资源、行政管理等各个业务条线的主要管控点、风险高发区，对协同机制进行修改完善，汇总形成公司总部层面72项重点制度和配套权限表，基本厘清了总部与业务平台、所属公司之间的管控事项和权责边界，为进一步提高协同管理效能提供了制度支撑。

资料来源：笔者根据多方资料整理而成。

【章末案例】　　　　中信：协同大家，协同四方

一、公司介绍

中国中信集团公司（以下简称中信）是一家开历史先河的企业。成立之初，中信作为中国对外开放的窗口，发挥了企业市场化的"领头羊"作用。经过30多年的艰辛发展，中信成为一家跨国企业集团，也是国内最大的综合性企业集团。从全球范围看，与中信类似的公司非常少，其独特的竞争优势是综合经营，特有的管理方式是协同管理。在30多年的时间里，中信走的是一条创新之路。先是形成生产、技术、金融、贸易和服务"五位一体"的业务格局，后又布局重要行业，完成"金融+实业"架构的搭建。时至今日，中信业务涵盖多个方面，包括金融、资源能源、制造业、工程承包和房地产以及信息产业等。2016年中信位居美国《财富》杂志"世界500强"企业排行榜第156位，比上一年提升30位。

二、锻造协同机制，打造三驾"马车"

协同是多元化企业存在的理由，中信是在探索中不断推动体系建设，遵循以集团利益最大化、市场化为前提，注重创新与价值贡献，以及合法合规与防范风险等基本原则，不断推进协同机制的建设。

第一，组织建设。2010年9月，中信设立业务协同部，这可能是中国企业最早成立的业务协同部。业务协同部主要是对外开展战略合作，对内进

行资源整合。在业务协同部的推动下,中信建立了网络状的协同组织体系。纵向上,建立了集团协同部—子公司协同主管领导、协同对口部门—重点分支机构(分行)协同主管领导和部门三级组织管理体系。集团由班子成员直接分管协同;子公司由领导分工负责,并设有业务协同联系人。同时,在横向上,中信建立了区域协同平台—地区业务协同联席会议机制。联席会议每年都要召开,各联席单位共享信息、客户与渠道资源,根据相关的需求,开展联合营销,提供综合服务。

第二,制度建设。业务协同部在成立之初即注重制度建设,从联合营销、区域联席会议组织、业务流程、协同激励等多方面建章立制。2011年集团出台《企业战略客户联合营销与服务管理暂行办法》,对战略客户的选择与认定、组织体系、内部程序、沟通交流、协调管理、评价与奖励等联合营销与服务工作中的重要内容和程序进行了明确。由此,协同部牵头集团内重点子公司,与《财富》世界500强、大型央企、行业龙头以及省市地方政府等不断深化和扩大战略合作。2013年集团下发《地区业务协同联席会议管理暂行办法》,明确了联席会议设立、日常运作、组织管理、信息报送和区域合作推动等内容。此外,中信对子公司年度经营计划预算考核中有协同加分项,协同部根据子公司贡献可酌情加分;集团对子公司经营班子年度绩效考核中,协同部评分也占有相当比重;协同部还出台了子公司协同负责人相关评价管理办法,并将逐步加大协同考核力度。

第三,智能化协同信息平台之三驾"马车"。"马车"一:i 协同 APP。2015年底,中信针对员工上线 i 协同 APP,里面有协同工作相关信息和业务协同需求。2016年已经迭代到3.0版。目前,这个 APP 已经发展了38家公司,客户数突破2.5万人。通过 APP,集团内部各级单位,都能够跨区域、跨界进行协同需求对接。"马车"二:对公客户 CCM 系统。协同部正在开发"中信集团客户协同管理系统"(CCM 系统),将通过信息系统有效管理集团及各子公司的战略客户。中信集团业务协同部总经理苏国新说,未来中信不仅要成立数据集散中心,还要成立数据处理中心,借助信息系统,用协同的思维深入跟踪挖掘地方政府、子公司、战略客户以及战略投资者等的需求,及时发现隐含在信息下面的协同商机,将数据、信息变成业务机会和利润。

"马车"三：对私客户区块链联盟。协同部已经在组织研究中引入区块链技术，搭建中信联盟，实现跨机构的个人客户共享。苏国新预计，这个联盟将在年内上线运行。

三、贯彻大协同，构建六大协同模式

中信的协同涉及面广，并各具特色。分管协同工作的中信副总经理蒲坚说，中信将始终遵循开放共享的"大协同"战略，即"对内协同与对外协同融合""战术协同与战略协同结合"以及"'引进来'和'走出去'结合"。经过多年摸索，中信逐渐形成了以下六大协同模式。

模式一："走出去"协同。目前，中信已在海外有广泛业务布局，并逐步形成了协同"走出去"的模式。协同"走出去"，能有效降低中信各家公司在海外经营的风险和保证项目执行成果，降低国际业务在沟通、审查和交易等方面的成本，促进海外客户和渠道资源的共享，推进企业的国际化进程；也有利于增强中信集团为海外客户提供综合服务的能力，进一步开拓和维护好全集团的海外客户资源，实现集团海外效益最大化。进行以海外工程项目为先导的协同。近年来，中信建设在亚非拉地区的国际工程承包业务发展迅速，领域涉及社会住房、能源、农业和地质勘探等。在为客户提供工程承包服务时，中信建设还基于在当地市场积累的资源、渠道和经验，帮助集团的金融、资源能源等兄弟公司在当地开拓业务，满足当地客户多样化需求。

模式二：客户与渠道协同。中信涉及多个领域，拥有广泛的客户和渠道资源。比如中信出版跟其他中信子公司合作，打造了"云舒馆"（见图6-19）、"中信选书""幸福财富沙龙""中信之家""中信微书店"等多种特色产品和服务。借助这些举措，各子公司之间客户、渠道资源实现了良性循环互动：客户获得了更加丰富超值的产品和服务；渠道承载了更多的输送功能，实现了价值最大化；提供产品服务的子公司增加了经营收入，节约了经营成本。"云舒馆"的打造，极大提升了银行卡客户活跃度。"云舒馆"项目是中信出版借助旗下机场书店网络为中信银行持卡客户提供的"A点借阅—B点返还"免费阅读服务。持卡客户可享受"先读后买"服务，不仅使中信银行客户获得了差异化的尊贵体验，也为中信出版增加了销售收入。

模式三：产业链协同。中信内一些非金融子公司在长期的业务发展中，

图 6-19 "云舒馆"运作模式

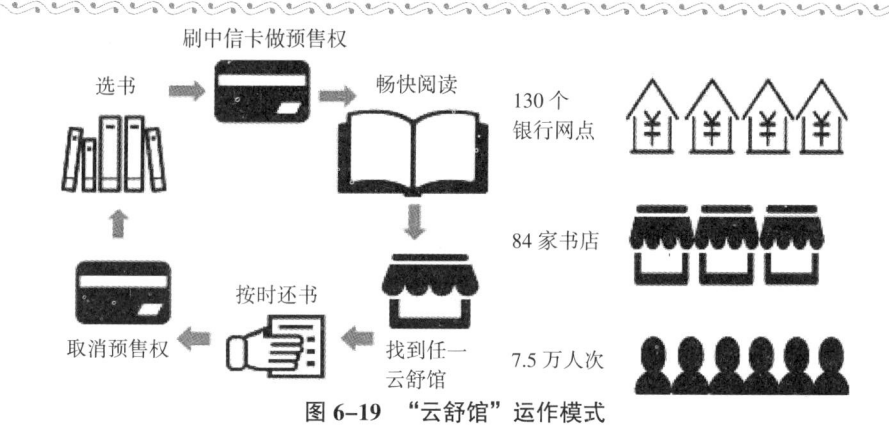

由于产品供销的需要自然形成了产业链上下游合作关系，相互给予业务支持，推动产业技术升级和业务模式转型，使得原有的合作内涵得以丰富，合作层次不断提升。以其旗下的中信重工为例，中信重工借助为中澳铁矿项目生产核心磨机设备的契机，提升高端装备制造能力。中澳铁矿是目前中国企业在海外投资建设的最大矿业项目，核心设备六组大型磨机的供货方为中信重工。磨机设备的技术要求高，开发难度大，中信重工通过技术攻关，打破了全球高端磨矿装备和市场被少数几家国际公司垄断的局面，并成为具有全球竞争力的大型磨机供应商和服务商。

模式四：区域业务和专题协同。区域业务协同是中信协同的一大特色，这一模式能够组织各子公司联合开拓市场，获取集团区域竞争优势。专题协同主要是围绕集团业务战略重点，组织有关联业务需求的公司开展协同。如公司搭建了工程承包与资源业务协同推进会、节能环保业务协同推进会、上海自贸区研讨会、"一带一路"暨"协同走出去"研讨会，还建立了中信 PPP 联合体和中信 PPP 协同圈等不同范围的协同平台，最大化地整合集团内外资源。

模式五：综合金融服务协同。中信旗下有比较齐全的金融门类，"商行+投行+信托"大资管模式合作逐渐成熟，联合开发创新产品，共享渠道资源，实现交叉销售。截至 2016 年上半年，集团内 15 家金融子公司联合为 115 位客户融资 2000 多亿元，提供产品种类共 30 多类。除理财、结构化融资、债务融资、跨境融资等传统产品外，还开展了融资租赁、资产证券化、资产转让、永续债、员工持股等创新类产品研发及合作。

模式六：战略合作协同。在开展内部协同的基础上，中信持续推进与外部战略合作伙伴的外部协同，在集团层面统筹协同和配置资源。一方面通过联合营销模式，提升子公司市场竞争力，建立与战略大客户的业务对接；另一方面协同为战略大客户提供综合解决方案和满足其拓展海外市场等特定需求。在其战略合作协同的模式中最具特色的，当属时下流行的PPP模式。中信集团与财政部PPP中心合作，探索把PPP中心在政策指导、理论研究、技术支持领域的优势，与中信集团在国内外PPP项目设计、实施、金融支持方面的丰富经验有效结合起来，协同落实国家关于鼓励社会资本参与基础设施建设的政策，积极推动我国基础设施建设及PPP模式"走出去"（见图6-20）。

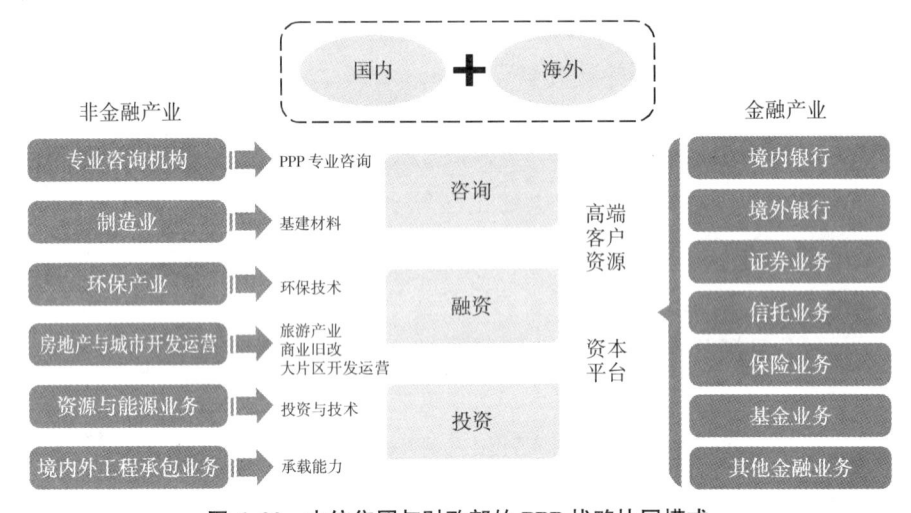

图6-20 中信集团与财政部的PPP战略协同模式

四、结论与启示

第一，以客户为中心，打造协同品牌。当今是互联互通的大协同时代，任何公司靠单枪匹马很难成为持续领先的企业。通过以客户为中心，全面把握客户需求，依靠协同作战，为客户提供综合解决方案，才能取得持久竞争优势。在协同时代，企业的品牌价值在于协同，协同能力已成为企业的软实力。虽然协同的效果很难量化，但影响是长期的，并且，协同能提升企业的市场竞争力，降低企业市场拓展的成本和风险，更为广泛地捕捉市场机遇和开拓新市场，并能更容易提供创新产品和增值服务，有效增强客户的忠诚度。这既是客户选择企业的重要原因，也是企业应在内部积极开展协同的强大动力。

第二，加快推进协同模式创新。持续推进协同模式创新是企业协同动力的重要来源，积极拓展协同工作的广度和深度，通过做全协同的链条，不断延伸价值链及打破边界，并做深客户需求，在多领域挖掘和把握商机，打造大协同平台，不断提升企业整体价值，从而做响有企业特色的综合服务品牌。

资料来源：笔者根据多方资料整理而成。

参考文献

［1］李彦宏. 智能革命：迎接人工智能时代的社会、经济与文化变革［M］. 北京：中信出版社，2017.

［2］周小虎，恢光平. 科技人才协同管理研究［M］. 北京：经济管理出版社，2017.

［3］舒文琼，刘宁宁. 智能制造的本质为智能生态［J］. 通信世界，2017（4）：19.

［4］杨华锋. 协同治理［M］. 北京：经济科学出版社，2017.

［5］TalkingData. 智能数据时代：企业大数据战略与实战［M］. 北京：机械工业出版社，2017.

［6］郑瑞娟. 面向认知物联网的自律协同管理机制［M］. 北京：科学出版社，2017.

［7］张慧. 集群企业组织同构与协同创新：现象与机理［M］. 北京：经济科学出版社，2017.

［8］王国红，袁腾. 协同创造价值：后集群时代背景下的社会资本与企业协同成长［M］. 北京：科学出版社，2017.

［9］［美］道娜·马尔科娃，安吉·麦克阿瑟. 协同的力量［M］. 胡晓姣，陈志超，熊华杰译. 北京：中信出版社，2017.

［10］刘争光. 机制的力量：互联网时代的企业变革［M］. 北京：机械工业出版社，2017.

［11］李志刚等.新连接：互联网＋产业转型，互联网＋企业变革［M］.北京：电子工业出版社，2017.

［12］李志刚等.大数据时代下半场：数据治理、驱动与变现［M］.北京：电子工业出版社，2017.

［13］［美］史蒂夫·凯斯.互联网第三次浪潮［M］.靳婷婷译.北京：中信出版社，2017.

［14］［美］史蒂文·希尔.经济奇点——共享经济、创造性破坏与未来社会［M］.苏京春译.北京：中信出版社，2017.

［15］［印度］阿鲁·萨丹拉彻.分享经济的爆发［M］.周恂译.上海：文汇出版社，2017.

［16］娄策群，娄冬，程彩虹.网络信息生态链协同管理概念解析［J］.情报科学，2017（3）：19-23.

［17］王文华，张卓.开放式创新模式下外部技术与内部研发协同管理体系研究［J］.科技管理研究，2017，37（9）：15-20.

［18］唐朝永，牛冲槐.协同创新网络、人才集聚效应与创新绩效关系研究［J］.科技进步与对策，2017，34（3）：134-139.

［19］陈建国，刘玉华，吴献等.大数据环境下产学研协同创新合作的信息服务模式研究［J］.科技展望，2017，27（4）.

［20］王喜文.工业互联网平台实现协同制造［J］.中国信息化，2017（5）：14-17.

［21］王海龙，赵芸芸，张昕嬗.从西飞公司看网络化协同制造模式［J］.中国工业评论，2017（8）：86-90.

［22］张新.探究基于云制造的模具协同制造模式［J］.大科技，2017（9）.

［23］黄科.工业互联网平台实现"互联网+"协同制造［J］.安全生产与监督，2017（6）：33-37.

［24］陈滢.大数据协同天津制造业智能化发展问题探析［J］.城市，2017（7）：28-31.

［25］翟伟峰，杨红彦.技术创新与产业链布局协同推进智能制造发展［J］.石家庄学院学报，2017，19（4）：91-96.

［26］程岩，郑文力.企业知识协同团队运作机制研究［J］.合作经济与科技，

2017（4）：85-87.

［27］［美］杰里米·里夫金，吴逸芳.协同共享　大势所趋［J］.培训，2017（5）：80-86.

［28］蒋余浩.开放共享下的政务大数据管理机制创新［J］.中国行政管理，2017（8）：42-46.

［29］张静晓，王引，白礼彪.基于信息共享的建设项目协同管理模式研究［J］.工程管理学报，2016，30（2）：91-96.

［30］刘洁，魏方欣.基于协同演化的企业发展研究［M］.北京：经济管理出版社，2016.

［31］伊迪斯，苏里文，武宝权.协同销售：新常态下场景化价值驱动的销售新模式［M］.北京：电子工业出版社，2016.

［32］王泉."互联网+"时代下的协同OA管理［M］.北京：清华大学出版社，2016.

［33］徐斌，张帆，胡晖.协同创新思维：分享经济时代创新之道［M］.北京：人民邮电出版社，2016.

［34］杨健.互联网+2.0：供给侧改革与企业转型升级路线图［M］.北京：机械工业出版社，2016.

［35］马化腾，张孝荣，孙怡.分享经济：供给侧改革的新经济方案［M］.北京：中信出版社，2016.